经以济世

树德渝身

贺教育部

人文社问项目

心王立项

教育部哲学社会科学研究重大课题攻关项目
"十三五"国家重点出版物出版规划项目

城乡劳动力平等就业研究

RESEARCH ON EQUALIZATION
OF EMPLOYMENT RIGHTS OF
URBAN-RURAL LABORERS

姚先国 等著

中国财经出版传媒集团
经济科学出版社
Economic Science Press

图书在版编目（CIP）数据

城乡劳动力平等就业研究/姚先国等著.—北京：经济科学出版社，2018.5

教育部哲学社会科学研究重大课题攻关项目 "十三五"国家重点出版物出版规划项目

ISBN 978-7-5141-9359-6

Ⅰ.①城… Ⅱ.①姚… Ⅲ.①劳动力市场-研究-中国 Ⅳ.①F249.212

中国版本图书馆 CIP 数据核字（2018）第 112453 号

责任编辑：孙怡虹
责任校对：靳玉环
责任印制：李　鹏

城乡劳动力平等就业研究

姚先国　等著

经济科学出版社出版、发行　新华书店经销

社址：北京市海淀区阜成路甲 28 号　邮编：100142

总编部电话：010-88191217　发行部电话：010-88191522

网址：www.esp.com.cn

电子邮件：esp@esp.com.cn

天猫网店：经济科学出版社旗舰店

网址：http://jjkxcbs.tmall.com

北京季蜂印刷有限公司印装

787×1092　16 开　21.25 印张　432000 字

2018 年 9 月第 1 版　2018 年 9 月第 1 次印刷

ISBN 978-7-5141-9359-6　定价：56.00 元

（图书出现印装问题，本社负责调换。电话：010-88191510）

（版权所有　侵权必究　举报电话：010-88191586

电子邮箱：dbts@esp.com.cn）

课题组主要成员

首席专家 姚先国

主要成员 张俊森　何文炯　郭继强　钱雪亚
　　　　　　韩　军　苗　青　陈诗达　黎　煦
　　　　　　陈　凌　许庆明　乐君杰　苏振华
　　　　　　谭　岚　李　敏　张海峰　李晓华
　　　　　　来　君　乔明睿　黄志岭　赖普清
　　　　　　赵丽秋　方　浩　高　怿　胡凤霞
　　　　　　焦晓钰　李　江　瞿　晶　张昭时
　　　　　　张　晖　宋文娟　王同益　金樟峰等

编审委员会成员

主　任　吕　萍
委　员　李洪波　柳　敏　陈迈利　刘来喜
　　　　樊曙华　孙怡虹　孙丽丽

总　序

哲学社会科学是人们认识世界、改造世界的重要工具,是推动历史发展和社会进步的重要力量,其发展水平反映了一个民族的思维能力、精神品格、文明素质,体现了一个国家的综合国力和国际竞争力。一个国家的发展水平,既取决于自然科学发展水平,也取决于哲学社会科学发展水平。

党和国家高度重视哲学社会科学。党的十八大提出要建设哲学社会科学创新体系,推进马克思主义中国化、时代化、大众化,坚持不懈用中国特色社会主义理论体系武装全党、教育人民。2016年5月17日,习近平总书记亲自主持召开哲学社会科学工作座谈会并发表重要讲话。讲话从坚持和发展中国特色社会主义事业全局的高度,深刻阐释了哲学社会科学的战略地位,全面分析了哲学社会科学面临的新形势,明确了加快构建中国特色哲学社会科学的新目标,对哲学社会科学工作者提出了新期待,体现了我们党对哲学社会科学发展规律的认识达到了一个新高度,是一篇新形势下繁荣发展我国哲学社会科学事业的纲领性文献,为哲学社会科学事业提供了强大精神动力,指明了前进方向。

高校是我国哲学社会科学事业的主力军。贯彻落实习近平总书记哲学社会科学座谈会重要讲话精神,加快构建中国特色哲学社会科学,高校应发挥重要作用:要坚持和巩固马克思主义的指导地位,用中国化的马克思主义指导哲学社会科学;要实施以育人育才为中心的哲学社会科学整体发展战略,构筑学生、学术、学科一体的综合发展体系;要以人为本,从人抓起,积极实施人才工程,构建种类齐全、梯队衔接的高校哲学社会科学人才体系；要深化科研管理体制改革，发挥高校人才、智力和学科优势，提升学术原创能力，激发创新创造活力，建设中国特色新型高校智库；要加强组织领导、做好统筹规划、营造良好学术生态，形成统筹推进高校哲学社会科学发展新格局。

哲学社会科学研究重大课题攻关项目计划是教育部贯彻落实党中央决策部署的一项重大举措，是实施"高校哲学社会科学繁荣计划"的重要内容。重大攻关项目采取招投标的组织方式，按照"公平竞争，择优立项，严格管理，铸造精品"的要求进行，每年评审立项约40个项目。项目研究实行首席专家负责制，鼓励跨学科、跨学校、跨地区的联合研究，协同创新。重大攻关项目以解决国家现代化建设过程中重大理论和实际问题为主攻方向，以提升为党和政府咨询决策服务能力和推动哲学社会科学发展为战略目标，集合优秀研究团队和顶尖人才联合攻关。自2003年以来，项目开展取得了丰硕成果，形成了特色品牌。一大批标志性成果纷纷涌现，一大批科研名家脱颖而出，高校哲学社会科学整体实力和社会影响力快速提升。国务院副总理刘延东同志做出重要批示，指出重大攻关项目有效调动各方面的积极性，产生了一批重要成果，影响广泛，成效显著；要总结经验，再接再厉，紧密服务国家需求，更好地优化资源，突出重点，多出精品，多出人才，为经济社会发展做出新的贡献。

作为教育部社科研究项目中的拳头产品，我们始终秉持以管理创新服务学术创新的理念，坚持科学管理、民主管理、依法管理，切实增强服务意识，不断创新管理模式，健全管理制度，加强对重大攻关项目的选题遴选、评审立项、组织开题、中期检查到最终成果鉴定的全过程管理，逐渐探索并形成一套成熟有效、符合学术研究规律的管理办法，努力将重大攻关项目打造成学术精品工程。我们将项目最终成果汇编成"教育部哲学社会科学研究重大课题攻关项目成果文库"统一组织出版。经济科学出版社倾全社之力，精心组织编辑力量，努力铸造出版精品。国学大师季羡林先生为本文库题词："经时济世　继往开来——贺教育部重大攻关项目成果出版"；欧阳中石先生题写了"教育部哲学社会科学研究重大课题攻关项目"的书名，充分体现了他们对繁荣发展高校哲学社会科学的深切勉励和由衷期望。

伟大的时代呼唤伟大的理论，伟大的理论推动伟大的实践。高校哲学社会科学将不忘初心，继续前进。深入贯彻落实习近平总书记系列重要讲话精神，坚持道路自信、理论自信、制度自信、文化自信，立足中国、借鉴国外、挖掘历史、把握当代、关怀人类、面向未来，立时代之潮头、发思想之先声，为加快构建中国特色哲学社会科学，实现中华民族伟大复兴的中国梦做出新的更大贡献！

教育部社会科学司

前 言

《城乡劳动力平等就业研究》一书是教育部哲学社会科学重大课题攻关项目《建立城乡统一的劳动力市场，实现城乡劳动者平等就业研究》（项目批准号0652D0014）的最终成果。课题研究主线是劳动力市场发育与完善，目标是实现城乡劳动者平等就业。这一课题的重要性不言而喻。劳动力是与土地、资本并列的三大生产要素之一，而且是最能动、最有创造力的生产要素。同时又是对制度环境最敏感，反应最直接的要素，人们常常用"大锅饭、铁饭碗"形容改革前的计划经济体制，就在于这种体制抑制了劳动者的积极性和创造力。改革开放以来的市场化取向，使旧的体制约束不断放松、打破，为城乡劳动力自由流动、自主创业、实现生产要素的新组合创造了制度环境，个人的积极性、创造性不断发挥，生产要素的组合效率、配置效率不断提升，从而创造了举世瞩目的中国经济奇迹。另外，这一课题的研究也很有挑战性。劳动者的平等就业权利牵涉经济、社会、法律方方面面，并非一纸文件或一项法律可以解决。既与社会制度、政策法律有关，也与劳动者的能力素质有关。从《劳动法》《劳动合同法》的颁布和实施来看，劳动者权利的界定与实现是一个持续博弈的过程。实践充分证明了马克思论断的正确性："权利永远不能超出社会的经济结构以及由经济结构所制约的社会的文化发展。"[①]

本课题组承担课题研究任务以来，按照申请书的目标和要求扎实工作，勤奋努力，在研期间发表论文50多篇，出版相关丛书一套，并

[①] 《马克思恩格斯选集》（第三卷），人民出版社1972年版，第12页。

有两项政策研究成果被国家发展和改革委员会及民政部采纳。课题于2013年验收结题，书稿初稿也已完成，本拟于当年出版，但本人突患面瘫，住院治疗，后又查出血压、血糖方面问题，书稿修订耽误下来。因身体和工作变动等原因，居然一拖就是几年过去，实在令人汗颜。2017年在张海峰、黎煦、黄志岭等人的帮助下，根据近几年劳动力市场改革进程的新情况尽可能作了修改，但有些实证研究数据比较早，重新用新数据来算工作量太大，时间又要拖下去，只好保持原样。尽管本书不能全面反映当前劳动力市场改革的新进展，但对于读者了解中国城乡劳动者平等就业的艰难进程仍会有所裨益。

在本书出版之时，谨对批准本课题立项和结题的各位评委、专家，教育部社科司领导、浙江大学社科处、公共管理学院领导，参与课题研究的各位同仁、同学，以及关心支持、帮助本团队的各位学界朋友，表示衷心的感谢！同时衷心感谢经济科学出版社领导、编辑在本书出版过程中表现的宽容和耐心！

姚先国

2017年12月

摘　要

　　建设统一的劳动力市场，实现城乡劳动力平等就业是我国市场经济建设的重要组成部分。我国劳动力市场经过30多年的发展，已经取得了巨大的成就，但劳动力市场一体化还没有实现，突出表现为劳动力市场的分割和劳动者就业权利的不平等。我国劳动力市场的不完善，和西方发达国家二元劳动力市场的发展进程中出现的问题又有明显的不同。西方国家的二元劳动力市场主要是劳动者的能力差异造成的，而我国劳动力市场不平等，则是城乡二元结构造成的身份等级差异与劳动力素质能力差异的迭加，突出表现为体制性制度性分割。必须立足我国的现实，通过理论创新和制度变革。首先解决体制性分割问题，同时加强人力资本投资，促进劳动力市场的一体化，从制度和能力两方面着手，实现城乡劳动者平等就业。本书在马克思主义经典作家理论的基础上，结合现代产权理论，提出了劳动力产权的概念和分析框架，研究我国当前劳动者权利不平等的历史、现状和成因，提出了相应的改革措施和思路，在分析具体问题时尽可能用翔实数据做规范的实证研究，力求使论证和结论都有可靠的基础。

　　劳动力产权是包括劳动者在内的多方利益主体博弈的均衡结果，并且随着博弈中各个主体的效用和力量的变化而不断演化。本书以劳动力产权的界定作为全书的主线，分析我国劳动力市场变迁和劳动者权利的变动过程，重点考察了当前我国劳动力市场的分割、非正规就业、劳资权利失衡等存在的主要问题，并从社会保障制度、人力资本投资、政治社会权利的建设对于完善劳动力市场的作用做了阐述，最后提出了评价劳动者平等就业的评价指标体系。具体来说，本书分为八章和两个附录。

第一章：变革中的中国劳动力市场。本章提供了我国劳动力市场变迁的一个事实观察。通过对新中国成立以来与劳动就业相关的政策法规的梳理，用政策文本的计量分析方法，勾勒出我国劳动力市场的演化过程和劳动者权利结构的变化；并且分析了2016年的户籍制度变革对城乡劳动力市场整合的影响。总的来说，我国城镇居民和农村居民享有的权利呈现出不断缩小的过程，但劳动力市场的平等就业还远没有实现。

第二章：劳动力产权与平等就业。本章根据马克思主义经典作家理论和现代产权理论，构建了劳动力产权的理论分析框架，并且阐述了这一框架分析劳动力市场和劳动者权利的合理性和创新价值。根据马克思的产权思想和新制度经济学的产权理论，劳动力产权的理论包括以下几个主要部分。一是劳动者的权利包括法律权利和经济权利，其中经济权利是核心。二是劳动力产权是通过两种不同性质的合约确定的（显性合约或隐性合约）。第一类合约是国家和劳动者之间的合约，该合约主要是国家在法律层面规定了劳动者的基本权利；第二类合约是劳动者在企业内部和资方通过博弈确定的权利，主要是经济权利。三是在具体分析我国劳动力产权的变迁过程时，需要分析不同类别的合约双方的效用函数和力量对比。

第三章：劳动力市场分割的收入效应。本章根据劳动力市场分割理论和我国的实际，认为我国劳动力市场分割的典型特征是两重"二元性"，即在城镇劳动力市场中同时体现了"内外二元性"和"城乡二元性"，并且两大特征之间存在着"嵌套"关系。进一步从制度演化和实证的角度给出了中国劳动力市场分割的基本特征；并且计算了城市中城镇户籍劳动力和农村户籍劳动力之间福利水平差距和福利损失的大小。

第四章：劳动力市场中的非正规就业。本章重新界定了非正规就业的概念，认为非正规就业是一个动态的概念，在不同的经济发展阶段和不同的经济社会背景下具有不同的内涵。对我国正规就业的规模进行了测算，并对非正规就业的一个主要组成部分，即自我雇佣做了定量的研究。通过比较城乡劳动者自我雇佣的影响因素差异及原因分析，揭示城乡劳动者在就业行为上的差别，发现我国非正规就业存在的主要问题和未来的发展方向。

第五章：劳动契约和劳动关系。本章介绍了当前我国劳资权利失衡的主要表现和原因，重点分析了劳动合同和工会维护劳动者权益的作用，最后提出了调整劳动关系的基本思路，基本原则是不仅要强调劳资合作或劳资双赢，还需要从社会和谐的视角来系统看待；内生的劳资矛盾更需要利用市场机制本身的力量，通过调整劳动力市场的供求结构及经济结构来达到调整劳资关系的目的；要建立劳动者权益维护的自我平衡机制。

第六章：社会保险与劳动力市场一体化。本章从理论和实证的角度，分析了社会保险对于促进劳动力的流动和维护劳动者权益的重要作用。当前社会保险制度还存在若干缺陷，严重制约了劳动力的流动。比较了社会保险参与的城乡户籍差异，并对破解当前一个重要的政策难题——社会保险关系的转移困难提出了具体的建议。

第七章：城乡居民平等就业与劳动力人力资本投资。本章认为，决定劳动力产权强度的因素分为三个维度变量：个人变量、结构变量与制度变量。个人变量中除了经济发展阶段这个因素外，最重要的是劳动者的人力资本存量。因此，政府和企业这两个主体，加大对劳动者的培训，提高其人力资本至关重要。本章从激励相容的原则，提出了加强人力资本投资的基本原则和政策工具，并探讨了社会鼓励个人人力资本投资的公共政策。

第八章：城乡居民平等就业与农民工的政治社会权利制度建设。本章把劳动者的权利看作一个权利集，不仅包括经济权利，还包括政治社会权利，不同形式的权利之间是相互补充、相互促进的，单独的某项权利运行很难发挥效用。对农民工而言，不同阶段对不同形式的权利或需求有所侧重。本章分析了户籍制度改革的内涵应该包括农民工政治社会权利的完善，并对农民工获取市民权利的途径和进程进行了研究。

附录：附录1为一个政策文本的文献计量分析，附录2为城乡平等就业进程及其评价体系，介绍了城乡居民平等就业进程指标体系构建的模型和具体方法，可以为地方政府评估当地城乡平等就业状况提供一个可操作的指南。

Abstract

It is an important part of the market economy construction in China to build a unified labor market and realize equal employment of urban and rural labor force. After more than 30 years' development, great achievements have been made in labor market in China. But the integration of labor market has not been realized. It mostly involves labor market segmentation and inequality of laborer's employment rights. The imperfect labor market in China is obviously different from the problems of the dual labor market in western developed countries. Dual labor market in western countries is mainly caused by differences in laborer's ability, but the unequal labor market of our country is caused by both different identity levels of two structure of urban and rural areas and the quality of labor superposition, which is mainly regarded as institutional segmentation. Based on the reality of our country, we must achieve equal employment of urban and rural labor force through theoretical innovation and institutional change. We will be struggling with the imbalance between the problems of institutional segmentation and labor market's integration with human capital investment. Based on the theory of classical Marxist writers and modern property rights theory, this book puts forward the concept and framework of labor property rights and the corresponding reform measures and ideas though researching history, present situation and causes of unequal labor rights in China. In the analysis of specific issues, this book tries doing normative empirical research with the full and accurate data in order to make the argument and conclusion have a reliable basis.

As the thread running through this book, labor force property right is equilibrium outcome of multi-stakeholder game and derives from the change of the utility and strength of each stakeholder in the game. This book analyses changes of labor theory and laborer's rights in China, focusing on the main problems of the current labor market in China such as segmentation, irregular employment and unbalance of labor and capital, elaborating the function of improving the labor market from social security system, investment of human capital and construction of political and social rights, and then puts forward the evaluation index system for evaluating laborer's equal employment. Specifically, this book is divided into eight chapters and an appendix.

Chapter One: Labor market in the change. This chapter provides a factual observation of the changes in the labor market in China. Combing the relevant labor and employment policies since the founding of new China, this chapter analyses method of the econometric analysis method of the policy text, outlines the changes in the evolutionary process and the labor rights structure of the labor market in China, and then analyzes the impact on changes in the household registration system in 2016 to the integration of urban-rural labor market. Conclusively, the rights owned by Chinese urban and rural residents show a shrinking process, but the equal employment in the labor market has not realized yet.

Chapter Two: Labor property rights and equal employment opportunity. Based on the theory of classical Marxist writers and modern property right theory, this chapter constructs the theoretical analysis framework of labor property rights and expounds the rationality and innovation values of this framework for labor market and laborer's rights. According to Marx's property right thought and the property rights theory of new institutional economics, the theory of labor property rights includes three main parts as follows. First, the rights of laborers include legal rights and economic rights, of which the economic rights are the core. Second, the property rights of labor forces, which are defined by two contracts with different properties (explicit contract or implicit contract). Explicit contract, a contract for the state and the labor, is the national regulations for labor's basic rights in legal level. Implicit contract, mainly economic rights, is the rights determined by the game between labor and capital within the enterprise. Third, we should analysis utility function and power contrast of both contract sides in different categories when making a concrete analysis of the transformation of property right of labor forces in China.

Chapter Three: Income effect of labor market segmentation. According to labor market segmentation theory and the reality of our country, this chapter claim that the typical characteristics of China's labor market segmentation are double "duality", which reflects "duality in domestic and foreign" and "duality in urban and rural areas" in urban labor market, and there is "nested" relationship between the two features. This chapter further gives the basic characteristics of China's labor market segmentation from both perspective of institutional evolution and empirical analysis, then calculates the welfare level gap and welfare loss of urban household registration labor force and rural household registration labor force in cities.

Chapter Four: Informal employment in labor market. This chapter redefines the concept of informal employment which is a dynamic concept. It has different connotations in different stages of economic development and different economic and social backgrounds. This chapter calculates the scale of formal employment in China and makes a quantitative study on self-employment, which is a major part of the informal employment. Comparing the differences and causes of self-employment behavior of urban and rural labor force, this chapter reveals the difference in employment behavior between urban and rural laborers and finds out the main problems and future directions of informal employment in China.

Chapter Five: Labor contract and labor relations. This chapter introduces the main manifestations and causes of the imbalance of labor and capital rights in China and analyzes the role of labor contracts and labor unions in protecting laborer's rights and interests. Finally, it puts forward the basic idea of adjusting labor relations. The basic principle is not only to emphasize the cooperation or win-win between labor and capital, but also to be viewed systematically from the perspective of social harmony. The internal contradictions between labor and capital need to make use of the power of market mechanism itself and adjusting labor and capital relations by adjusting the supply and demand structure and economic structure of labor market. It is necessary to establish a self-balancing mechanism for the maintenance of laborer's rights and interests.

Chapter Six: Integration of social insurance and labor market. From the theoretical and empirical perspective, this chapter analyzes the important role of social insurance in promoting the flow of labor and protecting laborer's rights and interests. There are still some defects in the current social insurance system, which seriously restricts the flow of labor. This chapter compares household registration difference between urban and rural areas in social insurance participation and puts forward specific proposals for solving the current important policy problem, the transfer difficulty of social insurance relationship.

Chapter Seven: Equal employment opportunity for both urban and rural residents and investment in human capital. This chapter holds that the factors that there are three dimensional variables determine the strength of labor rights: individual variables, structural variables and institutional variables. In addition to the factor of the economic development stage, the most important thing of individual variables is human capital stock of the laborers. Therefore, it is important for government and enterprises to increase laborers training and improve their human capital. Based on the principle of incentive compatibility, this chapter puts forward the basic principles and policy tools to strengthen human capital investment and explores the public policy to encourage individual investment in human capital.

Chapter Eight: Equal employment opportunity for both urban and rural residents and the construction of migrant worker's political and social rights system. This chapter regards the rights of laborers as a set of rights, including not only economic rights but also political and social rights. Different forms of rights complement and promote each other. The operation of a single right could hardly give play to utility. For migrant laborers, different stages have a particular emphasis on different forms of rights or needs. This chapter analyzes that the connotation of the reform of household registration system should include the improvement of political social rights of migrant laborers and studies the ways and processes for migrant laborers to get citizen's rights.

Appendix: Appendix Ⅰ is a bibliometric analysis of policy text. Appendix Ⅱ is the process and evaluation system of equal employment for urban and rural residents. This appendix introduces the model and specific method of index system construction of equal employment process for urban and rural residents. It can provide an operable guide for local governments to evaluate the equal employment situation of urban and rural areas.

目 录

引言　1

第一章 ▶ 变革中的中国劳动力市场　4
第一节　劳动就业管理制度的变迁　5
第二节　劳动者权利结构的变迁　13
第三节　户籍制度改革与城乡劳动力市场整合　19

第二章 ▶ 劳动力产权与平等就业　24
第一节　劳动力产权理论构建　24
第二节　平等理论与劳动者权利平等　42
第三节　劳动力产权与劳动者地位　51

第三章 ▶ 劳动力市场分割的收入效应　71
第一节　劳动力市场分割的基本理论　71
第二节　中国劳动力市场分割的基本特征　75
第三节　中国劳动力市场分割的程度和分布　102
第四节　中国劳动力市场分割的收入效应研究　114

第四章 ▶ 劳动力市场中的非正规就业　128
第一节　非正规就业的概念与规模测算　128
第二节　非正规就业的理论分析　137
第三节　中国城乡劳动力自我雇佣行为分析　142
第四节　非正规就业者权益保护的政策建议　148

第五章 ▶ 劳动契约和劳动关系　153

　　第一节　劳资权利失衡的表现及其主要原因　153
　　第二节　劳动合同的劳动者权益保护效应　163
　　第三节　工会在发展和谐劳动关系中的作用研究　180
　　第四节　劳动关系的调整思路　195

第六章 ▶ 社会保险与劳动力市场一体化　201

　　第一节　社会保险制度与劳动力自由流动　201
　　第二节　社会保险参与的城乡户籍差异分析　208
　　第三节　社会保险关系转移难及其破解　215

第七章 ▶ 城乡居民平等就业与劳动力人力资本投资　221

　　第一节　政府促进农村转移劳动力人力资本投资的政策体系　221
　　第二节　加大政府人力资本投资的政策建议　225
　　第三节　企业培训投资的促进政策　230
　　第四节　促进个体投资的公共政策　231

第八章 ▶ 城乡居民平等就业与农民工的政治社会权利制度建设　233

　　第一节　城乡居民的平等就业与户籍制度改革　233
　　第二节　农民工平等就业相关权利获取途径　240
　　第三节　企业内部劳资关系的调整　251
　　第四节　促进城乡居民平等就业的配套政策　252

附录1　一个政策文本的文献计量分析　262

附录2　城乡平等就业进程及其评价体系　268

参考文献　279

后记　309

Contents

Introduction 1

Chapter 1 China's Labor Market in the Change 4

    1.1 The Change of Labor Employment Management System 5

    1.2 The Change of Laborer's Rights Structure 13

    1.3 The Reform of Household Registration System and the Urban – Rural Integration of the Labor Market 19

Chapter 2 Labor Property Rights and Equal Employment Opportunity 24

    2.1 Labor Property Rights Theory Construction 24

    2.2 Equality Theory and Equality of Labor Rights 42

    2.3 Labor Rights and the Status of Laborer 51

Chapter 3 Income Effect of Labor Market Segmentation 71

    3.1 Basic Theory of Labor Market Segmentation 71

    3.2 The Essential Characteristics of China's Labor Market Segmentation 75

    3.3 Degree and Distribution of China's Labor Market Segmentation 102

    3.4 Study on the Income Effect of China's Labor Market Segmentation 114

Chapter 4 Informal Employment in Labor Market 128

    4.1 Concept and Scale Calculation of Informal Employment 128

4.2　Theoretical Analysis of Informal Employment　137

4.3　Analysis of Chinese Urban and Rural Laborer Self-employment　142

4.4　Suggestions about Protection for Informal Employment Laborers　148

Chapter 5　Labor Contract and Labor Relations　153

5.1　Manifestations and Main Causes of Rights Imbalance of Labor and Capital　153

5.2　The Effect of Labor Contracts in Protecting Laborer Rights and Interests　163

5.3　Research on Labor Unions Function in Developing Harmonious Labor Relations　180

5.4　Adjusted Methods of Labor Relations　195

Chapter 6　Integration of Social Insurance and Labor Market　201

6.1　Social Insurance System and Free Flow of Labor　201

6.2　Analysis of Household Registration Difference between Urban and Rural Areas in Social Insurance Participation　208

6.3　Transfer Difficulty of Social Insurance Relationship and Its Solution　215

Chapter 7　Equal Employment Opportunity for Both Urban and Rural Residents and Investment in Human Capital　221

7.1　Government Policy System to Promote Human Capital Investment of Rural Transfer Labor　221

7.2　Policy Recommendations for Increasing Government Investment in Human Capital　225

7.3　Promotion Policy for Training Investment of Enterprises　230

7.4　Public Policy for Promoting Individual Investment　231

Chapter 8　Equal Employment Opportunity for both Urban and Rural Residents and the Construction of Migrant Workers' Political and Social Rights System　233

8.1　Equal Employment Opportunity for both Urban and Rural Residents and Household Registration System Reform　233

8.2 Rights for Equal Employment Acquisition Approaches of Migrant Workers　240

8.3 Adjustment of Internal Labor Relations in Enterprises　251

8.4 Supporting Policies for Promoting Equal Employment of Urban and Rural Residents　252

Appendix Ⅰ **Bibliometric Analysis of Policy Text**　262

Appendix Ⅱ **The Process and Evaluation System of Equal Employment for Urban and Rural Residents**　268

References　279

Postscript　309

引 言

波澜壮阔的中国经济体制改革，推动了国民经济的高速发展，创造了人类经济史上的奇迹。与此同时，改革40年来还未完全实现预期目标，何时建成社会主义市场经济还不得而知，这一方面说明了我国的改革还有很长的路要走；另一方面也证明了我国改革的复杂性和艰巨性。自由选择、平等竞争，通过市场交易实现资源合理配置和有效使用，这是市场经济的基本标志。而市场经济的基础是产权明晰，交易各方的权利边界清楚，并有一整套制度装置保护交易主体的正当权益。毫无疑问，中国的市场经济发育虽然已有长足进展，但尚未达到这一理想境界。

要素市场发育是中国市场经济的软肋，而劳动力市场又是要素市场的核心。劳动力是最重要、最能动的生产要素。其他要素只有与劳动力相结合，通过劳动者的创造行为，才能转化为财富。制度只有作用于人，产生激励功能，才会对生产起促进作用。计划经济的体制弊端就是"大锅饭、铁饭碗"，窒息了劳动者的积极性与创造性，造成国民经济面临崩溃，人民生活困苦，因而需要体制改革予以彻底改变。

有人把中国的计划经济视为平等的渊薮，这是极大的误解。旧体制下一方面是"干好干坏一个样，干多干少一个样"，平均主义盛行；另一方面又是赤裸裸的不平等。城乡之间，不同所有制之间，不同身份之间，壁垒分明，待遇迥异。哪有平等可言？

市场导向的改革使得身份等级制度、户口制度等不平等的制度安排逐渐松动。处于社会底层的农民逐渐获得自由生产、自由择业、自由流动的机会。但旧体制的顽疾并未消除。身份与职业分离形成了"农民工"这一特殊群体。"农民工"既是改革的结果，又是改革不到位的突出表征。

中国劳动力市场的制度性分割远不止"农民工"一种表现。国家机关、事业、企业等不同类型单位、国企与民企、垄断部门与非垄断部门、本地人与外地人、固定工与临时工、编制内与劳务派遣……就业待遇五花八门，工资收入、社会保障、社会福利、发展机会各不相同。

消除种种制度性歧视，建设统一的劳动力市场，实现城乡劳动力平等就业是我国市场经济建设的重要组成部分，也是劳动者各展其长，拥有体面生活的必备条件。然而，和其他要素市场相比，劳动力市场的制度安排更加复杂，因为劳动力市场关注的对象既是生产要素，又是社会成员。一个国家劳动力市场的建设受到多方面因素的影响，即使发达国家的劳动力市场制度也是经过多方面权衡博弈，历经相当长时间才逐渐形成的。我国劳动力市场的发育脱胎于计划经济体制，在国际上更是没有现成的模式可以照搬，只能立足于我国现实，通过理论创新来解决我们面临的各种问题。

如何实现城乡劳动力平等就业，学术界已经从不同角度进行了深入分析，并提出了很多好的建议。然而，一个显而易见的事实是，绝大部分研究都没有直接从"人"的角度，特别是从人的权利的角度来分析平等就业问题。本书在马克思主义经典作家理论的基础上，结合现代产权理论，提出了劳动力产权的概念和分析框架。按照这一框架，个人的劳动力产权包括两个层面：一是政府对劳动者基本权利的界定和保护，包括基本的生存发展权、自由支配劳动力的权利等；二是劳动者在企业内部凭借人力资本所做的贡献获得的一部分剩余索取权。这样的界定不仅为实现劳动力平等就业提供了理论依据，在实践层面上也可以从个人、结构、制度等维度来提高劳动者权益，改变当前"资强劳弱"的局面。

运用劳动力产权理论不仅可以清晰地观察我国劳动力市场演化的路径，也可以分析当前劳动者面临的各种问题。比如，计划经济体制时期，国有企业职工和农民之间权利的差别，主要源自国家对不同群体界定的初始权利的不同。在国有企业内部，政府对职工界定的部分权利过多，但剥夺了职工在经济上的剩余索取权，从而导致国有企业的低效率。劳动就业制度的改革，在某种程度上看就是劳动力产权不断调整和界定的一个过程。当前城镇职工和农民工待遇的差别，城镇职工之间工资、保险待遇的差别都是个人劳动力产权的部分残缺和不同导致的结果。因此，未来要实现城乡劳动力平等就业关键就是对劳动者权利的重新界定。需要特别指出的是，城乡劳动力平等就业绝不是回到吃大锅饭、搞平均主义的老路上去，根据劳动力产权理论，国家对所有劳动者提供基本的、一视同仁的权利保护，但劳动者在企业获得的剩余索取权则主要取决于个人对企业所做的贡献，从而这样的权利界定就把公平和效率的原则有机地结合起来。

本书运用劳动力产权理论，重点分析了我国当前劳动者权利不平等的现状、成因，并提出了相应的改革措施和路线，在分析每个具体问题上都用数据做了规范的实证研究，力求使论证和结论都有可靠的基础。

我们期望本书能为我国城乡劳动者平等就业的早日实现、人人拥有体面和有尊严的生活做出一份微薄的贡献。

第一章

变革中的中国劳动力市场

改革开放前的中国经济，既非苏联、东欧式的计划经济，又非刘易斯描述的发展中国家的二元经济，而是一种独一无二的城乡隔绝的行政命令经济。20世纪50~60年代建立的以户籍制度为核心的一系列政策和制度人为地造成了人口和劳动力的城乡分割和区域分割。劳动力市场的行政分割至少引起了两方面弊端：一是劳动力资源配置的无效率；二是劳动力权利的不平等。1978年开始的劳动就业管理体制改革正是在这一背景下进行的，并成为经济体制改革的核心内容之一。

长期以来，户籍制度被看作是城乡劳动者权利不平等的制度根源。很多人认为，只要废除了户籍制度，我国劳动力市场的分割状态就会消失，农民和农民工就能完全自由流动，就能享受和城市劳动者相同的就业权利和其他公共服务。相当多的理论和政策研究最后的落脚点都是指向户籍制度的废除。2014年7月，国务院颁布了《关于进一步推进户籍制度改革的意见》，2015年12月又颁布了《居住证暂行条例》。这两份重要文件，从法律制度层面取消了农业户口和非农业户口的性质区分，规定了只要公民离开常住户口所在地，到其他城市居住半年以上，符合一定的条件就能申请居住证，就能享受当地常住人口能够享受的基本公共服务和便利。应该说，自2016年1月1日起，从国家制度层面上，就不再有"农业户口"和"非农户口"的身份差别。但我们实际观察到的结果和国家的法律规定还有很大的差距，在城乡劳动力市场一体化的过程中又出现了各种新的问题，农民工的各项权利并没有像我们预期的那样和城市劳动者全面接近，在有些方面甚至还有恶化的趋势。这些现象不能够简单地归结为地方政府没有完全执行国家的制度和政策，背后实际上有复杂的制度和经济原因。由此可以看出，实现城乡劳动者权利的一体化绝不是国家出台一项法律和规定就能完全解决。因此，一方面我们需要梳理我国户籍制度形成、放松、改革、废除的历史过程；更重要的是需要从理论上分析户籍制度和劳动力市场制度形成和改革的内在机理，从而才能为未来全面实现城乡劳动力平等就业的政策完善提供理论依据。

本章主要提供我国劳动力市场变迁的一个事实观察。具体包括三个方面的内容。一是在经济体制改革的大背景下，通过对新中国成立以来与劳动就业相关的政策法规的梳理，初步地勾勒出中国劳动力市场的演化过程；二是观察劳动力市场演化过程中劳动者权利结构的变化；三是分析2016年的户籍制度变革对城乡劳动力市场整合的影响。

第一节 劳动就业管理制度的变迁

中国是一个农业大国，农村户籍人口至今仍占总人口的近2/3。因此，对劳动力资源的管理很大程度上是农村劳动力资源的配置过程。基于对1949~2016年中共中央和国务院出台的与农村劳动力流动相关的百余份政策文件的梳理和分析，我们发现农村劳动力资源管理的指导思想大体上经历了"严格控制（1949~1983）—允许流动（1984~1988）—控制'盲流'（1989~1991）—规范有序流动（1992~2000）—公平流动（2001~2012）—城乡融合（2012~2016）"等过程（见本章附录）。本节将以户籍制度为线索回顾经济改革前后我国劳动就业管理制度的变迁。

一、计划经济体制下的劳动就业管理

（一）户籍制度的建立

1949年，刚刚成立的新中国面临的是长期战争所带来的社会动荡、经济瘫痪的局面，城镇失业人口472.2万人，失业率高达23.6%（徐惟奋，2006）。因而，恢复和稳定社会秩序成为当时的第一要务。为此，公安部先后颁布了《关于特种人口管理的暂行办法（草案）》和《城市户口管理暂行条例》，规范城市的户口登记和管理。另外，从1950年起，各地方政府开始全面动员和劝说城市失业或无业人员，尤其是那些刚进城不久的无业人员回乡从事生产，并给予一定的优惠条件，如提供回乡路费、优先分配土地等；同时，说服广大农民安心农业生

产,不要"盲目"进城。这些措施取得了有效成果,社会混乱局面得以控制,城市失业现象也得到缓解,政府工作重心转向发展生产、恢复经济。

1953年,第一个五年计划的实施标志着工业化进程的正式启动。当时我国没有选择发展劳动密集型产业的工业化道路,而是模仿苏联模式,集中资源发展以重工业为核心的资本密集型产业。这种模式虽然促进了工业经济的高速发展,但创造的就业机会十分有限。受较好工作机会和生活水平的吸引,大量农村劳动力涌入城市。城市内人口的快速增长,不仅加大了城市粮食计划供应的负担和城市管理的难度,还激化了城市失业人口与涌进城市寻找工作的农村剩余劳动力之间的矛盾。受当时社会经济条件的限制再加上一些政治因素的考虑,政府不得不采取一些行政的和经济的措施,控制过多农民流向城市,以缓解城市的压力(俞德鹏,2002)。1953年4月,政务院发出《关于劝阻农民盲目流入城市的指示》,规定未经劳动部门许可和介绍,不得擅自去农村招收工人。1954年3月,内务部和劳动部又发出《关于继续贯彻〈劝阻农民盲目流入城市〉的指示》,重申对农民向城市流动的限制。但这一阶段,人们依然保有自由居住和自由迁徙的权利。1950~1958年户口制度的演变见表1-1。

表1-1　　　　　　　　1950~1958年户口制度的演变

时间	规章制度	主要内容
1950.8	《关于特种人口管理的暂行办法(草案)》	特殊人口管理
1951.7	《城市户口管理暂行条例》	城市常住人口登记和管理
1953.4	《全国人口调查登记办法》	常住人口的六项调查和登记
1953.4	《关于劝阻农民盲目流入城市的指示》	限制招收农村劳动力
1954.3	《关于继续贯彻〈劝阻农民盲目流入城市〉的指示》	限制农村人口进入城市
1954.12	内务部、公安部和国家统计局联合通知	普遍建立农村户口登记制度
1955.6	《关于建立经常户口登记制度的指示》	人口和户口变动登记和管理
1955.11	《关于城乡划分标准的规定》	划分农业人口和非农业人口
1956.12	《关于防止农村人口盲目外流的指示》	限制农村人口进入
1957.3	《关于防止农村人口盲目外流的补充指示》	限制农村人口进入
1957.9	《关于防止农民盲目流入城市的通知》	限制农村人口进入
1957.12	《关于制止农村人口盲目外流的指示》	限制农村人口进入
1958.1	《中华人民共和国户口登记条例》	户口迁移审批制度和凭证落户制度

资料来源:俞德鹏:《城乡社会:从隔离走向开放》,山东人民出版社2002年版。陆益龙:《户籍制度——控制与社会差别》,商务印书馆2003年版。

直至1956年秋，过激的农业合作化运动与自然灾难的双重作用，使不少省份粮食歉收，农民生活陷入困顿。安徽、河南、河北、江苏等省的农民、复员军人和乡、社干部纷纷外流，很大部分进入城市寻找生存和发展机会。在这种情况下，国务院在1956年12月至1957年12月这一年的时间里，接连四次下发防止农村人口外流的指示，但依然未能阻止一浪高过一浪的"盲流"潮。最终，1958年1月9日，全国人民代表大会常务委员会第91次会议通过《中华人民共和国户口登记条例》，将新中国成立以来日渐形成的城乡有别的户口登记制度与限制迁移制度以法律形式固定下来，从而标志着二元户籍制度的正式确立，居民的自由迁徙权利名存实亡（1954年宪法中规定公民具有自由迁徙的权利，直到1975年宪法才取消迁徙自由）。

（二）以户籍制度为核心的劳动就业管理制度

《户口登记条例》规定了户口迁移审批制度和凭证落户制度，通过行政手段控制人口流动。但是，仅凭行政措施是很难有效阻止农村人口向城市流动的，因而政府又出台了一系列相关制度和政策，作为户口登记和迁移制度的补充，形成了二元户籍制度体系。这些制度和政策具体包括：凭户口发粮油票证的粮油供应制度、凭户口申请就业的就业制度、凭户口取得社会福利的福利保障制度等。

1. 粮油供应制度

新中国成立初期，我国粮食市场上多种经济成分并存，实行自由购销体制。但1953年之后，由于人口增加和以城市为中心的大规模工业化建设全面展开，粮食供求出现紧张局面。粮食市场价格大幅上涨，与国家收购价的差价急剧扩大，这导致国家难以在较低牌价下收购到足够的粮食。1953年9月粮食征购量仅完成计划指标的80%，国家调拨计划需要直接负责的粮食供求关系出现危机状态。

在这种形势下，国家开始实现粮食统购统销政策。1953年11月，政务院发布《关于实行粮食的计划收购和计划供应的命令》和《粮食市场管理暂行条例》。前者主要确保城市居民的口粮供应；后者旨在加强对粮食市场的管理，禁止私自买卖粮食，排除了农村人口在城市取得口粮的可能性。1955年8月，国务院又发布了《农村粮食统购统销暂行办法》和《市镇粮食定量供应暂行办法》。前者对定产、定购和定销事项做出了详细规定，明确农民吃自产粮；后者则规定了市镇非农业人口按核定供应数量按户取得粮食供应证，凭证使用粮票购买口粮的粮食供应办法。1957年12月18日，中共中央和国务院联合发出《关于制止农村人口盲目外流的指示》，其中明确强调粮食部门不得向没有城市户口的人供应粮食。至此，粮食供应完全与户口挂钩，凭户口分配粮票再凭粮票和户口簿购买粮食的制度完全确立起来。

2. 就业制度

面对新中国成立初期城市严重的失业问题，中国政府一开始就选择了优先照顾城市人口就业，控制农村人口进入城市务工的政策路径。1952年7月，政务院通过《关于就业问题的决定》，指出对农村剩余劳动力应积极设法使之在生产上发挥作用，发展多种经营，克服盲目流入城市。1953年4月和1954年3月，政府又相继两次发出劝阻农民盲目流入城市的指示。1955年4月，中共中央在《关于第二次全国省、市计划会议总结报告》中批示："一切部门的劳动调配必须纳入计划，增加人员必须通过劳动部门统一调配，不准随便招收人员，更不准从乡村中招收人员"。1956年8月，中共中央批发劳动部党组报送的《关于解决城市失业问题的意见》，提出各企事业单位招收人员时，仍应遵守先城市后农村的原则。1957年12月，国务院全体会议通过《关于各单位从农村中招用临时工的暂行规定》，明确要求城市"各单位一律不得私自从农村中招工和私自录用盲目流入城市的农民。农业社和农村中的机关、团体也不得私自介绍农民到城市和工矿区找工作""招用临时工必须尽量在当地城市中招用，不足的时候，才可以从农村中招用"。当月，中共中央和国务院的联合指示决定组建以民政部门牵头，公安、铁道、交通、商业、粮食、监察等部门参加的专门机构，全面负责制止"盲流"工作；重申城市一切用人单位，一律不得擅自招收工人和临时工。这样，农村劳动力被彻底排除在城市就业体系之外，凭户口安排就业的就业制度确立起来。

3. 社会福利保障制度

我国的社会福利保障制度开始于1951年2月颁布的《中华人民共和国劳动保险条例》（以下简称《条例》）。《条例》详细规定了城市国营企业[①]职工所享有的各项社会保障待遇，主要包括公费医疗、公费休养与疗养、养老金、女职工的产假及独子保健、伤残救济金以及丧葬和抚恤等内容。城市集体企业的各项社会保障待遇也大都参照国营企业的办法实行。国家机关和事业单位工作人员的社会保障制度，国家则以病假、生育、退休、死亡等单项规定的形式逐步完善起来。除上述待遇外，20世纪50年代形成的城市社会福利制度还使城市人口可以享受名目繁多的补贴，在业人员可获得廉价的公有住房等。而这些待遇都是面向城市工作单位的，居民获得社会保障和福利的前提是在城市工作单位中工作。由于农村人口被隔离在城市就业体系之外，不能在城市的工作单位获得工作，国家

---

① 1993年前称"国营企业"，1993年后称"国有企业"，后文简称"国企"。

也一直没有出台关于农村社会保障事业的政策,因而农村人口实际上被排除在社会福利保障体系之外。凭户口取得社会福利的福利保障制度由此形成。

(三) 劳动就业计划管理的后果

户籍登记制度区别了城市人口和农村人口,基于户籍的迁移制度、粮油供应制度、就业制度和社会福利保障制度共同构成了阻隔城乡人口流动的铜墙铁壁,形成了一整套二元户籍制度体系。由此造成了城市与乡村、企业职工与农民在身份、经济社会地位上的巨大差异。人们常常用"大锅饭、铁饭碗"来形容中国的旧体制。实际上,这种旧体制只覆盖了不到总人口20%的少数城市劳动力。他们一方面享有比农村劳动力优越得多的生活、工作条件,"生老病死有保障",而且被誉为领导阶级,政治上享有很高地位。另外,又同时受到"统包统配"制度的禁锢,不能挑选工作岗位,不能自由流动,跨单位、跨地区调动难如上青天,有的夫妻两地分居几十年,到退休才能团聚。更令人不满的是工资水平低,而且长期停滞不前。从1957年到1976年,长达20年的时间里,中国职工工资水平几乎没有任何上涨,扣除物价水平,实际工资还下降了0.33%。[①] 而农民的情况更为悲惨,他们只能终身在本地参加集体生产劳动和收入分配。由于人口增长导致人均耕地面积不断减少,同时集体生产制度导致生产积极性下降,农业产出水平停滞不前,大多数农民仅能勉强解决温饱问题,有相当部分农民要靠国家救济才能生存。"文化大革命"期间,由于城市无法安排中学生就业,把1 500万知识青年以"接受贫下中农再教育"的名义送到农村,这种反向的劳动力流动更加剧了农村劳动力的富余。

这种城乡隔绝的劳动就业管理体制从两方面造成效率损失。一是国营部门人浮于事,冗员过多,估计占全部职工人数20%~30%的劳动者属于"在职剩余劳动力"。而一旦进入国营部门,就捧上了"铁饭碗",单位不能解雇。分配上的平均主义,造成"干与不干一个样,干多干少一个样",劳动者的积极性不断下降,使国营企业的劳动就业制度成为"养懒汉的制度"。据调查,改革开放初期,国营企业的制度工时为每天8小时,而实际工作时间只有6小时左右,有效工时只有4小时,97.5%的企业领导人和97.3%的职工认为职工劳动积极性不高。[②] 这就使国营企业大量的人力资本和物质资本得不到有效利用。二是农村劳动力被隔离在国家工业化的进程之外,30%以上的农村过剩劳动人口不能及时转移到非农产业,由此带来极大的浪费。从1960年到1978年,农业剩余劳动力不能转移造成的总产出损失

---

① 姚先国:《社会主义企业收入分配论》,浙江大学出版社1992年版。
② 符钢战:《中国劳动力市场发育的经济分析》,上海人民出版社1992年版。

相当于 GDP 的比重在 20%~60% 之间,最高时几乎与整个 GDP 相当。①

二、劳动就业管理制度的渐进改革

正是由于中国国情的特殊性,1978 年开始的劳动就业体制改革一开始就具有两种不同的思路和目标:对城市而言,改革的目的是要"治懒",要在城市国营企业中引入竞争性就业体制和激励性分配体制,以消除冗员,调动职工的生产积极性。对农村而言,则是要"治贫",要通过放松管制,允许农民自由生产、自主投资、自行择业,转移剩余劳动力,找到增产增收致富门路。在这一过程中,逐步打破城乡隔绝的旧体制。

总体来看,劳动力市场改革在共产党的领导下,由政府自上而下逐步推开的,是一个渐进的过程。自 1978 年以来,中央政府、部门和立法机构颁布了数以千计的各种法律、法规和文件〔仅 1995 年《中华人民共和国劳动法》(以下简称《劳动法》)施行后由劳动部政策法规司编印的《实用劳动法规全书》中就收录了相关法律 60 多件,各种行政规章和规范性文件 500 多件,并废止与《劳动法》相抵触的法规文件 130 多件〕,从不同方面对劳动力市场的形成予以推动,并对改革中出现的各种问题进行规范。其中最重要的里程碑事件是 1994 年颁布、1995 年起实施的《劳动法》,这一法律所规范的对象包括了不同所有制的企事业单位中的雇佣关系,从法律上规定了所有劳动者的平等权利,其规定的劳动者权益,比之国际上的 SA8000 标准也毫不逊色。近 10 年来,根据《劳动法》的实施要求和经济运行中出现的新情况,国家又出台了《劳动合同法》等一系列新的法规、文件。

分别而言,对城市和农村劳动力市场形成具有重要意义的改革措施有:

(一) 城市劳动力市场

1. 扩大企业自主权

国务院于 1980 年发布《关于扩大国营工业企业经营自主权的若干规定》,1984 年又发布《关于进一步扩大国营工业企业自主权的暂行规定》,赋予企业有包括工资分配在内的 10 项自主权,从而恢复了"文化大革命"期间终止的奖金、加班工资等激励手段,并使企业的工资增长开始进入正常状态。

2. 实行劳动合同制

劳动人事部 1983 年发出《关于积极试行劳动合同制的通知》,1986 年 7 月

---

① 胡鞍钢、程永宏、杨韵新:《扩大就业与挑战就业:中国就业政策评估(1949—2001)》,中国劳动社会保障出版社 2002 年版。

国务院正式颁布了《国营企业实行劳动合同制的暂行规定》，在国营企业全面推行劳动合同制，打破了国营企业职工能进不能出的"铁饭碗"制度，开始实施企业—职工双向选择的劳动制度，并开始接纳来自农村的农民工。

3. 国有企业产权改革

1994年11月，国务院召开全国建立现代企业制度试点工作会议，根据1993年通过的中共中央《关于建立社会主义市场经济体制的决定》的精神，开始国有企业改制，即股份化、公司化改造的试点。此后从试点到全面推行。国有企业职工的"生产资料主人公"身份在改制中发生根本转变，有的获得股份成为股东，有的成为下岗工人，在岗的也成为与其他工人一样的普通员工，工作岗位成为竞争才能获得的稀缺资源。至此，国有企业劳动力的市场化配置基本实现。由此引起的下岗、失业浪潮也造成冲击，先后有3 000多万国有企业职工下岗。为了缓解这一矛盾，中共中央、国务院于1998年召开国有企业下岗职工生活保障和再就业工作会议，部署实施"再就业工程"。

4. 企业保险制度改革

改革前国有企业职工的退休养老、医疗保险等保障名义上是国家实施，实际上都由所在单位负责，是一种企业保险制度。随着改制的深入，有很多企业亏损、倒闭或者破产、兼并，已无力实施保障功能，这就迫使政府改革社会保障制度，把企业保险社会化。在试点探索的基础上，国务院先后颁发了《关于建立统一的企业职工基本养老保险制度的决定》（1997）、《关于建立城镇职工基本医疗保险制度的决定》（1998）、《失业保险条例》（1999），以及其他一些行政法规。1997年国务院又发布了《关于建立城市居民最低生活保障制度的通知》，形成了城镇社会保障体系的基本框架。

（二）农村劳动力市场

1. 实行联产承包责任制，赋予农民生产经营自主权

1978年安徽凤阳小岗村农民自发秘密签订协议分田到户、分户承包经营，得到安徽省委领导的支持，后来得到中央的正式认可。1982年在中共中央下发的"一号文件"中宣布已有90%的生产队实行了这一制度。但鉴于粮食问题的重要性，粮食生产还是继续进行管理，直到后来才逐步取消管制。

2. 允许创办乡镇企业和私营企业

1980年国务院就颁发了《加速社队工业发展的决定》，后来在一系列文件中都鼓励乡镇企业和股份合作制企业发展。1986年，《中华人民共和国私营企业暂行条例》颁布，农民投资创业的法律地位得到了认可。

3. 农民进城务工的权利

1981年，国务院发布了《关于严格控制农村劳动力进城务工和农业人口转为非农业人口的通知》，但鉴于城市对农民工的客观需要，不久就改变了政策导向。1986年国务院颁布《国营企业招用工人暂行规定》，允许国营企业从农村招工。1991年颁布的《全民所有制企业招用农民合同制工人的规定》中则进一步明确不仅可以招收农民工，而且"农民工在企业工作期间，与所在企业其他职工享有同等的权利"。

4. 户籍管制逐步放松

户籍制度是城乡隔绝的基本手段和突出标志。尽管至今尚未消除，但已逐步放宽限制。1984年国务院发布了《关于农村进入集镇落户的通知》，2001年批转公安部《关于推进小城镇户籍管理制度改革的意见》，正式认可农民向小城镇迁徙。虽然农民进入大中城市的权利并未得到正式承认，但一些大城市如上海、北京等均颁布了农民进城的户口管理规定，至少部分认可其进城的实际权利。从2005年起，已有江苏、辽宁等12个省市自治区宣布取消城乡户籍差别。2014年，国务院颁布《关于进一步推进户籍制度改革的意见》，明确取消农业户口和非农业户口的性质区分；自2016年1月1日起实施《居住证暂行条例》，规定符合一定条件的流动人口可以申请居住证，享有居住地的平等就业和其他公共服务的权利。至此，应该说我国的城乡户籍制度已经在国家制度层面被废除，为城乡劳动力市场的一体化提供了制度保证。

从以上措施可以看到，政府在破除城乡隔绝的二元体制方面已作了不少努力，使中国的劳动力市场从无到有逐步发育。从中国劳动就业的结构变化可以看到，这种努力应该说取得了积极的成效。就业的市场化、多元化正在成为现实，城镇就业、非农产业就业比重已有较大增长。

劳动就业管理的市场化改革对中国经济增长起了十分重要的作用。劳动力市场改革对经济增长的推动作用，具体表现在以下方面：

1. 改善了劳动力的配置效率

据估算，中国城镇从业人员的比重提高1个百分点就能够使GDP增加近2个百分点。每1%的农村劳动力转移到非农产业，将使GDP增加0.5~0.85个百分点。每1%的乡村人口转移到城镇，将使中国居民消费总额提高0.19~0.34个百分点（蔡昉，2006）。世界银行（1998）估计劳动力部门转移可以解释大约16%的GDP增长；蔡昉和王德文（1999）的估计更高，他们认为劳动力转移对GDP增长的贡献率为20%。

2. 降低了企业成本，提升了经济竞争力

中国已成为制造大国，中国的制造业主要依靠低价竞争优势，而制造业工人

的主体是农民工。这一亿多农民工辛勤劳作、加班加点，工资却十分低廉。正是因为他们的贡献，才有了中国产品的低成本优势。2002年一些国家的制造业相对工资水平，如果以美国为100的话，墨西哥为11.2，巴西为12.0，韩国为42.9，新加坡为34.1。而同年中国正规部门的工资水平仅为美国的2.9%，非正规部门的工资则更低，仅为美国的1.9%左右。

3. 提高了国有企业的经营效率

国有企业职工劳动生产率低、积极性差，"脑体倒挂"现象在劳动力市场化配置后迅速改变。科技人员、管理人员的人力资本定价机制开始趋于正常，使其创造能力、创新能力得以发挥。国有企业改革后的盈利能力比改革前大为提高，可资证明。

4. 涌现出一大批企业家

允许工人和农民自由创业、自主创业，其潜在的企业家精神才能得以发挥。中国数以百万计的民营企业就是靠他们发展起来的。浙江作为民营经济最发达的省份，1 800万农民中有600多万是企业家、个体户或投资者。100多家企业跻身全国民营企业500强，有些已蜚声国内外，而企业主就是以前被束缚在土地上的普通农民。如果没有市场化改革这根"魔杖"，很难想象出他们身上蕴涵着这样巨大的潜能。

第二节　劳动者权利结构的变迁

人力资源是经济发展最重要的资源，改革开放前的旧体制的最大弊端是桎梏了劳动者的积极性和创造性，阻碍了劳动力资源的合理配置和充分利用。劳动就业管理体制的市场化改革过程，很大程度上是被束缚的生产力得以释放的过程，也是劳动者权利结构的调整过程。因此，劳动力市场一体化的本质是市场主体的平等权利的实现问题。图1-1大致刻画了过去二十多年来我国城乡劳动力的权利演变过程。

由于改革开放前城市劳动力80%以上在国营企业就业，还有17%在集体企业就业，因此用国企职工权利来代表城市居民。从图1-1可以看到两个特点：

一是职工与农民的起始权利差异极大，职工的权利呈扭曲状态，应有的奖金、加班工资、正常的工资增长、自由择业的权利却没有（用负号表示），而有些不应该独享或不是劳动者身份题中应有的权利却有。比如过去宣传的"工人阶级领导一切"，工人宣传队可以进驻学校、文化单位当"钦差大臣"；还有所谓"工人是生产资料的主人、企业的主人"，实际上企业财产是全体人民的，不应该是企业职工的；固定工身份，能进不能出这种现象在市场经济体制中也是不应该存在的；社会保险、城市福利是职工应有的权利，但不应该由他们垄断。这些权利在改革过程中逐步改变或取消（对应的年份是改革的时间）。而农民的权利几乎丧失殆尽，左边所列权利基本上都没有，连作为农民最起码的自主生产、自主经营土地的权利也被剥夺，只能听命于行政领导。消除这种巨大差异是一个双向调整、逐步接近的过程。这符合改革的实际，也符合市场经济的本质要求，是进步的表现。

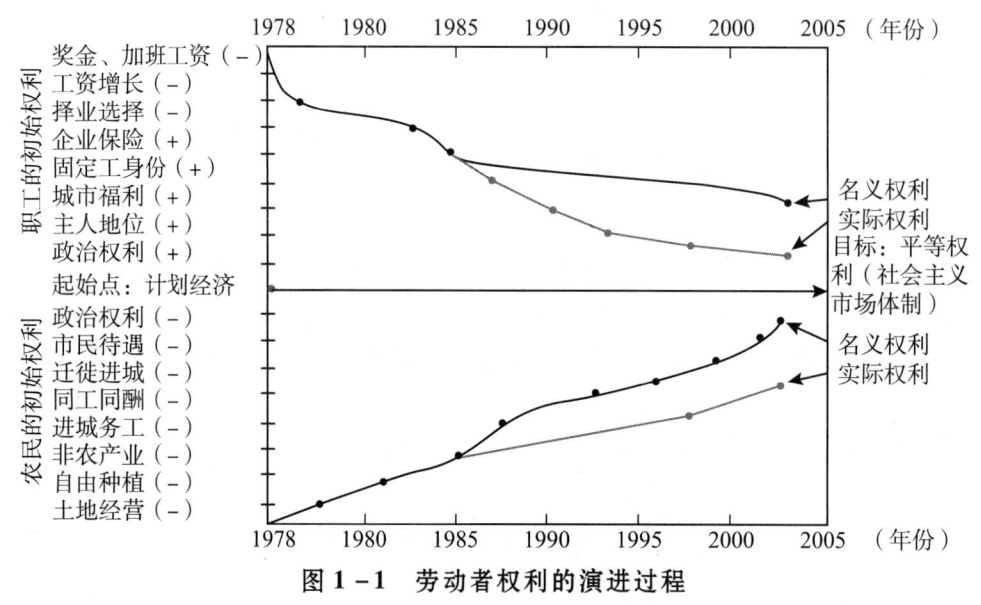

图1-1 劳动者权利的演进过程

注：（1）上半部为国有企业职工权利变化，下半部为农民权利变化。（2）本图的时间跨度是从1978～2005年，1993年国营企业改为国有企业，为统一说法，统称为国有企业。

二是名义权利与实际权利的差别。改革开放40年来，农民和国企工人的名义权利和实际权利都发生了反差，而且都是名义权利大于实际权利，但性质不同。对国企职工而言，通过改革实际上已经是劳动力市场上的一个正常劳动者了，但头上还有"光环"。例如，仍然强调他们是企业的主人，改制后的国营企业还在推行职工董事、职工监事，民营企业却没有；宪法上也讲工人阶级是领导阶级，但农民工好像不是正宗的"工人阶级"；在城市福利享受、固定工身份转换方面，名义上还会受到一些特殊关注。正因为这种反差，所以常听到国企工人抱怨改革后地位下降了，"主人不像主人了"。前几年这些议论尤其多。而农民工的名义权利与实际权利的反差，是指法律上规定的他们应该享有的权利大于他们目前实际获得的权利。例如，法律规定企业必须与他们签订合同，但很多老板不签，他们也不敢抗议，否则要被"炒鱿鱼"；法律规定的加班工资、最低工资、准时发放工资等，事实上没有完全兑现；名义上也是国家的主人，但没有代表他们意志和愿望的组织，户口未完全取消，市民待遇中的经济适用房、福利房、低保、子女上学、医保等许多权利自然与他们无缘。于是，他们也觉得迷惘，"怎么法律规定的也不算数？"

这种反差现象给我们的启示是：

一是劳动力市场一体化是一个长期的演进过程，特别是从中国城乡隔绝的起点出发，要实现城乡劳动者的平等就业权利还有很长的路要走。

二是劳动者平等权利的界定本身还要研究，还有很多相关问题要搞清楚。比如主人翁地位、社会成员的政治权利实现机制等。

三是深化改革的着力点应定位于采取实际措施消除名义权利与实际权利的反差，实现城乡劳动者事实上的平等，而不是满足于仅仅发文件、定法律。总的来说，我国城镇居民和农村居民享有的权利呈现出不断缩小的过程，但从工资收入和失业率这两个主要的劳动就业指标来看，城乡的户籍歧视并没有减小，而是在增加。吴贾、姚先国、张俊森（2015）运用CHNS（1989~2011）的面板数据研究发现，较之于城镇本地劳动者，农村移民获得较低的工资，并且农村移民广泛存在较高的失业率。作者采用固定效应模型和条件Logit模型对个体异质性进行了控制，结果显示拥有城镇户籍可以给劳动者带来正向的工资溢价以及更低的失业率，并且户籍的工资溢价以及降低失业率的效果正在逐年增强。以上表明1989~2011年间我国城镇劳动力市场对农村户籍劳动者的歧视程度有所增加。

一、劳动力市场中的权利不平等

前文的分析表明改革以来劳动力市场的培育确实有了很大进展，劳动者的权利结构发生了深刻变化，但是远未达到完善的地步。劳动力市场的平等就业权利远没有实现（姚先国等，2004）。劳动力市场的法律规范没有得到有效遵守。侵犯劳动者权利，尤其是农民工权益的现象时有发生（Solinger，1999）。

在劳动力市场上，市场主体由劳动力的供给方与劳动力的需求方组成。供给方是劳动者，需求方是雇佣者，我们简称前者为劳方、后者为资方，前者是劳动力的所有者，后者是资本的所有者。那么市场主体之间的关系也就表现为两种类型，不同类型的劳动者之间的关系、劳方与资方之间的关系。基于这一结构，劳动力市场上的不平等就可能发生在不同类型的劳动者之间，也可能发生在劳方与资方之间，事实上在中国的劳动力市场上，这两种类型的不平等同时并存。

二、劳方与资方的不平等

劳方与资方在劳动力市场上发生的是交易关系，或者说是市场关系。在理想状态下，市场是天生的平等派，市场主体之间，也就是需求方与供给方之间，在市场上进行的是自愿交易，彼此之间是契约关系，任何一方均不得对另一方实施强制性交易，劳资双方之间形成的是经济性契约，联系纽带是价格，价格体现的是稀缺性。

那么在市场机制之下，劳资双方的不平等何以能够发生？我们可以观察一些现象，比如"黑砖窑"事件、拖欠工资现象。"黑砖窑"不是单纯的经济行为，这是资方对劳方的强制性劳动，是一种人身强制，但其背后仍然有其经济的因素。宪法与法律应该是对劳方和资方进行平等保护，但是在"黑砖窑"之所以存在于法律的视野之外，其中不乏窑主因为具有更强的经济实力，以至于能够获得法律更多保护的因素，这是经济实力的不对等导致了法律的偏袒。

而拖欠工资现象，在完善的法治体系下是不可能发生的，即使是偶有发生，也能够迅速得到纠正。平等的交易原则是市场经济最基本的原则，劳方出让自己的劳动力获得工资，体现的是最底线的市场原则，但是这一原则事实上并没有得到贯彻。这种资强劳弱的事实，一种颇有影响的观点认为，这是由劳动力的相对过剩造成的，而且在劳动力相对过剩的情形下，劳动者获得工作的机会，尽管存在劳动时间过长、劳动强度过大、劳动保护不足等现象，但对劳动者而言仍然是一种帕累托改进，劳动者仍然会因此获得福利的改进。这种看法的言下之意是，只要继续维持劳动力相对过剩的供需结构，拖欠工资等现象就并没有什么不合理可言。这种看法的一种辩护性理由是，劳动者完全能够预期到被拖欠工资的可能性，在这一风险存在的事实之下，如果劳动者没有从中获得福利改进，是可以选择"用脚投票"的，因为资方并没有对劳方实施人身强制，劳动者的行为其实是一种自愿性行为。这种分析是似是而非的，可以从两个层面进行分析。其一，基于劳动力相对过剩的事实，在一个完善的劳动力市场上，这只会在工资水平上表现出来，劳动者会接受低工资水平，而不应该发生工资的被拖欠。其二，冒着工资被拖欠的风险，劳动者并没有选择"用脚投票"，的确可以认为劳动者通过雇佣关系获得了福利的改进，但这只是一个基本的事实判断，而并不能推论出这一现象合理的价值判断。须知，劳动者获得劳动报酬，乃是最基本的劳动权利，这一底线是不能被违背的，无论以何种理由，只要是发生了拖欠工资的事实，就没有任何合理性可言。

在资方与劳方博弈的劳动力市场中，资方与劳方之间事实上是不对等的。表现为两种形式的不对等：其一是经济力量上的不对等。经济力量上资强劳弱，直接原因是劳动力的相对过剩，因此劳动者不得不接受低工资、低劳动保护、高劳动强度的恶劣工作环境。但这一因素不属于劳动力市场能够直接调节的范畴，只能是通过劳动力供需结构的缓慢演化，扭转劳动力的稀缺性程度，才能彻底改变劳动者的相对弱势地位，获得与资方同等的博弈能力。其二是政治权利上的不对等。从工资被拖欠、法律对资方施加更强保护的事实来看，劳方与资方之间在政治权利上是不对等的。在《资本论》（第一卷）中，马克思用很大的篇幅对欧洲各地区资本家残酷压榨工人的情形进行了毫不留情的揭露。为了获得更高的收入，资本家采取了如雇佣童工、延长劳动时间、增加劳动强度等种种极端手段。正如1845年恩格斯在《英国工人阶级状况》和1867年马克思在《资本论》中的描写，处于这种悲惨境况的工人劳动的工厂被称为"血汗工厂"。然而，《资本论》中并没有出现资本家拖欠、克扣工人工资的记载。马克思被认为是资产阶级的掘墓人，他对当时劳资关系的描述，是完全站在维护工人权益的立场上的。如果当时的资本家有过拖欠工资的情形，相信一定逃不过马克思的笔挞。马克思笔下的工人的悲惨遭遇，完全可以在劳动力相对过剩这一事实之下得到解释。而之所以没有发生过拖欠工资的现象，是因为市场秩序是在法律秩序之下运行的，法律是对劳方与资方平等保护的，断然不允许拖欠工资这种违背基本的市场秩序的行为发生。中国的事实表明，法律对劳动者的保护是明显弱于对资方的保护的。

一方面是法律的不平等保护；另一方面是劳动者也缺乏自我保护的机制。试想，如果劳动者能够自由组织工会来维护自己的权利，如果存在一个有力的工会组织，劳动者就能够凭借工会团结起来的力量，获得与资方相对平等的谈判力量，从而维护自己的基本权利，也就断然不会发生拖欠工资之类的侵犯劳动者基本权利的事件。

三、劳动者之间的不平等

就业不平等的另一表现形式是不同的劳动者之间的不平等。可以换一种说法，将劳动者之间的就业不平等表述为"就业歧视"。劳动者之间的差异的来源可以概括为两种因素：其一是个体性差异，这是与个体性因素有关的而与制度无关的差异，这些差异一般来说是与生俱来的；其二是社会性或制度性差异，此类差异的形成与劳动者本身无关，而主要是制度性原因造成的。据此我国劳动力市场的就业歧视可以划分为两种类型：一是制度性歧视；二是个体性歧视。

（一）制度性歧视

在我国，制度性歧视或社会性歧视主要表现为身份歧视或者说是户籍歧视。户籍歧视就是在劳动力市场上，依据城乡的户籍制度将劳动者进行区分进而实行不同待遇的行为，典型表现是对外来农民工的就业歧视。这种歧视带有明显的制度性特征，一方面是现有制度将劳动者划分为不同的群体，比如农民工和城市劳动者；另一方面，现有制度支持了对农民工的就业歧视，增加了流动成本和就业成本，限制了农民工在平等基础上自主择业的权利。对农民工的制度性歧视主要表现在以下几种类型：

1. 就业的户籍歧视

主要表现为政府主要通过行政手段，制定各种政策措施来限制、排斥外来工进城就业。一是所谓的"清退"政策，即辞退没有本地城市户口的外来农民工，将其岗位转让给本地劳动者。第二种做法是"收费"，向雇佣外来劳动力的单位或外来民工个人征收就业管理费、暂住人口管理费、就业调节金等，人为提高外来民工进入城市就业成本，事实上起到了限制外来工的进城就业。2001年10月，国家计委、财政部联合发布了《关于全面清理整顿外来务工人员收费的通知》，但事实上，有的地方却在进行变相收费，如对把以往对农民的办证收费变为按企业招用农民工的人数收费或对农民工租房加收管理费等。2004年中央"一号文件"明确了保障进城农民工合法权益的各项政策，要求进一步清理针对农民进城就业的歧视性规定和不合理收费，简化农民跨地区就业和进城务工的各种手续，防止变换手法向进城就业农民及用工单位乱收费。但有的城市和部门依然继续变换手法，以强迫农民工办理各种证件的名义继续向农民工及用工单位乱收费。

2. 工资及待遇的户籍歧视

外来员工与本地员工、城市员工与农村员工相比，农民工的工资收入更低、劳动时间长，并且农民工在养老保险、医疗保险、失业保险等社会福利保障方面与城市职工的差距很大。农民工只能被迫在工资低、就业不稳定、前途不佳、工作条件差的次要部门就业，而很难进入主要部门。

3. 公共服务方面的户籍歧视

随着产业的升级转型，必须对劳动力进行必要的培训，才能使得劳动者适应岗位的需求。在对劳动者的培训方面，存在明显的对外来农民工的歧视。比如在"长三角"的一些经济发达地区，基本上已经实现了对本地户籍的劳动者的免费培训，但外来劳动者不能享有或完全享有免费培训，这使得外来劳动者不能同等获得就业机会。

（二）个体性歧视

个体性歧视与个体的自然性差异有关，如因年龄、健康程度、身高容貌等因素而形成的对劳动者的不平等对待。

1. 年龄歧视

年龄歧视就是在劳动力市场上，雇主依据求职者的年龄因素在求职者具备完成工作的条件下却做出不予雇佣的决定或依据年龄因素给予在职职工不同待遇的行为。主要表现为对高年龄劳动者的歧视,如"4050"现象,如在招聘时施加年龄限制的条件,对到达一定年龄的雇员强制性辞退等。

2. 健康状况歧视

健康状况歧视主要表现为,因劳动者患某种疾病、尽管完全能够胜任工作,但雇主仍然对此类求职者予以排斥或对已经在职工作的人员做出辞退处理的行为。最典型的是针对"乙肝病毒携带者"的歧视,此类歧视已经引发了强烈的社会反弹,也发生了一些影响很大的悲剧性事件。2003年11月中旬,1 167位民众联合向全国人大提交要求对全国公务员体检限制乙肝病毒携带者规定进行违宪审查的建议。2005年1月20日,人事部、卫生部宣布《公务员录用体检通用标准(试行)》正式实行。新标准规定在公务员录取中不得对残疾人和乙肝病原携带者进行歧视,但在企业招聘过程中,这种歧视仍然存在。

3. 性别歧视

性别歧视是指除工作本身对性别的正常要求之外,基于性别的不同而对就业进行区别、排斥的行为,由此导致就业方面的机会不平等或待遇不平等。主要表现为在劳动力市场上,雇主在女性求职者具备完成工作的条件下设置就业门槛或依据性别因素给予女性职工不同待遇的行为。比如女性就业、再就业普遍比男性困难,执行男女不同年龄退休的政策、男女劳动者在收入和职业上存在明显差距等。

此外,还存在诸如学历、经验等方面的歧视,身高、容貌方面的歧视,对残疾人的歧视,甚至还存在省份、籍贯方面的歧视,而在人力资源管理理论中,居然还存在因为不同的血型、气质而对劳动者进行区分的理论解释。形形色色,不一而足。

第三节 户籍制度改革与城乡劳动力市场整合

2014年国务院发布了《进一步推进户籍制度改革的意见》,2015年国务院发布《居住证暂行条例》,规定自2016年1月1日开始执行。这两项重大政策取消了农业户口与非农业户口性质区分,全面实施居住证制度,从根本上取消了城乡分割的制度基础。然而,国家取消城乡户籍制度并不能自动保证城乡劳动者的就业权利和其他权利平等。城乡迁移劳动者的实际地位还受制于两个维度的权利平等:一是获取居住证的机会平等;二是基于居住证所享实际权益的平等。这才是劳动力市场城乡整合的本质。除此之外，针对当前实施居住证的试点城市的地方政府，担心外来农民工获得居住证后，会对本地常住居民的就业和福利有不利影响的问题，本节也进行了探讨。

一、获取居住证的机会平等

2015年6月深圳市颁布了《深圳经济特区居住证条例》，作为外来人口占比最高的城市之一，《深圳经济特区居住证条例》具有代表性意义。本节以深圳为例，根据"合法稳定就业""合法稳定住所"这两项居住证申领的基本条件，观察农村劳动力向城镇转移过程中是否与城市迁移劳动力拥有同等的获得居住证的机会。

（一）农民工的高流动特征

相对于其他城镇迁移劳动力，农村转移到城市就业的农民工，是一个流动频繁的群体。如果将城市间流动次数2次以上的归为城市间高频流动者，2次及以下的归为城市间低频流动者，将同一城市企业间流动次数3次以上的归为企业间高频流动者，3次及以下的归为低频劳动者。来自"长三角"制造业的数据显示（姚俊，2010），城市间高频流动的农民工占到66.8%，农民工在城市间的流动频度并不亚于同一城市内企业间的流动。2013年上海财经大学"千村调查"数据（常进雄、赵海涛，2015）也显示，16~25岁、26~35岁的农民工，分别有65.0%和53.9%有二次跨区流动经历。

这种高流动的具体表现，一是不断变换工作，二是相应变换住所。在"全面实施居住证制度"、以"稳定就业、稳定住所、连续就读"为申领居住证资格条件的新制度下，农民工的高流动直接形成了对其获得居住证的更强约束。

（二）"合法稳定就业"维度上的城乡平等

《深圳经济特区居住证条例》规定，非深户籍人员申领居住证应当"在特区有合法稳定职业"，而对"有合法稳定职业"的解释是："非深户籍人员自办理居住证登记之日起至申领居住证之日止，在特区参加社会保险连续满十二个月或者申领居住证之日前二年内累计满十八个月的，视为有合法稳定职业"。由于农民工主要集中于城市中的二级劳动力市场，是非正规就业的主体。对于非正规就业者，一方面，他们服务的企业很多没有注册，政府难以强制征费；另一方面，他们相对收入低，没有能力或者不愿意参加社会保险。这些因素导致农民工的社会保险参保率较低。

当前以缴纳社保为前提的"合法稳定就业",作为申领居住证的资格条件,构成了对农民工的差别性约束。转移到城市的农民工,在看似平等的"合法稳定职业"资格条件面前,实际上并不能享有和其他迁移劳动者同等的获得居住证的机会。

(三) "合法稳定居所" 维度上的城乡平等

《深圳经济特区居住证条例》对"合法稳定居所"的解释是,"非深户籍人员自办理居住登记之日起至申领居住之日止,连续居住满十二个月的,视为有合法稳定居所"。这样严格的居住时间条件,对农民工而言,显然比其他迁移劳动者面临更强的约束。根据国家统计局分布的《2014 年全国农民工监测调查报告》显示,2010~2014 年的五年间,全部外出农民工中"举家外出"的农民工占比分别为 20.03%、20.67%、20.66%、21.22%、21.27%(姚先国、叶环宝、钱雪亚,2016)。"住户中外出农民工"始终占到 4/5 左右。2013 年外出农民工从业时间平均为 9.9 个月,2014 年为 10 个月,说明大多数农民工没有在同一城市"连续居住满 12 个月"。

在以居住证为载体的城乡户籍统一登记制度下,农民工的实际居住状态受家庭迁移的限制和所能承担的生活成本的制约,实际上很难达到"合法稳定居所"的条件,因此难以与其他迁移劳动者拥有同等获得居住证的机会。

由此可见,虽然国家已经从制度层面"取消农业户口与非农业户口性质区分""全面实施居住证制度",城乡劳动者已经拥有平等的迁移就业的法律权利,但是城乡劳动者的实际权利平等,仍受制于居住证的资格条件,这些资格条件对大部分农民工来说,现阶段很难满足。

二、"农转非" 劳动者的就业机会平等

《居住证暂行条例》规定,持证人"在居住地依法享受劳动就业、参加社会保险、缴存、提取和使用公积金的权利",政府相关部门应当为居住证持有人提供"义务教育、基本公共就业服务、基本公共卫生服务和计划生育服务、公共文化体育服务、法律援助和其他法律服务、国家规定的其他基本公共服务"六项权利以及其他七个方面的便利,无论迁移者来自农村还是城市。但是,通过"土地征用""购房落户"渠道获得"非农户口"的农民,虽然在身份上和城镇居民已经平等,但实际享有的权利和城镇居民仍有差别。

浙江大学公共管理学院课题组(2016)运用中国家庭收入调查数据

(CHIPS），考察了"农转非"居民和出生时就拥有非农户口的劳动者这两类群体，在获得工作机会和获得工资回报上是否平等。结果表明，尽管通过"土地征用"或"购房落户"政策获得了非农户口身份，但城镇劳动力市场上的这群非农户口劳动者仍然没有获得完全平等的就业机会。居住证制度虽然显著改善了农民工的总福利水平，但主要是对农民工的生活状况与防护性保障的显著改善，而在工作就业和经济状况方面则不存在明显效果。其中的主要原因包括配套制度改革的相对滞后，特别是原体制下形成的农村转移劳动者人力资本投资不足是根本原因。

上述分析表明，国家虽然在法律层面取消了城乡二元户籍制度，但农民工在取得居住证的资格方面和城镇迁移劳动者相比，仍然不能享有同等的权利；并且那些通过"农转非"获得了居住证的农村人口，在城镇劳动力市场上也没有享受到和城镇居民同样的就业权利。

三、基于外部性视角的市民化与个人劳动收入

深圳、上海、浙江等几个实施居住证试点的城市，之所以制定标准较严格的申领居住证的条件（如合法稳定就业和合法稳定居所等），一个重要原因就是地方政府担心农民工进入城市，享有和当地常住居民同等的就业权利和公共服务后，会对原来居民的就业和福利产生负面影响。这种担心不无道理，从理论上说，部分农民工的市民化会增加一级劳动力市场的劳动力供给，使得原来的市民收入下降，并且市民比重的提高会增加企业的劳动力成本，企业为了降低成本会压低工资水平，从而原来的市民的劳动收入也有可能下降。但是，市民化不一定是"零和博弈"，市民化也可以降低农民工过高的流动性，从而节约企业的人力资源管理成本、提高企业的劳动生产率。从更宏观的层面来看，市民化能通过城市规模的扩大和规模效应的发挥促进经济效率和居民收入的提高，还能通过缩小不同身份居民之间的福利差距减少社会冲突，从而降低社会资源的非生产性消耗。

因此，市民化对原先居民的影响就是一个实证问题。如果市民化会对原先居民的收入产生显著的负面影响，则可以预计市民化的推进过程会遇到巨大的阻力，那么政府部门在提高地区市民化的过程中就有必要采取相应的配套措施，降低负面影响或给予一定补偿。相反，如果市民化不会对其他群体产生负面影响，甚至产生正面影响，那么就应当加快推进市民化。姚先国、王同益、金樟峰（2016）利用 2005 年全国 1% 人口抽样调查数据，对市民化的外部性进行了实证研究，发现推进市民化，给更多的非市民以市民身份和待遇，不仅不会影响其他

劳动者的收入，相反还会产生正向的外部性而使他们从中获益，在其他条件不变的情况下，地区市民化率每提高 10 个百分点，个人劳动收入平均将增加 3.8%，其中，至今尚未获得市民身份的非市民的劳动收入将增加 2.5%，原来的市民将增加 5.7%。这项最新的研究应该在一定程度上可以打消地方政府对市民化的顾虑。当然，该研究仅考察了市民化的推进对在职就业者劳动收入的影响，如果考虑到市民化有可能造成部分原有就业者的失业，那么实际的正向外部性影响可能小于该研究的估计结果。因此，市民化对地方劳动力市场的综合影响需要进一步展开研究。

本章通过梳理我国劳动力市场演化的进程和劳动者相应权利的变迁过程，发现劳动者的市场地位取决于制度设计和劳动者人力资本水平两方面。城乡二元户籍制度是我国城乡劳动者权利不平等的制度根源。改革开放 40 年来，国家基于效率和公平这两方面的考虑，逐步放松乃至从法律层面取消了户籍制度。这为实现城乡劳动者的权利平等提供了最基本的制度保障。但是，歧视性的制度安排并没有完全消除，主要表现为地方政府制定了非常苛刻的准入门槛，使得农村居民（和农民工）无法实际享有国家法律规定的权利。另外，长期以来实施的户籍制度，使得农村居民拥有的人力资本水平较低，在城镇劳动力市场上的谈判能力较弱，无法获得和城镇居民相同的就业和工资报酬水平。

从政策上来讲，一方面是需要进一步完善公共服务政策，特别是地方政府要减少直至消除各种歧视性的制度安排；另一方面是要加大对农民工的人力资本投资，特别是要加大对农村地区的教育投资，使农村居民在进入劳动力市场以前就拥有和城镇居民相同的人力资本水平。然而，政策的制定特别是执行需要符合经济学中的激励相容原则，即利益各方主体都有动力来改变原有的不合理制度。从一定意义上说，新的制度的产生是多方博弈的一个结果。这就需要国家在顶层设计的时候，以代价和阻力最小的方式，改变各方博弈的资源和条件，使得博弈的最终结果朝着有益于增加劳动生产率、有益于增加社会公平的目标靠近。

本书提出的劳动力产权的理论模型，不仅可以较好地解释我国城乡劳动者权利的变迁，更重要的是，可以为未来实现城乡劳动者权利的平等提供一个分析框架，为政策的完善提供坚实的理论基础。

第二章

劳动力产权与平等就业

第一节 劳动力产权理论构建

劳动力在经济发展中的决定性作用已越来越为人们所承认和重视，人们为此提出了"人力资本"这一概念。我国在研究产权问题时，基本上都把聚焦点对准"物"——财产，而对于劳动者的权利——"劳动力产权"却很少提及。我们将从劳动力产权的角度对市场经济中的劳动者权益做出探讨。

一、劳动力产权提出的理论依据

（一）劳动力产权提出的背景

劳动力产权问题的提出已有20多年的历史。当时的一个大的背景是，20世纪90年代初，我国的改革面临一个实践与理论上的重大问题，即作为国有企业的工人在国有企业改革中利益受损的情况下，如何从理论上论证国有企业工人的合法权益。长期以来，理论界认为，生产资料的公有制形式是保证工人阶级主人翁地位和各项权利的基础。但社会主义市场经济制度的确立，允许并且鼓励民营经济的发展，对这一理论形成了挑战。一个显见的问题是，民营企业的工人并不掌握生产资料，他们的权益如何得到保证。为此，学界提出了与物质财产产权相对应的劳动力产权，其最初目的是为了说明劳动者凭借其在企业中的劳动力投入应该获得与物质财产同等的剩余分配权，从而力图从理论上和实践中协调国有企业与劳动者双方的利益分配，保障劳动者的合法权益。

（二）劳动力产权的理论依据

劳动力产权的提出，主要有两种理论背景：一是马克思主义经济学；一是新制度经济学。这两种理论范式建立在完全不同的世界观和价值观基础上，是两种具有不同方法、概念和理论逻辑的对立的理论体系。两种不同的分析范式决定了劳动力产权问题研究的不同角度、分析方法以及结论。但由于理论的具体观点的类似，使得在某些方面二者又有着一致性。

1. 马克思的劳动力产权思想

正如马克思没有明确地使用过"产权"这一概念一样，他也没有明确提及"劳动力产权"这一概念，但是在《资本论》等著作中，马克思实际上提出了许多劳动力产权的思想。马克思在《资本论》一书中，从历史和逻辑两个维度分析了资本与雇佣劳动之间的冲突，着重强调了劳动者在交换领域的平等权利转变为生产领域的不平等的过程。在流通领域劳动者对自己的劳动力拥有不可辩驳的所有权，然而，经过交换，工人让渡了劳动力的使用权，"劳动力所有者把劳动力只出卖一定时间，因为他把劳动力一下子全部卖光，他就出卖了自己，就从一个自由人变成奴隶，从商品所有者变成商品。他作为人，必须总是把自己的劳动力当作自己的财产，从而当作自己的商品。而要做到这一点，他必须始终让买者只是在一定期限内暂时支配他的劳动力，使用他的劳动力，这就是说，他在让渡自己的劳动力时不放弃自己对它的所有权"。[①] 马克思的论述表明：第一，劳动力成为商品的前提条件。认为劳动者必须首先成为法律上的自由人，并拥有自身劳动能力的所有权与支配权，才能把劳动力当作自己的财产从而当作自己的商品而出现在市场上。第二，劳动者通过拥有劳动力的所有权来获得劳动力的收益权。然而这种收益权仅仅是部分的收益权，因为在劳动者让渡劳动力使用权的时候，也同时让渡了对劳动产品的分配权利，从而获得只能是工资，失去了对劳动产品的剩余索取权。从中可以看出，马克思从所有权、支配权和收益权等多角度阐述了劳动力产权的内涵。

不仅如此，马克思还论述了劳动力产权的历史发展特性。在人类社会的不同经济形态中，劳动力产权有着不同的表现形式。按照马克思的分析，在奴隶制社

---

① 《资本论》（第一卷），人民出版社1975年版，第191页。

会，劳动力产权的权力属性没有完全地得到体现。由于奴隶从属于奴隶主，仅仅是奴隶主的"会说话的工具"，劳动力的所有权和使用权均由奴隶主掌握，奴隶也就不可能拥有对自己劳动力的所有权，更谈不上收益权了。在封建制度下，尽管农民不再是"会说话的工具"，对本身劳动力拥有一定所有权与收益权，但由于农民赖以生存的土地绝大多数掌握在地主手中，使得农民和土地所有者之间也存在着一定的人身依附关系，租地农民不得不以租金的形式将部分劳动成果缴纳给土地所有者，从而导致了农民劳动力产权中收益权的不完整。在资本主义制度下，由于劳动力和生产资料都从属于资本，劳动者在生产过程中创造的剩余价值全部由资本家占有，这也证明了资本主义制度下劳动者的劳动力收益权的不完整性（陈晓枫，2014）。

马克思的劳动力产权思想，虽然是在资本主义发展的初级阶段提出来的，但对于我们今天仍然有指导意义。劳动者首先享有劳动力的所有权和支配权，这是劳动者享有收益权的基础。除此之外，劳动者的收益权不能仅仅局限于劳动力再生产所需补偿的工资水平，也包括参与企业利润的分享。劳动力产权思想随着生产力的发展不断丰富和完善。由于受到时代的限制，马克思没有提出劳动力分享收益权的具体途径和大小，新制度经济学中的产权理论对此做出了进一步的分析。

2. 新制度经济学中劳动力产权思想

劳动力产权是产权范畴中的一个概念。为了准确把握劳动力产权，首先必须界定产权的涵义。对于产权（property rights）概念，学术界大都认可著名产权经济学家菲吕博腾和配杰威齐（Furubotn & Pejovich, 1972）的定义："产权不是指人与物之间的关系，而是指由物的存在及关于它们的使用所引起的人们之间相互认可的行为关系。产权安排确定了每个人相应于物时的行为规范，每个人都必须遵守他与其他人之间的相互关系，或承担不遵守这种关系的成本"。巴泽尔（2017）从经济学的角度对产权做出了最新的阐释。他将产权定义为两种权利，"经济权利"和"法律权利"。经济权利是人们追求的最终目标，而法律权利则是达到最终目标的手段和途径。我们需要重点关注的是经济权利。个人对商品（或资产）拥有的经济产权就是指通过交易个人直接或间接地期望消费商品（或资产价值）的能力。产权的概念与剩余索取权紧密相关，一项资产的剩余索取权往往由多人来分享。巴泽尔进一步认为，人们对资产的权利不是永久不变的，而是一系列变量的函数，具体包括：（a）产权人直接保护资产的努力；（b）其他人企图分享这项权利的努力；（c）任何第三方所做的保护这项权利的努力。产权的界定是一个演化过程，随着信息的获得，资产的各种潜在有用性被技能各异的人们发现，并且通过交换他们关于这些有用性的权利而实现其有用性的最大价值，交换改变着产权的界定。研究那些用于界定和转让产权的合同，是产权分析的核心内容。

新制度经济学关于产权的理论，虽然主要是以"物"作为研究对象，但其提出的思想对于"人"，对于"劳动力"也是适用的。事实上，巴泽尔（2017）就运用产权理论成功地分析了奴隶劳动的供给和奴隶制废除的经济原因。

（三）劳动力产权分析我国实际的基本思想

根据马克思的劳动力产权思想和新制度经济学的产权理论，在运用劳动力产权分析我国劳动者权利不平等和劳动力市场建设中，我们需要考虑以下几个方面：

一是劳动者的权利包括法律权利和经济权利，其中经济权利是核心，法律权利一般来说会增强经济权利，但在实际中并不一定如此。劳动者的法律权利是国家规定的，主要包括劳动者对劳动力的所有权和支配权等基本权利，劳动者的经济权利主要是剩余索取权，享有剩余索取权的大小主要是劳动者在企业内部和资方博弈确定的。

二是对劳动力产权的研究应该重点分析界定产权的合约性质。从我国劳动力市场的发育过程可以看出，劳动力产权是通过两种不同性质的合约（显性合约或隐性合约）确定的。第一类合约是国家和劳动者之间的合约，该合约主要是国家在法律层面规定了劳动者的基本权利；第二类合约是劳动者在企业内部和资方通过博弈确定的权利，主要是经济权利。这两类合约规定的产权紧密联系，一般来说，国家通过法律层面规定的劳动者的基本权利，直接制约了劳动者享有经济权利的大小，因此可以把第一类合约看作是一种基础性的制度安排。

三是我们在具体分析我国劳动力产权的变迁过程时，就需要分析不同类别的合约双方的效用函数和力量对比，这样才能得出我国劳动力产权的形成过程和未来变动趋势。比如，计划经济体制下我国劳动力市场的城乡分割，主要是国家为了实行重工业优先发展战略在制度层面限制农村劳动力流动的结果，随着体制的转型，国家在这个基础性制度合约中的收益越来越少，最后放弃了对农村剩余劳动力的管制，开始允许农村劳动力自由流动。与此同时，由于在计划经济体制下的国有企业工人享有的权益过高，如果完全做到农村转移劳动力和城市本地劳动力享有同样的权益，国家财政和企业会不堪重负，于是就形成了影响至今的对农村劳动力的歧视性制度安排。当然，这里提出的两类不同性质的合约只是一个简单的分类。实际上，我国劳动力的产权的形成和演化，受到多个主体的影响，比如现阶段劳动力产权的界定主体，除中央政府外，还有地方政府。原来把户籍制度看作是劳动力市场分割、劳动者权利不平等的根源，但是现在国家在制度层面已经废除了户籍制度，农村劳动力在城市还受到各种歧视，实际上就是地方政府从各自利益出发，对农村劳动力权利的限制。

四是对劳动者权利平等的理解。劳动者权利的平等，不是说劳动者无论贡献大小，都获得同样的报酬，计划经济体制下的"吃大锅饭"的政策后果已经证明这种分配制度的低效率。从劳动力产权出发，劳动者的平等应该是在基本权利这个层面的平等，也即政府在界定和保护劳动者权利上的平等；在企业层面，劳动者通过自身的人力资本大小获取不同水平的报酬，是市场经济竞争的结果，政府不应干预。

总的来说，劳动力产权的分析框架，一方面，坚持了马克思主义经济理论中按劳分配的基本原则；另一方面，又为解决我国二元劳动力市场分割，实行劳动者平等就业提供了理论基础。我国劳动力市场的演化，劳动者权利的改善，归根到底，是一个包括劳动者在内的多方利益主体博弈的均衡结果，并且随着博弈中各个主体的效用和力量的变化而不断演化。"一个社会即使探索到了本身运动的规律，它还是不能跳过也不能用法令取消自然的发展阶段。但是它能缩短和减轻分娩的痛苦"。[①] 我们运用劳动力产权理论，分析我国劳动力市场发展中的规律，从而提出相应的政策，目的也在于此。

二、劳动力产权的基本内涵

（一）劳动力产权的基本内涵

劳动力产权的界定是两种因素共同作用的结果：一是法律法规；二是企业产权博弈。因此，探讨劳动力产权，至少可以从两个层面来考虑：首先，劳动者作为劳动力这一生产要素的承载者所享有的天然权利；其次，劳动者使用他所拥有的劳动力时享有的经济权利。

劳动者是一个人，也是劳动力的承载者。不论劳动资源是否投入使用，社会必须加以保护。相应地，拥有劳动力的劳动者必须得以生存，才能使劳动资源不受损失。因此，劳动者必须享有生存权和基本发展权。基本发展权是发展人的个性的最基本条件，这是从发展社会生产力、从社会进步的角度考虑的。例如，许多国家禁止使用童工，但外界若发现某企业使用童工而去解救时，不仅企业不满意，童工更不满意，因为在没有其他措施保护其生存权时，他只能让渡其他权利，比如受教育的权利，以求得生存权。这说明在禁止使用童工的同时，还需跟

---

① 《资本论》（第一卷），人民出版社1975年版，第11页。

上其他配套措施，至少应给予童工满足其基本生活需要的供给。同样，如果制定了义务教育制度，但又没有很好地执行，也是对劳动者基本发展权的侵害。

生存权和基本发展权并不是一个抽象的概念，而是根植于具体的社会历史环境中的。例如，基本发展权中像教育、卫生福利等方面的标准，在同一国家的不同历史时期以及在同一时期的不同国家中存在着差异是自然的：在温饱尚未解决的经济发展初期，经济发展是硬道理，基本发展权的内容较窄，程度较浅；但是，随着经济的发展，人们在解决了温饱问题以后，会转而追求人的自我发展、自我价值的实现，这时，劳动者将会重新审视自己的处境，对基本发展权提出更高的要求。

劳动力是指人的劳动能力，包括智力、体力、知识、技能和人的创造力等，它以劳动者为载体，存在于劳动者体内，与劳动者具有不可分割性。劳动者拥有自己的劳动力是人"天然特权"。因而，劳动者是其劳动力的所有者，对其劳动力这一财产拥有所有权。

所有权是指依法占有财产的权利，包括对财产进行占有、使用、处置以及获取收益的权利。但是，产权不等于所有权。即使某个人对某项财产或某物拥有所有权，但当利用该财产或该物所施行的行为与其他人发生关系，使其他人受益或受损时，这个人的行为仍会受到一定的限制。产权指的正是这种行为权。劳动力产权同样也是指劳动者作为其劳动力的所有者的这种行为权。

劳动力产权界定既要考虑劳动力的特性，又要考虑这样的界定应有利于提高劳动力资源的配置效率。劳动力的特性主要有：（1）劳动者与其劳动力的不可分割性。劳动力的所有者即劳动者无法将其劳动力与自身相分离。（2）劳动力发挥作用的物质前提是存在活劳动凝结在其上的对象。否则劳动力就不能发挥作用了。（3）即使今天的劳动力无法发挥作用，劳动者仍需消费一定的生活资料，以便能使生命延续，其中最强烈的是自然的饥饿规律。（4）劳动力发挥作用的周期性。劳动者是活的生命，有自己的生命周期，生老病死，养儿育女，暂时或较长时间的失业时，都要求有一定的物质资料来维持其生命周期。因此，劳动力产权中还必须包括获得再生产劳动力所必需的生活资料的权利。（5）劳动者的能动作用强。因此，如何更好地调动劳动者的生产积极性，是界定劳动力产权时应考虑的一个重要问题。劳动者应有充分的机会追求自身利益的最大化，这跟市场经济的要求是相吻合的。市场经济中非常重视选择自由：自由生产、自由消费、自由择业、自由迁徙等，因为这些都属于个人自主的领域。如果劳动者不能自由迁徙、自由择业，就不能对自己的劳动力作最恰当的安排，就不能实现劳动力资源的最优配置。

优化资源配置问题是经济学的核心问题。在交易成本为零的世界，调整资源配置不费任何成本，无论产权如何界定，通过当事人不断调整资源配置，总能达到资源的最优配置状态。但在交易成本大于零的现实中，不同权利的初始界定，将带来不同效率的资源配置。这一点劳动力资源的配置同样适用。

综上所述，劳动力产权至少应包括劳动者的：（1）享受其所处的特定社会历史环境中所给予的基本生存权和基本发展权；（2）获得劳动力再生产所必需的生活资料的权利；（3）劳动力自主支配权；（4）一部分剩余索取权。其中，第（1）~（3）项可以看作是劳动力的基本法定权利，是由政府和法律规定的，第（4）项是劳动力享有的经济权利，是劳资双方博弈的结果。

既然劳动力产权是劳动力的占有、使用、支配和收益等权利的集合，那么衡量劳动力产权是否缺失的标准就在于劳动力产权的完整性上。所谓劳动力产权的缺失是指构成劳动力产权的具体权能受到限制，致使劳动力产权的权能不能得到充分体现。

除此之外，虽然劳动力产权的界定是法律法规和企业内劳资双方产权博弈共同作用的结果，但劳动力产权的状况，既取决于界定，也取决于维护，二者缺一不可。如果国家界定了劳动力产权，却因为能力缺乏或受到成本的约束而不能加以维护，那么它就会被在企业产权博弈中处于优势地位的资方所侵蚀。

（二）剩余索取权及其分割

剩余索取权（residual claim）可从全社会范围内和从劳动者所在的经济组织内两个层次上考察。劳动者在社会范围内的剩余索取权，指劳动者作为社会成员的一分子对社会发展成果的分享权，主要指公共品和准公共品，如国防、治安、社会保障等。劳动者在其所在的经济组织范围内的剩余索取权，指劳动者在该组织内，单纯作为一个劳动力的所有者所拥有的剩余索取权。本章分析的剩余索取权指后者。

为简化分析起见，我们假定企业既是经营者，又是资本的所有者，并着眼于劳动力和资本相结合的情况，由此而得出的结论，仍可推广到所有者和经营者相分离的情形，故这样的假定不失一般性。

劳动力为什么一定要跟资本（假定企业已用资本购买了生产所需的生产资料）相结合呢？这是因为，劳动力只有跟生产资料相结合，才能将潜在的劳动能力转化为现实的劳动能力，劳动才有凝结的对象。科斯（1994）在《企业的性质》一文中指出，企业的存在是为了节约市场交易费用，也就是以费用较低的企业内交易替代费用较高的市场交易。这句话换个角度可理解成，在既定的费用下，企业的生产经营与市场交易相比，存在着剩余。这部分剩余是由劳动力和资本共同的外部效应（externalities，亦译成外部性或外在性）造成的，理应由劳动者和企业共同分享,也就是说这两者都享有剩余索取权。如果企业独占剩余索取权,那么,劳动力的价格在劳动力与资本相交换时就应既定,企业需承担全部经营风险,这不能对劳动者形成激励,抑制了劳动者的生产积极性,同时也扭曲了自然形成的财产关系。因为劳动者和企业分别是劳动力和生产资料这两种基本生产要素的所有者,从而都有权参与剩余的分享。可见,劳动力产权应包括一部分剩余索取权。西方资本主义国家的制度改良中,已越来越正视这一点,如在德国、日本,劳动者作为劳动力产权的所有者,越来越多地参与经济决策和剩余分享。我国是社会主义国家,这一点理应做得更好。

20世纪90年代以来,我国开始引入激励机制,部分劳动者(企业管理人员、经理)通过经营权不仅得到了足够的劳动力使用的收益权,更有甚者还分享到了剩余索取权,其经济权力得到极大的增强。但普通劳动者劳动力产权实现往往只限于劳动力价值或价格即工资,其他利润分享形式单一,大都未能获得劳动力剩余索取权。劳动者努力程度不能与企业效益高低、利润大小合理衔接,劳动收入占比偏低。近年来,中国劳动报酬占GDP的比重偏低且呈现出下降趋势,劳动报酬占GDP的比重由2004年的50.7%下降到2011年的44.9%。劳动力产权的弱化,使得劳资冲突日益激化。据全国总工会统计,2012年1~8月,全国共发生围绕工资纠纷的规模在百人以上的集体停工事件120多起,发生在19个省、规模在30人以上的270多起(陈晓枫,2014)。由此可见,劳动力剩余索取权的缺失,会严重影响劳动者的工作积极性,甚至会引发劳资关系的对抗。近些年来,各地在如何保证员工享有一定的剩余索取权方面做了积极的探索,其中一个比较好的思路就是采取利润分享的模式。在我国,生产资料公有制强调生产资料归全体劳动者所有,每个劳动者都是企业的主人,这是中国创建利润分享模式的内在优势。但是这种优势在实践中运用时遇到了一系列难题,比如国家和全体劳动者依据什么样的原则来分配企业利润等。因而创建中国特色的利润共享模式既要积极推动国有企业改革,构建现代企业制度,改变政企不分的现状,巩固和发展公有制经济,增强国有经济活力,同时在鼓励、支持、引导非公有制经济发展的过程中,应加强对非公有制经济的监督管理,调节劳资之间的矛盾,为利润共享提供良好制度环境。

三、劳动力产权与劳动力市场

(一)劳动力产权理论分析劳动力市场的合理性

在马克思主义经典著作中,劳动力是作为商品看待的。在中国经济体制改革过程中，针对中国现阶段劳动者就业的现实，有些学者将"劳动力是商品"这一观点移植于反映社会主义市场经济体制的理论体系中。诚然，移植该观点的积极意义在于立足经济现实来思考问题，但是，即使替劳动力争到了商品的地位，劳动者作为劳动力商品所有者，能获得的不过是劳动者自由让渡自身的劳动力商品并获得与劳动力价值相等的等价物的权利。劳动者作为其劳动力的所有者的经济权利仍然只能在流通领域内实现，进入生产过程就是另外一回事了。以往替劳动力争商品地位，一个重要原因是想为建立劳动力市场提供理论支撑。有的学者认为，劳动力不转换为商品就不能进行交换，从而劳动力市场就无法建立。劳动力资源配置的市场化改革方向无疑是正确的，但是，并非只有确立劳动力的商品地位，才可以建立劳动力市场。如果我们能够建立和完善劳动力产权理论，同样也可以加快劳动力资源配置的市场化进程。

科斯曾特别提醒道："人们通常认为，商人得到和使用的是实物（一亩土地或一吨化肥），而不是行使一定（实在）行为的权力。我们会说某人拥有土地，并把它当作生产要素，但土地所有者实际上所拥有的是实施一定行为的权力……如果将生产要素视为权利，就更容易理解了，做产生有害效果的事的权利（如排放烟尘、噪声、气味等）也是生产要素。"[①] 交换实质上是双方权利的互相让渡，这种双边的供给——购买关系的总和就是市场。同样，劳动力市场也是由劳动者和企业双方权力互相让渡的总和所构成的。

"劳动力产权"与"劳动力商品"相比，至少以下几个优势。第一，劳动力产权贯穿于生产总过程，可以为所有的企业职工争取其应得的权利。第二，劳动力产权是按劳分配和按生产要素分配的有机结合点。第三，劳动力产权是一种既有动力又有压力的激励。第四，仍然可以揭示传统资本主义社会中的剥削问题。除此之外，新制度经济学关于产权的合约思想，可以深入分析我国劳动力市场变迁和劳动者权利演化的内在机制和发展趋势。因此，用劳动力产权完全可以分析劳动力市场，并且比劳动力商品的概念更能揭示我国劳动力市场的内在发展动力和机制。

在劳动力和企业双方权力的交换中，存在的交易成本或交易费用主要是：（1）信息的收集、传递和处理所需要的信息费用。（2）为防范他人损人利己而达成监督、贯彻一项合同所需要的费用，包括寻找潜在的劳动力供给方和需求方并获得与他们的行为有关的各种信息的费用；起草、讨论、确定交易合同的费用；监督、贯彻所签署的合同的费用等。因此，在劳动力的资源配置过程中总是

[①] ［美］罗纳德·哈里·科斯著，盛洪、陈郁校译：《论生产的制度结构》，上海三联书店1994年版，第190~191页。

存在大于零的交易费用。也正因为劳动力资源配置过程处于交易成本大于零的现实世界中，对劳动力产权不同的初始界定才会造成不同的劳动力资源配置效率。换言之，对劳动力产权不同的初始界定有其特别重要的意义。

劳动力至少应包括劳动者的生存权和基本发展权、维持劳动力再生产权利、劳动力自主支配权和一部分剩余索取权。在保障了前面三项权利并在法律上确认了最后一项权利之后，劳动力产权最好由劳动力市场来界定并加以实现。究其原因主要有三：第一，从整个社会来看，资源的市场配置方式的效率要比行政配置方式高，这也是我们为什么要从集权的计划体制转轨的根本原因。劳动力资源配置也不例外。我国打破传统用工制度中的"统包统配"，引入市场机制的做法，实际上从反面证明了这一点。第二，建立劳动力市场给劳动者自主择业、自由迁徙创造了有利条件。第三，在保障了前面三项权利并在法律上确认最后一项权利之后，劳动力产权具体界定通过劳动者和企业之间不断试错和重复博弈的过程来实现，可以使劳动者和企业这两个经济主体都能获得利益最大化。我们知道，合作剩余在博弈双方之间如何分配，取决于博弈双方的力量对比和技巧的运用。如果统一硬性规定剩余分配的比例，反而会限制劳资双方利益最大化的实现，从而也会影响资源配置效率。由此也可看出，在某一经济组织中劳动者个人的收入水平取决于：（1）该劳动者个人在该经济组织内劳动贡献的大小；（2）该经济组织总体的生产经营成果的多寡；（3）该经济组织内劳动者和企业相抗衡水平及其讨价还价的技巧；（4）外界环境因素的影响。

在建立和完善劳动力市场过程中，政府仍是大有可为的。第一，政府可以在保障劳动者的生存权和发展权、维持劳动力再生产权利以及自由择业权等方面起着举足轻重的作用，还可以在创造条件给劳动者以自由迁徙权方面发挥积极的作用。第二，政府可以在法律上定性规定劳动力产权包括一部分剩余索取权。这样的初始界定有助于提高劳动力资源的配置效率。第三，政府可以在促进劳动力市场的统一性、开放性和公平竞争性方面发挥不可替代的作用，还可以在提供劳动力供求信息、提高劳动者素质、增加劳动者的市场适应性等方面发挥重要的作用，以尽可能降低劳动力市场的交易费用。第四，由于劳动力供给方（劳动者）的地位总是弱于劳动力需求方（企业），其原因之一是前者是自然人，而后者是法人。为了提高劳动者的地位，使之有力量与资方（企业）相抗衡，从而使劳资双方在力量较为均衡的基础上合作博弈，可以贯彻实施《工会法》等政策法规。企业中建立健全工会，既可以使劳资双方及时沟通，防微杜渐，有利于劳资双方的合作博弈，又可以在劳资双方发生争执时出面起到"第一道防线"的作用，从而节省交易成本。

（二）应用劳动力产权理论对我国劳动力市场（企业）的初步分析

为了便于分析，把我国的企业分成国有企业和非国有企业两大类，并首先探讨国有企业。

国有企业，即国家代表全体社会成员对企业拥有所有权。以前的理论认为，每个国有企业职工作为社会成员的一分子，是国有资产最终所有者中的一员，是企业的"主人翁"。从而，国有企业职工是以所有者和劳动者的双重身份参与企业的生产和分配：由于没有"劳动力产权"这一概念，职工作为劳动者时的劳动报酬（工资收入）相当低；但职工作为"主人翁"，被看作企业资产的直接占有者，地位被无原则地拔高了，职工一旦进入企业就如同捧上一只"铁饭碗"，生老病死，甚至职工孩子从摇篮到坟墓，都由企业以平均主义、"大锅饭"的形式"包"下来，这种做法使得职工在分享收益（福利收入）方面过大过重，企业不堪重负。从整体上说福利收入这部分是过度的。这种分配结构的代价相当高昂：首先，侵犯了劳动力产权，并造成激励不足。国有企业的低效率在很大程度上源于此。其次，这种做法对国有企业职工的所有者身份的认识是有偏颇的。诚然，国有企业职工作为国有资产最终所有者的一员，是国有资产的所有者，但是，国有企业职工又不是国有资产的所有者，"因为他作为个人所拥有的公有权只有同其他一切人的所有权相结合、共同构成公有权的时候才有效，才能发挥作用；作为个人，他既没有特殊的所有权决定资本的使用，也不能根据特殊的所有权索取总收入中的任何一个特殊份额。同时，他也没有什么属于他个人的所有权与他人相交换"。① 就是说，国有企业职工既是所有者，又是非所有者。作为国有资产的所有者，每个职工跟任何一个农民的权益大小是一样的，因为这两者都是企业生产资料的部分的间接的所有者，而不是直接的所有者。从而职工以所有者身份参与收益的分享，实际上牺牲了其他未参与分享的社会成员（如农民、非国有企业职工等）的利益，这是不公平的。正因为国有企业职工是非所有者，随着国有企业产权制度改革的深入，职工过去作为生产资料所有者的权利被剥离成为必然。

由于国有资产管理部门想独占全部剩余，国有企业职工不仅没有扩大生产、努力工作的激励，而且还会千方百计地侵蚀剩余，将其消费掉、糟蹋掉或流失掉，不能有效地变成资产积累。改革开放以来，我国每年的固定资产投资额都是几千亿元，但现在整个国有资产合在一起时两万多亿元，远远小于国有资产投资总量。与此同时，农村的 800 多亿元资产却增长到现在的近 7 000 亿元，这还不算农民在银行的存款 6 000 亿元。究其原因，主要在于农村经济中明确界定了剩

---

① 樊纲：《公有制宏观经济理论大纲》，上海三联书店1990年版，第24页。

余索取权，农民有权分享剩余，分享积累出的这块财产的产权，从而具有努力增产节约，并将剩余有效地转化为社会资产的积累机制，推动了农村经济的蓬勃发展。由此不难推论，如果明确国有企业职工的剩余索取权，那么，由于劳动者的剩余索取权与整个企业的剩余消长联动，一长诸长，一消诸消，因而将大大提高国有企业职工对企业全部资产保值、增值的关心程度，形成有效的资产积累机制。可见，国有企业职工由于没有明确的剩余索取权，从而缺乏有效资产积累机制。

总之，国有企业职工权益的严重错位是国有企业步履维艰的一个重要原因。从劳动力产权角度看，对国有企业产权制度改革应着重于理顺产权结构，并由此调整权利的实现方式和途径。建立现代企业制度时，不能仅就生产资料而论企业，不能"见物不见人"，还必须把企业和劳动者，把资本产权与劳动力产权结合起来，这样才会在理论上和实践上收到事半功倍之效。将国有企业职工作为生产资料所有者的权利剥离出去的同时，由于过去职工作为劳动力所有者的劳动报酬一直过低，因而，既要改变职工的劳动报酬过低的状况，又要解决过去过低的劳动报酬对老职工所造成的损失的弥补问题。例如，对于营利企业，可适当地把一部分积累量化给老职工；对于破产企业，考虑职工作为第一债权人等。总之，要把对老职工的补偿问题处理好。当然，这应与社会保障制度的改革相配套。对于新增剩余，资本和劳动力的所有者宜增量分享，同步上升。既不能把属于国家的挖过来，也不能使本应属于职工所得的那部分无端少下去。两者只有合作博弈，才能在促使剩余增加的基础上合理分配剩余，并促进将剩余有效地转化为社会资产的积累机制的形成，社会经济发展进入良性循环。

对非国有企业，尤其是外资企业、私营企业、乡镇企业，首先是要使其保证劳动力产权中的劳动者的生存权和基本发展权、维持劳动力再生产的权利、劳动力自主支配权，并在此基础上逐步实现剩余索取权。通过明确劳动者单纯作为劳动力的所有者，也有分享剩余的权利，使劳动力产权的初始界定有助于提高劳动力资源的配置效率。

按劳动力产权理论来调整国有企业和非国有企业的产权，将有助于消除不同所有制企业之间的差别歧视，有助于劳动力按照社会发展的要求流动，从而使对劳动力资源的开发和利用成为我国经济发展和社会进步的新的增长点，由此而产生的前景不可限量。

四、按劳分配再解释：按劳动力产权分配

按劳分配理论是马克思主义的基本原理之一。在中国，这一理论经历了几起

几落的讨论，但迄今为止仍未取得一致的意见①。从实践层面看，在现阶段党和国家的重要文件中，都把按劳分配当作是我国社会主义市场经济中个人收入分配的基本形式。而随着市场经济体制建设的进展、收入差距的拉大，越来越多的人对按劳分配的现实性表示疑虑。因此，对按劳分配问题的深入探究，在理论和实践上都具有十分重要的意义。撇开各种否定按劳分配的论点不谈，仅就主张按劳分配的学者而言，对如何实现按劳分配也有不同的观点。概括起来主要有以下三种：一是根据经典作家的论述，把按劳分配理解为"按劳动量分配"（以下简称这种观点为"按劳动量分配论"）。但在如何计量劳动量的问题上，又有几种不同的看法（郭飞，1993；蒋学模，1962；张友仁，1962）。二是从商品经济的现实出发，把按劳分配理解为"按劳动力价值分配"（以下简称这种观点为"按劳动力价值分配论"）。主张这种观点的学者往往同时还要求劳动力成为商品。这种观点都有其偏颇之处。我们提出的是第三种观点，把按劳分配理解为"按劳动力产权分配"。只有从劳动力产权的角度来论证按劳分配，才能将经典作家的基本原理与当前的经济运动现实结合起来，才能更好地认识和处理社会主义市场经济中的收入分配问题。

（一）"按劳动量分配论"的根本缺陷

按劳分配是马克思在《哥达纲领批判》中对未来社会分配方式的一种设想。在马克思设想的未来社会主义社会中，劳动（支出量）成为个人收入分配唯一尺度须有以下三个隐含前提：

一是社会成员在生产资料占有上的平等。方式是生产资料归全社会所有。生产资料的全社会公有排除了人们靠对生产资料的占有不劳而获的可能性，也使全体社会成员都作为劳动者互相对待，他们除了劳动外，没有任何东西可交换。人们的利益只能来源于其劳动，劳动支出差异是个人利益差别的唯一依据。

二是社会总劳动由一个计划中心统一配置，以保证个别私人劳动具有直接社会性，保证社会成员劳动的有效性。即社会成员的劳动是社会总劳动的有机组成部分，且社会成员总劳动支出量等于可供分配的社会总劳动量。

三是对劳动支出的计量问题在技术上已经解决。

---

① 新中国成立之初，按劳分配理论作为我们构建分配制度的基本依据，曾获得理论界和实际工作部门的普遍赞扬与认同。但1958年因其"资产阶级法权"而受到非难，"文化大革命"中按劳分配还被批为"产生新生资产阶级的土壤"。粉碎"四人帮"后，理论界在这个问题上进行了拨乱反正，认为按劳分配不仅不是产生资产阶级的土壤，而且是限制剥削、消灭剥削的强大武器，是促进经济发展、实现社会公平的巨大杠杆。然而，1984年实行社会主义有计划的商品经济体制后，又出现了否定按劳分配的思潮，一些同志认为按劳分配是一种不能实现的空想，是与商品经济不相容的分配原则，从而再次引发一场激烈的争论。时至今日，争论仍时起时伏，未能取得一致的意见。

在这样的隐含前提下,又由于社会主义初级阶段的物质产品尚未达到极大丰富,对有限的产品只能按劳动(支出)量来分配,以激励社会成员向社会提供更多的劳动量,从而促进社会生产力的发展。由此,马克思提出了按劳分配的原则,并把按劳分配归结为按劳动(支出)量分配。

但是,现实经济满足不了这三个隐含条件,即使在传统的计划经济体制下也无法达到。从资源的占有方式看,由于生产资料的公有化程度存在差别,使得生产资料所有者与劳动者并非始终具有同一性。从而人们的利益差别既与劳动支出量大小有关,也与对生产资料的占有和使用效果有关。

另外,也是更重要的,即计划中心无法保证劳动的有效性,无法保证社会成员的劳动支出总量等于可供分配的社会劳动总量。要使个别私人劳动有效地转化为社会劳动,必须经过两个环节:一是劳动者的个别私人劳动在企业内有效地转化为企业联合劳动形成的劳动成果确实满足了社会需要,因而被社会所承认,顺利地转变为社会总劳动的有机组成部分。计划中心(政府计划部门)在全社会范围内统一配置资源,实际上把整个社会变成了一个生产组织。各个企业不过是执行计划中心生产指令的生产单位,生产的全部产品都交给计划中心,由计划中心统一处理。在这种情况下,各企业劳动支出的有效性,必须由计划中心生产指令的正确性予以保证,但事实上,由于组织全部社会生产和消费的信息量是如此之大,而且这些信息处于不断的变动之中,计划部门无论付出多大的努力都不能对社会生产的巨量信息进行及时收集、处理和反馈,计划的失误不可避免,"有计划的"浪费在社会主义计划经济体制条件下屡见不鲜。很多学者都对此作了深刻的论证[①]。这就造成了如下的矛盾:从生产单位(企业)来看,它们忠实地执行了计划指令,劳动者按照计划要求付出了相应的劳动量,并且得到了相应的劳动报酬,似乎其劳动已为社会所承认,已转化为社会劳动。但从全社会来看,从生产与消费的联系看,企业生产的产品由于计划失误而积压、报废,并没有为社会所需要。从而,劳动者生产这部分产品付出的劳动实际上是无效劳动,并未真正转化为社会劳动。传统计划经济条件下,劳动投入量和其他资源消耗量十分巨大,但劳动报酬水平停滞不前,人民生活水平不能得到应有提高。其源盖出于此。大量无效劳动投入参与分享总量小得多的有效劳动成果,这就从根本上破坏了"按劳动量分配"的宏观条件。

再有,社会难以具体核定每个劳动者的实际劳动支出并支付相应报酬。如何按统一尺度有效地计量生产不同使用价值的千差万别的劳动,包括简单劳动和复

[①] [匈]亚诺什·科尔内著,张晓光等译:《短缺经济学》,经济科学出版社1986年版;胡汝银:《低效率经济学》,上海三联书店1992年版。

杂劳动之间的换算问题，一直是一个悬而未决的难题。传统计划经济体制实行统一的工资等级制度，难以正确反映不同企业劳动者的实际劳动支出，尤其是不能体现劳动者的实际劳动贡献，结果是平均主义盛行。国家调整劳动者工资的行为与劳动者的劳动状况和劳动成果事实上相分离，对劳动者的有效激励不足，造成劳动效率低下。按劳分配作为激励制度的功能无法通过这种统一的工资制度发挥。

总之，社会主义初级阶段无法满足按劳动量分配的三个隐含前提，不存在实行按劳动量分配的现实基础。

坚持"按劳动量分配论"的学者围绕"劳"的问题争论了几十年，却始终无法达成共识。实践中的社会主义经济也从未真正实行过马克思所设想的按劳动量分配。在现实经济条件下，硬要实行"按劳动量分配"的"按劳分配"，必然会出现上面分析的结局。但这并不意味着否定按劳分配的原则。在我们看来，马克思按劳分配理论中贯彻的方法论思想，比有关按劳分配的直接论述更为重要、更有指导意义。生产的社会形式决定分配是以其对未来社会生产方式的构想为前提，当现实经济条件与设想不一致时，按劳动支出量在全社会范围内实行统一分配也就不可能实现。按劳动量分配充其量只在一个经济组织内有意义，而且仅是有限的意义。因为即使在一个经济组织内部，报酬分配也绝不可能只考虑劳动者的劳动支出，还必须考虑其他诸多因素：（1）劳动条件；（2）经济组织内部劳动力资源的相对稀缺性；（3）对劳动岗位的社会评价和心理偏好；（4）其他政治、社会因素等。

（二）"按劳动力价值分配论"的得与失

为解决按劳分配与商品经济的兼容性问题，何伟等学者（1987，1988，1991，1996）提出了社会主义市场经济中"劳动力商品"、按劳分配就是"按劳动力价值分配"等观点。这些观点的积极意义在于：一是立足于现实，从商品经济、市场经济的现实来考虑收入分配问题。二是从主观动机看，他们是在坚持按劳分配的基础上，寻求按劳分配在新的经济条件下的实现形式。

与传统计划经济体制下劳动者的地位相比，承认劳动力是商品无疑是一种突破，是以劳动力形式上成为商品来换取双重进步：摆脱劳动力事实上的商品地位，克服劳动者本人异化为商品的危险（姚先国，1992）。但是，社会主义条件下劳动力是否是商品，需要根据不同经济关系的性质与特点才能做出判断，对此我们曾有过论述（姚先国，1993）。

退一步讲，即使替劳动力争到了商品的地位，作为劳动力商品所有者的劳动者能获得什么样的权利呢？当然是自由让渡劳动力商品，并获得与劳动力价值相等的等价物。由此，何伟等学者认为，按劳分配等于劳动力价值。"按劳分配与劳动力价值是同一质""按劳分配的量与劳动力的价值是同一量"。

我们的看法正好相反，按劳动力价值分配与按劳分配无论从质上看还是从量上看，都存在着根本的差异。首先，从质上讲，两者反映了不同的经济过程和经济关系。按劳动力价值分配是以劳动力再生产所需的生活资料价值为标准，与劳动力作为生产要素在生产过程中的贡献并无关系。一旦劳动力作为商品让渡给企业，劳动者就丧失了对劳动力的现实支配权，劳动报酬也就以劳动者和企业共同约定的劳动力价格为限。劳动者既没有对劳动力使用后创造的经济成果的分享权，也不对企业损失承担责任。而按劳分配（无论对"劳"如何界定）反映的都是劳动者自身的劳动成果与其报酬的关系。分配的依据绝不是他自身劳动力价值的大小，而是他劳动支出所形成的有效劳动成果的多少。他通过劳动创造的财富，在作了必要的社会扣除后，以劳动报酬形式回到他自己手中。这种劳动与报酬的关系，同劳动力再生产的需要与劳动力价格的关系，完全是两种不同的经济关系。其次，从量上看，虽然按劳动力价值分配与按劳分配都有一个数量区间，但两者的区间是不同的。按劳动力价值分配的下限是劳动力简单再生产（生存）所需的生活资料价值，上限是在下限的基础上再加上历史的、道德的因素所引起的附加。虽然在不同的地区、不同的历史时期劳动力价值是有差别的，但在同一地区、同一历史时期劳动力价值却是一个相对稳定的值。而按劳分配以劳动力要素创造的价值为分配的依据，上限可以是其创造的全部价值，下限则可以是零（不劳动者不得食）。当然，在现实中不可能让劳动者饿死，故两者的实际差别主要不在下限，而是在上限。

按劳动力价值分配论为劳动者争得的只是有限的权利：自由让渡劳动力并按劳动力价值获得劳动报酬。而按劳分配则包含着劳动者按劳动贡献分享经济成果或参与剩余分享的权利。

劳动力商品这一概念的局限性还表现在，劳动者作为其劳动力的所有者的权利只有在流通领域内实现，进入生产过程就是另一回事了。可事实上，无论东方还是西方的企业，现实的劳资关系都并非这么简单。劳动者或多或少地参与或影响企业决策，包括收入分配规则的确定。小额优惠、社会保障付费等的引入，使报酬支付过程复杂化，企业的劳动成本与市场劳动力价格发生差异；劳动者的收入也与企业经济效益发生某种联系；有些企业还引入了分享经济制度，分享劳动创造的价值。显然，用"劳动力是商品""按劳动力价值分配论"是无法圆满解释上述问题的。

因此，我们认为，应超越劳动力商品的视野，从产权的角度在生产过程和分配过程的总过程中对劳动力的地位和权益重新加以审视，对市场经济中的按劳分配进行探讨。

(三) "按劳动力产权分配"是实现按劳分配的现实途径

在社会主义市场经济体制下，多种经济成分并存，生产资料所有者与劳动者具有差异性。从而，并非只有劳动才是创造财富的唯一源泉。在《哥达纲领批判》中，马克思曾开门见山地批驳了纲领中"劳动是一切财富和一切文化的源泉"的提法，明确指出，"劳动不是一切财富的源泉……只有一个人事先就以所有者的身份来对待自然界这个一切劳动资料和劳动对象的第一源泉，把自然界当作隶属于他的东西来处置，他的劳动才成为使用价值的源泉，因而也成为财富的源泉。"① 这表明，劳动是价值的唯一源泉，但不是财富的唯一源泉。劳动只有跟生产资料（劳动资料和劳动对象）相结合，劳动才有凝结的对象，劳动作为一种生产要素才能生产出财富。只有生产出财富后才谈得上财富的分配问题。

既然生产是不同生产要素相互结合、共同作用的结果，那么，不同生产要素的所有者都有分享经济成果（财富）的权利。因此，按劳分配也就转化为劳动者作为劳动力的所有者，依照某种标准与其他生产要素的所有者分享经济成果的问题。在社会层面上，这实际上是功能性收入分配的比例问题。在企业层面上，则是个人收入水平和个人收入差别的确定问题。而所依据的标准，既不能是劳动者支出的劳动量（按劳动时间或强度计量），也不应是劳动力再生产所需的生活资料价值，只能是劳动力产权。我们用劳动力产权来表示劳动力在生产过程中的贡献大小、在诸生产要素中的相对地位的高低。

劳动力产权是指劳动者作为其劳动力的所有者时受益或受损的行为权。探讨劳动力产权，可以从两个层面上来考虑：首先，劳动者作为劳动力这一生产要素的所有者与承载者所享有的天然权利；其次，劳动者使用他所拥有的劳动力时享有的经济权利。劳动力产权界定既要考虑劳动力的特性，又要考虑这样的界定应有利于提高劳动力资源的配置效率。由此姚先国和郭继强（1996）提出：劳动力产权至少应包括劳动者的（1）生存权和基本发展权；（2）维持劳动力再生产的权利；（3）劳动力自主支配权；（4）一部分剩余索取权。

对劳动力产权的界定和实现应立足于资源的优化配置。在市场经济条件下，劳动力产权通过劳动力市场②来界定和实现。究其原因主要有三：第一，从整个社会来看，资源的市场配置方式的效率比行政配置方式的效率要高，这也是我们

---

① 《马克思恩格斯选集》（第三卷），人民出版社1995年版，第15页。
② 交换实质上是双方权利的互相让渡，这种双边的供给—购买关系的总和就是市场。既然交易是产权的交易，我们通过确立劳动力产权和让渡劳动力产权，同样可以建立劳动力市场。详见姚先国、郭继强，《论劳动力产权》，载于《学术月刊》1996年第6期。

为什么要从传统的计划体制转轨的根本原因。第二，建立劳动力市场给劳动者自主择业、自由迁徙创造了有利条件。第三，在保障了前面三项权利并在法律上确认了最后一项权利之后，劳动力产权具体界定通过劳动者和企业之间不断试错和重复博弈的过程来实现，可以使劳动者和企业这两个经济主体都能获得利益最大化。劳动者和企业之间的博弈是一种合作博弈，能够产生一种合作剩余。合作剩余在博弈双方之间如何分配，取决于博弈双方的力量对比和技巧的运用。如果统一硬性规定剩余分配的比例，反而会限制劳资双方利益最大化的实现，从而也会影响资源配置效率（姚先国，1996）。

由于市场供求的矛盾、劳动有效性的问题，需要以被社会承认的有效劳动即物化劳动成果作为分配的依据。然而物化劳动成果中包含了转移价值的部分，应予以扣除，只能将劳动过程中的新创造价值作为分配的对象。但是，新创造价值的形成过程还受到客观物质生产条件好坏的影响，按劳分配原则要求剔除这种影响。这样，一个企业中某个劳动者个人的收入水平取决于：（1）该劳动者的个别私人劳动有效地转化为该企业的联合劳动的有机组成部分的大小，即该劳动者在该企业内劳动贡献的大小；（2）该企业的联合劳动有效地转化为社会劳动的数量，即该企业总体的生产经营成果的多寡；（3）劳动者和企业相抗衡水平及其讨价还价的技巧；（4）外界环境因素的影响。所以，按劳分配中的"劳"实际上就是劳动力产权相应能得到的有效的物化劳动成果。

劳动力产权把劳动者当作劳动力这一生产要素的所有者，其行为权贯穿于直接生产过程和流通过程所组成的生产总过程。因此，将按劳分配理解为按劳动力产权分配，是对劳动者权利的充分肯定和深化。

首先，按劳动力产权分配是按照生产总过程中所表现出来的权益大小进行分配。企业职工即使不是企业的生产资料所有者，也是企业的劳动者，拥有劳动力产权，这种权益的实现是与企业生产经营过程紧密相连的。因此，从维护劳动者自身的利益出发，职工也有权参加企业的民主管理和民主监督。例如以一定的组织形式像职代会、工会等有组织地对企业的生产经营决策、分配决策发表意见，施加影响，以保护自己的正当权益。劳动力产权可以为所有企业（包括各种不同经济成分的企业）的职工争取其应得的权利。

其次，随着新技术革命的进展，生产方式正在逐步转向通过提高和增进物品和劳务中所包含的智力和信息，来减少工业和个人物质消耗量，有人将其称为新兴的"信息经济"。伴随着这一转变，人力资本的存量不断增大，劳动者在生产总过程中发挥着越来越重要的作用。虽然劳动力产权和物质财产权同是生产总过程中两种不可或缺的行为权，但是，劳动力产权相对于物质财产权的地位在不断提高，劳动者的相对权益也会随之增加。可以预见，按劳分配将是一种越来越重要的分配形式。

最后，实行按劳分配并不排斥其他分配方式，如按资分配等。如果某一职工既是企业的劳动者，又是企业的投资者，那么他可以以双重身份获得双重收益。按劳分配与其他分配方式的结合并不是板块式的，而是渗透式的。按劳分配与其他分配方式可以兼容。

在确认按劳动力产权分配的基础上，政府行使收入分配的职能也要进行相应转变。政府的任务不再是测定每个劳动者的劳动量并确定相应的支付标准，而是创造出有利于实现劳动力产权的制度环境。主要措施有：（1）加强人力资本投资并使人力资本投资获得足额的回报。人力资本存量的增加，可以在与物质财产权的抗衡中提高劳动力产权的相对地位。（2）创造条件给劳动者以自由流动权，促进统一、开放和公平竞争的劳动力市场的形成，并在提高劳动力供求信息、增强劳动者的市场适应性等方面发挥重要的作用，以尽可能降低劳动力市场的交易费用。（3）制定劳动者分享剩余的规则或规定一定的比例区间。这样的初始界定有助于提高劳动力资源的配置效率。（4）鉴于劳动力过剩、资本短缺的现实，必须加强劳动者的组织性，贯彻《中华人民共和国劳动法》（以下简称《劳动法》），实行集体谈判制度，使劳资双方在力量较为均衡的基础上合作博弈。缓解劳资矛盾，调节劳资关系，提高企业制度的运行效率，最终促进社会生产力的发展。

第二节 平等理论与劳动者权利平等

我国当前的劳动力市场，运行机制仍十分扭曲，主要表现在三个方面：（1）劳动者之间的平等就业权利尚未获得，歧视现象严重，尤其是对农民就业的制度性歧视仍普遍存在。（2）城市对进城务工人员的"经济性接纳、社会性排斥"现象，造成农村劳动力的职业转移与身份转换严重脱节。目前我国第一产业的劳动力占全部劳动力的比重已降到47%，而且有市民身份的人口不到全部人口的30%。进城务工人员长年累月在城市从事非农职业，其身份仍是"农民"，从而形成中国特有的"农民工"现象。（3）劳资双方的权利严重失衡。许多劳动者，特别是农民工的合法权益得不到有效保障。劳动条件恶劣，工伤事故频发，拖欠、拒付工资、超时加班加点等现象屡见不鲜。

城乡统一的劳动力市场不仅应是一个对城乡居民普遍开放的市场，而且应是一个对所有劳动主体都实现权利平等的市场。目前的这种劳动力市场状况，已造成了一系列严重的经济、社会后果：（1）加剧劳资矛盾和社会冲突。暴力讨薪、群体对抗事件频发，与此相关的刑事案件大量增加，危害社会稳定。(2)务工收入相对减少，农村居民收入增长缓慢，消费能力削弱，导致内需不足，经济增长长期过度依赖投资和出口，从而影响经济的长期稳定增长。(3)阻碍农村劳动力转移，"民工荒"就是一个警示。"只有减少农民才能富裕农民""没有大量农村劳动力的非农化和市民化""三农问题"不可能有实质性解决。(4)更令人忧虑的是，"经济上接纳、社会性排斥"现象将造成一种"榨甘蔗式"的对农村劳动力的掠夺式使用。年轻力壮的农村劳动力被榨干血汗后又被扔回农村，农村将变成老弱病残的聚集地，进一步加大城乡差距，加剧二元结构，这将使我国离现代化的目标越来越远。

因此，研究如何创造平等就业环境，构造城乡统一的劳动力市场，对于我国加快经济社会均衡发展，缩小城乡差别、构建和谐社会，实现现代化目标都有着极为重要的意义。

然而，事实上，在我国的相关法律中，劳动者之间的平等就业、劳资之间的平等，是被明确界定的。如《劳动法》总则第三条规定，"劳动者享有平等就业和选择职业的权利、取得劳动报酬的权利、休息休假的权利、获得劳动安全卫生保护的权利、接受职业技能培训的权利、享受社会保险和福利的权利、提请劳动争议处理的权利以及法律规定的其他劳动权利。"

《劳动法》对平等就业做出了详尽的规定。关于劳动者之间的平等就业，《劳动法》的相关规定包括：

"第十二条　劳动者就业，不因民族、种族、性别、宗教信仰不同而受歧视。

第十三条　妇女享有与男子平等的就业权利。在录用职工时，除国家规定的不适合妇女的工种或者岗位外，不得以性别为由拒绝录用妇女或者提高对妇女的录用标准。

第四十六条　工资分配应当遵循按劳分配原则，实行同工同酬。"

关于劳动者与资方之间的平等，《劳动法》的相关规定包括：

"第十三条　妇女享有与男子平等的就业权利。

第十五条　禁止用人单位招用未满十六周岁的未成年人。

第十六条　劳动合同是劳动者与用人单位确立劳动关系、明确双方权利和义务的协议。建立劳动关系应当订立劳动合同。

第十七条　订立和变更劳动合同，应当遵循平等自愿、协商一致的原则，不得违反法律、行政法规的规定。劳动合同依法订立即具有法律约束力，当事人必须履行劳动合同规定的义务。

第二十四条　经劳动合同当事人协商一致，劳动合同可以解除。

第三十条　用人单位解除劳动合同，工会认为不适当的，有权提出意见。如果用人单位违反法律、法规或者劳动合同,工会有权要求重新处理;劳动者申请仲裁或者提起诉讼的,工会应当依法给予支持和帮助。

第三十三条 企业职工一方与企业可以就劳动报酬、工作时间、休息休假、劳动安全卫生、保险福利等事项,签订集体合同。集体合同草案应当提交职工代表大会或者全体职工讨论通过。集体合同由工会代表职工与企业签订;没有建立工会的企业,由职工推举的代表与企业签订。"

此外,关于劳动者的工作时间和休息休假、劳动安全卫生、女职工和未成年工特殊保护、社会保险和福利等,《劳动法》都做出了明确的规定。另外,《劳动法》明确规定,为了保障《劳动法》的执行,规定了严格的保障性条款,包括"第十章劳动争议""第十一章监督检查""第十二章法律责任"等条款。

可以说,我国《劳动法》《劳动合同法》等相关法规对劳动者权利的界定是明确的、具体的,也是具有可操作性的。可事实上,在现实中,《劳动法》的系列规定都得不到有效落实,法律规定的权利(法定权利)与实际权利之间存在巨大的反差,诸多的现象不胜枚举。令人深思的是:在我国《劳动法》《劳动合同法》的相关规定中,关于劳动者的权利界定是明晰的,但为什么在现实中得不到落实?其中的机理是什么?名义上的平等和实质上的不平等之间的反差是怎样形成的?

一、平等理论与个体异质性

本书的核心论题是"平等就业",厘清的第一个理论问题是何谓"平等"?考察现有的与本研究相关的平等理论的逻辑,界定"平等就业"的价值内涵。

"平等"一直是人类所孜孜以求的美好价值,在理论上"平等"也一直是各种社会理论和政治哲学所关注的核心论题。但同时"平等"也一直是一个充满歧义的论题,各种关于平等的论说之间充满争议、少有共识。其间的分歧并不是在于"要不要平等",而是"什么是平等"?正是因为对"什么是平等"的理解上充满分歧,于是衍生了众多的平等理论。

讨论"平等"要面对的两个前提:第一,一个基本的事实是,人与人之间是异质性的,也就是说人天生形成以及后天形成的各种属性是不一样的,正因为异质性的存在,因此有讨论平等的必要性,离开异质性,讨论平等没有意义。第二,平等是一种价值目标,基于人类价值的多样性,因此评价平等的判断变量是具有多样性的,这是形成各种平等理论的一个重要原因。

在经济学理论中,对经济行为主体进行的行为假设是"经济人"假设。古典和新古典经济学中"经济人"假设一般包括三个内容:(1)个人完全理性。(2)效用最大化。(3)完全信息。因此,"经济人"所面对的世界是没有不确定性和风险的。作为经济主体的人是一个"抽象人"或"整体人",人与人之间是没有差异的,即作为经济主体的人是"同质"的。倘若人是同质的,就不需要讨论平等,因为同质性的人天然就是平等的。因此,讨论平等的理论前提是基于人的"异质性"这一理论假设。人的异质性是一个事实假定。讨论"什么是平等",只有基于人的异质性这一理论前提之下才有意义。比如,讨论人的长相、健康、家庭背景应该平等,是没有意义的。这类论题只是讨论平等的起点或前提,而不是需要实现的平等目标。人与人之间的差异体现于内部特征和外部特征两个方向。内部特征的不平等主要是生理特征,如性别、年龄、染病概率、体能、智力程度等。外部特征导致的不平等包括继承不同数量的财富造成的不平等、处于不同的自然环境而形成的不平等、处于不同的制度环境和社会环境下形成的不平等。"实现人人平等"是一个令人鼓舞的美好目标,但追求人人平等只能是在人之异质性这一事实前提下进行。

在人的异质性这一前提之下,可以讨论"什么应该平等"。"平等"本身很难定义,顾名思义,可以理解为通过对比不同的人在某一特定方面是否具备相同特征和同等的实现程度,比如收入、财富、幸福程度是否一样,或者自由、机会、权利、需求的实现程度是否相同。诸如收入、财富、权利、机会等变量是判断和评估平等的评价变量,或者说是评价的"标准"。笼统地说"人人应该平等"是没有实际意义的,只有落实到这些评价变量上才能有效讨论平等。

评价平等的变量是多元的、多角度的。如图2-1所示,可以列举出关于平等的评价变量包括:收入、财富、幸福程度、机会、能力、自由、权利、需求实现等维度。在这些变量中,某一评价变量的平等与其他变量的平等往往并不一致。比如机会的平等往往导致收入的不平等,同等的收入水平未必能带来同等的幸福程度,同等需求实现程度所要求的财富拥有程度可能并不同,等等。

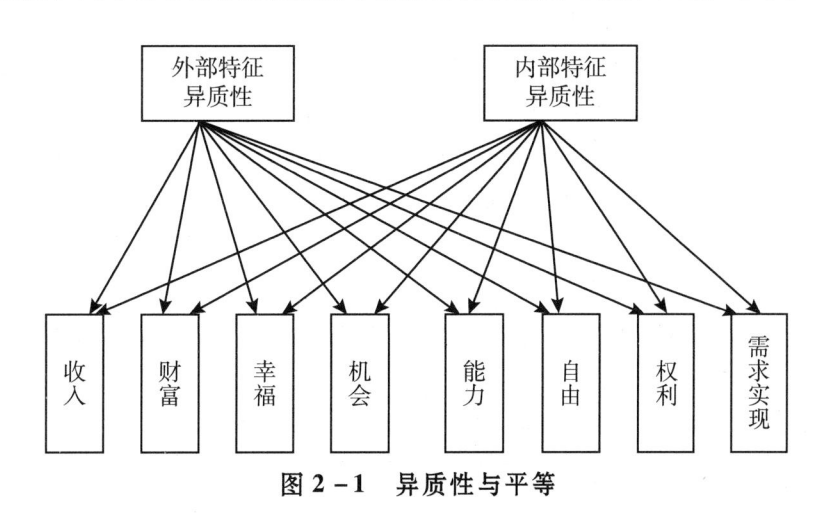

图 2-1 异质性与平等

在人的异质性和平等的评价标准多样性的前提下，讨论平等首先要确认的问题是，评价平等的标准是什么？或者说是，从哪个（些）维度来评价平等？在这一论域，马克思主义经典作家和近现代的一些哲学家提出的思想为我们考察平等的标准和维度提供了很好的借鉴。

二、马克思的平等理论

实现人与人的平等是马克思恩格斯思想体系所追求的基本价值，他们对平等思想做出了一系列重要的阐述。马克思恩格斯论述平等的逻辑起点是人与人之间的相异性，恩格斯指出，人与人之间的不平等是先天就存在的，人与人"在素质上存在着巨大的不平等。A 果断而有毅力，B 优柔、懒惰和萎靡不振；A 伶俐，B 愚笨"[①]。实现人类的平等，并不是说要实现先天上的平等，而是要实现社会意义上的平等。在资本主义社会，这种人与人之间"平等的政治地位和社会地位"表面上形成了。资产阶级革命的旗帜上，高高飘扬着"天赋人权""自由""平等""博爱"的口号，成为其发动革命的合法性来源，"权利的公平和平等，是18 世纪和 19 世纪的资产者打算在封建制度的不公平、不平等和特权的废墟上建立他们的社会大厦的基石。"[②] 在制度形式上，美国《独立宣言》和法国《人权与公民权利宣言》以及资产阶级革命成功后各国制定的宪法性文件，都将生命、自由、财产、安全、追求幸福等权利确定为人与生俱来不可剥夺的基本人权，平等被确定为资产阶级法律的一条基本原则。资产阶级革命第一次完成了人类的政治解放，这是人类在追求平等理想上的一个巨大的进步。

为了保障平等的实现，资产阶级革命打碎了专政王权的国家机器，解除了紧锁在劳动者头上的专制桎梏，使劳动者在人身意义上获得了自由。紧接着，资本主义建立了以自愿交易为基本原则的商品经济生产方式，认为这是让人身上获得了自由的劳动者获得平等的必由之路，因为商品是天生的平等派，"特权、优先权符合与等级相联系的私有制，而权利符合于竞争、自由和私有制状态。"[③] 依照商品经济的平等交换原则，资产阶级认为将让劳动者获得真正的平等地位。

但是，马克思恩格斯深刻地洞察了，劳动者在资本主义社会所获得的人身自由以及依照商品交换原则所获得的平等的经济地位，只是一种表面现象。"劳动

[①] 《马克思恩格斯全集》（第二十卷），人民出版社 1971 年版，第 108 页。
[②] 《马克思恩格斯全集》（第二十一卷），人民出版社 1965 年版，第 210 页。
[③] 《马克思恩格斯全集》（第三卷），人民出版社 1960 年版，第 229 页。

力所有者和货币所有者在市场上相遇，彼此作为身份平等的产品所有者发生关系，所不同的是一个是买主，一个是卖主，因此，双方是在法律上平等的人。"①可是，这种"平等"并不太美妙，这只是表面现象，在这一表面上的平等的背后，是劳动者和资本家之间实质上的高度不平等。马克思所看到的实质是："原来的货币所有者成了资本家，昂首向前，劳动力所有者成了他的工人，尾随于后，一个笑容满面，雄心勃勃，一个战战兢兢，畏缩不前，像在市场上出卖了自己的皮一样，只有一个前途——让人家来揉。"② 基于这一事实，显然，这种平等只是抽象意义上的法律地位的平等，只是形式上的平等，而不是实质意义上的平等。这种形式上的平等的虚伪性在于，资产阶级只是强调了政治、法律意义上的抽象平等权利，而只字不提保障这些平等权利得以真正实现必不可少的经济上的平等权利。人不仅是"政治的动物"，而且是"经济的动物"，实现政治权利上的平等，必须以经济上的平等权利为前提。"劳动者在经济上受劳动资料即生活源泉的垄断者的支配，是一切形式的奴役即一切贫困、精神屈辱和政治依附的基础。"③ 如果不能在经济上获得平等地位，所谓政治平等、法律平等只可能是空中楼阁。

关于权利产生的基础，马克思有三个基本论断。其一，权利内在于人的本性，是人之本性的一种需求，这一点自然无须多论。其二，权利不是抽象意义上的"天赋"的，也不是与生俱来的，而是一种社会现象，是人类社会发展到一定阶段的产物。马克思曾系统地考察了自原始社会以来人之权利的演变过程，揭示了处于不同历史阶段上的人之权利具有不同特点这一历史事实。其三，权利和自由离不开一定社会经济发展阶段，人的本质属性是社会性，人们的生产实践活动必然形成复杂的社会联系，这是权利存在的前提和基础，故而，"权利永远不能超出社会的经济结构以及由经济结构所制约的社会的文化发展"④。

马克思深刻地指出："人的本质并不是单个人所固有的抽象物，实际上，它是一切社会关系的总和。"⑤ 马克思的这一看法，事实上是指出了，资本主义意义上的平等实质上把人看成为一种脱离了任何社会关系的"原子式"的平等。事实上，个人是生活于社会之中的，个人不是一种孤立的存在，人与人之间是存在普遍联系的，离开社会历史场景、离开人与人之间的普遍联系来讨论人之平等是没有意义的，据此，个人的权利也就不是一种孤立的、抽象的存在，而是与社会

---

① 《马克思恩格斯全集》（第二十三卷），人民出版社1972年版，第190页。
② 《马克思恩格斯全集》（第二十三卷），人民出版社1972年版，第200页。
③ 《马克思恩格斯全集》（第十七卷），人民出版社1963年版，第475页。
④ 《马克思恩格斯全集》（第十九卷），人民出版社1963年版，第22页。
⑤ 《马克思恩格斯全集》（第三卷），人民出版社1960年版，第5页。

现实紧密联系在一起的。这一看法与亚里士多德所洞识的"人是一种政治动物"的含义是相同的,强调的是人是生活在社会之中和政治之中的,是不能脱离社会和政治而存在的。脱离了这一事实,资本主义平等的实质事实上就变成了资产阶级内部的平等,以及在生产资料上一无所有的劳动者之间的内部平等,而不是劳动者和资产阶级之间的真正的平等。

故而,劳动者要获得真正的平等地位,"无产阶级平等要求的实际内容就是消灭阶级的要求。任何超出这个范围的平等要求,都必然要流于荒谬"①。"平等应当不仅是表面的,不仅在国家的领域内实行,它还应当是实际的,还应当在社会的、经济的领域中实行。"②恩格斯在《反杜林论》中这样指出:"一切人,作为人来说,都有某些共同点,在这些共同点所及的范围内,他们是平等的,这样平等要求就更应该是,从人的这种共同特性中,从人就他们是人而言这种平等中,引申出这样的要求:一切人,或至少是一个国家的一切公民,或一个社会的一切成员,都应当有平等的政治地位和社会地位。要从这种相对平等的原始观念中得出国家和社会中的平等权利的结论,要使这个结论甚至能够成为革命中自然而然的、不言而喻的东西。"③

马克思恩格斯的这一系列论述深刻地指出了,让劳动者获得真正的平等地位,劳动者仅仅只是获得法律意义上的政治平等地位以及建立起自愿平等交易的市场原则是远远不够的,而必须是实现政治、经济、法律层面的全面的平等。

三、马克思的平等观与西方平等理论的比较

在西方学者中,罗尔斯、德沃金和阿马蒂亚·森等都提出了相应的平等理论。其中,影响最大的是罗尔斯的平等思想。

罗尔斯认为,法律意义上的平等只是形式意义上的,因为在市场竞争中,存在两方面的不平等:一是人们进入市场的初始条件是不平等的;二是市场竞争造成了结果的不平等,而且往往是前者的不平等导致了后者的不平等。资源的最初分配总是受到自然和社会偶然因素的强烈影响,比如个人收入、财富和机会等总是受到如天赋能力的高低、家庭出身和社会环境的好坏等的影响。罗尔斯建议通过增加教育机会、实行再分配政策和其他社会改革措施,消除人们在最初的进入市场之前的初始条件上的不平等,而为所有人提供一种平等的出发点,让人们获

---

① 《马克思恩格斯全集》(第二十卷),人民出版社 1971 年版,第 117 页。
② 《马克思恩格斯全集》(第二十卷),人民出版社 1971 年版,第 116 页。
③ 《马克思恩格斯全集》(第二十卷),人民出版社 1971 年版,第 113 页。

得实质性的机会平等。

马克思认为形式上的平等具有虚伪性，而强调实现实质上的平等，为此，他提出了以改变生产方式来改变分配方式的社会革命的道路。罗尔斯提出，首先保障形式上的平等即所有个人在基本自由和权利上的平等，然后在社会经济领域内采取照顾社会弱势群体的特殊政策，因而主张通过收入再分配来解决资本主义社会内部矛盾的改良主义道路。马克思与罗尔斯的两种平等观具有互补性。马克思从社会关系入手界定人的本质，认为人的本质在其现实性上是"一切社会关系的总和"，并将人的社会本性归结为倾向于社会结合的"善"性，这是值得重视的。总之，在人类社会生产力的水平还处于需要发展市场经济和实现价值生产的阶段，罗尔斯关于平等的结论仍具有现时有效性。马克思所推崇的自由人联合体的社会共存方式的实现，有待具备高度发展的社会物质条件和社会精神条件，它应该作为人类所追求的美好远景而存在，并指引我们逐步走向这一目标（陈一壮、谢新，2011）。

四、劳动力权利平等的实质

（一）平等理论的政策含义

根据马克思的平等理论，以及罗尔斯、诺齐克、德沃金、阿马蒂亚·森的平等理论等，可以从中归纳出如下政策含义。

首先，在人类文明演化到今天，权利平等思想本身，并不会遭遇任何的挑战。可能的疑问只是人究竟应该拥有怎样的权利；其次，以权利平等否认其他标准的平等，如诺齐克、哈耶克等的理论在一般意义上是对"平等"持警惕态度的，但正如前文所提及的阿马蒂亚·森的论述论证了，权利平等仍然是一种平等思想，这与诉求于其他标准的平等并没有本质的不同。问题的关键还是在于"什么要平等"，即人应该在何种权利上获得平等。正如阿马蒂亚·森定理所揭示的，任何"自由"或权利都是可能被提出质疑的，换言之，也就是任何权利都可以被主张。诺齐克和哈耶克对社会财富的再分配，其实质也就是认为应该主张权利、自由的平等，而可以容忍财富占有上的不平等。问题在于，根据阿马蒂亚·森定理，"权利"应该被界定到何种程度是有待讨论的，这一问题留待后文讨论。从诺齐克等的自由、权利平等理论中，对待所有人的权利平等，以及建构一个支持权利平等的规则体系，应该是建构社会的基本原则。

从罗尔斯的平等理论中，我们可以抽象得出的政策含义是：（1）政治权利、自由的平等分配；（2）竞争规则的一视同仁；（3）政府应该对社会财富进行重新分配，以救助弱势群体，这可以理解为实施一种超越基本社会保障的比较强大的社会保障制度；（4）配置公共资源更应该向弱势阶层倾斜，应该让弱势阶层获得更多的如教育等公共资源，这样将有助于拉平弱势阶层与富有阶层之间的实质不平等，因为富有阶层可以在其他方面比如获得来自家庭背景上的支持，最终让不同阶层在对社会机会的把握上实现实质性平等。

从德沃金的平等理论中，两条核心结论是：（1）初始资源应该均等化配置；（2）对于资源的使用过程中形成的不平等，应该通过税收给予调节。因此，现实中的政策选择是："公共"层面上的资源应该是均等化配置，在市场机会对每个人自由开放后，政府应该对弱势阶层给予某种福利保障。

在阿马蒂亚·森的理论框架中，可以抽离出明确的政策含义是：（1）在政治自由方面，人们应该拥有参与政治、监督政府、自由结社等基本自由，同时基本的政治制度应该为实现这些政治自由提供基本的保障。（2）在经济自由方面，人们应该合法占有基本的经济资源。对照中国的现实，可以认为如农民应该拥有对土地等资源的占有和转让权利等，民众应该有同等的机会获得社会经济资源比如金融资源等，乃至于对于生产性经济资源的同等获得。（3）在社会机会方面，公共资源应该实现均等化配置，人们同等享有社会教育、医疗保障等公共资源。（4）在透明性保证方面，应该有一个规范的经济秩序和政治秩序，比如拖欠工资、政治腐败等现象是不应该出现的。（5）在防护性保障方面，弱势阶层应该获得来自社会、政府的有效保护。

（二）劳动者权利平等的内涵

根据马克思的平等思想和西方学者的相关观点，我国当前劳动者权利的不平等主要表现在以下几个方面。一是劳动力产权和物资资本产权在企业剩余索取权分享上的不平等，具体表现为"资强劳弱"，员工除了获得基本的工资报酬外，很难分享企业的利润，并且国家规定的一些基本权利在企业内部得不到保证；二是不同户籍形式、不同企业类型的劳动者权利之间的不平等，主要表现为城镇户籍的劳动者比农村劳动力在工资报酬、教育医疗等方面享有更高的福利，同时国有企业的职工比非国有企业的职工享有更高的保障等；三是一些弱势群体的基本经济权利得不到保证。因此劳动者权利的平等就包括多个维度，首先是国家要在法律层面规定所有的劳动者都享有平等的基本权利，包括逐渐废除对农民工的歧视性制度安排等；其次是政府需要在企业的公司治理结构层面保证员工享有企业的剩余索取权，维护工人的合法权益；最后是在不同类型的企业之间要规范工资报酬和其他福利的发放。对于那些市场竞争中的弱势群体，政府需要加强对其的社会救助，提升其人力资本技能等。

第三节 劳动力产权与劳动者地位

一、劳动者地位问题

对于当下中国的劳动关系,无论是学术界还是大众传媒,在劳动者地位方面存在着惊人的一致意见:即劳动者在劳动关系中基本上处于弱势地位,中国的劳动关系现状呈现出显著的不平衡特征。为什么劳方在劳资关系体系中总是处于弱势地位呢?为什么劳方似乎总是成为需要同情的一方呢?这一问题并不是中国工人经济生活中所独有,实际上它是人类经济进入工业时代的产物,在世界各国都具有普遍意义。自从欧洲工业革命以来,工人群体就开始成为工业经济体系不可或缺的一环,但同时又是地位极为不平等的一环;工人阶级的地位问题从那个时期开始就成为经济学家、政治学家和其他社会科学家研究的焦点之一。正是呼应资本主义的时代背景和解答资本主义经济体系内在矛盾的需要,马克思出版了其巨著《资本论》。马克思从生产关系的分析视角强调,劳动者的弱势地位内在地取决于企业的私有产权性质。马克思论证了劳动力如何在资本主义制度下成为商品,进而转化为由资本家占有的可变资本;并指出正是这种资本雇佣劳动的制度,使得资本主义所有权规律转变为资本主义占有规律。也就是说,在雇佣劳动制度下,劳动者的劳动力这一个人财产权被资本家剥夺了,资本家凭借这种剥夺从而占有劳动者创造的剩余价值。因此,资本主义劳动关系根本上是一种剥削关系、压迫关系。马克思提出"资本雇佣劳动"命题成为经济学家和社会科学家经久不衰却又充满争议的研究话题。在国际学术界,萨缪尔森(1954)的观点颇具代表性,他认为"谁雇佣谁并不十分重要",劳动者在市场交换中是与资方对等的一方,劳动者地位问题无从谈起。以哈特为代表的产权学派则认为将剩余索取权分配给资方似乎更有效率(哈特,1998),不过,这也为劳动者在不完全合约情况下受到资方机会主义损害留下了空间。在国内学术界,张维迎(1985)、杨瑞龙和杨其静(2000)等在GHM模型基础上对资本雇佣劳动问题进行了讨论与反思。另外一部分学者延续了马克思的思想,例如,王珏(2000)、储小平(1996)等认为,"在私营企业中,老板拥有完整的产权,即拥有财产的所有权、收益权、转让权和剩余索取权,老板处于支配地位,雇员处于被支配地位。"私有制企业中的劳资关系向资方倾斜,劳方权益极易受到资方侵害,这基本上是由私有产权制度所决定的。因此，沿着这一思路，在市场经济条件下，要打破劳资双方不对等的地位，应该使劳动者也成为有产者，即所谓"劳者有其股"。

第二种思路是从新制度经济学和产权经济学出发，认为劳动力产权残缺或产权模糊导致劳动者处于不利地位。一般认为，劳动力产权是一组权利束，包括劳动力所有权、处置权、收益权和转让权等。周其仁（1996）认为，违背市场自由交易法则的法权和其他制度安排，可能导致劳动力产权在德姆塞茨意义上的"残缺"。劳动力产权中某些权利束的残缺不仅本身就意味着对劳动力产权和劳动者地位的某种损害，而且这种残缺也可能削弱劳动者在劳动力市场上与雇佣者进行讨价还价的能力。另外，劳动力产权的模糊也可能导致劳动者在劳动关系中处于不利地位。持这种看法的学者认为，对于自由市场经济中的企业，不仅（物质）资本的产权需要明晰，劳动力的产权也需要明晰。例如，陶志泉就认为所谓明晰劳动力产权是指"企业经营者因劳动者让渡而拥有的劳动力产权的内容边界（如工种、岗位等）、时空边界（日工作时间以及工作地点等）、强度边界（疲劳强度、安全强度、卫生强度等）各是什么。""超越边界占有、使用、处分劳动力产权以及劳动力使用的收益权，就是一种侵权行为。从产权经济学的角度看，调整劳动关系，维护劳动者权益就是要明晰劳动力产权的边界，并严防死守这一边界。"①

第三种研究思路或分析角度则来自社会学者的社会调查和经济学者的经验研究，主要从劳动关系主体的个人特征角度出发，认为雇主和劳动者低下的素质以及劳动者本身的人力资本特征和身份特征影响劳动者地位的维护和提高。戴建中（1996）和欧阳骏（2000）分别所做的社会调查显示，在众多中、小私营企业、外商独资企业中，资本权益严重侵害了职工的权益。劳动者劳动时间、劳动报酬、劳动条件和劳动保障各方面权益都受到雇主的侵害，有时甚至相当严重。一是中、小私有制企业老板对劳动法规都存在程度不同的漠视，不仅国内的雇主如此，一些来自东南亚国家的外商，因其所在国的劳动管理本身就不完善，雇主与雇员以平等的身份谈判一般被视为难以接受。二是从工人的来源来看，在私有制企业中工作的工人大都来自农村，其本身权利意识淡薄，对劳动法规了解甚少，不知道如何运用劳动法规来保护自身的利益，加上就业的艰难，使其对侵害其自身权益的行为大都采取一再忍让的态度。姚先国和赖普清（2004）在一项经验研究中表明，即使在人力资本相同的条件下，来自农村的工人与来自城市的工人在工资、养老保险、医疗保险、失业保险以及工会参与等方面均受到歧视待遇，农村工人的劳资关系状况普遍差于城市工人。

---

① 陶志泉：《论所有权、产权与劳动关系》，载于《工会论坛》2001年第7卷第4期。

以上从企业所有权、劳动力产权、劳资双方素质以及劳动者身份特征等方面来认识劳动者地位问题尽管有其合理之处，但同时也存在一些问题。首先，在雇佣劳动关系中，劳动者的（弱势）地位与劳动者是否占有物质资本并不存在天然的联系，同样，企业所有者的强势地位也非天然。在一般情况下，雇佣方与被雇佣方确实存在利益冲突，双方在冲突中的地位是相对的，这种相对地位的高低取决于双方的讨价还价能力。因此，欲达到提高劳动者地位的目的，并非只有使"资本雇佣劳动"转变为"劳动雇佣资本"一途。即使在资本雇佣劳动的情况下，劳动者个人、劳工组织以及政府仍然可以通过其他的途径来提高劳动者一方在劳动力市场和企业中的谈判地位。况且劳动管理型企业由于无法有效地解决资本专用性、机会主义、劳动者之间的协调成本等问题，劳动管理型企业在现实中也无法普遍推行。因此，通过改变雇佣地位来改变劳资关系地位其适用范围是有限的。

其次，市场里的企业是一个人力资本与非人力资本的特别合约，也即两种产权的特别合约。在这一合约中，如果某一产权的某一或某些权利被限制或被取缔（即出现产权残缺）的话，这一产权的利益和地位当然会遭到削弱。我们认为，这一情况主要出现在经济转型的初期阶段，当劳动力市场和劳动力市场制度开始逐渐成熟和完善时，劳动力产权残缺出现在一些极端的情形之中。例如，在一些实施军事化管理的企业中，工人自由择业的权利受到一定程度的限制，这种限制本身就是对劳工地位的一种损害。另外，工人的收益权或及时获得报酬的权利有时也会受到侵害，例如，前几年作为弱势群体的进城农民工面临大范围的拖欠工资问题。显然，农民工群体受到的利益侵害（工资拖欠）并非源自劳动力产权界定不清晰，而实际上是无法对明晰的产权加以有效执行与实现。

最后，通过完全界定劳动过程中的内容边界、时空边界和强度边界来维护劳动者权益，还会遇到另外一个难以克服的问题：即有限理性限制和高昂的契约成本。一方面，资方和劳方都是有限理性的，与一般的商品买卖合约相比，劳动与资本之间的雇佣合约更加难以在事先对合同的各项细节做出完全的规定。正如经济学家科斯所观察到的，"由于预测的困难，有关物品或劳务供给的契约期越长，买方就越不可能——也越不应该——明确规定供应方的行为"。"契约中所规定的只是要求供给者供给物品和劳务的范围，而其行为的细节，契约中并没有明确的规定，是以后由购买者决定的。"[①] 因此，人的有限理性决定了劳方、资方或政府第三方都无法事先完全界定劳资合约所涉及的全部权利和责任边界。另一方面，即使在某些工作领域或工作场所签订一个相对完全的劳资雇佣合约是可能

---

① Coase, R., "The Nature of the Firm", Economica, Vol. 4 (1937): 386 – 405.

的，然而，劳方和资方都有可能不得不根据合约的条款建立一系列的测量、考评、监督、协调机制、组织和人员的配置，在某些情况下还必须诉诸劳资双方之外的第三方机制。也就是说，合约所涉及的细节越多，执行合约的成本可能也越高。

我们认为，在中国进行市场化改革40年之后，劳动力市场化的程度已经大大提高，根据市场机制配置劳动力资源的体制已经基本确立，中国劳工关系的模式不可能再退回到原来国家统包统分和全民所有制下的那种劳工关系模式，我们必须正视在市场经济体制下形成的既冲突又协调的传统劳资关系。与此同时，在中国劳资关系转型的大背景下，1994年中国颁布了首部《劳动法》；在此之后，劳动立法的步伐明显加快，至2007年颁布制定了包括《劳动合同法》在内的各种劳动法律法规达六十多项。劳动法律制度方面的进展表明，中国劳资双方的关系特别是劳动力产权的界定和法律保护拥有越来越强大的法律支撑。然而，劳动法律法规只是提供了劳资双方进行博弈的一个法律框架，劳资双方特别是劳方在多大程度上实现自身的劳动力产权还取决于劳方实现劳动力产权的能力。诸如"开胸验肺""富士康事件""本田事件""通钢事件"以及难以根治的拖欠农民工工资等问题说明，尽管《劳动合同法》已经推行，但劳动者的劳动力产权在许多领域仍然受到侵害，劳动者保护自身劳动力产权的能力受各种影响而且仍然相当薄弱。因此，我们必须超越劳动力产权的一般概念，进一步从劳动力产权的强度和劳动力产权实现必需的外部环境来分析劳动者地位问题。

二、劳动力产权强度的决定因素

产权经济学家阿尔钦认为，产权是指"一种通过社会强制而实现的对某种经济物品的多种用途进行选择的权利。"[①] 巴泽尔认为，产权从其本质上说，总是对经济品的权利，是一种相对的、竞争的权利或利益，"存在（可供竞争的）公共领域"[②]。因此，对产权的考察与理解应该包括两个方面。首先，按照德姆塞茨的话说，"产权是一个人或者其他人受损或受益的权利"[③]，是一组权利或权利束，这里考察的是产权包含哪些权利束的问题；其次，不但要考察存在哪些受益

[①] 阿尔钦：《产权》，引自《新帕尔格雷夫经济学大辞典》，经济科学出版社1996年版，第1101~1104页。

[②] ［美］Y.巴泽尔著，费方域、段毅才译：《产权的经济分析》，上海三联书店、上海人民出版社1997年版。

[③] Demsetz, H, "Toward a Theory of Property Rights", American Economic Review, Vol. 57（1967）：347-359.

或受损的权利束,也要考察这些受益或受损权利束可能实现的程度问题,即产权强度问题。正如阿尔钦所言,"较强的私有产权可能比较弱的私有产权更有价值,这一点基本上没什么争议,即当对一种物品的私有产权较弱时,销售者所要求的数量可能比在私有产权较强时更大"。当两种产权存在竞争关系之时,它们各自的产权强度(不论这一强度是外赋的抑或内蕴的)是决定双方的关系模式以及竞争地位的关键因素之一。在劳资关系领域,就反映为劳动力产权与资本产权的相对强度决定劳资关系的模式和劳动者的地位。

在产权经济学中,与产权强度相关的一个概念是"产权削弱(attenuation)"。菲吕博腾和平乔维克(1972)认为,"产权削弱"是一个很重要的概念。他们认为,产权削弱意味着在以下方面存在对所有者权利的某种程度的限制:第一,改变某种资产的形式、地点或本质;第二,将某种资产的所有权利以共同协议的价格转让给其他人。他们进一步强调,产权削弱的情况大多数是由国家法律和国家干预所强加或限制的。这样,分析所有权内容的变化,就应该集中分析法律制度和国家干预对资源配置的影响。然而,使用"产权削弱"术语来描述劳动力产权或其他产权的实现程度存在两方面的局限性。一方面,菲吕博腾和平乔维克将产权削弱的主要原因局限于国家法律层面;更重要的一方面是,"削弱"一词是从限制的角度来描述权利的实现程度,它无法包容另外一种同样重要的情形,即某些增量因素的变化将会改变产权的实现程度。因此,使用"产权强度"概念比"产权削弱"概念具有更大合理性,因为前者不仅能够很好地兼容削弱或增强两种不同的情形,而且使我们可以进一步考察除了国家法律制度以外的其他影响产权实现因素的影响。

在国内学术界,周其仁(2002)曾经利用"产权强度"概念对农民收入问题进行经济分析。在对中国《农村土地承包法》的评论中,周其仁指出,新的土地承包法的主要特点是显著地增加了农民承包权的强度。他认为,"有没有承包权是一回事,其'强度'是另外一回事"。"承包权的强度与它是不是得到有效执行息息相关。要有效地执行产权,清楚的权利界定是前提条件"[①]。周其仁的论述主要着力于分析农民承包权,但是,产权强度的概念同样可以用来分析劳动力产权和劳资关系中的劳动地位问题。姚先国(2006)提出"决定劳动者地位的因素可概括为两大类:一是对劳动者的制度保护程度,或者说对人力资本的产权界定、保护与实现的制度安排;二是劳动者所拥有的人力资本。"按照"人力资本强度"和"人力资本保护强度"两个维度可以将劳工群体划分四个类型:精英群体、受压抑的强势群体、受庇护的弱势群体和双重弱势群体。虽然"人力

---

① 周其仁:《关于农民收入的一组文章》,北京大学经济研究中心讨论稿,2002 年。

资本强度"和"人力资本保护强度"的提法非常接近于"劳动力产权强度"概念，但是，我们还需要进一步细化分析劳动力产权强度的决定因素以及分析这一产权强度的大小对劳资关系所可能产生的影响。

劳动力作为一种私产，劳动者应该拥有这一资产的所有权、使用权、收益权和自由让渡权等基本的产权权利。然而，产权权利的拥有是一回事，产权权利拥有的程度或实施可能性的程度则是另一回事。劳动者拥有哪些劳动力产权权利，基本上是一定历史时期内政治、法律行动的结果，而这些产权权利能否实现以及在多大程度上实现（即劳动力产权强度），则与个人人力资本存量、社会的经济、技术条件、工作场所以及一国或地区经济政策与法律设施等因素紧密相关。我们把这些决定劳动力产权强度的因素分为三个维度变量：个人维度、结构维度以及制度维度。

（一）个人变量

影响劳动力产权强度的个人维度包括个人人力资本存量、个人收入水平和非工资收入。首先，人力资本是指个人所拥有的体力、知识、技能、经验等能够为现在和未来带来收入流的资本存量。根据人力资本理论，个人人力资本存量以个人的受教育年限、工作经验、健康状况等因素加以衡量。具有更高人力资本存量的个人在生产活动中不仅拥有更高的生产率，因而获得更高的工作报酬；同时，较高的人力资本存量也意味着劳动者个体具有较强维权意识和维权能力，能够在更大程度上实现自身的劳动力产权。因此，在其他条件一定时，人力资本存量越高，劳动者的劳动力产权强度就越强。

其次，个人工资收入水平对劳动力产权的强度具有重要影响。当然，决定个人工资水平的主要因素是其人力资本水平，但是，个人工资水平实际上也与经济发展的阶段相关。也就是说，对于一个具有同等人力资本的劳动者，其工资收入水平可能随经济发展进程而水涨船高。例如，在韩国经济起飞的进程中，从1967年到1970年制造业工人的年工资水平从240美元上升到500美元，即4年翻了一番；扣除物价上涨因素，制造业工人年平均工资达到2 860美元，10年中翻了近六倍；1990年突破1万美元，到1996年，年平均工资收入总额达2.04万美元（胡放之和张艳，2004）。根据劳动供给理论，当工人收入水平上升到一定程度之后，收入效应将增加人们对闲暇的需求，劳动供给曲线向后弯曲。另外，收入水平上升也意味着生活水准上升，而生活水准上升会增强劳动者对更加舒适的工作场所和工作条件的需求。当工作环境与生活环境存在巨大反差时，这种需求将变得非常强烈。因此，随着收入水平以及生活水准上升，工人对原来较为恶劣的工作环境和工作条件可能变得越发不满。在这种情况下，雇佣方出于维持具有竞争力的生产率，不得不为此付出一定的成本以增进工人的权益。

个人非工资收入变量可以据以衡量个人在劳动力市场外获取收入的能力。若以家庭为考察单位，劳动力市场外的收入包括其他家庭成员的工资收入、家庭财产收入、投资收入、利息收入、遗赠、政府转移等。在劳动力市场中，失业工人和雇员的劳动力产权强度与其在劳动力市场外获得收入的能力存在正相关关系，个人或家庭的非工资收入越高、越稳定，其劳动力产权强度就越强。一般来说，处于劳资关系弱势的劳动者是与低收入劳动者联系在一起的，其家庭收入、投资收入、利息收入甚少或极低，为了维持家庭的最低生活水平，低收入劳动者可能不得不接受苛刻的劳动待遇和劳动条件，无法维护其法律上给予的劳动权益，表现为弱劳动力产权强度。

（二）结构变量

决定劳动力产权强度的结构维度包括人力资本主体的从事工作的主动性程度、监测难易程度、客户对产品或服务的需求类型以及企业外的就业机会。与物质资本不同，正如巴泽尔所说，人力资本是一种"主动资产"。一般来说，这种"主动资产"的主动性发挥与否对其产出存在重要的影响。另外，人力资本主动性发挥对产出的影响程度还取决于工作的性质或种类。例如，设计、组织管理、营销、谈判等工作需要发挥人力资本相对高的主动性，而流水线生产工人、送货员、公共汽车司机等工作则仅需较低的工作主动性。由于人力资本这种"资产"的开发利用几乎完全控制在其所有者手中，并且很难加以强制，因此，对于越需要发挥人力资本主动性的工作，雇佣者就越需要利用激励的方法来启动他雇用的人力资本，这样，这种人力资本的产权强度也就相应越强。

人力资本的主动特性，使得雇主不仅需要测度其产出，还需要监督其行为。生产的团队方式、工作场所的分散性和流动性增加了雇主进行监测的难度与成本。阿尔钦和德姆塞茨对采取团队生产方式进行了深入的理论分析，他们认为，"相互合作的团队成员的边际产品无法直接或分别低成本地观察到……测度或确定团队成员边际产品的成本导致了新组织或程序的出现"[①]。显然，在这些"新组织或程序"下，最终的雇主即资本所有者对雇员的直接监督与管理相对减少了，并且以监督为主的管理可能代之以协调和激励为主的管理。

随着经济的不断发展和产业结构的演进，越来越多的工作需要企业雇员与消费者或客户直接打交道，这一点在第三产业和其他产业的营销、售后服务部门表

---

① Alchian, A and Demsetz, H, "Production, Information Costs, and Economic Organization", American Economic Review, Vol. 62（1972）: 777-795.

现得尤为明显。在这些行业或工作中，顾客对企业产品和服务的需求和满意程度越来越成为决定企业竞争力和市场利益的关键因素。企业在顾客满意度方面的竞争对增强企业雇员的劳动力产权强度产生了至少两方面有利的影响。一方面，是工作环境的改善。因为雇员的工作环境与顾客的交易或消费环境紧密结合，顾客对舒适环境的要求间接地改善了雇员的工作环境。另一方面，在其他条件不变的情况下，顾客需求的满足和满意程度直接取决于产品或服务的质量以及技巧、态度、精神面貌等雇员表现，因此顾客的满意度与雇员的满意度之间有很高的相关性。另外，经济学家一直强调，就业机会是一个影响工人（或潜在工人）竞争力量和市场地位的重要变量。在就业机会稀缺的情况下，劳动力的劳动力产权强度相对较弱，可能不得不接受资方提供的相对较低的工资水平、恶劣的工作条件、更高的劳动强度等。

（三）制度变量

影响劳动力产权强度的制度维度变量包括工人的组织状况以及来自政府的经济、法律支持。工人组织对工人地位以及工人福利的影响，在某种程度上是充满争议的。然而，不可否认，当存在代表工人利益的工人组织（比如工会）时，工人拥有一种通过集体力量和集体行动维护自身利益的可能。在工人组织的活动过程中，工人们通过组织罢工、集体谈判、提供劳资争议协商机制以及对政府政策施加影响等途径提高其劳动力产权的实现程度。在最近的一项实证研究中，姚先国、李敏和韩军（2009）利用浙江省工业普查数据，分析了工会对浙江省工人劳资关系的影响。他们发现，工会在改善劳动者在劳资关系地位和劳动者工资、职工培训、养老保险、失业保险、医疗保险以及住房公积金、住房补贴等其他福利方面都具有非常积极的影响。

政府行为是调整和影响劳资关系的重要外部力量。政府对劳资关系施加的调整与影响既可以是直接的，也可以是间接的。一方面，在某些场合，政府常常作为中立的第三方直接参与到劳资谈判之中，促成劳资双方达成协议；政府也通常建立一些专门机构监督劳资协议的执行、解决劳资争端，以协调劳资关系。一般来说，在劳资关系中雇主占据较为主动的地位，更有可能损害劳工的利益，因此，政府的介入从根本上说是起到维护劳工利益的作用，也就是说，相对于无政府机构介入的情形，劳方的劳动力产权强度得到了一定程度的增强。立法是政府调整劳资关系的另一重要手段。劳动立法在确立工资标准、保险福利、劳动安全、解决纠纷等方面发挥着重要作用。另一方面，政府的许多经济政策对劳资关系存在不可忽视的间接影响。例如，最低生活保障、失业救济、教育资助等等福利政策，使得一些贫穷、非熟练工人在苛刻的工资待遇和工作条件面前有了更多的回旋余地。

除了上述的个人变量、结构变量和制度变量这三类基本的因素外,影响劳动力产权强度的因素还包括企业治理结构的改革和市场机制的完善等方面。为保证劳动力产权中各项权利的充分实现,在企业内部需要建立有效的产权制衡机制与产权约束机制,建立规范的股东会、董事会、监事会制度,明确所有者、经营者、员工各自的责、权、利,完善公司法人治理结构。在企业之外,整个市场机制的完善对劳动力产权强度也有重要影响。市场交易的实质是市场主体之间的产权交换。规范的市场机制,能够充分发挥产权的可交易、可转换、可分割、可竞争的功能。如果没有健全的市场体系、有效的市场监控、正常的市场秩序和良好的社会发展环境,各类产权主体处于不对等的地位,就不能按照规则与契约展开公平的市场竞争和平等交易。综上所述,保障劳动者地位,不能仅仅局限于企业、员工、工会和政府的规制和保护等方面,还需要积极推动商品市场、资本市场的发展,进一步提升市场经济的信用基础与制度基础,促进我国经济的市场化进程。

三、劳资关系类型与劳动者地位

现实经济中的劳资关系和劳动者地位是劳资双方博弈的一种均衡结果。这一结果是否在劳资双方取得平衡或者是倾向于任何一方,取决于劳动力产权和资本产权的强度以及由此决定的双方博弈能力的强弱。本书中,我们主要研究劳动力产权强度对劳资关系和劳动者地位的影响。如表 2-1 所示,我们对劳动力产权强度的三个维度——个人变量、结构变量和制度变量——进行强弱组合分析,"+"表示劳动力产权强度较高,"0"表示劳动力产权强度中等,"-"表示劳动力产权强度较弱。根据劳动力产权不同维度的强弱组合,我们可以得到以下五种劳资关系类型。

(一) 雇主管治型

当劳动力产权强度的个人变量、结构变量和制度环境变量都比较弱时,劳动者很容易落入雇主管治型的劳资关系中,并且处于完全弱势的地位。部分社会底层劳动者受教育程度极低,有些甚至是文盲,也无一技之长,只能凭自身的体力谋生。这类群体一般是来自欠发展地区的农民工,他们信息闭塞,很难寻找到其他工作机会,大多集中于又苦又累又危险的小矿产企业,或者做没有劳动关系保障的零工。更为严重的是,由于政府监管的缺失和存在漏洞,许多企业利用廉价农民工劳动力在缺乏安全设施条件下进行井下作业,导致矿难频发,但遇难工人所得到的赔偿往往低得可怜。2007 年发生的山西"黑砖窑"事件中,至少有

1 000名8~13岁的童工在雇主的威吓管治下每天超负荷劳动15~16个小时，不少童工因工致病、因工致伤、因工致死，然而，童工没有任何能力可以维护自己的权利，完全在雇主的管治奴役之下。

表2-1　　　　　　　劳动力产权强度与劳资关系类型

	个人变量	结构变量	制度变量	劳资关系类型	劳动者地位	典型适用群体
类型1	-	-	-	雇主管治型	完全弱势	农民工矿工、童工
类型2	O	-	-	雇主主导型	弱势	进城农民工
类型3	O	-	+	制度保护型	受保护的弱势	城市工人
类型4	+	+	-	自我保护型	受压制的强势	高级技工
类型5	+	+	+	雇员主导型	强势	管理人才、高级白领

(二) 雇主主导型

在劳动者具有一定的人力资本，比如初、高中教育程度，但并无特殊技能，劳动力市场的可替代性非常强的情况下，劳动者与雇主可能形成雇主主导型劳资关系，劳动者处于弱势地位。进城青年男女农民工是这类劳动者群体的典型代表。据国务院研究室课题组《中国农民工调研报告》(2006) 显示，全国农民工中16~30岁的占61%，31~40岁的占23%，41岁以上的占16%，农民工的平均年龄为28.6岁；其中初中文化程度占66%，只有24%的农民工接受某种技能培训。事实上，接受高中教育的农民工为数极少，总体上农民工属于初中文化程度以下。大部分进城农民工集中在劳动密集型行业就业，2004年农民工在制造业、建筑业、社会服务、餐饮服务、零售业所占就业比重分别为30.3%、22.9%、10.4%、6.7%和4.6%。在这些行业就业的劳资关系特点是劳动时间长、待遇低、劳动福利少、劳动安全无保障。另外，由于青年农民工具有一定的文化，又正年轻，劳动力的流动性也比较强。但是，由于其自身人力资本低、劳动力供大于求、户籍壁垒等因素，导致其在劳资关系博弈中处于弱势地位，遇到拖欠、克扣工资、工伤事故等劳动侵权事件时难以有效维护自身劳动力产权。

(三) 制度保护型

在中国经济转型过程中，一直存在城乡二元体制的分野。在劳资关系领域，城市工人的人力资本存量明显高于农村工人，就业行业多为国有、国营企业，享有各种劳动福利和劳动保障。然而，随着市场化改革不断深入推进，从20世纪

90年代国有企业开始改制，原来国有工人的劳动关系开始转变为市场化劳资关系，许多工人面临下岗、失业和再就业。与进城农民工不同的是，城市工人在与资方和政府博弈的过程中，具有较强的谈判能力。这样，即使城市普通工人在劳资关系中处于弱势地位，但多多少少受到制度上一定的保护。

（四）自我保护型

部分进城农民工在打工过程中积累了特殊的技能和经验，成为劳动力市场上稀缺高级技工或市场营销人才，但同时他们无法逾越城市户口壁垒，仍然属于外来打工人员，无法得到城市工人所得到劳动福利保险（例如退休金）待遇。不过，这些能人型的工人在与企业雇主打交道过程中，可以在工资待遇等问题上与资方处于平等的地位。一旦企业所支付的待遇不能满足其期望，这些熟练工人可以选择跳槽，甚至选择自己创业。所以，按照博弈论的术语说，熟练工人的离职威胁是可信的，资方不得不提高劳资待遇才能有效激励熟练工人努力工作。这样，当劳动力产权在个人变量和结构变量上具有较高的强度时，劳动者可以利用自己特有的人力资本和劳动力市场地位维护劳动力产权。

（五）雇员主导型

当劳动力产权的三个维度都较强时，劳资关系处于较为均衡的状态中，企业将主动采取有利于缓和劳资双方矛盾的一些管理措施，如效率工资、晋升阶梯、申诉程序等。这种劳资关系主要适用于企业的工程师、高级职员和管理人员，他们往往具有高人力资本存量，包括受教育程度高、经验丰富、社会资源广或者具有特殊技能等。这类人员一般会被认为是企业的关键人力资源，成为企业争相引进的核心人才。不仅如此，在激烈的人才竞争中，从国家到地方，从企业到各种机构都纷纷出台种种优厚配套政策吸引人才。在某种程度上，此类型劳资关系甚至可称为雇员主导型劳资关系，劳动者在劳资关系中处于主动和优势的地位。

当然，这五种劳资关系类型的划分只是一种理论上粗略的划分，在我国的实际中，劳资关系的表现形式非常复杂，劳资关系体系正在发生前所未有的巨变。中国拥有丰富的农村剩余劳动力，同时农民的人力资本存量不高，组织程度低，当前中国劳工尤其是农民工，其劳动力产权强度整体上是比较弱的。在中国劳资关系体系中雇主主导型劳资关系依然是主流，在个别情况下，雇主管治型劳资关系也有可能出现，广大农民工和非正规就业者在劳资关系中处于非常不利的弱势地位。如何提高这些劳动者在劳资关系中的弱势地位确实是一个紧迫的现实问题。我们一方面应加大对农村地区的教育投入，提高未来农民工的人力资本水平；同时加强农民工的职业技能培训，提高就业和工作能力。另一方面也应当采取措施使农民工在制度上得到国民待遇和保障,从而使雇主主导型劳资关系向制度保护型、自我保护型等更为平衡的劳资关系转变。只有理顺最突出的农民工劳资关系问题,一个均衡和谐、劳资两利的中国劳资关系模式才可能真正建立起来,而且对中国经济可持续发展和平衡国民收入分配格局具有重要意义。

四、劳动者的选择空间与劳动者地位

如第一章所述,在我国的相关法律中,劳动者之间的平等就业、劳资之间的平等权利是被明确规定的。如《中华人民共和国劳动法》《劳动合同法》等相关法规对劳动者权利的界定是明确的、具体的。可事实上,在现实中这些规定并没有得到有效落实,法律规定的劳动者应该享有的权利(法定权利)与劳动者实际拥有的权利之间存在巨大的反差。我们认为,劳动者地位缺失的根本原因在于劳动者权利的缺失。本节将建立一个理解和梳理劳动者权利的分析框架,探讨劳动者的选择对劳动者地位的影响机理,以揭示为什么在现实中劳动者的法定权利得不到落实?真正落实劳动者权利的前提性条件是什么?

(一)名义上的权利平等与实质上的权利不平等

目前我国劳动力供给相对过剩的状况并没有完全改变。很多研究认为,造成今天中国劳动力市场运行扭曲的原因在于劳动力供给的相对过剩,我们认为这种解释并不全面,劳动力供给过剩只能解释劳动者愿意接受低工资,但不能解释劳动者的权利被扭曲。在劳动力市场上,交易的内容实质上是劳动者权利,即"劳动力产权",解释劳动力市场运行扭曲的现象,需要在理论上厘清力产权的内涵。

在劳动力市场上,分别拥有人力资本的劳动者与拥有物质资本的企业主理论上应拥有对等的权利,交易应该尊重交易主体的意志,遵循平等交换、自由选择的原则,保证交易双方的应有权利。劳动力产权的实现程度和劳动力相对价格的高低,由劳动力作为生产要素的相对稀缺性来决定。一般性的看法是,如果企业主没有对劳动者施加人身强制,劳动者拥有自由签约的权利,那么这个过程就被认为是一种平等交易。

可是,中国劳动力市场运行的事实说明,固然劳动者有自由签约的权利,但劳动者的平等地位并没有真正实现,如劳动条件恶劣、工伤事故频发但工人得不到救治、拖欠工资等现象屡见不鲜。马克思曾经分析过这种现象,"劳动力所有者和货币所有者在市场上相遇,彼此作为身份平等的产品所有者发生关系,所不同的是一个是买主，一个是卖主，因此，双方是在法律上平等的人。"① 可是，这种"平等"并不太美妙，这只是表面现象，马克思所看到的实质是："原来的货币所有者成了资本家，昂首向前，劳动力所有者成了他的工人，尾随于后，一个笑容满面，雄心勃勃，一个战战兢兢，畏缩不前，像在市场上出卖了自己的皮一样，只有一个前途——让人来揉。"② 这种平等只是抽象意义上的法律地位的平等，而不是实质意义上的平等。如何理解马克思的这一看法？市场是一个自由自愿交易的场所，自由交易或自愿交易最基本的要求是不存在强迫，无论是资方还是劳方均不得强迫对方接受自己的交易条件。但是否这就能实现真正的交易平等呢？在马克思看来不是的。他所观察的事实是，劳动者和货币所有者在市场上相遇时固然并无强制发生，但劳动者实质上却是任由货币所有者蹂躏。那么，劳动力为什么不选择退出劳动力市场，以免于被货币所有者蹂躏呢？可能的解释只能是，劳动者除却被蹂躏以换取劳动报酬之外，别无选择。

除去自愿交易的涵义，自由市场的更深一层涵义是"自由选择"，真正平等的交易必须是建立在交易者可自由选择的基础上的，若无自由选择，则无平等交易可言。比如，今天中国的消费者和电力公司之间的交易就不是"自由交易"和"平等交易"，因为电力供应是垄断的，消费者除了接受电力公司的交易条件之外别无选择。在中国的劳动力市场上，劳动者在总体上而言处于相对弱势的地位，尤其是缺少劳动培训和缺乏劳动技能的农民工，他们的弱势地位更加明显，尽管资方并没有对他们进行人身强制，尽管在法律上他们有拒绝签约的自由，但事实上他们除了无条件接受资方的雇佣之外并无其他选择，法律权利对他们并无实际意义，如一个刚进城且无任何技能的农民工，他所要面对的是基本生存问题，接受任何工作对他而言都是有利的，他将乐意且不得不接受任何工资水平的工作。因此在马克思看来，这仅仅只是一种表面上的平等而不是实质性的平等。

（二）劳动者的消极自由选择与积极自由选择

前文的论述表明，要让劳动者获得实质性的平等地位，关键在于增加劳动者的选择机会。那么有待进一步讨论的问题是，影响劳动者选择空间的因素是什么？为此，须考察劳动者在劳动力市场上会存在什么样的选择？对此可以借用伯林所建立的"消极自由"与"积极自由"这个二分的概念框架予以分析。

伯林将自由分为积极自由和消极自由两种。积极自由是指人在"主动"意义上的自由，即作为主体的人做的决定和选择、均出于自身的主动意志而非任何外

---

① 《马克思恩格斯全集》（第二十三卷），人民出版社1972年版，第190页。
② 《马克思恩格斯全集》（第二十三卷），人民出版社1972年版，第200页。

部强制。当一个人能够自主选择时，他就处于"积极自由"的状态之中，这种自由是可以去"做……的自由"。而消极自由指的是在"被动"意义上的自由，是指在意志上不受他人的强制，在行为上不受他人的干涉，能处于"免于强制和干涉"的状态。在伯林看来，这两种自由最重大的区别在于：积极自由强调的是主体能够按照自己的意愿去做某事的自由，消极自由强调的是行为主体能够免于外部力量的束缚和强制。两种自由概念的划分，指向了与两种自由相适应的制度建构。落实个体按照自己意愿行动的积极自由，在制度上必须保障个体能够进行某种自主性行为、个体具备行为的能力以及获取必要资源的能力，为此制度必须界定人的各项主动权利和进行某种行为的资格。保障积极自由的要件是个体的权利和个体的能力，权利和能力的大小决定了积极自由实现的程度。而消极自由的本质是强调个体免受外在强制和干涉，要落实消极自由，在制度层面上就要保障民众拥有一定的可选择的空间，民众只有获得更多的选择机会，才可能真正免于被强制。

对于劳动者来说，在消极自由层面上就是让劳动者有退出劳动力市场的选择，这样才能避免出现如马克思所论及的无条件接受资方条件的情形。在积极自由层面上，劳动者的积极自由体现于当劳动者面对某一份劳动合同时候，有两类选择：其一是能够和资方进行谈判提出自己的诉求；其二是能够放弃这份合同（不是退出劳动力市场）而选择其他认为对自己更有利的工作机会。有必要强调一下，劳动者能够退出劳动力市场有两种情形：其一是退出劳动力市场后并不是去选择其他工作而且也没有能力去选择其他工作；其二是退出劳动力市场后能够有其他的工作机会选择。这两种情形的区别在于，前者属于消极自由的范畴，后者属于积极自由的范畴。

劳动者的消极自由表现为拒绝某份劳动合同而退出劳动力市场。这里要排除两种情形：其一，劳动者退出劳动力市场并不是可以去选择其他的劳动合同，我们把可以选择其他劳动合同这种情形界定为积极自由的范畴；其二，退出劳动力市场也不是因为劳动者有足够多的储蓄，让他可以自由地选择闲暇，自由指的是人与人之间的关系，劳动者拥有足够的储蓄而让他有足够多的选择不属于人与人之间关系意义上的自由范畴。在排除这两种情形之后，劳动者之所以能够退出劳动力市场，必须是拥有可以自由选择的空间，这种自由选择空间是在人与人之间关系层面定义的，也就是说，劳动者拥有来自社会制度为其提供的选择空间，这在当下表现为社会为其提供的社会福利保障。

劳动者在劳动力市场上的积极自由，表现为劳动者在劳动力市场上有更多的选择。劳动者积极自由意义上的选择与消极自由意义上的选择的不同之处在于：消极自由意义上的选择是一种不具有福利改进性质的选择，劳动者由于拥有一份基本的社会保障而可以选择拒绝接受糟糕的劳动合同，从而退出劳动力市场，劳动者的福利并无改善，但避免了糟糕的劳动合同；劳动者积极自由意义上的选择是一种主动性的选择，当劳动者面对一份糟糕的劳动合同时，他能够做出较之这份合同对他更有利的选择，他的福利将因此得以改进。用俗语"惹不起但躲得起"来形容，消极自由是"躲得起"，积极自由则是"惹得起"。实现积极自由包括三种情况：（1）劳动者有能力对现有合同提出改进意见，如要求提高工资、改善劳动条件，使得合同更符合自己的利益要求；（2）劳动者具备较高级的劳动能力，能够选择对他而言更有利的劳动合同；（3）劳动者面对这份糟糕的劳动合同选择退出劳动力市场，但不是依靠社会保障，而是有能力选择做老板、创业等。

仍然要强调一下，鉴于"自由"的本质是人与人之间的关系，自由作为对人与人之间关系的界定，对每个个体都应该是一样的，即每个个体都应该具有等度的自由。那么在讨论劳动者的积极自由时，要排除劳动者因个人化的原因而具有了积极选择空间的情形，比如劳动者天生具有某种特殊的劳动技能（如姚明在篮球上的特殊天赋），或者劳动者因为某种个人化的原因而获得了某种特殊资源（如来自他人的馈赠获得、获得遗产而拥有了创业的资源），这种情形固然会增加劳动者的主动性选择，但是与"自由"无关。在现代国家，自由只是表现为民众与政府之间的关系，在制度层面上体现为权利的确立或政府对民众的义务。那么与上述劳动者的三种选择情形相适应，劳动者在权利或政府对民众义务的层面上，应该有如下选择：（1）一般来说，目前在劳动力市场上，在劳动力的相对过剩情况没有彻底改变时，"资强劳弱"是普遍情况，如果劳动者希望对现有合同提出改进意见，提出如提高工资、改善劳动条件的要求，则就要求劳动者联合起来，通过组建工会和资方进行集体谈判。（2）劳动者如果具备较好的劳动能力，就能够增加自己在劳动力市场上的选择机会，这要求政府在提高劳动者的劳动能力方面有所作为。一般来说，提高教育水平、对劳动者进行在职培训，将有助于提高劳动者的劳动能力。（3）创业之所以可能的三要素是企业家才能、投资机会、创业资金的获得，劳动者能够退出劳动力市场而选择创业：第一，在个人层面上要求劳动者具备一定的企业家才能；第二，在权利和政府对民众的义务的层面上，需要劳动者能平等获得投资机会；第三，劳动者能够有平等的机会从金融机构获得融资支持实现外部的融资，以及能够自由转让自己的资产获得融资机会实现自我融资。

（三）劳动力产权是一揽子权利

至此可以将前文的理论分析进行简单的总结：劳动者在劳动力市场表面上平等、实质上不平等的原因在于劳动者可选择的机会太少；增加劳动者消极选择的机会，应该让劳动者拥有基本的生存保障；增加劳动者积极选择的机会，应该建立劳动者和资方的集体谈判机制，让劳动者有机会提升劳动能力，让劳动者获得增加创业机会的经济资源。另外，从提高劳动者地位的角度讨论提高劳动者可选择的机会，是要让民众有平等的选择机会，因此要强调这是政府应当承担的责任。政府的责任，换一种说话则是民众的权利，因此可以把劳动者的可选择机会转化为"权利"范畴进行阐述。可以将劳动者的消极选择和积极选择归纳为三种权利：政治权利、社会权利和经济权利。

1. 政治权利

我国宪法、法律、法规甚至规章赋予了公民丰富的政治权利，我国公民法律意义上的政治权利达到了前所未有的富足。然而事实上不同的阶层、不同的身份，享有的权利事实上是不平等的。政治权利是一个包含内容非常广泛的范畴，按照我国《刑法》第五十四条的规定，政治权利应当包括选举权和被选举权，言论、出版、结社、游戏、示威自由的权利。与作为劳动者这一角色紧密联系并迫切有待落实的政治权利主要是迁徙权和结社权，对劳动者来说，迁徙自由和结社自由影响的是劳动者的积极选择自由。

迁徙自由是现代国家赋予公民的基本权利之一。我国自改革开放以来，尤其是暂住证制度在各地被废除之后，对迁徙的人身限制已然逐渐消除，劳动者可以到他愿意去的任何地方工作。但是，一系列社会服务如教育、医疗、养老等制度是依附于户籍制度的，不同户籍人口之间所享有社会服务的差异并没有随着劳动力的流动而消失，这造成了不同户籍的劳动者之间的不平等。对于缺乏基本社会保障的外来务工人员，他们的选择机会是远小于所在地的城镇户籍人口的，这造成了城乡不同户籍人口之间就业的不平等，这涉及的是公民的社会权利问题，后文将继续讨论。结社权指的是公民在依法、自愿的基础上，以自我服务、自我管理、自我维权为目的建立民间组织的权利和自由。在劳动力市场上，结社权对于工人组织和参加工会的权利有重要作用。从实现平等就业的角度看，工会的作用在于提高劳动者的积极选择，工人们组织起来结成工会与资方进行集体谈判，可以改变单个劳动者作为一种要素的相对薄弱地位，提高劳动者的谈判力量，实现劳方与资方之间的平等契约关系。

2. 社会权利

社会权利的概念最早是马歇尔（T. H. Marshall）在 1949 年的著名演讲《公民权与社会阶层》中提出来的，社会权利是指"从少量的经济福利与保障权利到分享社会发展成果，以及拥有按照当时社会普遍生活标准的文明生活的权利"[1]。

---

[1] T. H. Marshall. Citizenship and Social Class. in Sociology at the Crossroads and other Essays [M] Heinemann Educational Books Ltd, 1963. P. 74.

在我国，社会权利表现为义务教育、社会保障、医疗保障等一系列的范畴。目前我国的社会权利体系主要包括三大方面：一是最低生活保障制度；二是《义务教育法》中关于政府提供义务教育以及非户籍学龄儿童就学问题的系列规定；三是覆盖面正在逐步提高的社会保险体系。但是，城镇居民与农村居民之间的福利差距仍然较大，这一差距在城市中集中表现在农民工群体身上。更本质的是，社会权利应该是公民权利的一部分，但目前在我国社会权利只是在义务教育、最低生活保障方面与公民资格相对应。在其他政策领域，社会权利并没有建立在公民资格基础上，而是建立在身份、职业、收入等基础上。比如低收入者因为收入有限，无缴费意愿或缴费不足，因而无法真正享有社会平均水平的社会权利，而政府公务员及参照公务员管理的一些公共事业部门仍然保留着单位制下无须个人缴费的退休金制度，没有纳入基本养老保险体制之中。

我国不同身份的人群之间所享有的社会权利的差别巨大，由此也衍生了不同身份的劳动者之间选择机会的不同，造成了不同身份劳动者之间就业的不平等。对劳动者来说，社会权利对劳动者的影响既体现于消极选择也体现于积极选择。比如基本社会保障影响的是劳动者的消极选择，如果拥有基本的社会保障，劳动者就可以拒绝糟糕的劳动合同，即便因此而退出劳动力市场，也仍然可以维持基本的生存；义务教育影响的是劳动者的积极选择，教育有助于提高劳动力的劳动能力。

3. 经济权利

在公法层面上的经济权利，依照我国宪法规定，指的是公民享有的财产所有权。从劳动者作为市场主体这一层面来看，应该还包括运用自己的财产（资源）依法从事经济活动的权利。强调劳动者的经济权利，其意义在于：一方面，劳动者作为一种生产要素，在市场上与资本进行交易的逻辑起点和实质性内容是劳动者的经济权利；另一方面，劳动者的经济权利实现程度将影响劳动者的选择机会，如果劳动者的经济权利更大，则会增加劳动者的选择机会。

对于今天中国劳动力市场上的弱势群体农民工来说，可以将他们的经济权利界定在如下几方面：（1）土地的承包经营权和转让权。我国现行的法律对农民的土地的权利界定的明白清晰，但是在现实中很多涉及土地流转的权利得不到落实。土地流转对农民的意义在于，土地是农民最重要的经济资源，如果土地能够流转获得收益，那么土地就成为农民的资产，否则就只是生产资料。土地的流转一方面给农民带来收益，这将扩大农民的消极自由选择空间；另外将赋予农民更多的选择机会，比如农民创业过程中，如果能够通过土地流转获得创业资金，这就提高了农民的就业机会选择，将扩大农民的积极自由选择空间。（2）宅基地使用权和转让权。与土地权利类似，这些权利的实现程度将对农民的消极自由和积极自由选择空间都产生影响。(3) 获得金融资源的机会。在目前的金融体系下，农民不能获得如同城镇居民一样的金融支持，一方面是农村金融体系的不健全；另一方面是农民缺少获得金融支持的抵押品，比如土地、房屋的抵押权在现实中是不可实现的。金融支持对农民的意义在于，让农民获得改进生产或创业的资金支持，这有助于增加农民的积极自由选择机会。(4) 公平交易的权利。对农民来说，这是指农民获得农产品价格保护的支持。农业是弱势产业，农产品的价格保护（支持）是各国的普遍政策，我国近些年来一直在改进农业支持政策，但支持力度仍然是不够的，如果农民能够通过耕种土地获得高收入，这也就是提高了农民的经济地位，提高了农民转化为工人的机会成本。从农民工转移的角度来看，这项权利影响的是农民的消极自由选择空间。

(四) 劳动力产权与能力对劳动者地位的作用机制

劳动者权利的实现程度是影响劳动者地位的决定性因素，其作用机制是这些权利的实现程度将对劳动者的劳动能力产生影响，而劳动力的能力是影响劳动力地位的关键因素。

劳动者在劳动力市场出让的是自己的劳动能力，要实现劳动者之间的平等就业，这就需要劳动者之间具有平等的劳动能力，同时也要求具有平等劳动能力的劳动者能够获得同等的劳动机会和劳动报酬，这就需要劳动者具有同等的权利。因此，实现平等就业的两个要素就是同等的劳动能力和劳动权利。

劳动者在劳动力市场和资方之间貌似是一种平等的、自由的交易关系，自由、平等在劳动力市场上表现为交易双方都有足够的选择机会。可是，当劳动者除了劳动力之外一无所有时，这种交易关系不能称之为真正的平等、劳动者的自由也不是一种真正的自由，因为劳动者事实上是别无选择的，这只是一种表面上的平等和自由。真正的自由必须包含实质性的内容，自由就是人们享受他们作为行为者的有理由珍视的那种生活的可行能力，它反映了一个人"有自由实现的自由"（周文文，2003）。阿马蒂亚·森所关注的实质自由，是作为一个主体性的人所拥有的价值生活的实质自由，即"包括免受困苦——诸如饥饿、营养不良、可避免的疾病、过早死亡之类——基本的可行能力，以及能够识字算术、享受政治参与等等的自由"。[①] 在生活世界中，可行能力"反映了个体从若干个可能的生活状态中做出选择的自由"[②]，反映了理性主体在生活中进行选择的自由度。

[①] [印] 阿马蒂亚·森著，任赜、于真译：《以自由看待发展》，中国人民大学出版社2003年版，第30页。

[②] [印] 阿马蒂亚·森著，王立文、于占杰译：《论经济不平等·不平等之再考察》，社会科学文献出版社2006年版，第258页。

对可行能力的剥夺就是对自由的剥夺。因此可行能力可以被看作是实质自由的体现，是人们能够主导自己生活的体现。可行能力是我们作为主体性的人能够获得有价值生活内容的自由的一个反映，是将注意力集中到我能够自由地选择什么、自由地实现什么的能力，而不是指我们得到了什么。例如，"人的健康主要不是指要求获得一个好身体和得到护理，而是指有达到好身体的能力"。①

在阿马蒂亚·森看来，诸如政治自由、经济条件、社会机会、社会保障等都是自由的实质性内容，这些实质性内容构成了劳动力可行能力的要件。劳动者希望在劳动力市场上是自由的，他们能得到平等的就业机会和平等的报酬，他们就必须获得这些能力，能力是自由的实质性内容。因此要实现平等就业，就必须使得劳动力能获得同等的实质性自由，必须通过实现劳动者能力的平等这一杠杆来保证。

然而，基于一个客观存在的事实前提，即人与人之间是不同的，彼此之间都存在巨大的差异。鉴于劳动者异质性这一事实，如何实现劳动者的能力平等，需要从几个层面来论述（见图2-2）。

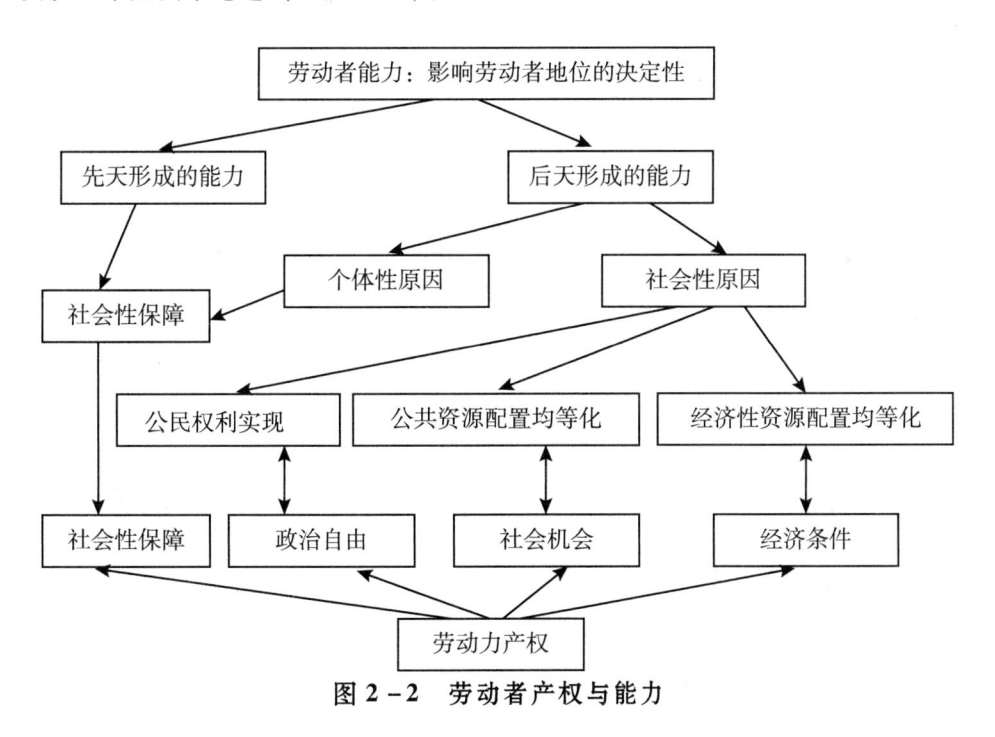

图2-2 劳动者产权与能力

在第一层面上，影响劳动者能力的因素包括先天性因素和后天性因素。由于先天性的原因，劳动者之间在健康、智力等方面的先天性条件是不一样的，造成

---

① Afschin Gandjour, Mutual dependency between capabilities and functionings in Amartya Sen's capability approach, Springer Verlag, 2007.

了这些劳动力的劳动能力是不平等的，这导致这些劳动者在劳动力市场上的就业机会是不平等的。

由于这些因素大多是与生俱来的，与个人的主观努力并无直接联系，每个个体的天赋条件本身就是不平等的。如果以此决定个人就业机会，就意味着某些人一生下来就被拒绝在某些就业机会之外，这显然是不公正的。但是，也并没有什么市场化的方式让他们获得就业机会，他们将不可能获得平等就业的机会。那么，对于这些不具备正常劳动能力的人，就不应该进入劳动力市场，而应该由社会保障体系为这类群体给予必要的生活保障，让他们能够过上体面的生活。

第二层面的能力不平等是由后天性的因素引起的。包括两种后天性因素，其一是由个体性因素造成的能力不平等，其二是由社会性原因造成的不平等。假定劳动者具有同等的智力、健康条件，但是由劳动者自身主观努力程度不够而形成的劳动能力低下，对于这类劳动者，如果他们不能在劳动力市场上获得足以维持普通生计水平的报酬，则应该出于人道的考虑由社会保障体系给予提供基本的生活保障。

总之，前文所述的三种平等权利，可以归纳为政治权利的均等化、公共服务的均等化、经济资源的均等化。提高劳动者地位是一连串的事，如果仅仅只是在劳动力市场建立契约自由的交易规则，不足以让劳动者获得真正的平等地位。今天的中国劳动力市场上，劳动者并没有受到人身意义上的强制，已然具有平等协商自由签约的权利。但这并不是实质意义上的平等，劳动者仍然遭受大量的歧视。究其原因，在于劳动者可选择的机会太少。劳动者要真正获得平等地位，除了法律地位上的平等之外，还必须让劳动者获得其他的选择机会，这就要求劳动者必须拥有一系列平等权利，包括经济权利、政治权利、社会权利。劳动力产权中的这一系列权利构成一个复合权利束，这些权利之间具有内在的一致性和互动性。其中的任何一项权能被削弱或被剥夺，都意味着其他权能的劣化或坠落，从而会使产权功能陷入一个恶性循环之中。相反，如果其中的某项权能被激活和强化，也意味着其他权能的优化和提升，从而使产权功能跃入良性循环的帕累托改进路径。因此在提升劳动者权利的过程中，一方面要逐步推进；另一方面也要考虑到劳动者权利间的相互作用，不能只聚焦于某项个别权利，还要整体提升劳动者的各项权利水平。

第三章

劳动力市场分割的收入效应

第一节 劳动力市场分割的基本理论

劳动力市场分割理论（segmented labor markets theory，SLM）指的是在劳动力市场理论方面与新古典经济学理论对立的所有理论的总称（Tauman & Wachter，1986），这个理论于20世纪60年代在美国提出。

新古典经济学认为，劳动力市场的供给和需求决定配置。劳动力需求理论是以边际生产力理论为基础的，代表人物是马歇尔（Alfred Marshall，1890）和克拉克（John Bates Clark，1899）。劳动力供给理论是以贝克尔（Gary Becker，1962，1965）的人力资本理论和时间配置理论为基础的，他从劳动力异质性的角度阐述了工资的差异性。同时，现实劳动力市场中存在着各种形式的不平等，例如，职业、行业、性别以及地域等，这些差别都会产生工资差异，新古典经济学对于这些因素产生的分割现象也给予了关注。他们认为，市场分割的力量不是决定工资高低的最终决定因素，短期内决定工资的是商品市场的派生需求，长期中决定工资的将是工人的生产能力。其他相关因素仅影响实际工资对于均衡工资的偏离程度，即劳动力市场分割是短期现象。

劳动力市场分割理论认为决定工资高低的不是人力资本，而是市场制度本身，劳动力市场分割内嵌于市场制度演化过程，市场分割是一个历史的变化过程

(Ryan, 1981)。工资高低也是一个历史的过程,是受不同时期的因素所决定的,不是因为劳动者能力及人力资本的不同,而是由于产业结构、产品市场、技术条件、管理及控制策略和劳动力市场规制等造就的(Leontaridi, 1998)。SLM 理论强调收入差异主要是由市场中的运行机制决定的,直接结果就是对相同人力资本的回报产生差异。同时,制度壁垒造成了劳动力无法自由流动,使得整个劳动力市场永远无法出清,这就从理论上否定了整个劳动力市场均衡的存在,即劳动力市场分割是长期现象。

一、SLM 理论正式提出前对分割现象的认识

经济学这门学科从产生之日起就关注劳动力市场分割现象。依据观点的不同,大致可以分为两大阵营:一派强调市场供求的作用。代表观点由亚当·斯密(1776)提出,经马歇尔(Alfred Marshall, 1890)和克拉克(John Bates Clark, 1899)发展,到贝克尔(Gray Becker, 1962, 1965)和舒尔茨(Theodore W. Schultz, 1971)达到比较完善的地步。另一派源头可以追溯到约翰·穆勒(1848)和马克思(1867, 1883, 1894),经制度学派(20世纪初)和新制度学派(20世纪四五十年代)发展,到1971年以 *Internal Labor Markets and Manpower Analysis*,Peter B. Doeringer & Michael J. Piore 出版为标志正式形成。

(一)亚当·斯密与约翰·穆勒的观点

亚当·斯密在《国民财富的性质和原因的研究》(1776)中,开宗明义地指出:"劳动生产物构成劳动的自然报酬或自然工资"。工资的决定最终是由劳动力市场的供求决定的。对于工资存在差异性的原因,亚当·斯密认为"起因于职业本身性质的不均等"以及"起因于欧洲政策的不均等",即便如此,上述两个原因仅仅是改变了劳动力市场的供求,决定的力量还是市场本身。"补偿性差异"是造成工资不同的原因,最终决定工资的力量还是劳动力的供求关系。

在约翰·穆勒的《政治经济学原理》(1848)中,强调亚当·斯密(1776)"五因素论"的不足。同时,约翰·穆勒深入地从个人偏好、自然垄断、国家政策(教育政策)、性别差异、法律环境和劳动者组织结构等多方面分析了工资差异的原因。他强调:在某些情况下,行会、法律制度、习惯等的作用十分巨大,从而使得供给和需求根本不起作用,工资的决定和劳动力资源的配置是由时下的制度、规则和习惯所决定的。

(二) 马克思的观点

按照约翰·穆勒的观点，工资差异是由制度等因素造成的，那么接下来的问题就是：为何市场供求力量无法消除这些制度因素？马克思（1883）对此问题的解释是：由于资本的垄断以及政府权力的介入，使得竞争力量被抑制，其直接结果是产业结构的逐渐"官僚化"，最终加重了工人阶级的"异化"，使得工人阶级的抗争弱化（Cain，1976）。马克思（1884）认为，经济的两极化造就资产阶级和无产阶级的对立，两个阶级为了各自的利益倾向于采取一致的行动来对抗对方，因此，劳动力市场分割无疑有利于资产阶级剥削无产阶级。在这个理论框架下，强调阶级冲突和阶级利益一致性，由于资本雇佣劳动，结果是工人阶级始终处于被动、被瓦解和分割的态势。

(三) 边际生产力理论与制度学派的观点

边际生产力理论是由英国经济学家马歇尔（Alfred Marshall，1890）和美国经济学家克拉克（John Bates Clark，1899）相互独立提出的，承接了亚当·斯密的传统，这个理论就是劳动力的需求理论。它基于雇佣者的利润最大化行为假设，隐含的前提是：第一，产品市场和劳动力市场均处于完全竞争状态；第二，与劳动就业有关的成本除了小时工资成本以外，其他成本都为零。

以凡勃伦、密歇尔和康芒斯为代表的制度学派（institutionalism school）在约翰·穆勒的思想上加以发展。他们认为，均衡分析框架无法应用于劳动力市场中，在移民大量出现的情况下，劳动力市场实际上由两个集团（group）构成，人数较少的企业家集团（entrepreneurs）处于支配地位，人数较多且技能贫乏的工人（unskilled workers）处于被支配地位，劳动力市场呈现的是买方垄断。

二、SLM 理论的形成与流派

以邓洛普、凯尔和莱斯特（1958，1954）为代表的劳动经济学的新制度学派继承了制度学派的基本观点，提出了内部劳动力市场（internal labor market）和外部劳动力市场（external labor market）的概念（Dunlop，1958）。1971 年出版的 *Internal Labor Market and Manpower Analysis* 提出了 ILM 理论，这标志着现代意义上的 SLM 理论正式诞生，由于对制度的看法是多视角、多维度的，因此与 ILM 理论同时，还有另外一些强调制度重要性的 SLM 理论，它们构成了与新古典经济学的劳动力市场理论相抗衡的理论阵营。

(一) 内部劳动力市场理论与二元劳动力市场理论

在继承"内部劳动力市场"和"外部劳动力市场"等概念的基础上,多林格尔和皮奥里(1971)发展出内部劳动力市场理论(ILM Theory),使其成为分析劳动力市场分割的基本工具。

从完全竞争性的劳动力市场演化成 ILM 的关键要素有三个:技能特殊性(skill specificity)、在职培训(on-the-job training)以及习惯(custom)。这三要素决定了 ILM 的雇佣稳定性,具体的制度安排是职业阶梯(job ladder)、奖励福利计划(rewards and pension)、管理和纪律(management and discipline)。在 ILM 理论的基础上,多林格尔和皮奥里进一步发展出"二元劳动力市场理论"(dual labor market theory, DLM),并以此理论解释劳动力市场的分割现象。该理论认为:劳动力市场被严格地分割为"一级劳动力市场"(primary sector)和"二级劳动力市场"(secondary sector);一级劳动力市场由一系列的 ILM 构成,工资的决定机制是公司的制度及规则。此部分和外部劳动力市场之间缺乏劳动力流动,其工作稳定、收入较高、福利较好,教育在此部分有回报;二级劳动力市场由 ILM 之外的劳动力市场构成,工资的决定机制是劳动力的供求机制,此部分工作不稳定、收入低、几乎没有福利待遇、流动性大、职业前景暗淡,教育在此部分没有回报;劳动力在两个部分之间几乎不存在流动,并且在二级劳动力市场中的劳动者工作极不稳定,经常在就业、失业和退出劳动力市场三者之间变动。

皮奥里(1975)进一步将一级劳动力市场划分为两个子部分,即"高阶层"(upper tier)和"低阶层"(lower tier)。前者主要包括某些专业性强的职位和高管职位,其特征是高收入、高地位、发展机会多和高流动性;后者主要包括除上述描述职位之外的其他职位,其特征是平均收入较为一般、晋升机会不多并且工资水平的决定和职位分配都由内部管理规则直接决定,灵活性很小。

(二) 激进理论

该理论接受了马克思的基本观点,强调劳动力市场的分割是和社会经济因素紧密联系在一起的,并且是一个历史的过程。该理论认为,美国劳动力市场的分割是和资本主义从竞争阶段发展到垄断阶段逐渐形成的(Reich, Gordon & Edwards, 1973)。竞争阶段的资本主义对劳动力的要求是同质化,这造成了劳动者无产阶级意识的崛起,与资本家的冲突越来越激烈,与此同时,垄断厂商的出现使得关注焦点从短期的利润最大化转向对产品市场和劳动力市场的长期控制,因此,资本家有意识地采用各种方法对劳动力市场"分而治之"(divide and conquer)。ILM 的形成、族裔分割以及性别歧视实际上就是这个历史过程的结果,而资本密集型企业的大量出现加强了劳动力市场分割的趋势。

（三）职位竞争模型及排队理论

这个理论由瑟罗（L. C. Thurow）提出。其着眼点在职位（Job）和希望得到此职位的劳动者之间的相互关系上。该理论强调：第一，决定就业的主要因素是雇佣者对求职者的愿望（desirability）。客观上，这种愿望代表了对所有求职者潜在边际生产力的排序，主观上，这种愿望也代表了雇佣者本身的偏好对于客观排序的变更（Thurow，1970）。第二，雇佣分割线（the dividing line）是变动的。

那么，是什么因素决定了雇佣者对于求职者的排序？瑟罗认为，从客观上讲，每个受雇者均需要在职培训，而培训成本是由受雇者的背景特征决定的，每个职位的所有竞争者可以依据培训成本的高低排出获取此职位的可能性，雇佣者则根据自己的实际需要，根据成本最小化原则来选择最佳的受雇者。从主观上讲，在美国劳动力市场上，由于历史的原因，雇佣者偏好白种男性，具有与前者相同"背景特征"的有色人种及妇女在排序上处于队列后端的概率高，直接的结果是，有色人种及妇女呈现出高失业率和高比例就业于二级劳动力市场的态势。

第二节 中国劳动力市场分割的基本特征

一、特殊体制下的城乡分割

户籍制度体系的确立对中国社会产生了深远影响。进入 20 世纪 80 年代之后，这一体系有所放松，但它在中国政治、经济、社会和文化体制上留下的印记不可磨灭，是现今许多现实问题和矛盾的根源。户籍制度体系不仅将劳动力市场分割为城乡两部分，并且剥夺了农村劳动者通过流动实现平等就业权利的机会。

（一）资源配置与前劳动力市场城乡分割

所谓"前劳动力市场分割"是指，在进入劳动力市场之前的阶段，由于制度原因，不同群体在获得用于形成人力资本的资源时存在机会、种类、数量或质量上的差异。这种差异使得不同群体在进入劳动力市场之时所具备的人力资本明显不同，并最终导致他们在劳动力市场上就业机会、工作条件、薪酬待遇和福利保障等权利的差别。根据人力资本理论,人力资本的形成和积累主要来自人力资本投资,投资的渠道主要是教育和保健支出(舒尔茨,1960)。我国前劳动力市场分割的两个制度因素——价格政策和资源配置政策会影响城乡居民人力资本投资(主要是教育和医疗保健),由此带来劳动者就业权利失衡。[①]

1. 价格政策与个人人力资本投资差异

新中国成立之后,我国进入工业化迅速发展阶段,但资金和资源的匮乏成为制约发展的"瓶颈"。中国政府采取了"以农补工"的发展模式,对工农业产品实施"剪刀差"的价格政策。农业利润的外流使农民的收入水平长期被压低,农民生活相对贫困,制约着农民进行人力资本投资的能力。近年来,虽然农村居民的收入水平和消费能力得到很大提高,但仍然远远低于城市居民的水平。2015年我国城镇居民家庭平均每人消费性支出21 392.4元,是农村居民家庭平均每人消费支出的2.32倍;其中,城市居民用于文教娱乐的支出是农村居民的2.46倍,超过城乡平均消费差距的幅度。城市居民用于医疗保健的支出是农村居民的1.36倍,低于城乡平均消费差距的幅度。从城市和农村居民家庭平均每人消费支出的结构来看,农村居民文教娱乐支出占其总消费额的比例低于城市居民,医疗保健支出占其总消费额的比例高于城市居民(见图3-1)。

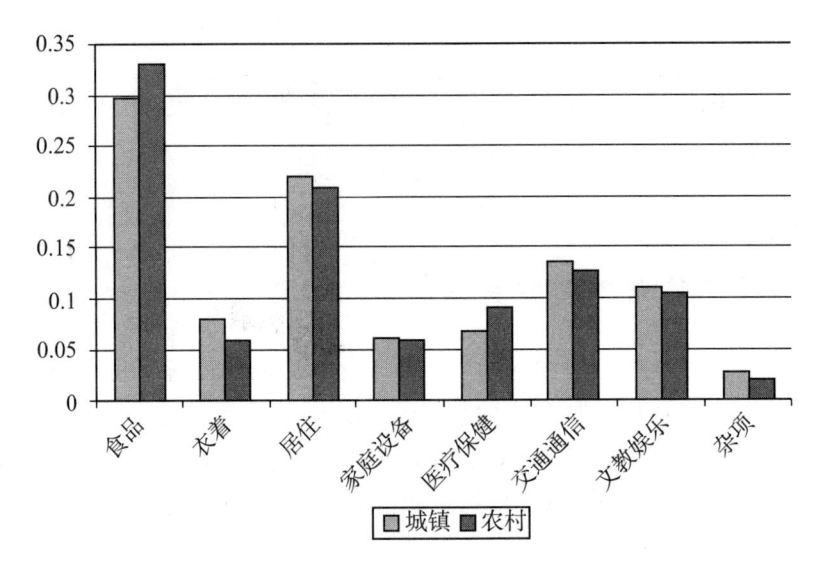

图3-1 城市和农村居民家庭平均每人消费支出结构

资料来源:《中国统计年鉴》(2016)。

[①] 参阅孟凡强、熊家财:《前劳动力市场教育歧视与城乡劳动力工资差异》,载于《广东社会科学》2015年第1期。

2. 资源配置政策和公共人力资本投资差异

教育是人们获得人力资本、提高就业竞争力和收入的主要手段，但我国的教育资源配置是城乡有别的。1986年6月，国家下发的《关于实施〈义务教育法〉若干问题的意见》中明确规定："城镇，凡国家举办的中小学新建、扩建、改建校舍所需的投资，按学校隶属关系，列入主管部门基本建设投资计划，并予以照顾。农村中小学校舍建设投资，以乡、村自筹为主。地方人们政府对经济有困难的地方，酌情予以补助。"也就是说，城镇中小学属于国家举办的学校，由国家和地方财政拨款建设；农村中小学则由农民自筹资金自办。这种政策导致农村中小学所获得的生均教育经费和生均预算内教育经费仅相当于城市水平的60%~70%（赵力涛，2009）。

区别性的资源配置政策导致了城乡教育事业发展的不平衡。长期以来，我国城市的教育条件好、师资力量强、教育质量高，而农村的教育条件和水平则相形见绌（见表3-1）。在九年义务教育阶段，学龄儿童进入哪个学校根据户籍来划分；农村儿童只能进入农村的学校，城市的儿童入读城市的学校，城乡教育体系在义务教育阶段是分离的。从高中阶段起，城乡教育开始打通，农村学生有机会进入城市教育体系就读。但是，农村相比较低的教育质量使得农村学生在入学考试上处于劣势，从而降低了他们进入高中和大学的可能性。可以说，城乡教育体系的分割和发展水平的差异，导致城乡劳动者在进入劳动力市场前拥有着不同质和量的人力资本，进而加剧了城乡劳动者在劳动力市场上就业权利的失衡。

表3-1　　　　　　　　2015年城乡教师素质和办学条件对比

	初中			小学		
	城市	县镇	农村	城市	县镇	农村
校舍危房比例（%）	0.58	1.44	2.50	0.83	1.47	2.93
生均计算机（台）	0.17	0.13	0.17	0.12	0.09	0.09
生均图书量（册）	30.97	30.92	40.01	21.18	19.01	21.44
高学历教师比例（%）	89.08	77.38	72.57	64.51	43.93	33.14
高级教师比例（%）	22.01	16.11	13.35	55.54	54.79	49.68

资料来源：《中国教育统计年鉴》（2015）。

健康是人力资本的重要内容，影响劳动者健康状况的一个直接因素是医疗保健，我国的医疗资源配置政策也具有城乡不平衡的特点。首先，国家对于农村医疗保健体系的建设相当不完善。按照我国目前的医疗保健体系，城市拥有综合性医院、中医医院、专科医院、妇幼保健院以及专科疾病防治院和疾病防治中心等多层次、专业化的医疗机构；而乡村仅有由镇医院、乡医疗所和村医疗室构成的三级卫生保障体系，而且缺乏正规医务人员的配备。其次，政府对农村医疗卫生的投入不足。2014年，卫生总费用35 312.40亿元，农村卫生支出8 736.78亿元，占卫生总预算支出的24.7%。自2008年起，政府卫生支出开始呈现显著增长之势，在2014年达到10 579.23亿元，较2000年的709.52亿元增长了15余倍。机构不健全和公共投入的不足，导致了城乡医疗卫生事业的不均衡发展。与城市相比，我国农村拥有的医疗卫生资源较少（见表3-2），医疗条件差，服务能力低。其直接的结果就是农村居民的健康程度要低于城镇居民。

表3-2　　　　　　　　　城乡医疗卫生资源对比

	全国	乡镇	乡镇/全国
卫生机构数（万个）	98.4	67.7	0.69
医疗机构床位数（万张）	701.5	119.6	0.17
每千人口床位数（张）	5.11	1.24	0.24
卫生人员数（万人）	1 069.4	103.2	0.10

资料来源：《中国统计年鉴》(2016)。

3. 人力资本投资差异与劳动者就业选择的失衡

长期以来，我国一直施行工业优先、城市优先的发展战略，价格政策和资源配置政策都明显向城市倾斜。一方面，工农业产品价格的"剪刀差"造成农民收入长期处于低水平，削弱了农民进行人力资本投资的能力；另一方面，国家对农村教育和医疗资源的投入也明显少于城市，农村义务教育的经费更是长期依靠县乡自筹和农民集资。更为严重的是，户籍制度体系将人口固定于城市或农村，剥夺了人们通过流动来改善各类不平等的机会。这样，无论是个人投资还是公共投资，农村人口所获得的人力资本投资都长期低于城市；日积月累的结果，只能是农村劳动者所形成的人力资本低于城市劳动者。

研究表明，城乡劳动者人力资本的差异对其在劳动力市场上就业选择的差异有较强的解释力（Meng & Zhang, 2001；姚先国、赖普清，2004；王美艳，2005）。从统计数据看（见图3-2），城镇就业人员的受教育程度要明显高于全国水平，农村外出从业劳动力与农村劳动力的受教育程度都比全国水平要低。以受过高中及以上教育的比例为例，农村外出从业劳动力与农村劳动力比城镇就业人员低40%以上。三类劳动力的受教育程度排序与他们在劳动力市场上就业权利的次序一致。

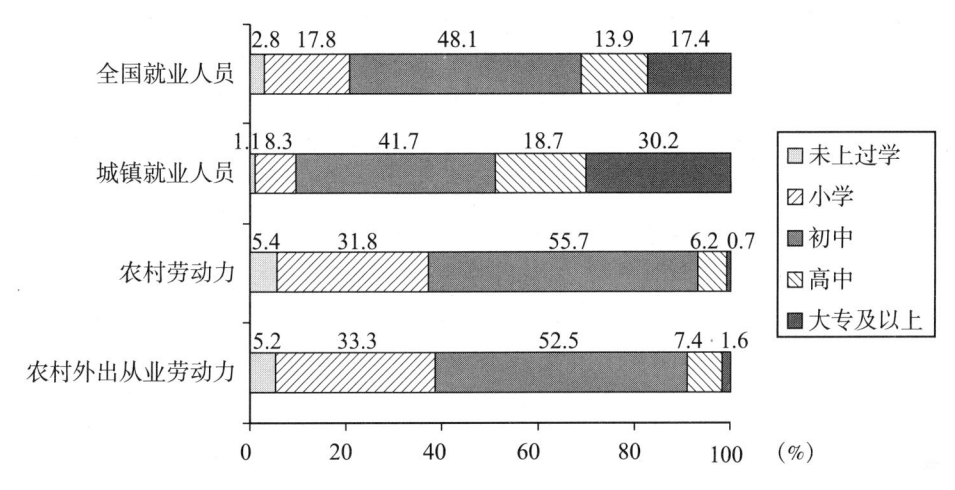

	未上过学	小学	初中	高中	大专及以上
全国就业人员	2.8	17.8	48.1	13.9	17.4
城镇就业人员	1.1	8.3	41.7	18.7	30.2
农村劳动力	5.4	31.8	55.7	6.2	0.7
农村外出从业劳动力	5.2	33.3	52.5	7.4	1.6

图 3-2　我国城乡劳动者受教育程度的构成情况

资料来源：全国和城镇就业人员数据来自《中国劳动统计年鉴》(2016)；农村及农村外出劳动力数据来自《第六次全国人口普查资料》(国家统计局，2010)。

近些年来，特别是 2014 年国务院颁布《关于进一步推进户籍制度改革的意见》和 2016 年施行《居住证暂行条例》两个文件之后，城镇劳动力市场上农村转移劳动者不再被标记"农民工"的特殊身份标签，他们作为一般意义上的"公民"身份得到完整的承认。制度桎梏的突破实现了城乡劳动者身份的平等，但城乡劳动者在劳动力市场上的实际平等还取决于诸多经济社会因素及自身能力结构。居住证制度虽然显著改善了农民工的总福利水平，但主要是对农民工的生活状况与防护性保障的显著改善，而在工作就业和经济状况方面则不存在明显改善效果（袁方、史清华、晋洪涛，2016）。

（二）就业政策与劳动力市场城乡二元分割

前劳动力市场的城乡分割导致了城乡劳动者人力资本的差距，这部分地解释了城乡劳动者进入劳动力市场后就业权利的失衡。此外，劳动力市场上一些制度性、歧视性因素所带来的城乡分割，也对城乡劳动者就业机会的差异有较强的解释力。户籍制度体系是分割城乡劳动力市场、阻碍农村劳动力向城市流动的最大制度障碍。近些年来，虽然这一体系逐步松绑，对劳动力流动的束缚越来越微弱，但同时许多城市也出台了就业保护政策或外来人口管理制度，旨在限制外来劳动力的进入、保护本地城镇劳动者的就业。这种做法不仅降低了农村劳动者在城镇劳动力市场上的就业机会，也加大了他们的就业成本，损害了农村劳动者平等就业的权利。很多学者通过实证研究都发现，在城镇劳动力市场中，外来农村劳动力在就业过程中存在着各种人为设置的障碍，这些障碍最终成为他们融入城市的壁垒（宋洪远等，2002；邓大松、胡宏伟，2007；张展新等，2007）。

除进入城市劳动力市场就业的机会差异外，农村劳动者在城市劳动力市场各行业、职业上的就业机会也与城市劳动者有很大不同。农民工生活质量调查显示（国家统计局服务业调查中心，2006），农村劳动者进入城市劳动力市场后，大多集中于制造业、建筑业、居民服务业、住宿餐饮业、批发零售业等行业，从事各类服务员、生产工人、技术工人、建筑工人、专业技术人员等职业。这些行业和岗位与其他工作相比，除了工资和福利待遇的差别外，往往还具有劳动强度大、工作环境差、流动性强、带有一定危险性等特点，大多是城市劳动者不愿从事的工种和岗位。从工作时间来看，2015年城镇就业单位的农业户口劳动者中有40%以上每周工作48小时以上，25%每周工作40小时；而这两个比例在非农户口劳动者中分别为25%和52%（见图3-3）。这种城乡之间职业分布的差异很大程度上可以归结于制度因素。

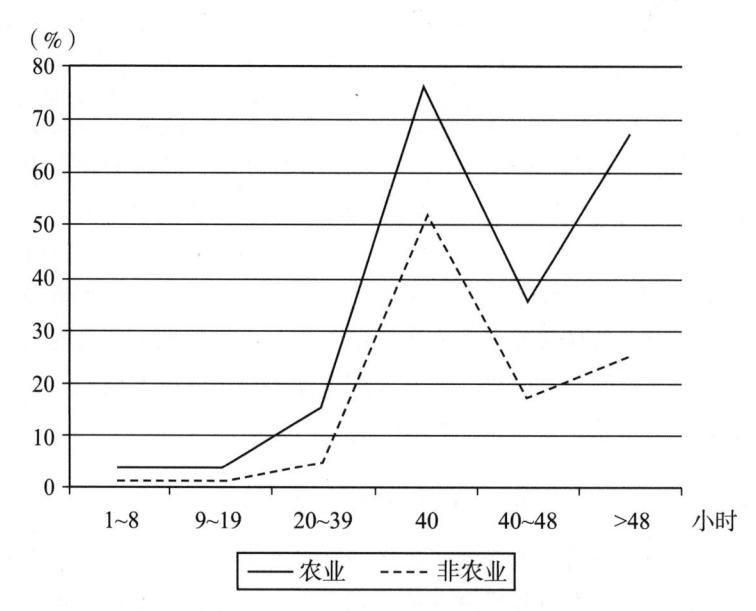

图 3-3　2015 年按户口分城镇就业人员工作时间构成

资料来源：《中国劳动统计年鉴》(2016)。

二、市场化改革和中国劳动力市场两重二元分割的形成

改革开放之前，劳动力资源是计划配置。从国家层面看，管理城镇劳动力资源配置计划的部门有两个，即管理普通工人编制的劳动部和管理干部编制的人事

部。通常情况下，劳动部按照各省份上报的计划，经过各方面的协调和讨论，编制好计划，然后逐级分配，最终将国家计划完全分解到基层。基层（街道）将依据登记的待业人员，将工作分配给特定的劳动者。通常，经过这个渠道就业的劳动者称为工人。另一个部门是人事部，其操作程序也类似，各用人单位将本单位的用人计划逐级上报到人事部，经讨论确定后编制好计划，然后分解到各类学校（包括高中、技校、中专、大专和高等院校），各类学校将特定工作分配给特定的毕业生。通常，经过这个渠道就业的劳动者称为干部。因此，城镇劳动者获得工作的渠道通常只有两个——一个渠道是街道；另一个渠道是各类学校。城镇劳动者一旦获得工作分配，通常情况下不允许离职、换职以及在不同单位之间流动。而单位也没有权利开除职工，除非其触犯法律（Meng，2004）。与此相适应，工资也采取严格的等级制。依据1956年的工资改革，行政干部工资分为20级，技术干部分为17级，工人分为8级。每一级对应着特定的工资数额，地区之间和行业之间的差距非常小。个人工资的增加可以通过两个途径：其一，在工资级别不变的前提下，通过国家政策的调整而增加工资；其二，通过工作年限的积累获取工资级别的提高。劳动力配置的计划机制最大的问题是无法有效地激励劳动者。一个有效的激励机制应该是"奖勤罚懒"，但当时的工资是固定不变的，干好干坏一个样，劳动效率一直在低水平徘徊。计划机制无法有效地激励劳动者，只有市场机制才能把劳动者的能力激发出来（Meng，2004；Kinght & Song，2005）。

劳动力资源配置的改革开始于20世纪80年代。最先开始的是工资制度的改革，也就是说，在工资制度不变的前提下，考虑个人的努力程度和产品的销售，给予个人一定的奖金和物质上的奖励，而奖金和实物奖励的比例逐年提高，特别是90年代之后，基本工资的比例占总收入的比例越来越低（见表3-3）；其次，国家垄断劳动力资源配置的情形逐渐瓦解。到90年代，国有企业招收工人的计划不复存在，代之在各种类型的职业介绍机构发布招工信息；最后，终生雇佣的计划经济模式逐渐被劳动合同所代替，这个过程也是在20世纪八九十年代完成的。可以说，劳动力资源从计划配置到市场配置的过程是渐进式的，1994年颁布、1995年起实施的《劳动法》是劳动力市场形成的一个阶段性标志。

表3-3　　　　　　　　国有单位工资构成

年份	平均名义收入（元）	基本工资所占比例（%）	奖金所占比例（%）	实物收入所占比例（%）	其他（%）
1978	644	85.7	2.4	6.5	5.4
1980	803	72.4	9.7	14.1	3.8

续表

年份	平均名义收入（元）	基本工资所占比例（%）	奖金所占比例（%）	实物收入所占比例（%）	其他（%）
1985	1 213	64.6	14.5	18.5	2.4
1990	2 284	55.7	19.1	21.8	3.4
1991	2 477	55.4	20.0	22.1	2.5
1992	2 878	51.7	22.2	23.8	2.4
1993	3 532	46.6	23.2	25.1	5.1
1994	4 797		17.9	24.5	
1995	5 625	55.6	16.8	23	4.6

资料来源：Meng, X et al. The Two-Tier Labor Market in Urban China: Occupational Segregation and Wage Differentials between Urban Residents and Rural Migrants. 485–504. Journal of Comparitive Economics 29, No.3（2001）.

在这个过程中，各种类型的分割逐步形成，例如，行业分割、职业分割、地域分割、性别分割等。工资的差异除了个人的人力资源禀赋外，还受到这些分割的影响。随着经济的增长，工资不平等的程度迅速增加，从20世纪80年代到90年代，伴随着城乡居民的收入水平的是Gini指数迅速的增大（Rishkin, Zhao & Li, 2001）。

劳动力资源的计划配置向市场配置转换，是一种层级结构（hierarchical structure）向另一种层级结构转换。所不同的是，前一种层级结构是人为设计的，而后一种层级结构是基于自然演化所形成的。同样，在计划经济体制下，干部编制相对于工人编制来说，工资收入比较高，福利待遇比较好，但二者都是稳定的，都是终生雇佣的。而在市场经济条件下，通过劳动力市场的自然演化，形成了工作稳定、收入高和福利待遇好的一级市场，它和二级市场之间不存在着非此即彼的界限，它的形成是经济发展、技术进步的结果。

中国的改革采取的是渐进式的"双轨制"方式，劳动力资源配置的改革也是如此。在保持原有的劳动制度不变的前提下，允许独资企业、合资企业和私人企业采用完全市场化的雇佣方式，这些新型所有制企业随着经济的发展在国民经济中所占比重越来越大，这也意味着他们所雇佣的劳动者在城镇就业人口中的比重越来越大。随着国有企业、集体企业以及政府部门、事业单位用人制度的改革，其中一些技术含量低、对人力资本要求不高的工作岗位逐渐社会化，而那些对人力资本要求高的工作岗位则依旧保持着高工资、高福利和高稳定性的特征。佐藤

(Sato，2006）认为工资水平的高低、雇佣稳定性的高低以及工资的市场化水平高低可以作为划分城镇劳动力阶层的指标，而这些指标特征正是划分内部劳动力市场和外部劳动力市场的标准。

由此，我们可以认为，中国城镇劳动力市场的演化过程是内部劳动力市场和外部劳动力市场的形成过程，也就是城镇一级劳动力市场和二级劳动力市场的形成过程（下文称之为"内外二元性"），前者可以认为由大、中型企业、事业单位的内部劳动力市场构成，其特点是劳动力资源依据内部组织规则配置；后者可以看成是排除了内部劳动力市场的外部劳动力市场构成，其特点是劳动力资源配置由市场决定。同时，中国还存在着一个巨大的农村劳动力市场，必须考虑农村劳动力流动对二元劳动力市场形成的影响。由于"一级劳动力市场"的劳动力配置基本上在内部劳动力市场进行，对外部劳动力市场的劳动力需求很少，考虑到进入城镇的农村劳动力人力资本较低，则这些人进入"一级劳动力市场"就业的概率非常小；绝大部分只能在"二级劳动力市场"就业。而中国的户籍制度使得农村迁移劳动力无法有效地融入城镇劳动力市场中，社会经济地位远远低于城镇劳动力，这说明"城乡二元性"特征并不会随着农村劳动力迁移到城镇就业而自然消失[①]，我们很容易地以户籍为标准将"二级劳动力市场"的劳动力区分为城镇户籍部分和农村户籍部分。这就是具有中国特色的"城乡二元性"。基于这种认识，我们对于中国城镇劳动力市场提出以下假设：第一，中国劳动力市场分割的典型特征是两重"二元性"，即在城镇劳动力市场中同时体现了"内外二元性"和"城乡二元性"；第二，两大特征之间存在着"嵌套"（nesting）关系，"城乡二元性"体现在"内外二元性"的二级部分中，而户籍制度在其中起了决定性的作用（见图3-4）。

如果上述假设成立，中国劳动力市场分割将呈现以下特点：第一，"城乡二元性"强化了"内外二元性"。由于二级劳动力市场的工资是由劳动力的供求关系决定的，在农村劳动力供给无限的情况下，二级劳动力市场工资有下降的趋势，而一级劳动力市场的工资是由内部劳动力市场本身所决定的，不受外部劳动力市场的影响，因此，农村劳动力的供给不会对一级劳动力市场的工资高低产生影响，其结果是一级劳动力市场和二级劳动力市场的收入差距将变大。即从收入

---

① 按照刘易斯（Lewis，1954）的理论，区分农村劳动力还是城镇劳动力以生产方式为标准，因此，农村劳动力一旦进入城镇劳动力市场，其身份就是城镇劳动力了。而中国的户籍制度使得农村劳动力进入城镇之后，身份依旧是农民，但因其生产方式改变了，所以被称为"农民工"，而正是这个称谓反映了中国特有的"城乡二元性"。

```
                    中国劳动力市场
                   ┌─────┴─────┐
              城镇劳动力市场      农村劳动力市场
            ┌─────┴─────┐           │
      一级劳动力市场  二级劳动力市场         │
                   ┌───┴───┐         │
                城镇户籍   农村户籍 ◄- - - ┘
```

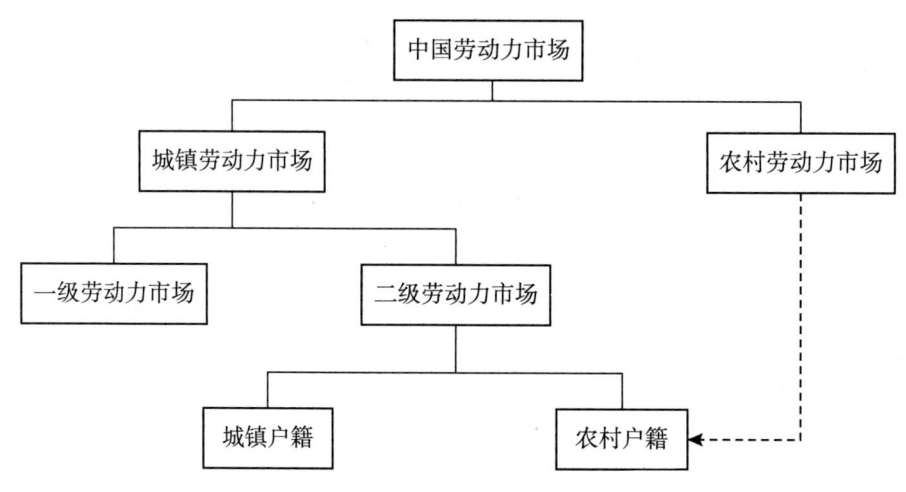

图 3-4 中国劳动力市场分割示意

角度看,"内外二元性"因"城乡二元性"的存在而被强化。第二,"城乡二元性"扭曲了"内外二元性"。中国特有的户籍制度及相关制度安排使得农村劳动力的人力资本比较低,迁移到城镇之后,无法到达内部劳动力市场的"职业入口"(entry port),只能进入二级劳动力市场就业。由于在此部分就业人力资本投资回报几乎为零,因此,进入城镇的农村劳动力没有内在的动力进行人力资本投资,同时,由于收入低,他们也没有能力对自己后代进行人力资本投资,其结果是农村迁移进入城镇的劳动力及其后代都丧失了进入一级劳动力市场的可能性,这说明农村劳动力迁移到城镇之后,其工作机会的获得具有局限性和遗传性的特征,在这种情况之下,二级劳动力市场的就业规模有扩大的趋势。第三,"城乡二元性"在城镇劳动力市场"二级劳动力市场"的体现如下:对于同样处于"二级劳动力市场"的农村户籍劳动力以及城镇户籍劳动力而言,前者无论在收入还是在工作及生活不稳定的状态上都弱于后者,这说明农村迁移劳动力处于社会经济地位的底层。

三、劳动力市场经验观察

(一)城乡分割检验

我们在此采用转换回归模型(switching regression model)来验证城乡分割的存在。该方法可以在未知分类的情况下估计工资方程,有效避免了截断偏差和样本选择问题,同时又保证了较强的客观性和解释力。

如果一个劳动力市场是二元分割的，那么该劳动力市场应当具有以下特征：

特征一：一级劳动力市场和二级劳动力市场存在两套不同的工资决定机制，即两个工资方程比单一个工资方程有更强的解释力；

特征二：相对于人力资本因素（教育和工作经验），一级劳动力市场的工资方程是向上倾斜的，而二级劳动力市场的工资方程则相对平缓，且基本位于主要劳动力市场工资方程下方；

特征三：由于二级劳动力市场向主要劳动力市场的流动受到限制。这也是形成分割的必要条件。如果劳动者能够自由选择劳动力市场，分割也就不存在了。结合中国劳动力市场分割的现状，我们将重点考察户籍制度是否是限制劳动者自由选择、造成就业机会差异的主要因素。

假定一个人在进入劳动力市场前能够充分了解各种工作的相关信息；他在一生中对工作的非经济回报（如工作条件、是否稳定、声誉等）的偏好是不变的；他以一生效用最大化为原则选择进入一级或二级劳动力市场。工作的效用来自经济回报和非经济回报两部分。如果非经济回报只与工作岗位有关，与个人特征无关。那么他进入一级劳动力市场工作后，其一生效用的现值可以表示为：

$$U_p = \log \int_0^\infty e^{-rt} w_p(t) \, dt + NP_p \qquad (3.1)$$

其中，r 为贴现率，$w(t)$ 代表工资率，t 为工作年限，NP 表示非经济回报的净现值。此时，工资率的决定方程为：

$$w_p(t) = \exp(X\beta_p + \theta_p t + \varepsilon_p) \qquad (3.2)$$

X 表示可观测的劳动者个人特征，ε 为影响工资且与 X 不相关的非可观测因素，并服从均值为 0 的正态分布。假定 $r - \theta > 0$，将式（3.2）代入式（3.1）得：

$$U_p = X\beta_p + \varepsilon_p - \log(r - \theta_p) + NP_p \qquad (3.3)$$

同样，如果该人进入二级劳动力市场工作，则其工资决定方程和效用现值可以表示为：

$$w_s(t) = \exp(X\beta_s + \theta_s t + \varepsilon_s) \qquad (3.4)$$

$$U_s = X\beta_s + \varepsilon_s - \log(r - \theta_s) + NP_s \qquad (3.5)$$

令 $Z = U_p - U_s = X(\beta_p - \beta_s) + (\varepsilon_p - \varepsilon_s) + \log\left(\dfrac{r-\theta_s}{r-\theta_p}\right) + NP_p - NP_s \qquad (3.6)$

根据假设，可令 $\log\left(\dfrac{r-\theta_s}{r-\theta_p}\right) + NP_p - NP_s = \alpha_z + \varepsilon_z$，其中 α_z 为常数，ε_z 服从正态分布。从而 Z 另写为：

$$Z = X\beta_w + \varepsilon_w \qquad (3.7)$$

若 $U_p > U_s$，即 $Z > 0$，劳动者选择进入一级劳动力市场工作；反之，劳动者选择进入二级劳动力市场工作。因此，在二元劳动力市场下，该人的工资决定模型可以概括为：

$$Z_i = X_i \beta_{wi} + \varepsilon_{wi} \qquad (3.8)$$

$$Y_i = \log(w_{pi}) = X_i \beta_{pi} + \theta_{pi} t_i + \varepsilon_{pi} \quad Z_i > 0 \qquad (3.9)$$

$$Y_i = \log(w_{si}) = X_i \beta_{si} + \theta_{si} t_i + \varepsilon_{si} \quad Z_i \leq 0 \qquad (3.10)$$

其中，式（3.8）即所谓的切换方程（或选择方程），式（3.9）和式（3.10）分别为一级劳动力市场和二级劳动力市场中的工资方程。假定 $\varepsilon_w \sim N(0,1)$，则：$(\varepsilon_p, \varepsilon_s, \varepsilon_w) \sim N(0, \sum)$，$\sum = \begin{pmatrix} \sigma_{pp} & \sigma_{ps} & \sigma_{pw} \\ \sigma_{sp} & \sigma_{ss} & \sigma_{sw} \\ \sigma_{wp} & \sigma_{ws} & 1 \end{pmatrix}$。

该劳动者进入一级劳动力市场的概率 λ_i 可以表示为：

$$\lambda_i = P(U_{pi} > U_{si}) = P(Z_i > 0) = P(\varepsilon_{wi} > -X_i \beta_{wi}) = 1 - \Phi(-X_i \beta_{wi}) \qquad (3.11)$$

Y_i 的概率分布函数为：

$$F(Y_i) = F_p(Y_i \mid Z_i > 0) \cdot \lambda_i + F_s(Y_i \mid Z_i \leq 0) \cdot (1 - \lambda_i)$$

$$= \frac{\int_0^{+\infty} G_p(Y_i, Z_i) \mathrm{d}z}{P(Z_i > 0)} \cdot \lambda_i + \frac{\int_{-\infty}^{0} G_s(Y_i, Z_i) \mathrm{d}z}{P(Z_i \leq 0)} \cdot (1 - \lambda_i)$$

$$= \int_0^{+\infty} G_p(Y_i, Z_i) \mathrm{d}z + \int_{-\infty}^{0} G_s(Y_i, Z_i) \mathrm{d}z$$

$$= P(Z_i > 0 \mid Y_i) \cdot G_p(Y_i) + P(Z_i \leq 0 \mid Y_i) \cdot G_s(Y_i) \qquad (3.12)$$

其中，$F(\cdot)$ 为分布函数，$G(\cdot)$ 为关于 Y_i 的边缘分布函数。

所以，样本的对数似然函数为：$LF = \ln\left(\prod_{i=1}^{n} F(Y_i)\right) = \sum_{i=1}^{n} \ln(F(Y_i))$

$$(3.13)$$

运用最大似然估计方法，可以得到 β_p、β_s、β_w 和 σ 的估计值，进而计算出劳动者进入主要劳动力市场的概率 λ_i 和模型的对数似然函数值 LFV。①

为了考察劳动力市场是否具有特征一，我们采用似然比统计量进行检验。若

---

① 现实中，无法观测到 Z_i 的值。但根据式（3.12），模型在估计参数时并不需要 Z_i 的具体值。因而实际估计过程中，我们使用了一个代理变量 Y_{wi}，对于工资较高的样本，令 $Y_{wi} = 1$；反之，$Y_{wi} = 0$。根据模型假设，并在劳动者对非经济回报的偏好相同且能够自由选择工作的条件下，Z_i 的大小主要反映了工资的高低，故 Y_w 分布的趋势与 Z 接近。这里，Y_{wi} 的值并不是划分主要劳动力市场和次要劳动力市场的标准，也不参与实际估计过程，只是作为联系式（3.8）、式（3.9）和式（3.10）的"纽带"。对式（3.13）运用最大似然估计法，将同时估计出式（3.8）、式（3.9）和式（3.10）的参数值。这样就避免了采用某些具体指标（如某一工资额，是否签订劳动合同等）划分一级和二级劳动力市场进行估计所导致的截断偏差和样本选择问题，对于现有的研究方法是一种改进。

劳动力市场是统一的，则只存在一个工资决定方程，即：

$$H_0: \beta_p = \beta_s, \; \theta_p = \theta_s, \; \varepsilon_p = \varepsilon_s, \; \sigma_p = \sigma_s \tag{3.14}$$

设此时的对数似然函数值为 $LFVR$，构建似然比统计量 LRT。该统计量服从自由度为 r 的 χ^2 分布，r 为约束条件的个数。

$$LRT = -2(LFVR - LFV) \sim \chi^2(r) \tag{3.15}$$

若在给定的显著性水平上，H_0 被拒绝，说明劳动力市场上有两套不同的工资决定机制，劳动力市场可能存在分割。然后基于式（3.9）和式（3.10）的估计结果，进一步考察特征二和特征三。

我们使用中国社会科学院经济研究所收入分配课题组 2002 年的中国居民家庭收入调查（CHIP）数据。该调查从 12 个省（市）中收集到 6 835 份城镇住户样本，20 632 份城镇居民样本；从 22 个省（市）中收集到 9 200 份农村住户样本，37 969 份农村居民样本[1]。此外，该调查还包含一个单独的农村流动人口样本，该样本覆盖的省份与城镇样本相同，调查对象为居住在城镇居民区且登记为农村居民的农村流动人口[2]（后文简称为"农民工"），共 2 000 户 5 327 人。我国的住户调查大多数都是基于户口登记地进行抽样，因而流动人口成为住户调查中被遗漏的一个群体。在这种情况下，CHIP 数据的农村流动人口样本提供了一个很好的补充，我们利用这个样本来对比城镇劳动力市场上城乡劳动者的收入差距。

为了分析城乡劳动者收入差距，我们从城镇居民样本、农村居民样本和农民工样本中选取了 16～60 周岁、就业、主要职业为非农业且取得工资收入的个体，分别构成城镇劳动者样本、农村劳动者样本和农民工样本。其中，农村劳动者的样本实际上是由当年从事非农就业活动半年以上的农村劳动力构成，类似"农村转移劳动力"的概念[3]。由于城乡样本比重不同，我们对城镇劳动者样本、农村劳动者样本和农民工样本进行了加权调整，以使得三者的样本比例与其全国数据的比例相符合[4]。基于考察城乡劳动者收入差距的需要，剔除了样本中收入为缺

---

[1] 城镇调查覆盖的 12 个省（市）包括：北京、山西、辽宁、江苏、安徽、河南、湖北、广东、重庆、四川、云南和甘肃。农村调查的覆盖范围除上述 12 个省（市）外，还包括河北、吉林、浙江、江西、山东、湖南、广西、贵州、陕西和新疆 10 个省份。

[2] 受取样方法的限制，流动人口调查的抽样来自城镇居民委员会，调查对象是居住在单元房或其他城镇住宅，以及与城市家庭住在一起（如保姆）的流动人口。那些居住在建筑工地、工厂和街道等非城镇居民区的流动人口并没有纳入调查。由此引起的样本选择问题可能会使我们对城乡收入差距的分析结果出现一定程度的偏误。

[3] 农村转移劳动力包括当年从事非农就业活动半年以上的农村劳动力和在乡以外依然从事第一产业的农村劳动力。

[4] 城镇劳动者、农村劳动者和农民工的全国数据来自《中国劳动统计年鉴》（2003）和《2003～2004 年：中国就业报告》（莫荣，2004）。

省值的个体。不同的是,考虑到男性和女性劳动者对工作的非经济回报有不同的偏好[①],他们做出就业选择的依据也可能因此不同,我们只考察城乡男性劳动者的就业机会差异。最终获得城镇劳动者样本容量6 333个,农村劳动者样本容量4 353个,农民工样本容量1 803个(见表3-4)。

表3-4　　　　　　　各样本主要变量的统计性描述

变量名称	城镇劳动者（城镇户籍）		农村劳动者（农村户籍）		农民工（农村户籍）	
	均值	标准差	均值	标准差	均值	标准差
教育年限（年）	11.648	2.864	8.485	2.299	8.363	2.598
工作经验（年）	21.358	9.676	7.274	8.046	7.638	5.322
婚姻（已婚=1）	0.890	0.313	0.741	0.438	0.901	0.298
中共党员（是=1）	0.360	0.480	0.152	0.359	0.050	0.219
健康（是=1）	0.696	0.460	0.917	0.276	0.917	0.276
小时工资[②]（元）	5.995	5.187	2.751	2.603	3.645	4.581

作为反映人力资本水平的教育年限和工作经验对劳动者的就业机会有着最直接、最重要的影响,是在研究中必须考虑的。CHIP数据直接调查了个人的教育年限和工作经验,可以直接引用这两项数据。其中,农村劳动者的工作经验是按照其从事非农就业的年限计算的;农民工的工作经验按照其在城镇就业的年限计算;如果工作经验的值缺失,则按照年龄减去受教育年限再减入学年龄[③]进行估算。同时,婚姻状况、党员身份和健康状况也是可能影响人们就业选择行为的因素。已婚的劳动者可能更倾向于从事高收入、稳定的工作;能够成为中共党员的劳动者一般都有着比较优秀的表现,从侧面说明该劳动者的素质较好、能力较强;健康状况与劳动者的收入,特别是与农村迁移劳动者的收入密切相关（苑会娜,2009）,这里定义那些"与同龄人相比,认为自己身体状况很好或较好"的人为"健康"。由于CHIP数据中城镇住户样本和农村住户样本是根据户籍登记信息进行调查的,农村流动人口样本的调查对象虽然居住在城镇但必须是登记为

---

① 比如,女性劳动者可能更偏好稳定、有较多闲暇时间的工作,以照顾家庭。
② 小时工资=月平均工资/（4×平均每周工作天数×平均每天工作小时数）。这里,工资指从主要职业工作单位获得的收入,包含了奖金和各种补贴。
③ 此处假设入学年龄均为7岁。

农村居民的，因而我们定义城镇劳动者的户籍身份为"城镇户籍"，农村劳动者和农民工的户籍身份都为"农村户籍"。

从三个样本主要变量的统计信息看，城镇劳动者的受教育年限、工作经验和党员比例都是最高的，人均受教育年限接近 12 年，相当于高中毕业的教育程度。相比之下，农村劳动者和农民工的人均受教育年限都少了 3 年，教育程度只相当于初中。人均小时工资在不同样本之间的差异也非常显著，城镇劳动者最高，而农村劳动者最低，并且前者是后者的两倍以上。

我们将从两个方面分析我国的劳动力市场分割以及城乡劳动者就业机会的差异。需要分析的农村劳动者包括两类：一类是转移到非农领域就业的农村劳动者，简称为"农村劳动者"；另一类是转移到城镇就业的农村劳动者，简称为"农民工"。这两类劳动者是有重叠的，区别在于是否进入城镇劳动力市场就业。根据这个区别，本节分别构造了整体劳动力市场样本和城镇劳动力市场样本，前者由城镇劳动者样本和农村劳动者样本构成，后者由城镇劳动者样本和农民工样本构成。由于城镇劳动力市场和农村劳动力市场之间存在价格水平的差异，我们利用勃兰特和霍尔兹（Brandt & Holz, 2006）的地区生活费用指数对城镇劳动者和农村劳动者的工资数据进行调整，再予以分析；对于同处于城镇劳动力市场的城镇劳动者和农民工，我们没有对两者的工资进行价格调整，使用调查所得数据进行分析。

首先，我们对由城镇劳动者样本和农村劳动者样本构成的整体劳动力市场样本进行特征 I 的检验。如果劳动力市场上只存在一个工资方程，可以根据人力资本模型采用 OLS 回归进行估计；若存在两个工资方程，我们用切换回归（switching regression）模型进行估计。估计结果如表 3-5 所示。

表 3-5   OLS 和切换回归结果

变量	OLS	切换回归模型		
		一级劳动力市场	二级劳动力市场	切换方程
受教育年限	0.056 (0.003)***	0.064 (0.002)***	0.011 (0.004)***	0.110 (0.005)***
工作经验	0.004 (0.001)***	0.005 (0.000)***	0.001 (0.000)***	
婚姻	0.293 (0.022)***	0.351 (0.020)***	0.089 (0.026)***	0.648 (0.035)***

续表

变量	OLS	切换回归模型		
		一级劳动力市场	二级劳动力市场	切换方程
党员	0.141 (0.018)***	0.150 (0.014)***	0.054 (0.027)**	0.287 (0.027)***
健康	0.022 (0.019)	-0.008 (0.015)	-0.062 (0.026)**	0.004 (0.028)
城镇身份	0.093 (0.022)***	0.192 (0.016)***	0.100 (0.027)***	0.408 (0.029)***
常数项	0.064 (0.037)*	0.398 (0.035)***	0.536 (0.048)***	-2.038 (0.060)***
对数似然值	-12 237.219	-11 667.443		

注：工资方程的被解释变量为经过价格调整的小时工资的对数。***、**、*分别表示在1%、5%、10%的水平上显著。括号中为标准误。

从 OLS 回归结果看，受教育年限、工作经验、婚姻、党员和城镇身份变量的系数均显著为正。从切换回归模型来看，一级和二级劳动力市场的工资方程中教育和工作经验的系数都是显著的，但一级劳动力市场中的教育回报率约为次要劳动力市场的 5.8 倍，并且二级劳动力市场中工作经验的回报较小。在一级劳动力市场中，健康的影响并不显著；而婚姻、党员和城镇身份所带来的工资回报都比次要劳动力市场中大。在切换方程中，只有健康的系数是不显著的，而受教育年限、婚姻、党员和城镇身份都会影响劳动者的就业选择。

似然比统计量 $LRT = -2 \times (-12\ 237.219 + 11\ 667.443) = 1\ 139.552$，且服从自由度为 16 的 χ^2 分布。在 1% 的显著性水平上，$\chi^2(16) = 32 < 1\ 139.552$，拒绝 H_0。因此，两个工资方程比单一个工资方程有更强的解释力，劳动力市场可能存在分割。

特征二也在表 3-5 中得到反映。一级劳动力市场上的教育回报比整个市场的教育回报要高，而二级劳动力市场上的教育回报则低于整个市场。同样，一级劳动力市场上工作经验的回报也相对较高，而二级劳动力市场上比较低。图 3-5 和图 3-6 更清晰地反映了一级和二级劳动力市场及整个市场上小时工资的估计值与教育、工作经验之间的关系。

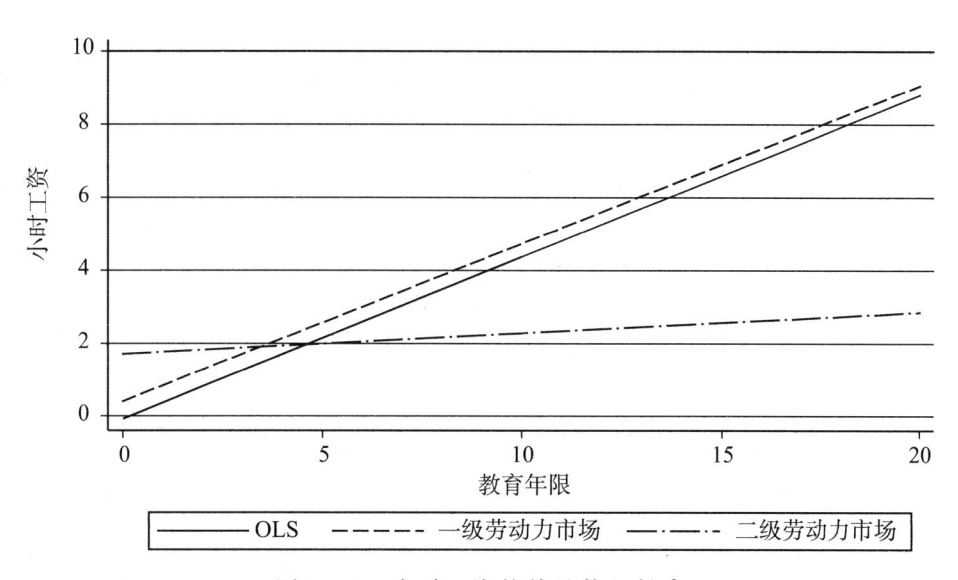

图 3-5　小时工资的估计值与教育

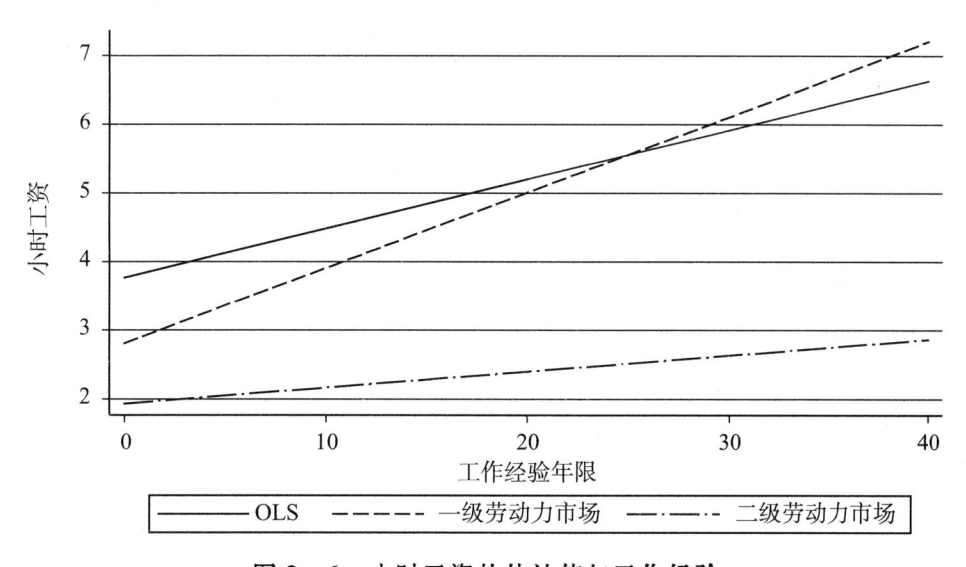

图 3-6　小时工资的估计值与工作经验

特征三的检验是我们的重点，即检验制度因素（户籍制度）和人力资本因素（受教育年限）是否会造成劳动力在一级和二级劳动力市场间流动的障碍。如果假设①城镇劳动者和农村劳动者对工作的非经济回报的偏好相同且②能够自由选择工作，那么 Z_i 反映了劳动者在主次要劳动力市场中的工资差。此时，对于式（3.8）、式（3.9）和式（3.10）中"城镇身份"变量的系数 β_{uw}，β_{up} 和 β_{us}，有

$$\beta_{up} - \beta_{us} = \beta_{uw} \tag{3.16}$$

通过检验式（3.16），可以推测假设①和②是否成立。如果式（3.16）成立，说明假设可能成立；但若式（3.16）不成立，则说明假设条件一定不成立，即影响城乡劳动者选择劳动力市场的因素不只在于工资差异，还可能他们对一级和二级劳动力市场的偏好不相同，或者是存在基于户籍身份的进入障碍。

仍然使用似然比估计进行检验。令切换方程中"城镇身份"的系数等于工资方程中"城镇身份"系数之差，再次估计模型，此时得到的对数似然函数值为 $-11\ 857.74$。$LRT = -2 \times (-11\ 857.74 + 11\ 667.443) = 380.594$，服从自由度为 1 的 χ^2 分布。在 1% 的显著性水平上，$\chi^2(1) = 6.635 < 380.594$，拒绝系数相等的假设。因而，工资差异并不是城乡劳动者在选择劳动力市场时的唯一考虑，还有四种情形在理论上是可能的：(1) 城镇劳动者更倾向于在二级劳动力市场工作；(2) 城镇劳动者进入一级劳动力市场时面临障碍；(3) 农村劳动者更倾向于在二级劳动力市场工作；(4) 农村劳动者进入一级劳动力市场时面临障碍。然而，结合我国国情和社会常识，(1)、(2) 并不符合实际；(3) 与国家统计局相关调查（国家统计局服务业调查中心，2006）所反映的情况不符，农村劳动者并没有偏好于在二级劳动力市场工作。因此我们认为，农村劳动者在从二级劳动力市场向一级劳动力市场流动的过程中，遭遇了由于其"农村"身份引起的制度性障碍，限制了他们的就业选择。

接下来，考虑受教育年限的影响。参考上面的分析过程，假设条件变为③受教育较多的劳动者和受教育较少的劳动者对工作的非经济回报的偏好相同且④能够自由选择工作。相应的式（3.8）、式（3.9）和式（3.10）中"受教育年限"变量的系数为 β_{edw}，β_{edp} 和 β_{eds}，则有

$$\beta_{edp} - \beta_{eds} = \beta_{edw} \tag{3.17}$$

使用似然比估计检验式（3.17）。令切换方程中"受教育年限"的系数等于工资方程中"受教育年限"系数之差，再次估计模型，此时得到的对数似然函数值为 $-12\ 022.33$。$LRT = -2 \times (-12\ 022.33 + 11\ 667.443) = 709.774$，服从自由度为 1 的 χ^2 分布。在 1% 的显著性水平上，$\chi^2(1) = 6.635 < 709.774$，拒绝系数相等的假设，所以假设③和④不一定成立。因为"教育水平高的劳动者更倾向于在二级劳动力市场工作""教育水平高的劳动者进入一级劳动力市场时面临障碍""教育水平低的劳动者更倾向于在次要劳动力市场工作"三种解释并不切合实际，所以我们认为，教育水平低的劳动者在进入一级劳动力市场时会面临障碍，即人力资本因素会限制劳动者在一级劳动力市场中就业的机会。

对于由城镇劳动者样本和农民工样本组成的城镇劳动力市场样本同样进行特征 Ⅰ、Ⅱ 和 Ⅲ 的检验，分析步骤和判断标准与上述相同。OLS 回归结果中（见表 3-6），受教育年限、工作经验、婚姻和党员变量的系数均显著为正，城镇身份

反而具有负影响。从切换回归模型来看，一级和二级劳动力市场的工资方程中教育和工作经验的系数都是显著的，但一级劳动力市场中的教育回报率约为二级劳动力市场的 1.8 倍，工作经验的回报率约为二级劳动力市场的 2.7 倍。婚姻和党员变量在主要劳动力市场中带来的工资回报也比次要劳动力市场中大。在切换方程中，只有健康的系数是不显著的，而受教育年限、婚姻、党员和城镇身份都会影响劳动者的就业选择。

表 3-6　　　　　　　　　OLS 和切换回归结果

变量	OLS	切换回归模型		
		一级劳动力市场	二级劳动力市场	切换方程
受教育年限	0.060 (0.003)***	0.067 (0.003)***	0.038 (0.005)***	0.111 (0.005)***
工作经验	0.020 (0.001)***	0.030 (0.020)**	0.011 (0.001)***	
婚姻	0.059 (0.029)**	0.305 (0.027)***	-0.062 (0.035)*	0.519 (0.045)***
党员	0.148 (0.020)***	0.177 (0.017)***	0.069 (0.030)**	0.299 (0.029)***
健康	0.003 (0.019)	-0.051 (0.107)	0.038 (0.025)	-0.086 (0.209)
城镇身份	-0.064 (0.027)**	0.271 (0.024)***	-0.132 (0.032)***	0.495 (0.039)***
常数项	0.031 (0.044)	0.236 (0.047)***	0.357 (0.055)***	-2.134 (0.076)***
对数似然值	-10 041.669	-10 005.333		

注：工资方程的被解释变量为小时工资的对数。***、**、*分别表示在 1%、5%、10% 的水平上显著。括号中为标准误。

似然比统计量 $LRT = -2 \times (-10\ 041.669 + 10\ 005.333) = 72.672$，且服从自由度为 16 的 χ^2 分布。在 1% 的显著性水平上，$\chi^2(16) = 32 < 72.672$，拒绝 H_0。因此，两个工资方程比单一个工资方程有更强的解释力，劳动力市场可能存在分割。

表 3-5 也反映出，一级劳动力市场上的教育回报比整个市场的教育回报要高，而二级劳动力市场上的教育回报则低于整个市场。同样，一级劳动力市场上

工作经验的回报也相对较高,而二级劳动力市场上比较低。图3-7和图3-8更清晰地反映了这种关系,从而验证了特征二的存在。

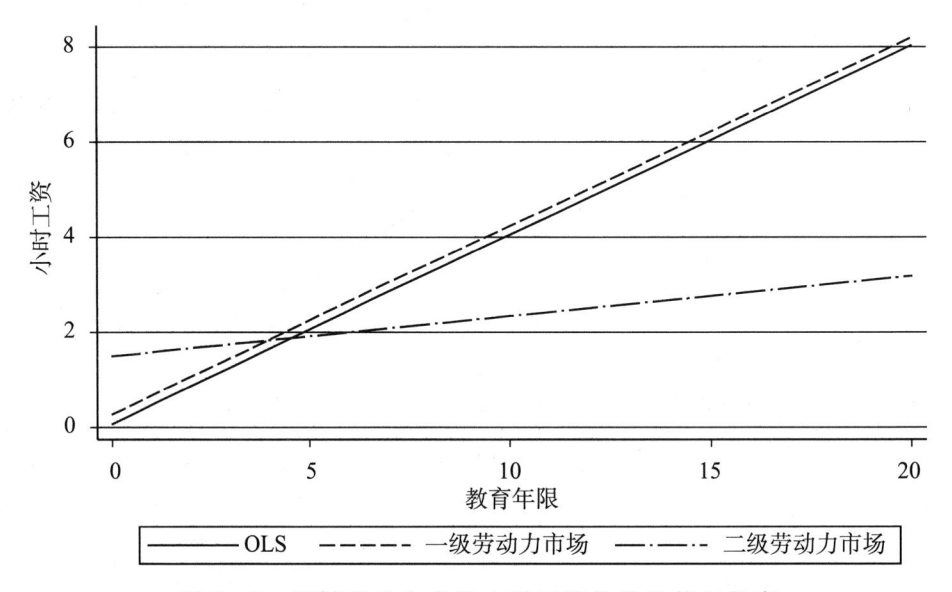

图3-7 城镇劳动力市场小时工资的估计值与教育

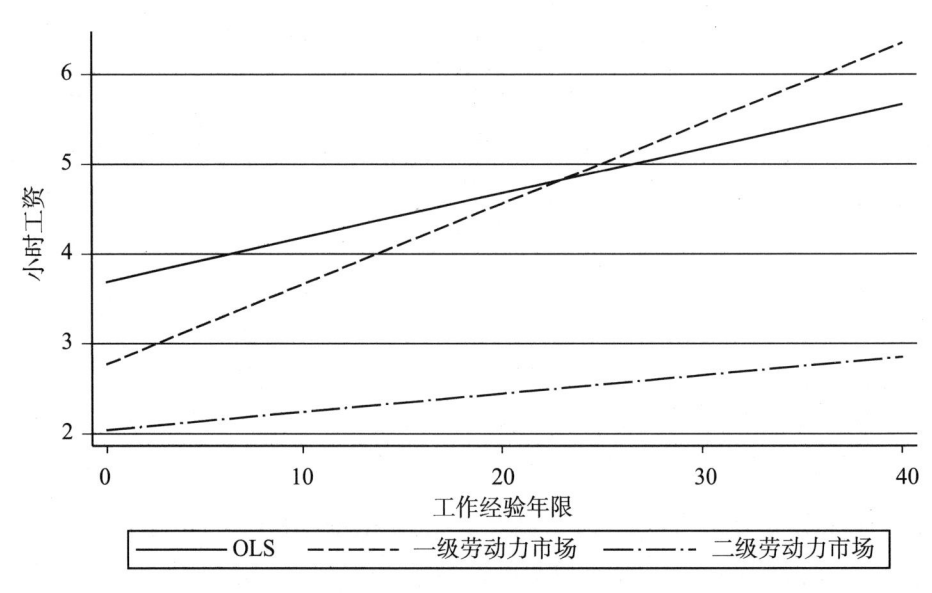

图3-8 城镇劳动力市场小时工资的估计值与工作经验

为了检验城镇劳动力市场上制度因素(户籍身份)是否会造成劳动力在一级和二级劳动力市场间流动的障碍,同样使用似然比估计检验式(3.16),从而推测假设①和②是否成立。在式（3.16）约束下再次估计模型，得到的对数似然函数值为 -10 008.607。LRT = -2 × (-10 008.607 + 10 005.333) = 6.548，服从自由度为 1 的 χ^2 分布。在 1% 的显著性水平上，$\chi^2(1)$ = 6.635 > 6.548，不能拒绝系数相等的假设。这说明假设①和②是可能成立的。因而在城镇劳动力市场上，农民工向一级劳动力市场的流动可能并未因其"农村"身份而受到限制。

类似的，使用似然比估计检验式（3.17），推测假设③和④是否成立，从而检验人力资本因素（受教育年限）是否会造成劳动力在一级和二级劳动力市场间流动的障碍。在式（3.17）约束下再次估计模型，得到的对数似然函数值为 -10 150.305。LRT = -2 × (-10 150.305 + 10 005.333) = 289.944，服从自由度为 1 的 χ^2 分布。在 1% 的显著性水平上，$\chi^2(1)$ = 6.635 < 289.944，应拒绝式（3.17）的假设。所以假设③和④不一定成立。根据同样的推理过程我们认为，在城镇劳动力市场上，教育水平低的劳动者在进入一级劳动力市场时会面临障碍，即人力资本因素会限制劳动者的就业选择。

综上分析，我们对我国劳动力市场是否具有分割特征进行了检验，同时验证了人力资本因素（教育）和制度因素（户籍身份）是影响劳动者就业选择的主要因素。虽然在验证城镇劳动力市场时，我们只观察到人力资本因素是农民工进入一级劳动力市场的障碍，没有观察到户籍因素是农民工进入一级劳动力市场的障碍，但考虑到中国公共资源（例如，教育资源、医疗资源等）的分配是依据户籍制度向城镇户口居民倾斜的，因此，农村户籍（农民工）人力资本低的原因主要是由于前劳动力市场分割（具体叙述见本章第二节）的结果。因此，追根溯源，我们所观察到的人力资本因素障碍还是因为户籍制度所造就的，这就是具有中国特色的"城乡分割"。

（二）两重二元分割检验

为了检验中国劳动力市场的两重"二元性"的有效性，我们采用 2006 年中国城镇住户调查浙江省的数据，样本容量为 15 687 个。该样本数据的采集以城镇地域为界限，包括了居民住户和非居民住户的个人调查数据，因此，可以用它来观测和检验中国城市城镇劳动力市场两重"二元性"特征。为了使检验分析更具针对性，有必要对样本个体进行取舍：第一，在城市中通常就业年龄为 18 周岁（即高中毕业），法定退休年龄男性为 60 周岁，女性为 55 周岁，因此，男性的就业年龄段为 18~60 周岁，女性为 18~55 周岁；第二，我们关注的对象是正常的被雇佣者，为此，调查数据中的"就业情况"从十五类减少为五类，同时，这五类又可以依据所有制类型划分为国有类型就业和非国有类型就业两类，前者的稳定性要高于后者；第三，由于身份变量关注的是"居民"还是"非居民"，调查数据中"户籍类型"从原来的四类[①]归为两类,即城镇户籍和农村户籍;第四,剔除"军人"样本;第五,直接舍去某些观测到的奇异点。经过上述处理,得到用于研究的样本容量为 4 005 个。

我们选取多元统计的聚类分析法来验证两重"二元性"。它是将个体或对象分类,使得同一类中的对象之间相似性比其他类的对象的相似性更强。采用聚类分析方法的优点是:第一,不需要预先将样本数据分类,而是根据"类"间差异的实际信息给出划分劳动力市场分割的标准;第二,可以同时考虑许多相关特征,尽可能多地包含所获得的数据信息,即可以将所有影响分类的因素都考虑在内;第三,可以提供分类之间的差异程度指标,这样可以得到较为合理的分类。

依据二元劳动力市场理论,我们从城镇住户调查所提供的数据中选取代表"内外二元性"的职位特征的变量——工薪收入、社会保障支出、教育、工作年数和所有制类型;选取户籍作为代表"城乡二元性"的身份特征变量(见表3-7)[②]。样本中非国有制占 52.43%,国有制占 47.57%;代表身份变量的农村户籍占 6%,城镇占 94%,这主要是由于城镇住户调查的抽样偏误导致。年平均收入为 29 463 元,社会保障支出相当于年收入的 1/10,为 2 942 元。但内部差距比较明显,90% 分位数的年平均收入是 10% 分位数的 5.5 倍,90% 分位数的社会保障支出是 50% 分位数的 3 倍多,而 10% 分位数的保障支出为零,考虑到社会保障账户的构成,个人享受到社会保障水平的实际差距更大。教育的平均年限为 12 年多,相当于高中毕业水平,高中以上学历占总样本的比例达 77%。工作经验为 18.64 年,年份分布集中在 10～30 年之间。

表 3-7　　　　　　　　　　样本基本统计信息

变量值	比例(%)	均值	标准差	变量值	比例(%)	均值	标准差
教育(年)				工作经验(年)			
≤6	3.12	12.38	2.64	0～10	24.07	18.64	10.11
7～9	20.33			11～20	31.36		
10～12	33.35			21～30	32.24		
>12	43.17			>30	12.33		

---

① 四类分别为:本市(县)非农业户口、本市(县)农业户口、外地非农业户口和外地农业户口。
② 将代表职业的一类变量和代表身份的另一类变量同时引入聚类分析模型,可能存在两类变量之间的交叉影响问题。但由于我们考虑的"二重"分类具有包含关系,因此这种交叉影响不应该对聚类结果产生本质影响。我们将在后续的工作中对此做进一步研究。

续表

变量值	比例（%）	均值	标准差	变量值	比例（%）	均值	标准差
社会保障支出（元，百分点位）				收入（元，百分点位）			
0	min			500	min		
0	10%			9 500	10%		
2 194	50%	2 941.68	3 270.14	24 403.9	50%	29 463.42	21 029.01
6 853.3	90%			55 421.3	90%		
30 000	max			244 020	max		
户籍				所有制类型			
城镇 = 1	94.03	—	—	国有 = 1	47.57	—	—
农村 = 0	5.97			非国有 = 0	52.43		

综合考虑确定主成分的四个标准，我们确定成分 1~3 为主成分，它们累计解释了 72.54% 的变化。其中，主成分 1 解释了 6 个变量总变化的 37.15%，主成分 2 解释了近 20%，主成分 3 解释了约 16%。基于 3 个主成分，我们使用中间距离法（median linkage）对全部样本个体做聚类分析。为了得到比较合适的分类数，我们采用三个判别参数相互验证：（1）通过 Calinski & Harabasz pseudo - F index 分析得到最佳的分类个数是 4，次佳是 5；（2）通过 Duda & Hart $\frac{Je(2)}{Je(1)}$ index 分析得到最佳的分类个数是 5，次佳是 6；（3）通过 Duda & Hart pseudo - T - squared values 分析得到的最佳分类个数是 7，次佳是 5。从中可以看出相对最佳分类个数为 5。社会变量之间通常具有较高的线性相关性，我们所采用的 6 个变量也不例外。表 3-8 给出了六个变量两两之间的 Pearson/Polychoric/Polyserial 相关系数矩阵[1]，可以看出，大部分变量间均存在显著的两两相关关系，其中社会保障支出与收入、教育与所有制类型、所有制类型与收入、教育与收入间的相关系数均较高。这些变量之间显著的相关性可能会影响聚类分析结果的真实性和客观性，为此在聚类分析之前先做主成分分析，提取反映这些变量主要变化信息的若干主成分。表 3-9 给出了主成分分析的结果。

---

[1] Pearson 相关系数描绘的是定距变量（interval variable）之间的相互关系；Polychoric 相关系数描绘的是定类变量（category variable）之间的相互关系；Polyserial 相关系数描绘的是定距变量（interval variable）和定类变量（category variable）之间的相互关系。

表 3-8　　　　Pearson/Polychoric/Polyserial 相关系数矩阵

变量	收入	社会保障支出	所有制类型	教育	工作经验	户籍
收入	1.0000					
社会保障支出	0.545* 0.000	1.0000				
所有制类型	0.398** 0.375	0.431** 0.000	1.0000			
教育	0.424** 0.000	0.303** 0.000	0.501*** 0.000	1.0000		
工作经验	0.149* 0.000	0.178* 0.000	0.077** 0.015	-0.203** 0.000	1.0000	
户籍	0.177** 0.000	0.339** 0.000	0.373** 1.000	0.364*** 0.225	0.201** 0.059	1.0000

注：(1) 第一行值是相关系数，第二行值（斜体）是显著性水平，即 p-value；(2) * 为 Pearson 系数，** 为 Polyserial 系数，*** 为 Polychoric 系数。

表 3-9　　　　　　　　主成分分析结果

变量	主成分					
	1	2	3	4	5	6
收入	0.5219	0.0911	-0.2998	-0.3714	0.2057	-0.6702
社会保障支出	0.5109	0.2067	-0.1913	-0.2831	-0.5831	0.4895
所有制类型	0.4528	-0.1104	0.0208	0.8323	-0.2220	-0.2010
教育	0.4456	-0.4894	0.0758	-0.0423	0.5919	0.4517
工作经验	0.1100	0.8283	0.0096	0.2223	0.4559	0.2107
户籍	0.2255	0.1056	0.9313	-0.1951	-0.1014	-0.1496
特征值	2.2145	1.1777	0.9604	0.7049	0.5406	0.4019
比例	0.3691	0.1963	0.1601	0.1175	0.0901	0.0670
累计比例	0.3691	0.5654	0.7254	0.8429	0.9330	1.0000

表 3-10 给出了每一类所对应的变量的均值（每类第一行的数据）、Z 值均值（每类第二行的数据，斜体）以及每类对应的样本数。从中显示出了中国城市劳动力市场分割的基本特征：

第一，Clu1 与 Clu5 具有相对一致性，将之记作 Sec P，样本容量为 1 692 个，占总样本数的 42.25%。它们与职位相关的 5 个变量 z 值均值都大于零，即变量的实际水平均在平均值以上。这两类劳动力具有显著的"一级劳动力市场"特征：(1) 收入高。Clu1 和 Clu5 的平均收入分别达到近 4 万元和近 8 万元，比 Sec S 高 1~3 倍。(2) 福利高。Clu1 和 Clu5 的社会保障支出水平分别为 4 千元和 1 万元，是 Sec S 的 2~10 倍。(3) 工作稳定性高。从所有制类型的取值看，Clu1 和 Clu5 大部分在国有制部门工作，考虑到国有部门通常不随意解雇劳动者，可以说明这部分人的工作很稳定。(4) 教育程度比较高。其平均教育年限为 14~15 年，说明其平均受教育程度在大专以上，虽然无法从我们数据中直接得出教育在 Sec P 有回报的结论，但至少可以说明二者之间有高度相关性。

表 3-10　　　　各类对应变量均值、z 值均值和样本容量

Sec	Clu	收入	社会保障支出	所有制类型	教育	工作经验	户籍	样本容量
P	1	39 467.5320	4 270.8230	0.8100	13.8915	19.4939	1	1 484
		0.4757	0.4064	0.6693	0.5690	0.0842		
S	2	18 279.5120	1 422.8510	0.2290	11.2898	18.0839	1	2 074
		-0.5318	-0.4645	-0.4938	-0.4150	-0.0553		
S	3	18 248.2390	618.4939	0.0914	9.8171	15.0629	0	175
		-0.5333	-0.7104	-0.7693	-0.9719	-0.3542		
S	4	33 972.9780	1 967.2140	0.4844	12.5713	13.7188	0	64
		0.2144	-0.2980	0.0175	0.0545	-0.4872		
P	5	77 652.6080	10 857.6300	0.8702	14.7115	22.6635	1	208
		2.2916	2.4207	0.7899	0.8791	0.3978		

第二，Clu2、Clu3 和 Clu4 具有相对一致性，将之记作 Sec S，样本容量为 2 313 个，占总样本数的 57.75%。它们与职位相关的 5 个变量 z 值均值大部分小于零，即变量的实际水平大部分都在平均值以下。这三类劳动力具有显著的"二级劳动力市场"特征：(1) 收入相对低。除 Clu4 外，Clu2 和 Clu3 的平均收入大大低于平均水平；(2) 福利相对低。三类的社会保障支出水平均低于平均水平；(3) 工作相对不稳定且教育程度相对低，这是相对于 Sec P 而言的。当然，我们也无法从检验结果中直接判断教育是否有回报，但在这部分中教育程度低的样本相对集中却是个事实。

第三，Sec P 中 Clu1 和 Clu5 的差距也比较大，特别是收入和社会保障支出这两个变量，说明从数据本身特征而言，可以区分为两个子部分。Clu1 和 Clu5 的平均教育年数相差仅一年，基本上都在国有部门就业，但两类的收入相差几近一

倍，社会保障支出水平相差高达1.5倍。一方面，说明Clu1和Clu5之间获取经济机会的差距是巨大的，或者说Clu5占据了重要的职位；另一方面，也间接说明了国有部门收入的差距比较大。

第四，在"二级劳动力市场"内部，存在着"城镇户籍"与"农村户籍"之间的显著差异，表现为二级内的"城乡分割"。比较Clu2与Clu3，在工资这个变量二者几乎一样，但是，在社会保障支出、所有制类型和教育这三个变量上，Clu3都比Clu2小，说明"农村户籍"在福利、工作稳定性以及受教育程度上还是不如"城镇户籍"。比较Clu2与Clu4，在所有代表职位特征的5个变量上，"农村户籍"都比"城镇户籍"大，究其原因是，Clu4的样本代表的是农村户籍中的精英分子，例如乡镇企业的负责人等，其教育年数比一般的农民阶层要高，收入也高得多。并且，在统计调查登记时，这部分样本按规定归入国有部门和集体经济（所有制类型，国有=1），但其工作稳定性较差。最为关键的是这部分职业是不对拥有城镇户籍的人员开放的。也就是说Clu4的特殊性正是"城乡分割"所造成的，它代表了农村劳动力市场内部的分割。

第五，劳动力的职业分布进一步印证了上述二重分割特征。国内的职业通常分为八大类，每一大类中包含许多具体的职业。简约的分类造成各职业大类所包含的具体职业在"一级劳动力市场"和"二级劳动力市场"中均有分布，即职业大类和"一、二级劳动力市场"之间不存在一一对应关系。但可以推断，不同职业大类包含的具体职业归属于一、二级的比例肯定是不同的，或者说不同职业大类会显示出归属不同"部分"的倾向性。表3-11给出了各类所对应的八大类职业的样本容量及所占的比例。从中可以看到：（1）"一级劳动力市场"的第5类和第1类中A的样本数占A样本总数的比例分别为8.51%和55.68%，同样B的比例分别为10.79%和70.12%，远高于第5类和第1类占全体样本数的比例5.19%和37.05%，可以断定，"一级劳动力市场"所对应的典型职业大类是A（国家机关党群组织、企事业单位负责人）、B（专业技术人员）。同样道理，"二级劳动力市场"对应的是D（商业、服务业人员）、E（农、林、牧、渔、水利生产人员）、F（生产、运输设备操作人员及有关人员）、H（不便分类的其他从业人员）；（2）第4类在A和B中所占比例较高的原因是村级党政负责人、乡镇企业行政及技术负责人的职业归到这两大类职业中，这从另一方面说明了A、B大类的小部分职业属于"二级劳动力市场"；（3）C职位在各类中的所占比例分别为39.41%、50.09%、3.35%、1.52%和5.63%，与各类在总体样本中所占比例比较接近，说明C（办事人员和有关人员）在两个部分之间的倾向不明显，或者说C大类中的具体职业在两个部分中分布比较均匀。

表 3 – 11　　　　　　各分类中对应职业的样本数及比例

Sec	Clu	职业 A	B	C	D	E	F	H	合计
P	1	569	169	623	28	77	1	17	1 484
		55.68	70.12	39.41	7.95	12.13	6.67	10.69	37.05
S	2	330	37	792	293	490	11	121	2 074
		32.29	15.35	50.09	83.24	77.17	73.33	76.10	51.79
S	3	18	4	53	25	53	3	19	175
		1.76	1.66	3.35	7.10	8.35	20.00	11.95	4.37
S	4	18	5	24	5	11	0	1	64
		1.76	2.07	1.52	1.42	1.73	0.00	0.63	1.60
P	5	87	26	89	1	4	0	1	208
		8.51	10.79	5.63	0.28	0.63	0.00	0.63	5.19
Total		1 022	241	1 581	352	635	15	159	4 005
		100.00	100.00	100.00	100.00	100.00	100.00	100.00	100.00

　　注：职业对应为 A. 国家机关党群组织、企事业单位负责人；B. 专业技术人员；C. 办事人员和有关人员；D. 商业、服务业人员；E. 农、林、牧、渔、水利生产人员；F. 生产、运输设备操作人员及有关人员；H. 不便分类的其他从业人员。表中 P 代表"一级劳动力市场"，S 代表"二级劳动力市场"。

　　综上所述，无论是"一级劳动力市场"和"二级劳动力市场"之间还是各个"部分"的两"小类"之间，代表职位的 5 个变量均呈同方向变化，可以说，职业特征显示出极强"分割性"，说明劳动力市场存在着"内外二元性"。同时，在"二级劳动力市场"中，代表着身份特征的户籍变量能够很好地为本部分划分出两个截然不同的子部分，说明"城乡二元性"也很明显。此外，"农村户籍"劳动力和"城镇户籍"劳动力在劳动力市场的融合只能在"二级劳动力市场"中，"一级劳动力市场"对"农村户籍"而言存在着不可逾越的鸿沟。实证结果不仅支持了城镇劳动力市场同时存在着"内外二元性"和"城乡二元性"，还支持了它们之间的"嵌套"关系。

第三节　中国劳动力市场分割的程度和分布

一、劳动力市场分割的测度方法

第一类方法，从非人力资本因素导致的工资差异来检验。这种方法大体上可以分为两大类：其一，从个人特征入手，这主要是检验人力资本理论是否在劳动力市场的某一部分不起作用；其二，在第一类的基础上增加各种代表制度的变量，实际上是在比较人力资本和制度的作用孰轻孰重。

鉴于早期数据类型都是截面数据以及计量方法的限制，在二元市场理论提出之后，一些经济学家尝试利用 Mincer 方程来检验，即

$$\ln Y = a + bS + cEX + dEX^2 + eW + fZ$$

其中，Y：年收入；S：正式教育年数；EX：工作经验；W：一年中工作的星期数；Z：个人特征。

检验的具体方法是：依据事先给定的标准，先将样本划分为两个部分，分别建立两个部分的回归方程，然后检验系数是否存在显著性差异（Dickens et al.，1985）。奥斯特曼（Osterman，1975）、麦克纳布等（McNabb et al.，1981）、纽曼等（Neuman et al.，1986）均采用这个方法检验了各种类型分割的存在。除了劳动者个人因素之外，市场结构本身也会对工资收入产生影响。检验方法是将代表结构特征的变量引入明瑟尔（Mincer）方程，检验个人特征和市场结构特征孰轻孰重，实际上就是验证产业结构的二元性是否决定了劳动力市场的二元性。瓦赫特尔等（Wachtel et al.，1972）、布鲁斯特（Bluestone，1972）、格雷泽等（Kalachek et al.，1976）、贝克等（Beck et al.，1978）、托尔伯特等（Tolbert et al.，1980）和朱克等（Zucker et al.，1981）的实证研究支持了市场存在二元性。

此外，有些学者直接利用内部劳动力市场和外部劳动力市场劳动力流动机理与人力资本回报的不同来验证分割性。二元劳动力市场理论表明一级劳动力市场和二级劳动力市场内部的流动性机理是不同的，罗诺（Launov，2004）认为，根据第一部分的工作对人力资本具有回报的假设，可以推断此部分的劳动力流动（即职位变动）和积累的人力资本之间呈正向关系，而二级市场的工作对人力资本没有回报，则此部分的劳动力流动和人力资本的积累是无关的。通过对德国数

据的检验发现，劳动力市场中存在着明显的两个部分，并且人力资本和职位变动的关系和二元劳动力市场理论所预测的是一致的。

第二类方法，从行业、职业角度来检验。该方法从行业或职业角度解释并检验劳动力市场的二元性。霍德森（Hodson，1984）认为无论是从公司层面还是产业层面进行分析，都可以得到市场二元性的结论，当然，在不同层面影响工资收入的重要变量是不同的，使用的方法还是事先区分样本，然后使用回归分析，验证不同样本方程的参数是否存在显著性差异。这是从劳动力需求的角度来考虑问题的。还有一些经济学家和社会学家则使用社会学的社会分层（social stratification）框架来诠释劳动力市场的分割现象。所采用的是多元统计的方法，主要有因子分析法和聚类分析法（Oster，1979；Tolbert et al.，1980；Anderson et al.，1987；Boston，1990；Flatau et al.，1993；Drago et al.，1995）。此外，格拉哈姆等（Graham et al.，1990）使用风险理论来解释分割性。而米歇尔等（Mitchell et al.，2005）使用搜寻理论（search theory）来诠释分割性。这两种方法实际上是从劳动供给的角度考虑问题的。

第三类方法，从流动性障碍角度来检验。如果分割是劳动力市场的短期行为，那么从理论上讲，劳动力市场的出清是有可能实现的。但如果分割是劳动力市场内在的机制，那么，我们必须验证市场的各个部分之间不存在劳动力流动。按照二元劳动力市场理论的解释（Doringer & Piore，1971），从短期看，虽然二级劳动力市场的劳动者无法获得人力资本投资的收益，但随着时间的推移，如果劳动力在一级和二级市场之间能够自由流动的话，那些"合格"的二级市场的劳动者可以通过各种方式进入一级市场来寻求教育投资的回报，结果是一级和二级劳动力市场的分割将不存在（Dickens et al.，1985），因此，必须验证劳动力流动的缺失。

文献从两个角度来检验劳动力流动性：其一，验证制度本身阻碍了不同部分之间的劳动力流动，导致劳动力市场无法出清；其二，验证一级劳动力市场的职位是有限的，即说明适合一级劳动力市场职位的人也会因为职位的稀缺而留在二级劳动力市场。从已知的文献来看，实证的结果并不完全支持上述观点（Harrison，1972；Alexander，1974；Leigh et al.，1976；Boston，1990；Hudson，2006），同时，也发现劳动力市场中影响劳动力流动的障碍不是单一的（Dickens et al.，1985，1988b，1992；Rebitzer et al.，1991）。

上述三类检验方法在具体处理数据时，使用最多的是事前划分样本，然后检验代表性回归方程的系数是否存在显著差异。这种方法的致命弱点是会产生截断偏差，结论的有效性就值得怀疑（Cain et al.，1976）。文献中使用了四种不同的方法来避免这个问题：切换回归模型（switching regression model）（Dickens et al.，1985a)、两步法（two-step procedure）（Heckman，1979；Heckman et al.，1986）和计数数据模型（count data models）（Launov，2004）。如果数据是面板数据，就不存在截断性偏差问题，同时还可以控制性别、年龄、家庭地位及其他社会经济因素的影响。

二、中国劳动力市场城乡分割的测量方法构建

在图 3-4 中，我们看到中国劳动力市场分割的特征。在分割形式中，最具中国特色的就是因户籍制度所造成的"城乡分割"，这种分割导致的结果就是，在城镇劳动力市场中，农村迁移劳动力无法有效享受到平等的就业机会和收入，这种现象是其他国家的劳动力市场中无法观察到的。因此，我们在构建分割的测量方法时，就以城镇劳动力市场中"城乡分割"为代表，另外，在构建"城乡分割"测量方法时，我们是参考国外构建"内外分割"测量方法文献的，可以说，两种分割测量方法的构建思路是一致的。

中国城镇劳动力市场的城乡分割体现在两个方面，即工资汇报层面的城乡分割和就业层面的城乡分割，前者反映的是城镇中的农村户籍劳动者没有享受到同工同酬的权利，后者反映的是城镇中不同户籍的劳动者在就业机会层面的不平等。与之对应，分割程度测算也区分为工资回报层面测算模型和就业机会层面测算模型。工资汇报层面测算模型量化了户籍身份所决定的城乡劳动者之间的工资汇报差异。模型具体为（Orr，1997；钱雪亚等，2009）：

$$logwage^1 = a_1^1 + b_1^1 \times Edu + b_2^1 \times Exp + b_3^1 \times Exp^2 + b_4^1 \times Sex + \varepsilon^1 \quad (3.18)$$

$$\begin{aligned}logwage^2 = &a_1^2 + b_1^2 \times Edu + b_2^2 \times Exp + b_3^2 \times Exp^2 + b_4^2 \times Sex + a_2 \times Huji \\ &+ b_5 \times Huji \times Edu + b_6 \times Huji \times Exp + b_7 \times Huji \times Exp^2 \\ &+ b_8 \times Huji \times Sex + \varepsilon^2\end{aligned} \quad (3.19)$$

其中，$logwage$ 代表小时收入的对数，Edu 代表接受正式教育的年数，Exp 代表工作经验，引入性别变量 Sex 是为了消除性别歧视的影响。

计算 $\hat{\varepsilon}^1 = logwage^1 - \widehat{logwage}^1$，$\hat{\varepsilon}^2 = logwage^2 - \widehat{logwage}^2$，$|\hat{\varepsilon}^1| - |\hat{\varepsilon}^2|$ 反映了 $\widehat{logwage}^2$ 中由户籍因素所能解释的部分。为此，工资汇报层面的城乡分割程度为：

$$SegIndex1 = \frac{1}{\widehat{logwage}^2} \frac{1}{N} \sum (||\hat{\varepsilon}^1| - |\hat{\varepsilon}^2||) \times 100\% \quad (3.20)$$

就业机会层面测算模型采用二元 Logit 模型，量化不同户籍劳动者在就业机会上的不平等程度，模型为：

$$\Pr(y=1) = \frac{\exp(X\beta)}{1+\exp(X\beta)} \qquad (3.21)$$

其中，y 代表各种劳动力市场的分类，X 代表个人特征向量，β 为劳动者个体获得 $y=1$ 类就业机会的模型参数，我们规定 $y=1$ 为各类市场分类中好的领域，$y=0$ 为差的领域。在此基础上，计算城镇户籍劳动力（$x_{k+1}=0$）和农村户籍劳动力（$x_{k+1}=1$）进入好领域（$y=1$）的概率（Liao，1974；钱雪亚等，2009）为：

$$\widehat{\Pr}_{urban}(y=1) = \frac{\exp(\beta_0 + \sum_{k=1}^{k}\overline{x_k}\hat{\beta}_k)}{1+\exp(\beta_0 + \sum_{k=1}^{k}\overline{x_k}\hat{\beta}_k)} \qquad (3.22)$$

$$\widehat{\Pr}_{rural}(y=1) = \frac{\exp(\beta_0 + \beta_{k+1} + \sum_{k=1}^{k}\overline{x_k}\hat{\beta}_k)}{1+\exp(\beta_0 + \beta_{k+1} + \sum_{k=1}^{k}\overline{x_k}\hat{\beta}_k)} \qquad (3.23)$$

因此，就业机会层面的城乡分割程度为：

$$SegIndex2 = \frac{\widehat{\Pr}_{urban}(y=1)}{\widehat{\Pr}_{rural}(y=1)} \qquad (3.24)$$

其中，下标 k 代表除"户籍"变量外的其他变量，下标 urban 和 rural 分别代表城镇户籍和农村户籍。这个公式测算了进入好领域机会的不平等程度，其值大于1，说明城镇户籍劳动者进入好领域的机会大于农村户籍劳动者，值越大，不平等程度越强。

我们采用2007年中国城镇住户调查五个省份的个体数据，这五个省份分别是辽宁、浙江、广东、四川和陕西。一方面，城镇住户调查对象涵盖城镇区域内的所有居有定所的住户，包括户口在本地的常住农业户和非农业户，它提供的劳动就业情况是对中国城镇劳动力市场最权威的反映，我们可以用它来研究城镇劳动力市场上城乡分割的具体情况。另一方面，这五个省份分别代表了中国经济发展的不同程度，也反映了劳动力市场的市场化高低，运用这些数据，可以有效地观察各种类型的分割现象。为了使检验更具针对性，我们依据两重二元分割检验的方法对数据进行处理。表3-12给出了五省份样本的基本统计信息。

我们定义相关变量如下：收入（Wage，元）——用"工资性收入"中的"工资及补贴收入"表示，若"就业类型"为"城镇个体或私营企业主"，则收入以"工资性收入"中的"其他劳动收入"表示，平均小时收入=年收入/（240×8）；婚姻（Marital）——有配偶=1，其余=0；户籍（Huji）——城镇=0、农村=1；教育水平（Edu，年）——未上过学=0、扫盲班=1、小学=6、初中=9、高中=中专=12、大学专科=14、大学本科=16、研究生=19；工作经验（Exp，年）——用2007减去"开始参加工作的年份"；财产情况（Property）——"经营性收入"或"财产性收入"大于"零"，定义为1，否则为0；户主（Huzhu）——"与户主关系"中的"户主"定义为1，否则为0；性别（Sex）——"男性"＝1，"女性"＝0。样本基本信息见表3-12。

表3-12　　　　　　　　样本基本统计信息

	辽宁	浙江	广东	四川	陕西
样本容量	5 079	5 967	2 751	3 129	2 140
二元变量（%）					
户籍（农村=1）	0.65	10.21	1.89	2.17	1.87
财产情况（是=1）	14.94	22.44	15.52	16.68	8.83
婚姻（有配偶=1）	87.34	89.09	89.68	90.54	93.88
性别（男性=1）	57.43	56.38	54.49	54.17	55.70
户主（户主=1）	45.89	49.47	48.75	48.48	48.64
连续变量（均值/标准差）					
教育水平	12.09/2.49	11.72/2.84	12.45/2.38	12.13/2.55	12.44/2.22
工作经验	21.07/10.25	19.11/10	18.77/9.69	20.61/9.9	20.99/9.42
收入（对数）	7.27/5.55	12.91/11.62	13.07/11.37	7.57/5.62	7.31/4.89

我们利用各省样本，分别进行回归（见表3-13），再根据式（3.20）计算得到的各省在工资回报层面整体的城乡分割指数（见表3-14）。从表3-13的显示结果看，辽宁、广东和陕西的户籍变化在截距项上和交叉乘积项上都不显著，这三个省可以认为不存在工资回报层面的城乡分割现象，因此对应的 *SegIndex*1 不予计算。从表3-14的结果看，虽然浙江和四川在不同户籍劳动者之间存在制度性不平等，但工资回报中这种户籍身份所决定的比重分别为3.36%和0.79%，说明两省在工资回报层面的城乡分割程度并不高。如果以人均GDP代表发展水平，国有部门职工占比代表劳动力市场化程度，那么，市场化程度高的浙江，其经济发展水平也高，市场化程度低的四川，其经济发展水平也低，但市场化程度高的地区，工资回报层面的分割程度要高于市场化程度低的地区。

表 3-13　　　　　　　　　五省各自样本的回归结果

自变量	辽宁	浙江	广东	四川	陕西
Edu	0.110 (0.004)***	0.182 (0.004)***	0.171 (0.006)***	0.140 (0.005)***	0.110 (0.005)***
Exp	0.008 (0.003)**	0.024 (0.004)***	0.030 (0.006)***	0.025 (0.005)***	0.024 (0.005)***
$Exp2$	0.00008 (0.00008)	-0.0001 (0.0001)	-0.0003 (0.0001)**	-0.0001 (0.0001)	-0.0001 (0.0001)
Sex	-0.309 (0.020)***	-0.107 (0.026)***	-0.143 (0.032)***	-0.097 (0.025)***	-0.167 (0.025)***
$Huji$	-0.178 (0.665)	0.301 (0.193)	-0.188 (0.613)	1.277 (0.446)***	-0.574 (0.444)
$Huji \times Edu$	0.038 (0.052)	-0.035 (0.015)**	-0.017 (0.045)	-0.067 (0.037)*	-0.0005 (0.031)
$Huji \times Exp$	-0.066 (0.049)	-0.045 (0.014)***	0.034 (0.048)	-0.102 (0.031)***	-0.007 (0.033)
$Huji \times Exp2$	0.001 (0.001)	0.0007 (0.0004)*	-0.0007 (0.001)	0.002 (0.0008)**	0.0006 (0.0009)
$Huji \times Sex$	-0.093 (0.247)	0.207 (0.081)**	0.098 (0.234)	-0.328 (0.175)*	0.092 (0.179)
$\_Constant$	0.442 (0.066)***	-0.244 (0.074)***	-0.171 (0.105)	-0.171 (0.078)**	0.220 (0.089)**

注：(1) ***、**、*分别代表1%、5%、10%显著水平；(2) 括号内为标准误。

表 3-14　　　　　　　工资回报层面整体城乡分割程度

	浙江	四川
$SegIndex1$（%）	3.36	0.79
人均 GDP（万元）	3.71	1.29
国有部门职工比重（%）	28.7	60.1

中国城镇住户调查中行业分为20类。我们根据2006年国家统计局《农民工生活质量调查》将其归为两大类（见表3-15）。农民工多集中于采矿业、建筑业、制造业、批发和零售业、住宿和餐饮、居民服务及其他服务业等行业，而这

些行业通常都是低工资行业。可以认为这些行业属于人们一般观念中相对"差"的行业，而其他的归入相对"好"的行业。

表 3 – 15　　　　　　　　　　行业分类及样本分布

类别	行业名称
差行业	a 农、林、牧、渔　b 采矿业　c 建筑业　d 制造业　e 批发和零售业　f 住宿和餐饮　g 居民服务及其他服务业
好行业	m 科学研究、技术服务和地质勘查业　n 金融业　o 教育　p 卫生、社会保障和社会福利业　q 文化、体育和娱乐业　r 公共管理和社会组织　s 国际组织

从五省分行业的回归结果看（见表 3 – 16），对辽宁和陕西而言，无论是好行业还是差行业，户籍变化无论在截距项上还是与其他因素的交叉乘积项上，均显示不显著，说明从行业分类的角度看，观察不到工资回报层面的城乡分割现象，对应的 SegIndex1 不予计算。表 3 – 17 给出了浙江、广东和四川行业分类分别对于式（3.20）的计算结果。从此数据比较上看，同一省份好行业在工资回报层面上的分割程度均弱于差行业；同一行业不同省份好行业的分割程度很小，规律性不明显，但对于差行业来说，经济发展水平越高、市场化水平越高，分割程度也越高。

表 3 – 16　　　　　　　五省各自样本分行业的回归结果

自变量	辽宁	浙江	广东	四川	陕西
	好行业				
Edu	0.107 (0.005)***	0.145 (0.006)***	0.148 (0.009)***	0.115 (0.006)***	0.097 (0.007)***
Exp	0.012 (0.005)***	0.047 (0.005)***	0.047 (0.007)***	0.032 (0.005)***	0.023 (0.006)***
$Exp2$	0.0001 (0.0001)	-0.0006 (0.0001)***	-0.0007 (0.0002)***	-0.0003 (0.0001)**	-0.00006 (0.0001)
Sex	0.218 (0.026)***	0.054 (0.029)*	0.148 (0.038)***	0.024 (0.029)	0.103 (0.030)***
$Huji$	-0.295 (1.564)	-0.426 (0.345)	0.931 (0.839)	2.146 (0.804)***	0.184 (0.508)
$Huji \times Edu$	0.077 (0.111)	0.044 (0.025)*	-0.058 (0.071)	-0.027 (0.061)	-0.010 (0.034)

续表

自变量	辽宁	浙江	广东	四川	陕西
	好行业					
$Huji \times Exp$	0.027 (0.113)	-0.054 (0.025)**	0.030 (0.095)	-0.260 (0.103)**	-0.072 (0.042)
$Huji \times Exp2$	-0.001 (0.003)	0.0008 (0.0007)	-0.001 (0.002)	0.006 (0.003)**	0.001 (0.001)
$Huji \times Sex$	-0.595 (0.658)	0.008 (0.141)	-1.102 (0.424)**	-0.964 (0.315)***	0.412 (0.307)
$\_Constant$	0.276 (0.088)	0.237 (0.093)**	-0.016 (0.141)	0.170 (0.100)*	0.309 (0.112)***
	差行业					
Edu	0.078 (0.006)***	0.139 (0.007)***	0.136 (0.011)***	0.122 (0.007)***	0.094 (0.009)***
Exp	0.006 (0.005)	0.005 (0.007)	0.016 (0.009)*	0.019 (0.008)**	0.027 (0.007)***
$Exp2$	0.0000 (0.0001)	0.0002 (0.0002)	-0.0002 (0.0002)	-0.0001 (0.0001)	-0.0003 (0.0002)*
Sex	0.366 (0.029)***	0.136 (0.041)***	0.098 (0.051)*	0.143 (0.038)***	0.225 (0.040)***
$Huji$	-0.507 (1.038)	-0.051 (0.252)	-1.91 (1.01)*	0.879 (0.626)	-1.519 (0.873)*
$Huji \times Edu$	0.022 (0.095)	-0.015 (0.020)	0.082 (0.071)	-0.043 (0.051)	0.051 (0.065)
$Huji \times Exp$	-0.042 (0.065)	-0.027 (0.018)	0.112 (0.070)	-0.098 (0.037)**	0.022 (0.053)
$Huji \times Exp2$	0.001 (0.002)	0.0004 (0.0005)	-0.003 (0.002)	0.002 (0.001)**	0.0005 (0.001)
$Huji \times Sex$	0.251 (0.313)	0.298 (0.104)***	0.475 (0.298)	-0.103 (0.232)	0.232 (0.325)
$\_Constant$	0.441 (0.098)	0.225 (0.114)**	0.124 (0.154)	-0.152 (0.120)	0.147 (0.135)

表 3–17　三省分行业的城乡分割程度、人均 GDP 和国有部门职工比重

	好行业	差行业	好行业	差行业	好行业	差行业
	浙江		广东		四川	
$SegIndex1$（%）	1.79	4.69	0.31	2.61	0.60	1.03
人均 GDP（万元）	3.71		3.30		1.29	
国有部门职工比重（%）	28.7		37.8		60.1	

中国城镇住户调查中反映就业情况的共 15 类，其中涉及本节研究的共有 6 类。我们根据所有制类型将之归为国有部门和非国有部门两类（见表 3–18）。从五省各自所有制样本的回归结果看（见表 3–19），无论是国有还是非国有，辽宁、广东和陕西都观察不到工资回报层面的城乡分割，而四川在国有制下观察不到，对应的 $SegIndex1$ 均不予计算。表 3–20 给出了可计算的两省各自样本所有制分类对于式（3.20）的计算结果，从中可以看出，对于非国有部门而言，市场化程度高、经济发展水平高的浙江，工资回报层面的分割程度均大于市场化程度低、经济发展水平低的四川。

表 3–18　二级部分劳动力市场上所有制归类及样本分布

类别	就业情况
国有	（1）国有经济单位职工； （2）城镇集体经济单位职工
非国有	（3）其他经济类型单位职工（联营经济、股份制经济、外商和港澳台经济单位中工作）； （4）个体经营者和私营企业主； （5）个体企业和私营企业被雇佣者； （6）其他就业者（没有固定职业，在调查月份内从事社会劳动时间超过半个月的劳动者）

表 3–19　五省各自样本分所有制的回归结果

自变量	辽宁	浙江	广东	四川	陕西
	国有				
Edu	0.077 (0.003)***	0.110 (0.004)***	0.129 (0.007)***	0.087 (0.004)***	0.089 (0.005)***

续表

自变量	辽宁	浙江	广东	四川	陕西
			国有		
Exp	0.022 (0.003)***	0.051 (0.004)***	0.042 (0.006)***	0.021 (0.004)***	0.022 (0.005)***
$Exp2$	-0.0002 (0.0001)***	-0.0009 (0.0001)***	-0.0006 (0.0001)***	-0.0002 (0.0001)***	-0.0002 (0.0001)**
Sex	0.351 (0.019)***	0.175 (0.021)***	0.241 (0.031)***	0.086 (0.021)***	0.165 (0.022)***
$Huji$	—	0.538 (0.331)	0.060 (0.674)	0.186 (1.258)	0.273 (0.485)
$Huji \times Edu$	0.012 (0.034)	-0.014 (0.023)	-0.023 (0.077)	-0.007 (0.121)	-0.056 (0.035)
$Huji \times Exp$	—	-0.044 (0.025)*	0.035 (0.096)	0.010 (0.112)	0.053 (0.046)
$Huji \times Exp2$	0.0006 (0.0007)	0.001 (0.0007)	-0.0008 (0.002)	-0.0001 (0.003)	-0.001 (0.001)
$Huji \times Sex$	-0.415 (0.684)	-0.141 (0.121)	-0.356 (0.374)	-0.273 (0.535)	0.281 (0.259)
$\_Constant$	0.652 (0.067)***	0.705 (0.072)***	0.285 (0.119)**	0.729 (0.075)***	0.461 (0.084)***
			非国有		
Edu	0.069 (0.007)***	0.147 (0.008)***	0.135 (0.012)***	0.130 (0.009)***	0.091 (0.020)***
Exp	-0.007 (0.006)	-0.0003 (0.007)	0.020 (0.009)**	0.012 (0.008)	0.002 (0.014)
$Exp2$	0.0001 (0.0001)	0.0003 (0.0001)*	-0.0004 (0.0002)**	0.00002 (0.0002)	0.0001 (0.0004)
Sex	0.172 (0.033)***	0.041 (0.041)	0.061 (0.055)	0.054 (0.045)	0.279 (0.083)***
$Huji$	-0.326 (0.859)	0.112 (0.245)	-1.570 (1.081)	1.353 (0.565)**	-1.741 (1.057)

续表

自变量	辽宁	浙江	广东	四川	陕西
	非国有				
$Huji \times Edu$	0.060 (0.075)	-0.028 (0.020)	0.065 (0.073)	-0.066 (0.046)	0.057 (0.075)
$Huji \times Exp$	-0.049 (0.058)	-0.027 (0.017)	0.117 (0.074)	-0.086 (0.038)**	0.115 (0.080)
$Huji \times Exp2$	0.001 (0.002)	0.0003 (0.0005)	-0.003 (0.002)	0.001 (0.001)	-0.004 (0.002)
$Huji \times Sex$	-0.243 (0.293)	0.218 (0.101)**	0.171 (0.310)	-0.354 (0.224)	0.146 (0.323)
_Constant	0.632 (0.112)	0.062 (0.110)	0.105 (0.164)	-0.273 (0.135)**	0.158 (0.260)

表3-20 两省分所有制的城乡分割程度、人均GDP和国有部门职工比重

	国有	非国有	国有	非国有
	四川		浙江	
$SegIndex1$（%）	—	1.57	0.25	5.22
人均GDP（万元）	1.29		3.71	
国有部门职工比重（%）	60.1		28.7	

我们采用式（3.21）~式（3.24）来比较就业机会层面的城乡分割程度。当比较行业分类的就业机会时，$Pr(y=1)$代表个体进入"好"行业的概率，当比较获得所有制的就业机会时，$Pr(y=1)$就代表个体进入国有部门的概率。我们将教育水平、工作经验及其平方项、性别、婚姻状况和户主情况6个变量引入模型，户籍变量代表了城乡分割。我们计算了五省数据所得二元Logit模型结果（见表3-21）。

表3-21 五省就业机会的二元Logit模型估计

	辽宁	浙江	广东	四川	陕西
	好行业				
Edu	0.275*** (0.013)	0.359*** (0.012)	0.350*** (0.020)	0.293*** (0.017)	0.324*** (0.024)

续表

	辽宁	浙江	广东	四川	陕西
			好行业		
Exp	0.001 (0.012)	−0.007 (0.012)	−0.015 (0.018)	0.006 (0.016)	−0.018 (0.021)
$Exp2$	0.0003 (0.0003)	0.0005* (0.0003)	0.001** (0.0004)	0.0003 (0.0003)	0.0006 (0.0005)
Sex	0.190*** (0.071)	0.1623** (0.066)	0.181** (0.091)	0.192** (0.078)	0.158 (0.100)
$Martial$	−0.043 (0.109)	−0.156 (0.110)	−0.082 (0.161)	−0.353** (0.148)	0.213 (0.218)
$Huzhu$	0.090 (0.073)	−0.018 (0.067)	0.109 (0.094)	0.017 (0.079)	0.134 (0.100)
$Huji$	−0.149 (0.413)	−0.557*** (0.111)	−0.586* (0.335)	−0.260 (0.299)	0.176 (0.347)
$Cons$	−3.84*** (0.216)	−4.41*** (0.195)	−4.47*** (0.311)	−3.67*** (0.275)	−4.26*** (0.377)
			国有部门		
Edu	0.286*** (0.013)	0.381*** (0.013)	0.353*** (0.020)	0.272*** (0.017)	0.310*** (0.028)
Exp	0.015 (0.012)	0.026** (0.013)	0.023 (0.018)	0.046 (0.016)	0.078*** (0.026)
$Exp2$	0.0006** (0.0003)	0.0003 (0.0003)	0.0007 (0.0004)	−0.0002 (0.0004)	0.0001 (0.0006)
Sex	0.204*** (0.071)	0.037 (0.068)	−0.127 (0.092)	0.178** (0.080)	−0.311** (0.128)
$Martial$	0.173 (0.110)	0.029 (0.114)	−0.135 (0.162)	0.420*** (0.148)	−0.105 (0.244)
$Huzhu$	0.272*** (0.074)	0.003 (0.069)	0.147 (0.095)	0.211*** (0.080)	0.200 (0.131)
$Huji$	−1.76*** (0.630)	−0.924*** (0.132)	−0.693** (0.353)	−1.81*** (0.441)	−1.46*** (0.383)
$Cons$	−4.25*** (0.224)	−5.56*** (0.209)	−4.93*** (0.316)	−4.40*** (0.282)	−3.73*** (0.420)

在表 3-21 的基础上，计算得到五省不同户籍进入好行业和国有部门的概率，然后再分别计算出进入好行业和国有部门的 *SegIndex*2（见表 3-22）。与工资回报层面不同的是，我们在就业机会层面观测到五省的城乡分割现象。好的领域（好行业、国有部门）中，表现出城镇户籍劳动力就业机会上的优势，即 *SegIndex*2 值几乎都大于 1。

表 3-22　　五省各自样本就业机会层面的城乡分割程度

		辽宁	浙江	广东	四川	陕西
*SegIndex*2	好行业	1.09	1.40	1.37	1.15	0.92
	国有部门	3.11	1.90	1.47	3.13	1.55

第四节　中国劳动力市场分割的收入效应研究

本节评价城乡分割的后果，即计算在城市中城镇户籍劳动力和农村户籍劳动力之间福利水平差距到底有多大？所造成的福利损失到底有多大？

本章第二节的研究结果显示，在城乡劳动者进行就业选择的过程中，制度性因素依然有着限制作用，而就业选择的差异又与就业关联收入的高低密切相关。由于工薪收入既是就业关联收入的主要组成部分，又影响到福利保障收入的多少，因而本节将研究的重点放在就业选择对城乡劳动者工资差距的影响上。

对于我国城乡劳动者工资差距的研究，按照研究方法大致可以分为两类。第一类是利用 Oaxaca-Blinder 分解方法，分析城乡劳动者人力资本特征（主要是教育）和人力资本价格（歧视）对工资差距的影响。第二类则是利用 Brown 分解方法，在分析过程中进一步考虑了城乡劳动者就业岗位差异对工资差距的影响。但上述两种分解法都存在"指数基准"问题，收入项分解次序的不同会出现不同的分解结果，因而难以确定各因素对收入差距的影响（Ferber & Green，1982）。同时，现有研究也没有解决选择性偏差问题。如果在分析过程中没有考虑这种选择性偏差，估计出的系数将不具有一致性（Heckman，1979）。为此，阿普尔顿等（Appleton et al., 1999）对 Brown 分解进行了改进，较好地解决了这两个问题。

平均工资差别的 Appleton 分解方法为：

$$\bar{w}_u - \bar{w}_r = \sum_j \bar{p}_j^* (\bar{w}_{uj}^* - \bar{w}_{rj}) + \sum_j \bar{w}_{uj} (\bar{p}_{uj} - \bar{p}_j^*) + \sum_j \bar{w}_{rj} (\bar{p}_j^* - \bar{p}_{rj}) \quad (3.25)$$

其中，$\bar{w}_u (\bar{w}_r)$ 表示城镇（农村）劳动者的平均工资，$\bar{w}_{uj} (\bar{w}_{rj})$ 表示城镇

（农村）劳动者在第 j 个部门的平均工资，$p_{uj}(p_{rj})$ 表示城镇（农村）劳动者在第 j 个部门就业的概率，$\bar{p}_j^*$ 表示当劳动者的就业选择不受歧视影响时，劳动者在部门 j 中就业的平均概率。因此，Appleton 分解的关键在于如何计算 $\bar{p}_j^*$。

假设劳动者 i 在部门 j 就业的概率符合 multinomial logits 模型，q_i 是选择方程的控制变量（劳动者特征），那么该人在部门 j 就业的概率为：

$$p_{ij} = \exp(\gamma_{uj} q_i) / \sum_j \exp(\gamma_{uj} q_i) \quad \text{（如果 } i \text{ 是城镇劳动者）} \quad (3.26)$$

$$p_{ij} = \exp(\gamma_{rj} q_i) / \sum_j \exp(\gamma_{rj} q_i) \quad \text{（如果 } i \text{ 是农村劳动者）} \quad (3.27)$$

然后，利用 multinomial logits 模型可以估计出 γ_{uj} 和 γ_{rj}。令 X 代表城乡混合样本（即总体样本）的控制变量矩阵，X_u 代表城镇劳动者样本的控制变量矩阵，构造部门选择方程的加权矩阵 Ω 和选择性系数 γ_j^*：

$$\Omega = (X'X)^{-1} X'_u X_u \quad (3.28)$$

$$\gamma_j^* = \Omega \gamma_{uj} + (I - \Omega) \gamma_{rj} \quad (3.29)$$

这样，当城镇劳动者和农村劳动者对部门 j 的选择都由 γ_j^* 决定时（即不存在歧视时），劳动者 i 在部门 j 就业的概率为：

$$p_{ij}^* = \exp(\gamma_j^* q_i) / \sum_j \exp(\gamma_j^* q_i) \quad (3.30)$$

令 $\bar{p}_{uj}^*$ 为对应的城镇劳动者样本的平均值，$\bar{p}_{rj}^*$ 为对应的农村劳动者样本的平均值，$\bar{p}_j^*$ 为对应的总体样本的平均值。另外，令 β_j 表示当工资的决定不受歧视影响时，部门 j 内劳动者特征的平均回报率，其计算方法为：

$$\beta_j = \Delta \beta_{uj} + (I - \Delta) \beta_{rj} \quad (3.31)$$

其中，Δ 为工资方程的加权矩阵，构造方式与 Ω 相同。那么，式（3.25）可以进一步分解为：

$$\bar{w}_u - \bar{w}_r = \sum_j \bar{p}_j^* (\bar{x}_{uj} - \bar{x}_{rj}) \beta_j + \sum_j \bar{p}_j^* \bar{x}_{uj} (\beta_{uj} - \beta_j) + \sum_j \bar{p}_j^* \bar{x}_{rj} (\beta_j - \beta_{rj})$$

$$+ \sum_j \bar{w}_{uj} (\bar{p}_{uj}^* - \bar{p}_j^*) + \sum_j \bar{w}_{rj} (\bar{p}_j^* - \bar{p}_{rj}^*) + \sum_j \bar{w}_{uj} (\bar{p}_{uj} - \bar{p}_{uj}^*)$$

$$+ \sum_j \bar{w}_{rj} (\bar{p}_{rj}^* - \bar{p}_{rj}) \quad (3.32)$$

式（3.32）即为 Appleton 分解的最终结果。其中，第一项代表由城乡劳动者特征差异引起的部门内工资差距，第二项表示部门内对城镇劳动者的优惠，第三项表示部门内对农村劳动者的歧视，第四项表示由于城镇劳动者具有较好的特征而导致的部门间差距，第五项表示由于农村劳动者具有较差的特征而导致的部门间差距，第六项表示部门间对城镇劳动者的优惠，第七项表示部门间对农村劳动者的歧视。总的来说，前三项之和代表部门内的工资差距，后四项之和代表部门间的工资差距；第一、四、五项之和表示城乡劳动者特征差异导致的工资差距，第二、三、六、七项之和表示对农村劳动者的歧视导致的工资差距。

由于劳动者的就业部门可能存在选择性偏差问题，因而估计出来的工资方程的系数 β 可能并非一致估计量，那么基于这些系数而进行的工资差距分解也就可能出现错误。李（Lee，1983）提出了一个两阶段方法可以解决这个问题。应用到 Appleton 分解中，具体方法是：第一步估计劳动者的部门选择方程，得到选择性系数 γ_{uj} 和 γ_{rj}；第二步将工资方程按式（3.33）回归，得到 β 的一致估计量。

$$w_{ij} = x_i \beta_j - \sigma_j \varphi(\Phi^{-1}(p_{ij}))/p_{ij} + \omega_{ij} \quad i = u, r \quad (3.33)$$

其中，$\varphi(\cdot)$ 和 $\Phi(\cdot)$ 分别表示标准正态分布的密度函数和累积分布函数。

相应地，Appleton 分解也不再是对观察到的城乡工资差距进行直接分解，而应该对纠正了选择偏差之后的工资差距 $\bar{w}_u - \bar{w}_r - (\sigma_u \bar{\lambda}_u - \sigma_r \bar{\lambda}_r)$ 进行分解。其中，$\lambda_i = \varphi(\Phi^{-1}(p_{ij}))/p_{ij}, i = u, r$。这样，Appleton 分解方法解决了选择性偏差问题。

我们继续使用了 CHIP 数据。在估计劳动者工资方程时，使用的解释变量包括受教育年限、工作经验、工作经验的平方、婚姻、党员身份和健康；在估计劳动者就业选择方程时，解释变量为受教育年限、参加工作时的年龄①和参加工作时年龄的平方。对于这些变量的定义和计算方法，本章第二节中已经进行了详细介绍，表3-4也给出了各变量的统计性描述。这里，我们重点观察城镇劳动者、农村劳动者和农民工在受教育年限、工作经验和小时工资上的分布差异（见表3-23）。就样本总体分布而言，城镇劳动者具有高教育水平、高工作经验、高收入的特征，而农村劳动者和农民工在教育水平、工作经验和收入上都较低。

表3-23　　受教育年限、工作经验和小时工资的分布差异

教育年限构成	城镇劳动者 （1） （%）	农村劳动者 （2） （%）	农民工 （3） （%）	（1）-（2） （%）	（1）-（3） （%）
≤6 年	2.86	16.45	21.24	-13.59	-18.38
7~9 年	26.43	62.05	56.46	-35.62	-30.03
10~12 年	35.86	18.72	19.36	17.14	16.5
≥13 年	34.85	2.76	2.94	32.09	31.91

---

① 参加工作时的年龄 = 年龄 - 工作经验。

续表

工作经验构成	城镇劳动者 （1） （%）	农村劳动者 （2） （%）	农民工 （3） （%）	（1）-（2） （%）	（1）-（3） （%）
≤5 年	7.34	59.89	43.09	-52.55	-35.75
6~10 年	8.38	14.93	30.62	-6.55	-22.24
11~20 年	28.28	16.77	24.40	11.51	3.88
21~30 年	34.93	6.20	1.72	28.73	33.21
≥31 年	21.06	2.21	0.17	18.85	20.89
分位点上的小时工资	（元）	（元）	（元）	（元）	（元）
1%	0.22	0.13	0.60	0.09	-0.38
10%	1.99	0.72	1.19	1.27	0.8
25%	3.20	1.28	1.79	1.92	1.41
50%	5.04	2.15	2.55	2.89	2.49
75%	7.44	3.38	4	4.06	3.44
90%	10.61	5.06	6.43	5.55	4.18
99%	22.22	12.15	20.83	10.07	1.39

同样的，我们构造了两个观测样本——由城镇劳动者样本和农村劳动者样本构成的整体劳动力市场样本以及由城镇劳动者样本和农民工样本构成的城镇劳动力市场样本。对于整体劳动力市场样本的工资收入，我们进行了城乡生活费用指数调整（Brandt & Holz, 2006）；对于城镇劳动力市场样本，则直接使用了调查所得的工资数据。另外，对于城乡劳动者就业部门的选择，我们考虑了职业、单位所有制性质和行业三个方面的差异，分别分析了这三方面差异对整个劳动力市场上和城镇劳动力市场上城乡工资差距的影响。

根据 Appleton 分解方法，需要对各个部门（包括职业、所有制单位和行业三方面）的城镇劳动者和农村劳动者（农民工）分别估计其部门选择方程和工资方程。在估计部门选择方程时，我们使用了多元 Logit 模型，解释变量包括受教育年限、参加工作时的年龄和参加工作时年龄的平方，并分别以"其他职业""国有企业和机关事业单位""农林牧渔和水利业"作为职业、所有制单位和行业的基准部门。在估计各部门劳动者的工资方程时，我们按照李（Lee, 1983）

的方法对选择性偏差进行了修正,即利用式(3.32)估计工资方程,解释变量包括受教育年限、工作经验、工作经验的平方、婚姻、党员身份和健康。

表 3-24 到表 3-26 分别汇报了整体劳动力市场上城镇劳动者和农村劳动者在各职业、所有制单位和行业上工资方程的回归结果。表 3-27 到表 3-29 进一步汇报了城镇劳动者和农村劳动者职业、所有制单位和行业选择方程的回归结果。可以看到,在各个工资方程中,"教育年限"的系数都是正值且基本都是显著的,"经验"的系数也基本都是正值,"经验平方"的系数为负值,符合工资决定的理论预期。从教育回报率看,各个职业、所有制单位或行业之间相差很大,说明具有同等教育水平的劳动者在不同的职业、所有制单位或行业上可能得到不同的工资回报,这也反映了就业选择对劳动者工资差异的影响。而在各个职业、所有制单位和行业上,城镇劳动者的教育回报率都高于农村劳动者;农村劳动者教育回报率相对较低,在有些部门甚至不显著。这说明城乡劳动者的工资差异不仅仅是由于两者的教育水平存在差距,还可能来自教育回报率的不同。

在估计出相关的工资方程和部门选择方程之后,还需要构造工资方程的加权矩阵和部门选择方程的加权矩阵。这两个矩阵的构造方法相同,但是构造工资方程的加权矩阵所使用的变量是受教育年限、工作经验、工作经验的平方、婚姻、党员身份和健康,构造部门选择方程的加权矩阵所使用的变量是受教育年限、参加工作时的年龄和参加工作时年龄的平方。然后根据工资方程和部门选择方程的系数和加权矩阵,就可以计算出式(3.32)中所需要的各个参数。

表 3-30 报告了对整体劳动力市场样本和城镇劳动力市场样本进行 Appleton 分解的结果,反映了各项对应的工资差距对总工资差距贡献的比例。对于整个劳动力市场来说,无论是从职业、所有制单位还是行业看,城镇劳动者和农村劳动者工资差距的 85% 左右可以由劳动者特征(如教育、工作经验)的不同来解释,15% 左右可以看作是歧视导致的。其中,劳动者特征差异导致的同一职业、同一性质单位或同一行业内的城乡工资差距对总工资差距的贡献最高,达 60% 以上;可解释的城乡劳动者在职业和所有制单位上的就业差别对总工资差距的贡献也比较明显,在 23% 左右;而不可解释的城乡工资差距则在不同职业之间、不同所有制单位之间以及行业内部表现得比较明显。这样总体来看,城乡劳动者在职业和所有制单位上的就业机会差异对城乡工资差距的影响比较大,分别为 42.70% 和 45.22%,而行业上就业机会差异的影响比较小。部门内城乡劳动者工资差距对总体工资差距的影响依然是主要的,这在行业内体现得尤为明显。

表 3-24　整体劳动力市场上按职业分工资方程

	城镇劳动者					农村劳动者				
	1	2	3	4	5	1	2	3	4	5
受教育年限	0.156***	0.057***	0.070***	0.049***	0.065***	0.062***	-0.008	0.028	0.020	0.039***
	(0.014)	(0.008)	(0.005)	(0.016)	(0.024)	(0.018)	(0.033)	(0.025)	(0.016)	(0.010)
经验	0.057***	0.034***	0.028***	0.060***	0.069***	0.052***	0.057**	0.049***	0.054***	0.048***
	(0.016)	(0.009)	(0.006)	(0.014)	(0.016)	(0.011)	(0.023)	(0.018)	(0.012)	(0.006)
经验平方	-0.001	-0.001***	-0.0003***	-0.001***	-0.001***	-0.001***	-0.001**	-0.001**	-0.001***	-0.001***
	(0.000)	(0.000)	(0.000)	(0.000)	(0.000)	(0.000)	(0.001)	(0.001)	(0.000)	(0.000)
已婚	-0.227	-0.026	0.158***	-0.252**	-0.216	0.295*	0.048	0.197*	0.245***	0.378***
	(0.181)	(0.078)	(0.048)	(0.115)	(0.139)	(0.164)	(0.202)	(0.116)	(0.068)	(0.043)
党员	0.411***	0.117***	0.087***	-0.187**	0.249**	0.056	0.032	-0.040	-0.014	-0.024
	(0.060)	(0.037)	(0.026)	(0.088)	(0.105)	(0.074)	(0.182)	(0.195)	(0.116)	(0.061)
健康	0.047	0.005	0.021	0.021	-0.020	0.063	0.142	0.241	-0.022	0.029
	(0.056)	(0.039)	(0.025)	(0.060)	(0.080)	(0.104)	(0.261)	(0.217)	(0.111)	(0.062)
λ	-0.004	-0.000	0.010***	-0.001	-0.017*	-0.004**	-0.000	-0.000	-0.006	0.002
	(0.004)	(0.000)	(0.003)	(0.002)	(0.010)	(0.001)	(0.000)	(0.002)	(0.005)	(0.009)
常数项	-1.336***	0.718***	0.318***	0.334*	-0.196**	0.009	0.728	0.459	0.463**	0.179**
	(0.293)	(0.136)	(0.085)	(0.203)	(0.263)	(0.264)	(0.464)	(0.325)	(0.164)	(0.100)

注：职业代码：1. 机关、企事业单位负责人；2. 专业技术人员；3. 技术工人、办事人员；4. 非技术工人；5. 其他。工资方程的被解释变量为经过价格调整的小时工资对数。***、**、*分别表示在1%、5%、10%的水平上显著。括号中为标准误。

表 3-25　整体劳动力市场上按所有制单位分城乡工资方程

	城市劳动者						农村劳动者					
	1	2	3	4	5	6	1	2	3	4	5	6
受教育年限	0.066*** (0.004)	0.049* (0.026)	0.145*** (0.025)	0.071* (0.040)	0.123*** (0.023)	0.072*** (0.015)	0.069*** (0.019)	0.009 (0.022)	0.036*** (0.013)	0.054** (0.025)	0.086** (0.041)	0.026*** (0.010)
经验	0.034*** (0.005)	0.028 (0.018)	0.047** (0.023)	0.027 (0.031)	0.058** (0.026)	0.028** (0.013)	0.054*** (0.016)	0.069*** (0.015)	0.048*** (0.010)	0.080*** (0.012)	0.018 (0.048)	0.030*** (0.007)
经验平方	-0.001*** (0.000)	-0.000 (0.000)	-0.000 (0.001)	-0.000 (0.001)	-0.001 (0.001)	-0.000 (0.000)	-0.001*** (0.000)	-0.002** (0.001)	-0.001*** (0.000)	-0.002*** (0.000)	-0.000 (0.002)	-0.001*** (0.000)
已婚	0.121*** (0.041)	0.208 (0.134)	-0.124 (0.176)	-0.490* (0.251)	-0.077 (0.195)	0.247** (0.108)	0.189 (0.133)	0.315** (0.132)	0.354*** (0.054)	0.317*** (0.103)	0.018 (0.183)	0.290*** (0.060)
党员	0.106*** (0.019)	0.113 (0.082)	-0.335** (0.158)	0.418* (0.230)	-0.204 (0.153)	0.131** (0.065)	-0.094 (0.101)	-0.051 (0.098)	0.040 (0.092)	-0.252* (0.131)	0.137 (0.348)	0.143*** (0.050)
健康	0.023 (0.019)	0.059 (0.068)	0.062 (0.109)	-0.157 (0.144)	0.068 (0.120)	-0.055 (0.057)	0.212 (0.138)	-0.115 (0.158)	-0.029 (0.097)	0.156 (0.130)	-0.132 (0.378)	0.045 (0.066)
λ	0.009*** (0.003)	0.000 (0.003)	0.002 (0.001)	-0.007 (0.005)	-0.009** (0.004)	-0.004 (0.005)	-0.001 (0.001)	-0.013* (0.007)	-0.005 (0.007)	0.023** (0.011)	-0.002** (0.001)	0.001 (0.009)
常数项	0.401*** (0.067)	0.260 (0.285)	-0.899*** (0.343)	-0.109 (0.431)	-0.864* (0.456)	0.059 (0.194)	-0.109 (0.252)	0.512* (0.267)	0.233* (0.132)	0.111 (0.212)	0.023 (0.633)	0.445*** (0.108)

注：所有制单位代码：1. 国有企业和机关事业单位；2. 集体企业；3. 私营企业；4. "三资"企业；5. 个体户（企业）；6. 其他。工资方程的被解释变量为经过价格调整的小时工资的对数。***、**、*分别表示在1%、5%、10%的水平上显著。括号中为标准误。

表 3-26 整体劳动力市场上按行业分城乡工资方程

<table>
<tr><th></th><th>1</th><th>2</th><th>3</th><th>4</th><th>5</th><th>6</th><th>7</th><th>8</th><th>9</th><th>10</th><th>11</th><th>12</th><th>13</th></tr>
<tr><td>教育年限</td><td>0.058
(0.043)</td><td>0.065***
(0.007)</td><td>0.063***
(0.024)</td><td>0.053***
(0.019)</td><td>0.125***
(0.019)</td><td>0.156***
(0.025)</td><td>0.105***
(0.015)</td><td>0.078***
(0.017)</td><td>0.067***
(0.013)</td><td>0.085**
(0.034)</td><td>0.057*
(0.030)</td><td>0.053***
(0.009)</td><td>0.137***
(0.030)</td></tr>
<tr><td>经验</td><td>0.062
(0.057)</td><td>0.042***
(0.008)</td><td>0.083***
(0.018)</td><td>0.060**
(0.020)</td><td>0.024
(0.018)</td><td>0.043**
(0.020)</td><td>0.043*
(0.017)</td><td>0.028
(0.018)</td><td>0.034**
(0.014)</td><td>0.040
(0.030)</td><td>-0.015
(0.023)</td><td>0.032***
(0.009)</td><td>0.106***
(0.039)</td></tr>
<tr><td>经验平方</td><td>-0.002
(0.001)</td><td>-0.001***
(0.000)</td><td>-0.001***
(0.000)</td><td>-0.001**
(0.000)</td><td>0.000
(0.000)</td><td>-0.001
(0.000)</td><td>-0.001
(0.000)</td><td>-0.000
(0.000)</td><td>-0.000
(0.000)</td><td>-0.001
(0.001)</td><td>0.001
(0.001)</td><td>-0.000*
(0.000)</td><td>-0.002**
(0.001)</td></tr>
<tr><td>已婚</td><td>-0.119
(0.468)</td><td>0.085
(0.068)</td><td>-0.343**
(0.150)</td><td>-0.086
(0.161)</td><td>0.026
(0.141)</td><td>-0.285*
(0.163)</td><td>-0.248*
(0.136)</td><td>0.135
(0.157)</td><td>0.076
(0.129)</td><td>0.057
(0.242)</td><td>0.425**
(0.181)</td><td>0.179**
(0.078)</td><td>-0132
(0.328)</td></tr>
<tr><td>党员</td><td>0.220
(0.189)</td><td>0.047
(0.033)</td><td>0.258***
(0.091)</td><td>0.156*
(0.089)</td><td>0.045
(0.078)</td><td>0.334***
(0.107)</td><td>0.214**
(0.091)</td><td>0.129*
(0.072)</td><td>0.145***
(0.052)</td><td>-0.022
(0.142)</td><td>0.162*
(0.087)</td><td>0.087**
(0.039)</td><td>0.386**
(0.181)</td></tr>
<tr><td>健康</td><td>0.433**
(0.210)</td><td>0.046
(0.031)</td><td>-0.088
(0.078)</td><td>0.021
(0.082)</td><td>-0.003
(0.071)</td><td>-0.132
(0.093)</td><td>-0.026
(0.080)</td><td>-0.021
(0.079)</td><td>0.115**
(0.057)</td><td>-0.049
(0.130)</td><td>0.030
(0.092)</td><td>-0.064
(0.040)</td><td>0.159
(0.172)</td></tr>
<tr><td>λ</td><td>-0.001
(0.002)</td><td>0.002
(0.006)</td><td>-0.002
(0.003)</td><td>-0.001
(0.001)</td><td>0.018**
(0.007)</td><td>0.011
(0.007)</td><td>-0.003
(0.003)</td><td>-0.000
(0.000)</td><td>-0.000
(0.001)</td><td>0.000
(0.000)</td><td>0.001
(0.001)</td><td>0.001
(0.001)</td><td>0.001
(0.001)</td></tr>
<tr><td>常数项</td><td>0.044
(0.779)</td><td>0.228**
(0.114)</td><td>0.204
(0.235)</td><td>0.183
(0.279)</td><td>-0.048
(0.224)</td><td>-0.729***
(0.281)</td><td>-0.226
(0.259)</td><td>0.335
(0.292)</td><td>0.427*
(0.219)</td><td>0.444
(0.539)</td><td>0.857*
(0.498)</td><td>0.611***
(0.157)</td><td>-1.292***
(0.455)</td></tr>
<tr><td colspan="14">城镇劳动者</td></tr>
</table>

续表

	1	2	3	4	5	6	7	8	9	10	11	12	13
教育年限	0.041 (0.030)	0.049*** (0.010)	0.018 (0.036)	0.031* (0.017)	−0.013 (0.033)	0.042* (0.023)	0.010 (0.051)	−0.009 (0.070)	0.049 (0.031)	—	−0.425 (0.434)	0.062* (0.033)	0.030** (0.015)
经验	0.064** (0.025)	0.064*** (0.010)	0.016 (0.026)	0.055*** (0.010)	0.023 (0.027)	0.052*** (0.017)	0.074*** (0.028)	0.095* (0.050)	0.017 (0.023)	—	0.144 (0.185)	0.038** (0.019)	0.052*** (0.010)
经验平方	−0.002*** (0.001)	−0.001*** (0.000)	0.000 (0.001)	−0.001*** (0.000)	−0.001 (0.001)	−0.002*** (0.001)	−0.001* (0.001)	−0.003 (0.002)	−0.000 (0.001)	—	−0.002 (0.008)	−0.001 (0.001)	−0.001*** (0.000)
已婚	−0.154 (0.248)	0.196*** (0.063)	0.326 (0.208)	0.277*** (0.074)	0.409** (0.171)	0.166 (0.119)	−0.342 (0.225)	0.312 (0.390)	0.322 (0.214)	—	0.096 (0.804)	0.253 (0.226)	0.431*** (0.090)
党员	0.048 (0.160)	−0.143* (0.086)	0.335 (0.221)	0.157 (0.128)	−0.320 (0.231)	0.155 (0.160)	0.289 (0.215)	−0.034 (0.356)	0.096 (0.148)	—	−1.253 (0.965)	−0.022 (0.129)	0.025 (0.073)
健康	−0.192 (0.266)	−0.063 (0.101)	0.228 (0.293)	0.058 (0.093)	−0.111 (0.221)	−0.231 (0.172)	0.209 (0.338)	−0.303 (0.512)	0.418** (0.189)	—	0.613 (0.859)	−0.058 (0.174)	0.171* (0.095)
农村劳动者 λ	0.000 (0.002)	−0.136*** (0.025)	−0.007 (0.009)	0.006 (0.006)	0.001 (0.008)	−0.020 (0.016)	−0.003 (0.009)	0.000 (0.000)	0.000 (0.000)	—	0.000 (0.003)	−0.000 (0.001)	0.006** (0.003)
常数项	0.803 (0.530)	0.101 (0.135)	0.025 (0.624)	0.239 (0.146)	1.130** (0.460)	0.243 (0.356)	0.279 (0.763)	0.881 (1.035)	0.055 (0.452)	—	3.637 (4.227)	0.290 (0.455)	0.168 (0.155)

注:行业代码:1.农林牧渔和水利业;2.工业;3.地质勘探与普查、物资供销和仓储业;4.房地产管理、公用事业、居民服务和咨询服务;5.采掘业;6.商业、饮食、物资供销和仓储业;7.房地产管理、公用事业、居民服务和咨询服务;8.卫生体育和社会福利事业;9.教育、文化艺术和广播电视业;10.科学研究和综合技术服务事业;11.金融、保险业;12.国家机关、党政机关、社会团体;13.其他。因从事科学研究和综合技术服务事业的农村劳动者只有3人,故未估计其工资方程。工资方程的被解释变量为经过价格调整的小时工资的对数。***、**、*分别表示在1%、5%、10%的水平上显著。括号中为标准误。

表 3-27　整体劳动力市场上职业选择方程

	城镇劳动者				农村劳动者			
	1	2	3	4	1	2	3	4
受教育年限	0.350***	0.427***	0.085***	-0.130***	0.237***	0.256***	0.037	-0.071***
	(0.022)	(0.022)	(0.019)	(0.024)	(0.022)	(0.040)	(0.030)	(0.019)
参加工作时年龄	0.030	0.193***	-0.020	0.119	0.101***	0.161**	-0.005	-0.021
	(0.071)	(0.079)	(0.061)	(0.080)	(0.030)	(0.073)	(0.041)	(0.025)
参加工作时年龄平方	-0.001	-0.004***	-0.000	-0.003*	-0.001***	-0.003**	-0.000	-0.000
	(0.001)	(0.002)	(0.001)	(0.002)	(0.000)	(0.001)	(0.001)	(0.000)
常数项	-3.738***	-6.633	1.205*	-0.010	-5.736***	-7.443***	-2.264***	-0.006
	(0.851)	(0.921)	(0.729)	(0.947)	(0.512)	(1.094)	(0.628)	(0.394)

注：以"其他"为参照组，职业代码同表 3-24。***、**、* 分别表示在 1%、5%、10% 的水平上显著。括号中为标准误。

表 3-28　整体劳动力市场上所有制单位选择方程

	城市劳动者 2	3	4	5	6	农村劳动者 2	3	4	5	6
受教育年限	-0.260*** (0.021)	-0.135*** (0.024)	-0.269*** (0.021)	0.057 (0.036)	-0.153*** (0.017)	-0.292*** (0.035)	-0.353*** (0.029)	-0.349*** (0.031)	-0.157*** (0.051)	-0.279*** (0.028)
参加工作时年龄	0.323*** (0.111)	0.132 (0.093)	0.063 (0.066)	0.335 (0.346)	0.044 (0.064)	-0.015 (0.050)	-0.044 (0.043)	-0.003 (0.045)	-0.147* (0.086)	0.007 (0.042)
参加工作时年龄平方	-0.006*** (0.002)	-0.002 (0.002)	0.000 (0.001)	-0.009 (0.008)	-0.000 (0.001)	0.001 (0.001)	0.001 (0.001)	0.000 (0.001)	0.001 (0.002)	0.000 (0.001)
常数项	-3.617*** (1.223)	-3.123*** (1.082)	-0.845 (0.808)	-7.047** (3.528)	-0.988 (0.737)	-2.636*** (0.762)	5.320*** (0.658)	3.923*** (0.700)	0.338*** (1.163)	3.625*** (0.656)

注：以"国有企业和机关事业单位"为参照组，所有制单位代码同表 3-25。***、**、*分别表示在 1%、5%、10% 的水平上显著。括号中为标准误。

表 3-29　整体劳动力市场上行业选择方程

		2	3	4	5	6	7	8	9	10	11	12	13
城镇劳动者	教育年限	-0.216*** (0.047)	-0.203*** (0.054)	-0.215*** (0.052)	-0.213*** (0.049)	-0.190*** (0.049)	-0.179*** (0.049)	0.102* (0.054)	0.126** (0.050)	0.154** (0.061)	0.040 (0.058)	0.128*** (0.049)	-0.131** (0.058)
	参加工作时年龄	0.209 (0.140)	0.359* (0.193)	0.447** (0.181)	0.265* (0.154)	0.185 (0.148)	0.295** (0.146)	0.413** (0.193)	0.433*** (0.157)	0.649** (0.275)	0.169 (0.184)	0.220 (0.145)	0.340* (0.203)
	参加工作时年龄平方	-0.004 (0.002)	-0.007* (0.004)	-0.008** (0.003)	-0.005* (0.003)	-0.003 (0.003)	-0.005* (0.003)	-0.008*** (0.004)	-0.008*** (0.003)	-0.012** (0.006)	-0.003 (0.003)	-0.004 (0.003)	-0.006 (0.004)
	常数项	3.085* (1.666)	-1.123 (2.212)	-1.950 (2.089)	1.409 (1.789)	1.600 (1.756)	-0.138 (1.749)	-5.383** (2.211)	-5.450*** (1.853)	-9.761*** (3.098)	-1.934 (2.147)	-2.140 (1.720)	-2.240 (2.344)
农村劳动者	教育年限	-0.068 (0.046)	-0.164*** (0.059)	-0.159*** (0.047)	-0.053 (0.052)	-0.028 (0.051)	0.039 (0.058)	0.146* (0.077)	0.486*** (0.059)	0.189 (0.281)	0.140 (0.120)	0.237*** (0.055)	-0.039 (0.047)
	参加工作时年龄	-0.031 (0.054)	0.238*** (0.079)	0.120** (0.056)	0.267*** (0.070)	-0.010 (0.060)	0.025 (0.071)	0.026 (0.101)	0.142 (0.099)	0.138 (0.710)	0.083 (0.153)	0.181** (0.072)	0.056 (0.056)
	参加工作时年龄平方	-0.000 (0.001)	-0.004*** (0.001)	-0.002** (0.001)	-0.005*** (0.001)	-0.000 (0.001)	-0.001 (0.001)	-0.001 (0.002)	-0.003* (0.002)	-0.005 (0.014)	-0.001 (0.002)	-0.003*** (0.001)	-0.001 (0.001)
	常数项	4.012*** (0.912)	-2.023 (1.318)	2.026** (0.937)	-2.174* (1.147)	1.816* (1.004)	0.134 (1.163)	-2.096 (1.619)	-5.868*** (1.470)	-5.679 (8.676)	-4.637 (4.628)	-4.552*** (1.208)	1.283 (0.948)

注：以"农林牧渔和水利业"为参照组，行业代码表同表 3-26。***、**、*分别表示在 1%、5%、10% 的水平上显著。括号中为标准误。

表 3-30　Appleton 分解结果

		部门内可解释	部门内不可解释(1)	部门内不可解释(2)	部门间可解释(1)	部门间可解释(2)	部门间不可解释(1)	部门间不可解释(2)	部门内差异	部门间差异	可解释部分	不可解释部分
城镇与农村劳动者	职业	61.00	-2.23	-1.48	14.37	9.34	10.35	8.64	57.30	42.70	84.72	15.28
	所有制	60.56	-7.24	1.45	15.31	7.73	13.88	8.31	54.78	45.22	83.60	16.40
	行业	78.50	3.77	9.04	4.58	4.03	1.38	-1.31	91.31	8.69	87.11	12.89
城镇劳动者与农民工	职业	91.04	-1.70	-13.16	3.55	15.83	1.18	3.27	76.18	23.82	110.41	-10.41
	所有制	86.21	-7.18	-4.96	16.04	-1.30	12.52	-1.34	74.07	25.93	100.95	-0.95
	行业	90.85	-4.20	-3.94	5.21	1.72	4.41	5.94	82.71	17.29	97.79	2.21

注：表中的数字表示各项对应的工资差距对总工资差距贡献的比例。"部门内可解释（1）"指部门内对城镇劳动者具有较好的特征而导致的城镇劳动者的优惠，"部门内不可解释（1）"指由于城镇劳动者具有较好的特征而导致的部门间差距，"部门间可解释（2）"指部门内对农村劳动者具有较好的特征而导致的歧视，"部门间不可解释（2）"指部门间对农村劳动者具有较好的特征而导致的歧视；第八列为前三项之和，表示部门内对总工资差距的贡献；第九列为第四至第七列之和，表示部门间工资差距对总工资差距的贡献；第十列为第一、四、五项之和，表示歧视导致的工资差距对总工资差距的贡献。

对于城镇劳动力市场来说，无论是从职业、所有制单位还是行业看，城镇劳动者和农民工的工资差距几乎全部可以归结于两者特征的不同。其中，劳动者特征差异导致的同一职业、同一性质单位或同一行业内的城乡工资差距对总工资差距的贡献是最主要的，达86%以上；贡献较大的是不同职业之间、所有制单位之间基于劳动者特征的城乡工资差距；而不可解释的城乡工资差距则主要来自城镇劳动者和农民工在不同所有制单位和行业上就业机会的不同，在各职业、所有制单位和行业内部不可解释因素反而缩小了城乡工资差距。总体来看，城乡劳动者在职业、所有制单位和行业上的就业机会差异对城乡工资差距的影响分别为23.82%、25.93%和17.29%，部门内城乡劳动者工资差距对总体工资差距的贡献基本在75%以上。

综上实证分析表明，从整个劳动力市场看，所有制单位上的就业差异对城镇劳动者和农村劳动者工资差距的影响最大，其次是职业上的就业差异，这两种就业差异对城乡工资差距的影响都在45%左右，而行业间就业差异的影响相对较小。从城镇劳动力市场看，同样是所有制单位上的就业差异影响最大，其次是职业的就业差异，这两种就业差异对城镇劳动者和农民工工资差距的贡献都在20%以上，而行业间就业差异的影响稍小，贡献了17.27%。

不论是从职业、所有制单位还是行业看，因城乡劳动者特征差异而导致的工资差异都是最主要的，这对城镇劳动力市场上城乡工资差距的解释份额甚至达到100%。在这些可解释的城乡工资差距中，各职业内部、所有制单位内部和行业内部的差距又占了70%以上。而不可解释因素导致的工资差距，则主要是城乡劳动者就业选择不同造成的。如果将城乡劳动者就业差异的不可解释部分看作是劳动力市场城乡分割的结果，那么这种分割效应在整个劳动力市场上比在城镇劳动力市场上体现得更加明显。

第四章

劳动力市场中的非正规就业

第一节 非正规就业的概念与规模测算

一、非正规就业的概念界定

(一) 国际上非正规就业的定义及其界定

早期学者将非正规就业与非正规部门这两个概念紧密联系,以正规部门和非正规部门来划分正规就业和非正规就业,认为非正规就业即为非正规部门的从业人员。如最早提出非正规就业概念的美国经济社会学家哈特(Hart, 1973)将城市劳动者划分为货币工资雇佣和自我雇佣两种类型,非正规就业属于自我雇佣。但随着生产方式的转变,正规部门内部的非正规就业也大量涌现,使这一定义受到严重挑战。

为了更好地理解"非正规就业"的概念并对非正规就业进行统计,在2003年第17次国际劳工统计大会上通过了《关于非正规就业统计定义的指南》,国际劳工组织(ILO)对非正规就业做了如下定义:如果雇员的劳动关系在法律或者实际意义上不受国家劳工法规、收入所得税制度、社会保护以及一定的员工利益

（如解雇员工的提前通知、解雇补偿金、带薪年假和病假，等等）所要求的社会保障或权利而建立起来的话，他们就被认为是非正规就业[①]。ILO 对非正规就业的定义将劳动者的部门特征与个人特征相结合，制定了便于操作的统计标准：单位分为正规部门、非正规部门和家庭部门；个人特征首先区分为自营劳动者、雇主、家庭帮工、雇员和生产合作社成员；在部门的个人特征中进一步区分为"正规"与"非正规"两种，于是就形成了图 4-1 的非正规就业概念性框架。

就业部门分类	依据个人特征划分的工作类型									
	自营劳动者		雇主		家庭帮工		雇员		生产合作社成员	
	非正规	正规	非正规	正规	非正规	正规	非正规	正规	非正规	正规
正规部门						1	2			
非正规部门(a)	3		4		5		6	7	8	
家庭部门(b)	9					10				

（a）依据第 15 次国际劳动统计会议的界定（排除了那些雇佣本国有酬工人的家庭）。
（b）包括那些生产的产品唯一满足自身需要的家庭和雇佣了本国有酬工人的家庭。

图 4-1 非正规就业的概念框架

资料来源："Guidelines concerning a statistical definition of informal employment", http://www.ilo.org/.

根据 ILO 的界定，从图 4-1 中可以明确区分出非正规就业与非正规部门就业这两者的概念：（1）非正规就业：单元格 1~6 和 8~10；（2）非正规部门的就业：单元格 3~8；（3）非正规部门以外的非正规就业：单元格 1、2、9 和 10。非正规就业还可以进一步分为以下几类：（1）非正规部门的自营劳动者（单元格 3）；（2）非正规部门的雇主（单元格 4）；（3）家庭帮工，不论他们在正规部门还是在非正规部门工作（单元格 1 和 5）；（4）非正规生产者合作社的成员（单元格 8）；（5）正规部门和非正规部门中的非正规就业者或家庭部门所雇用的家政服务人员（单元格 2、6 和 10）；（6）根据第 13 届国际劳工统计大会（ICLS）通过的关于经济活动人口、就业、失业和不充分就业的决议第 9 段（6）

---

① 国际劳工组织，"Guidelines concerning a statistical definition of informal employment", http://www.ilo.org/.

中的关于就业的定义，生产的商品只为自己家庭所用的自营劳动者。

（二）我国非正规就业的概念定义

非正规就业的概念于20世纪80年代被首次引入我国，但在30多年的非正规就业理论发展和研究中，非正规就业的概念出现泛化现象。我国学者关于非正规就业的定义主要有以下几种：（1）非正规就业主要是指广泛存在于正规部门和非正规部门的，有别于传统典型的就业形式，主要包括两部分：一是非正规部门里的各种就业门类；二是正规部门里的短期临时性就业、非全日制就业、劳务派遣就业、分包生产或服务项目的外部工人等，即正规部门里的非正规就业（胡鞍钢，2001）。（2）非正规就业主要是指以个体经济或者私营经济的形式从事社会经济活动的就业形式，还有为数众多的从业人员，以季节工、临时工等多种多样的形式从事社会经济活动（刘燕斌，2000）。（3）非正规就业主要指未签订合同，无法建立或者是暂无条件建立稳定劳动关系的一种就业关系（杨宜勇，2001）。（4）在我国和其他的一些发展中国家，非正规就业主要是指一些低收入、临时性、季节性的、工作环境比较差的职业类别，在我国则更主要是面对流动人口农民工和城市下岗失业人员的职业供给（王志凯，2005）。此外，我国对于"灵活就业"与"非正规就业"这两个概念通常是混合使用的，在官方口径中"灵活就业"一般等同于"非正规就业"，不过在现实中"非正规就业"与"灵活就业"在所包括的范围和特点上还是有明显区别的。

从以上定义可以看出，我国学者已经指出了非正规就业的一些特征，如劳动关系上不具备法律保障、工作时间弹性较大、所有制方面主要是以个体、私营为主，生产的规模常常以家庭为单位，产品是面对低收入者，其目的主要是维持生活，等等。但是我们也应该看到大多数学者只是沿用了国际劳工组织的定义，从某个侧面来定义的。有的学者混淆了非正规就业和非正规部门就业这两个概念。有学者认为非正规就业本质应该是一种劳动关系，这种劳动合同关系存在制度性的缺失，如没有劳动合同、缺乏社会保障金等。但这种对概念的理解有可能把非法的劳动关系认定为非正规就业，因而是不全面的。

（三）本书对非正规就业的界定

我们认为，非正规就业是一个动态的概念，在不同的经济发展阶段和不同的经济社会背景下具有不同的内涵。我国的非正规就业主要是相对于计划经济中传统典型的城市就业形式而言的，因此我们把它定义为：除全日制工作且与用工单位建立有稳定的劳动关系、受国家劳工法规以及社会保障等制度保护的城市就业以外，以获取合法收入为目的参与经济活动的任何形式就业都称为非正规就业。

具体来说，家庭帮工以及属于非正规部门的自营劳动者和雇主首先被划分为非正规就业的第一类；而后对于被雇佣者，从劳动关系和制度保障角度来界定其是否属于非正规就业。由此这一部分的非正规就业可以将其分为两类：一类为在家庭部门和非正规部门就业的劳动者；另一类是虽然在正规部门就业，但是其或没有签订正式的劳动合同，或不享受社会保障等。这一类在正规部门就业的非正规就业者比较特殊，主要形式有临时工、劳务派遣工、非全日制工等。基于以上分析，本节给出非正规就业的范围，如表4-1所示。

表4-1　　　　　　　　　非正规就业的范围界定

被雇佣者		自营劳动者、雇主	家庭工人
正规部门雇工	非正规部门雇工		
临时工	私营企业员工	自营劳动者	家庭帮工
劳务派遣工	微型企业员工	私营企业主	家政服务人员
小时工		个体户	
		微型企业主	

二、非正规就业的规模测算方法

（一）非正规就业规模测算方法比较及选用

1. 国际上关于非正规就业规模的测算方法比较

现今国际主流的非正规就业统计方法主要有直接调查法和间接估算法。直接调查法主要是指住户调查法和产业活动调查法，住户调查法是将住户作为基本调查单位，住户中的成员作为观察单位的一种资料搜集方法，而产业活动调查法是通过对各种产业活动单位的调查，收集非正规部门单位在就业、生产、收入形成和其他方面的数据。直接调查法在我国有一定的适用性，但由于非正规就业的隐蔽性，决定了大部分从事非正规就业的从业人员往往消极应对统计与调查部门的询问，或拒绝配合或隐瞒作答，调查置信度较差，所以这种方法更加适用于调查某一特定非正规群体的规模。

间接估算法是利用现有的统计资料，简捷地测算出非正规部门就业状况的一种有效方法。从国际经验来看，一些国家通常将人口普查或劳动力调查中的行业、职业和就业身份的数据予以结合，以近似地估计非正规部门就业情况，或借助间接的宏观经济估计方法来推算非正规部门就业情况，主要有劳动力参与率差异法和宏观经济推算法。(1) 劳动力参与率差异法：这是一种从劳动力参与经济活动的比重变化入手，测算非正规部门从业人数的方法。该方法认为，失业人员为冒领失业救济金可能会隐瞒其在非正规部门的就业，因此这部分人员的就业状况不会反映在政府统计的就业人数中，但可能会反映在其他专门调查或其他类型的资料中，另外官方统计所反映的就业状况也可能与其他类似地区或国家的就业状况表现出明显差异，根据这种差异，即可测算出非正规部门从业人员的大致状况。这种测算方法所测算的范围并未完全涵盖所有非正规就业者，对于部分兼职或者临时性就业的非正规就业者的规模无法估计，所以统计口径过小，导致最后测算的非正规就业总规模比实质数据偏小。(2) 宏观经济推算法：该方法又称为"国民账户分析法"，是基于这样一个事实提出来的，即一国或地区的 GDP 既可以从收入方核算，也可以从支出方核算，而且通常情况是从收入方核算得到的 GDP 或多或少地低于从支出方核算得到的 GDP。英国学者麦考菲在 1980 年提出，可以用这个差额作为非正规部门经济规模的估计数。该方法虽然能表现出非正规就业规模的存在，但由于我国国民收入统计方式还不完善，从收入法和支出法所算的 GDP 值都有待精确调整，事实上，我国在部分年份上用收入法计算出的 GDP 反而大于用支出法计算的 GDP。所以这种方法所测算出的非正规就业规模与实际的出入较大，并不适宜在我国应用。

2. 我国非正规就业测算方法比较

我国各方学者对于非正规就业测算方法的选用上，主要有分类汇总法、中间值法与抽样调查法三大类。分类汇总法往往将非正规就业划分为若干群体并进行加总。由于部分非正规就业者的隐蔽性，其数据并没有涵盖所有非正规群体，所以这种统计方法的结果要比我国实际的非正规就业规模小，往往被认为是我国非正规就业的一个下限。中间值法为分类汇总法的改进方法。首先由我国从业人口规模与正规就业人口规模的差值，确定非正规就业规模的一个上限，然后利用分类汇总法计算出非正规就业的一个下限，最后简单取下限与上限的中间值，以这个中间值作为我国非正规就业的规模估算值。虽然这种方法前两步所给出的一个下限至上限的置信区间有很高的实际参考意义，但取中间值的估算方法过于粗略，并不科学。抽样调查法类似于直接调查法中的住户调查法，通过采取分层、整群、等距和简单随机抽样等方法对非正规就业进行调查，然后根据抽样数据进行估算。这种方法受调查条件限制，估算的准确性往往取决于样本数据的质量。

由于非正规就业的定义存在着很大的争议，因此对我国非正规就业规模进行准确测算就存在很大困难。根据一些学者的估算，目前我国城镇非正规就业人员有 1.2 亿~1.4 亿人（吴要武、蔡昉，2006；姚宇，2006；任远、彭希哲，2006）。

3. 非正规就业规模测算方法的选用

本节关于非正规就业测算方法的思想主要来自对分类汇总法缺陷的思考。显然分类汇总法的测算结果只能代表那部分可以在统计数据上显示的狭义非正规就业，本节称之为非隐形的非正规就业规模。那么在分类汇总法的基础上，是否可以再进一步把那部分无法在统计数据上显示出来的非正规就业，也就是隐形非正规就业的规模也估算出来。最后将非隐形的非正规就业与隐形非正规就业的规模进行加总，即可获得较为准确的我国非正规就业的总规模。而对于这部分隐形的非正规就业的估算，显然直接获得其数据是十分困难的，相对而言估算出他们所创造的经济规模更为容易，加之已有的有关这部分人群收入水平的抽样调查结果，就可以间接估算出这部分非正规就业者的规模。本节的非正规就业规模测算思路可以通过图4-2表示。

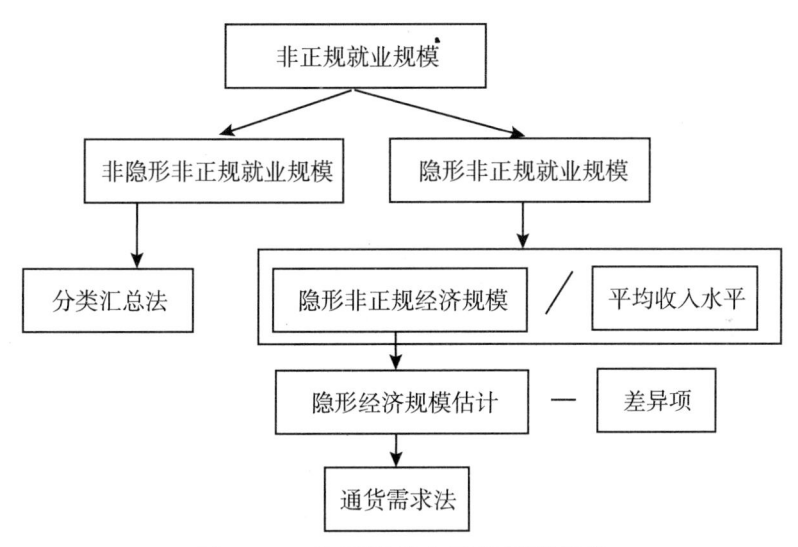

图4-2 非正规就业规模测算思路

（二）中国非正规就业规模测算实证

1. 非隐形的非正规就业规模统计

在上文划定的非正规就业统计口径中，大部分就业人口数据都在统计数据上有所反映。根据非正规就业范围以及已有统计数据特性，对于这部分可以获得的数据进行汇总法计算。将非隐形的非正规就业分为以下几类进行加总统计：(1) 私营企业经营与从业人员（包括雇主与雇员）；(2) 家庭服务人员；(3) 正规部门中的临时工、劳务派遣工、小时工；(4) 自营劳动者；(5) 个体工商户；(6) 其他统计数据中受雇于人，但无正式劳动合同，或不受社会保障保护的从业人员。结果由表4-2给出。

表 4-2　非隐形非正规就业规模汇总

单位：万人

分类	2004 年	2005 年	2006 年	2007 年	2008 年	2009 年	2010 年	2011 年	2012 年	2013 年	2014 年	2015 年
城镇私营企业	2 994	3 458	3 954	4 581	5 124	5 544.3	6 070.9	6 912	7 557	8 242	9 857	11 180
城镇个体	2 521	2 778	3 012	3 310	3 609	4 244.5	4 467.5	5 227	5 643	6 142	7 009	7 800
农村私营企业	2 024	2 366	2 632	2 672	2 780	3 062.6	3 346.7	3 442	3 739	4 279	4 533	5 215
农村个体	2 066	2 123	2 147	2 187	2 167	2 340.8	2 540.1	2 718	2 986	3 193	3 575	3 882
家庭帮工与自营劳动者	1 899	1 921	1 974	2 069	2 034	—	—	—	—	—	—	—
劳务派遣工、小时工等	1 921	2 042	2 196	2 290	2 534	—	—	—	—	—	—	—
总计	13 425	14 688	15 915	17 109	18 248	15 192	16 425	18 299	19 925	21 856	24 974	28 077

资料来源：《2009 年中国统计年鉴》《2009 年中国劳动与人口统计年鉴》《2016 年中国统计年鉴》。

2. 隐形非正规就业规模估算

(1) 隐形经济规模测算方法。本节对隐形非正规就业规模的测算方式采用先测算出总隐形非正规经济规模,再除以隐形非正规就业者平均收入水平的方法。对于隐形非正规经济的规模测算,采取先对总隐形经济规模进行测算,再对其进行差异项调整的方式。最后隐形非正规就业规模公式为:

$$隐形非正规就业规模 = \frac{隐形非正规经济总规模}{隐形非正规就业平均收入}$$

$$= \frac{隐形经济总规模 - 差异项}{隐形非正规就业平均收入} \quad (4.1)$$

隐形经济是指政府无法进行管理与监控,隐瞒经济产值以及收入或者不予以上报,并不计入于国民经济总产值的经济活动。由于隐形经济的隐蔽性,对其进行正面的统计和全面的调查是不可能的,只能采用相对间接的测算方法。现有的隐形经济规模估测方法可以归纳为货币分析法和非货币分析法。货币分析法主要有现金比率法、通货需求法和交易法;非货币分析法主要有收入支出差异法、物量投入法、直接调查法、劳动力市场分析法和财政分析法等。本节采取通货需求法来估算隐形经济的规模。

通货需求法就是在通货需求量与各种影响要素之间建立起一个多元回归模型,据以测算隐形经济的规模,由现金比率法发展而来,却避免了现金比率法的假设条件限制不现实的问题。在以下假设条件下:(1) 地下经济中的绝大部分交易都是用通货进行的;(2) 地下经济存在的主要原因在于居高不下的税率;(3) 地下经济中的通货收入的流通速度与地上经济相同,得到通货需求法的基本模型为:

$$\frac{C}{D} = \frac{C_O}{D_O} + \frac{C_U}{D_U} = K_O + \frac{C_U}{D} = f_1(y, r, w) + f_2(t) \quad (4.2)$$

式(4.2)中,C、C_O、C_U 分别表示实际、显形和隐形通货,D、D_O、D_U 分别表示实际、显形和隐形活期存款,K_O 表示地上的通货对活期存款的比,y 为申报收入,r 为利息率,w 为工资和薪金在收入中的比率,t 为平均实际边际税率。通货需求模型最大的特点就是要根据研究对象的不同情况选择不同的变量。另外,本节所要得到的实则是隐形非正规就业者创造的经济规模,并不等同于所有隐形经济的规模,所以在通货需求方程的变量选择与确定上也要有所体现,同时在最后的结果上予以修正。

(2) 隐形经济规模的估计。

第一步选择被解释变量和解释变量。本节选择的4个待定的被解释变量为 C、C/D、C/M_1 和 C/M_2(通过之后的计量分析结果确定符合我国国情的最优的被解释变量形式）。根据通货需求模型的基本假设，本节选择的解释变量分别为税收水平、收入水平、利率和通货膨胀率。其中，税收水平的代理变量为税收总收入（或税收总收入占国内生产总值中的比重），用 T（或 T/GDP）表示；收入水平的代理变量为人均可支配收入，用 AI 表示；利率用 R 表示；通货膨胀率用 Ifl 表示。以上各变量的数据均由历年的《中国统计年鉴》得到。

第二步对模型形式进行筛选。根据待选被解释变量和解释变量的不同组合，可以得到多个通货需求方程。本节所选模型共分三组，分别为简单线性回归模型、半对数模型和双对数模型，每组因为有 4 个待定的被解释变量，所以每组又分别有 4 个方程式，共计 12 个方程式。对各组 4 个方程式的计量分析结果分别进行显著性、拟合优度、相关性及系数经济意义检验，筛选得到各组的最优模型如下：

第 1 组：$C = 3\,689.652 + 0.029T + 3.413AI - 1\,781.199R + 95.577Ifl$

第 2 组：$C/M2 = 0.396 + 0.668\ln(1 + T/GDP) + 0.131\ln(AI/RGDP) + 0.004\ln(Ifl) - 0.024\ln R$

第 3 组：$\ln(C/M2) = -0.931 + 1.588\ln(1 + T/GDP) + 0.311\ln(AI/RGDP) + 0.009\ln(Ifl)$

第三步选定最优的我国通货需求模型形式，得出隐形经济规模值。由于我们在计量角度上无法分辨这三种模型的优劣，所以首先利用上述模型对我国隐形经济规模进行实证测算来选定模型。主要步骤如下：首先根据三个优解模型拟合出被解释变量的拟合值，再将其减去零税率情况下的现金估计值 C，得到差额 ΔC，然后将隐形通货 ΔC 与显形通货的流通速度两者相乘，就可得到隐形经济的规模。根据估算结果，第 2 组方程的结果在统计意义上相对较好，且估算的规模与既往研究的结果比较吻合，因此，本节最终选定第 2 组方程为最优的我国通货需求模型。最后根据选定的第 2 组方程形式，得到我国隐形经济规模的估计值（见表 4-3）。

表 4-3　　　　　　我国隐形经济规模测算值　　　　　　单位：亿元

年度	1991	1992	1993	1994	1995	1996	1997	1998	1999
规模	177.2	185.6	224.4	274.7	382.1	472.3	521.4	620.5	701.3
年度	2000	2001	2002	2003	2004	2005	2006	2007	2008
规模	772.9	853.4	921.9	1 097.5	1 208.9	1 397.0	1 519.8	1 690.7	1 874.2

资料来源：依据历年《中国统计年鉴》的数据估计。

(3) 隐形非正规就业规模测算。首先我们根据吴要武、蔡昉（2006）的调查结果，来获得非正规就业者的收入水平值。在上述劳动调查结果中，可从统计数据获得的非正规部门受雇者小时工资为 4.18 元，个体工商户或私营企业主小时工资为 4.24 元，家庭帮工或自营劳动者小时工资为 4.09 元，周工时分别为 48.72 小时、60.95 小时和 54.39 小时。而游离在统计数据之外的隐形非正规就业者（在该调查中列为其他类）的小时工资为 3.48 元、周工时为 46.96 小时。那么，隐形非正规就业年平均收入水平 = 3.48×46.96×52 = 8 497.88（元）。

然后根据前文给出的隐形非正规就业规模（4.1）式，并基于表 4-3 的估算结果及隐形非正规就业者的平均收入水平值，就可以得到 2008 年时点的我国隐形非正规就业规模的测算值 = 187 424 100/8 497.88 = 2 205.5（万人）。由于通货需求模型估算的隐形经济规模并非全由隐形的非正规就业所创造的，根据本节所采取的通货需求的估算方法分析，这部分差值的产生来源主要是地下金融所引起的，所以在精确估算时还需减去地下金融规模来进行修正，不过由于地下金融规模的年度数据难以估算，因此本节估算得到的 2 200 万人可视为隐形非正规就业规模的上限值。

3. 非正规就业规模测算

把采用汇总法得到的非隐形的非正规就业规模（见表 4-2）和采用通货需求法估计的隐形非正规就业规模两者相加，就可以得到我国非正规就业的规模估算值。如 2008 年我国非正规就业规模 = 18 248 万人 + 2 206 万人 = 20 454（万人）。也就是说，当前我国有 2 亿左右的非正规就业者，数量极其庞大。由于劳动关系的非正式化等原因，这些人群的权益保护问题也成为当前劳动力市场最为突出和亟待解决的问题之一。

第二节 非正规就业的理论分析

一、非正规就业的经济学解释

（一）非正规就业的需求

非正规就业劳动力市场是一个完全竞争的市场。由于工资水平能够跟随劳动力供求状况的变化得到及时调整，劳动力市场供给和需求相互作用决定了非正规就业者的工资，所以具有弹性的工资能够保证非正规就业市场的迅速出清，供需在一定的工资水平上处于均衡状态。下面就从用人单位降低成本、经济社会生活方式的变革、用人单位使用人才理念的变化和非正规就业固有的特点几方面，分析非正规就业市场的需求。

1. 成本型非正规就业需求

要研究非正规就业的需求，必须首先考察用人单位对非正规就业的需求动机。从经济学角度讲，用人单位之所以产生对非正规就业的需求，主要是出于降低用工成本的考虑。从非正规就业的特点看，非正规就业具有工资水平较低、用工方式灵活的特点，非正规就业相对正规就业具有不可比拟的低成本优势。另外，在全球一体化迅猛发展，各行业内竞争愈加激烈，经济社会大变革的背景之下，企业生存的外部环境压力越来越大。为了增强自己的竞争力，不少企业将自己的非核心业务外包给中小企业，这些中小企业的业务由于技术含量低，所以岗位对文化技能要求不高，就业门槛低，由此造成对非正规就业的大量需求。同时有些企业为了在竞争中获取优势，降低用工成本，直接把一些非关键岗位非正规化，通过用非正规就业岗位替代正规就业岗位而达到降低企业经营成本的目的。这种由于外部激烈竞争而导致的企业对非正规就业的需求，我们称之为竞争性非正规就业需求。

成本型非正规就业需求的另一种情况是企业为了规避国家的管制而引发对非正规就业的需求，称之为规避型非正规就业需求。由于国家从保障劳动者权益角度出发，不断加强社会保障和劳动卫生工作条件的监管、提高劳动安全的标准等措施，导致企业的用工成本不断提高，企业为了规避国家的管制加重带来的成本提高，有迫切的动机用非正规就业岗位逐步替代正规就业岗位，从而降低企业经营成本。

2. 岗位创造型非正规就业需求

随着科技和经济的迅猛发展，人们的生活方式也伴随经济科技的发展发生深刻变化，生活方式的改变产生了人们对产品和服务多元化的需求，多元化的需求引起我国产业结构加速调整，第三产业在国民经济中的份额越来越大。人们需求多元化和第三产业的快速发展孕育和创造了许多新的行业，其中以劳动力密集为主的服务行业发展尤为迅猛，从而创造和拓展了许多新的就业岗位，其中绝大多数是非正规就业岗位，如家庭保姆、家庭教师、社区工作人员、娱乐行业从业人员、金融保险的推销人员等。这种源于科技经济发展和需求多元化而产生对非正规就业的需求是社会经济发展创造的新的工作机会，它代表了非正规就业发展的新趋势。

3. 理念创造型非正规就业需求

随着我国市场经济体制改革的进一步深化，劳动力市场逐步突破了原来计划经济体制下僵化隔离的状态，各种层次、类型的劳动力开始在各地区各部门之间迁移流动。在这种社会背景下，一些用人单位突破传统的用人理念，突破了原来只有把劳动者招聘到本单位才能使用人才的传统观念，用人机制日趋灵活，从而逐渐淡化了劳动归属关系，这在一定程度上也提供了一些非正规就业岗位，增加了非正规就业需求，这种情况在高端劳动力市场中更为常见。这种需求其实是一种劳动力市场化的表现，它有利于劳动力资源的优化配置，提高劳动力使用效率，增加整个社会的福利。理念创造型非正规就业需求创造的岗位包括专业技术人员的兼职、大专院校聘请的专职教授、媒体聘请的专栏评论作家等。

（二）非正规就业的供给

随着产业结构的调整，国有企业和集体企业改革不断深入，大批职工下岗失业，与此同时，农村大量剩余劳动力向城市转移，成千上万的农民工涌入城市，再加上高等学校连续多年扩大招生，每年有数百万计的高校毕业生走向社会，加入求职队伍。这三股劳动力大军给我国劳动力市场带来了前所未有的巨大就业压力，劳动力供给相对于劳动力需求严重过剩，劳动力市场出现明显的供过于求的局面，造成大批劳动力被迫进入非正规就业市场，寻求非正规岗位就业，形成了非正规就业人员的供给。

1. 被动型非正规就业供给

被动型非正规就业供给是指合格劳动力在正规部门无法找到工作，退而求其次，被迫进入非正规就业市场寻找工作机会的劳动力总和。被动型非正规就业供给主要包括以下几类人群：（1）农民工。大量流动到城市的农民工由于文化水平普遍不高，基本素质较低，没有特殊的技能，求职就业竞争力差，能在正规就业市场找到工作的寥寥无几，所以他们多数人只能被迫进入低端的劳动力市场内寻找工作，选择非正规就业岗位就业，如建筑工人、家政服务、餐饮清洁等工作。（2）城市下岗失业工人。国有企业的改革及产业结构的调整导致大量企业职工纷纷下岗，企业内部的隐性失业逐步转化为显性失业。这些职工大多数人文化水平低，同时受传统的观念影响较深，没能力或者不愿意走到新的岗位，造成大量结构性失业。失业人员的年龄一般偏大，文化素质不高，技能单一，只能被迫寻求非正规就业岗位以求得生存，就业主要集中在社区服务、个体经营、家庭服务等领域。（3）大中专毕业生。普通高校大量扩招以来，我国大学生失业率有逐年上升的趋势。由于全国高校毕业生总量连年走高，而社会提供的就业岗位并无较大增加，使得高校毕业生供求总量矛盾进一步深化。严峻的就业形势迫使一部分高校毕业生选择从事非正规就业岗位，增加了非正规就业的供给。高校毕业生文化素质较高，掌握一定的专业知识技能，在非正规就业市场主要集中在民营企业、私人企业以及金融证券的营销队伍中。

2. 主动型非正规就业

由于非正规就业具有就业时间灵活、劳动契约松散的固有特性,所以有一部分人主动选择非正规就业满足自己对时间自由支配的偏好,如自由作家、音乐人、专业技术人员等。这部分人主动选择非正规就业固然有工作性质特殊的原因,但更多的是为了享受非正规就业工作时间灵活带来的便利。这些非正规就业者一般都具有特殊的技能,因此劳动供给有限,供给曲线弹性较小,但是对他们的需求很大。此外,一部分已婚妇女,由于社会公共服务的滞后,为了兼顾家务和照顾小孩也可能主动选择非正规就业。

二、非正规就业的社会学解释

(一)制度边缘化理论

制度边缘化理论主要从制度和管理属性的差别上研究正规就业与非正规就业,该理论认为,非正规部门或非正规就业产生的真正原因是"制度"弱化的结果,而不是就业机会不足状况下产生的生存机制,正如布罗姆利(Bromley,1990)所指出的:"非正规经济活动是在国家严格控制的经济制度下真正市场力量的爆发。"一旦制度边界发生变化,非正规就业的生存空间也会相应发生变化。因此,国际劳工组织的贫困就业理论并不能完全、本质地揭示非正规就业或者非正规经济活动的特性。

德·索托认为,在拉美地区的一些发展中国家,政府严格的、歧视性的行政和立法干预迫使很多企业,尤其是中小企业在法律框架以外寻求生存机会。从而形成非正规部门并长期存在。卡斯泰尔和波斯特(Castells & Portes,1989)则对发达国家非正规就业产生的原因进行了分析,他们认为,一方面,全球经济一体化使得企业组织发生了深刻的变化:垂直的、集权式的组织结构逐渐失去了效率,取而代之的是扁平式的、利用网络连接起来的平行组织结构的快速发展,在此背景下,转包合同等新的交易形式的出现使得非正规经济和非正规部门快速发展起来;另一方面,第二次世界大战后,很多发达国家政府加大了对企业的管制,这种管制无形中加重了企业的经营负担,为了规避政府监管,减少税收,降低成本,很多企业采用了制度边缘化的非正规生产方式从事经营活动。卡斯泰尔和波斯特(1989)还认为"非正规"实际上只是一个标签,依据标签的不同定义,非正规就业所代表的内涵就不同,如果拿掉这个标签,非正规经济就与正规经济一样,在整个经济活动中具有天然的合理性。换句话说,非正规就业与正规就业的划分往往是变动的、没有严格界限的。

(二) 反嵌入理论

反嵌入理论（embeddedness in reverse）由奥地利社会学家波拉尼（Polanyi, 1989）提出。根据波拉尼的观点，市场系统是在工业革命的巨大推动力作用下出现的。在工业革命之前，实际市场经济系统并没有从社会中分离出来，换句话说，市场经济制度是从社会、文化的基础中发展出来的。但是，一旦市场经济制度获得自由，经济就从社会制度中分离出来，从而取代社会制度被置于最重要的位置。市场经济的运行需要市场性的社会群体而不是社会性的社会群体，真正意义上的社会则被尽可能的边缘化了。波拉尼（1989）还指出，以交换为基础的市场经济制度仅仅是伴随着工业革命产生的多种经济制度类型中的一种。除了以市场为轴心的经济、社会组织以外，还有其他类型的经济制度，比如互惠制、再分配制与家计制度。然而，在市场经济时代，互惠制和再分配制被大幅度的减少（外部化）以支持市场制度的形成。互惠制、再分配制以及社会被外部化的一个重要结果就是非正规部门的出现。但是，非正规部门并没有独立于市场之外，而是在市场体制占优势的情况之下，以非市场的方式"反嵌入"到市场经济中。当市场就业不足时，非正规部门就会提供一种类似海绵式的安全网络，通过吸纳过剩劳动力，对社会震荡起到缓冲作用，换句话说，非正规部门具有天然的合法性。

利用嵌入理论来解释非正规就业运行机制的还有罗伯特和明戈（Roberts & Mingione）。他们主要针对有人认为非正规经济是一个不受社会规章制度约束的过程这一观点给予了反击，罗伯特（1994）和明戈（1991）指出，非正规经济的非正式性并不意味着他们没有运行规则。事实上，非正规经济是以一种"嵌入家庭社区、朋友或族群中的个人关系和网络"的方式支配着其活动。"非正规经济的行动策略是围绕着一种互惠网络（如家庭及亲友的劳动关系）而建立的，而不是以正式的、合法的契约为基础建立的"（万向东，2008）。

(三) 中间人少数民族企业家

"中间人少数民族企业家"（the middleman minority entrepreneur）是指处于弱势地位的少数民族就业者（主要指弱势群体和移民）以及他们的生存状况。少数民族企业家（弱势群体、移民）所从事的经济活动往往是那些投资少、成本低、操作简单的店铺生意。这些店铺生意不管是从收入方面还是法律规范方面，都更接近非正规就业。因此，中间人少数民族企业家的聚居与经济活动与非正规部门有着紧密的联系。万向东在引用博加塔和蒙哥马利（Borgatta & Montgomery, 2000）的观点时指出："少数民族企业家与非正规部门有着社会性、空间性和暂时性等多方面的特殊联系。首先,从社会性来看,非正规就业行为在弱势群体,如少数族裔、移民、未成年人和城市贫困居民中更为普遍,但这里的疑问是,究竟是这些群体更适合从事非正规就业还是他们遭遇了社会排斥之后的被迫行为?其次,从空间上来看,少数族裔的聚居是族裔经济产生的一个特殊条件,这意味着族裔聚居经济区的出现为非正规部门的发展提供了特殊的机会;最后,从暂时性来看,正规经济和非正规经济是相互补充还是可以取代的?进一步说,非正规部门是一种必不可少的补充还是可以完全消除的?"①

与少数民族企业家就业相关的一个问题是自雇佣或创业及其原因和意义问题。种族经济理论认为移民经济体作为一个保护系统——一个具有共同语言和宗教信仰的系统,它为移民自雇佣的繁荣提供了背景(Wilson & Porte, 1980)。另一个解释移民自雇佣选择的观点认为阻碍劳动力流动的先天性因素是关键。由于受到主流经济的排斥和歧视,移民群体或少数民族为了生存和自我保护,他们不得不从事那些有市场潜在需求但却被本地人忽略或者不愿意从事的工作,或者自己开辟小市场(自雇佣就业)来增强就业机会(Bonacich, 1973;周敏,2006)。比如麦塔和本德(Mata & Pendakur, 1999)的研究发现,很多移民都集中在技能要求不高的建筑、零售服务等部门,即使他们积累到一定的技术经验开始自我创业(自雇佣),也往往倾向于在原有从业的部门开展业务。相反,本地居民则更多的就业于大规模的商业部门,他们面临着更高的工资水平和更多的向上流动的职业机会。通常情况下,自雇佣者的平均收入水平明显高于其他受雇者的平均收入水平,社会经济地位的代际流动也非常明显。但博尔哈斯(Borjas, 1990)、贝茨(Bates, 1994)等人认为,那些自雇佣者的高工资主要归因于他们高的人力资本和物质资本水平,一旦控制了这些差异,与受雇佣的劳动力相比,自雇佣者的收入优势就会消失。

第三节 中国城乡劳动力自我雇佣行为分析

前面两节,虽然对非正规就业进行了分析并做了定义,但在实际调查中要做全面度量难度较大,由于数据的限制,本部分选择非正规就业的表现之一自我雇佣就业作为分析对象。试图通过比较城乡劳动者自我雇佣就业行为的差异及原因分析,揭示城乡劳动者在就业行为上的差别对待。虽然已有文献对城镇职工、农

---

① 万向东:《农民工非正式就业的进入条件与效果》,载于《管理世界》2008年第1期,第63~74页。

民工或农户的自我雇佣行为的影响因素做了实证分析，但都是单独地对某类劳动力做出分析，未将不同种类的工人做对比分析，因此无从就城乡工人之间的自我雇佣行为差异及原因进行分析。本节将在已有研究的基础上，采用2002年全国城镇居民家庭收入调查数据和暂住户调查数据，以Logit模型研究城镇本地劳动力和农民工的自我雇佣决定因素，在模型中同时考察个体特征和家庭特征的影响，并按户籍分类进行研究，以揭示两类工人在自我雇佣行为上的差异，最后采用扩展的Oaxaca - Blinder分解方法研究城乡户籍自我雇佣差异的原因。

一、模型和方法介绍

用实证模型表述个体选择从事自我雇佣的表达式为：

$$I^* = X\beta + \xi \quad (4.3)$$

假定 $I^* > 0$，表明个体选择自我雇佣；$I^* < 0$，表明个体未从事自我雇佣。X 为一组影响个体自我雇佣选择的变量，包括教育、年龄、婚姻状况、家庭特征以及所在地区等。β 为式（4.3）的一组待估系数，如果随着 X_j（表示为向量 X 中第 j 个变量）的增加，个体从事自我雇佣的概率随之上升（下降），则相对应的系数 β_j 为正（负）数。使用式（4.3），我们可以估计个体从事自我雇佣倾向的Logit模型[①]：

$$P_r(I = 1 \mid X) = F(X\beta) \quad (4.4)$$

其中 F 为Logistic累积分布函数。Logit和Probit模型由于其非线性，相对于线性概率模型（LPM），其最大的困难在于结果不好解释，各变量的边际效应在不同取值水平上有不同的值。人们通常计算其在样本均值上的边际效应，其表达式为：

$$\frac{\partial I}{\partial X_j} = f(\overline{X}\hat{\beta})\hat{\beta}_j \quad (4.5)$$

除了研究个体从事自我雇佣的决定因素外，本节更主要的任务是要研究城乡工人在自我雇佣行为上的差异，及城乡工人自我雇佣差异的原因。在过去的30多年中，研究群体间差异（主要指性别、种族间工资差异），奥克斯—布兰德分解（Oaxaca - Blinder，1973）是最常用到的分解方法[②]。该方法将群体间的工资差异分解为群体间"禀赋"差异（可解释部分）和歧视（未解释部分）两部分。但是该分解技术只能运用于线性回归方程，一旦被解释变量为取值0、1的二值

[①] 本节选取的时间点分别为1998年和2001年。

[②] 考虑到退休后再进入市场中的劳动力更易从事非正规就业的特点，本节将劳动力退出劳动力市场的年龄放宽到65周岁。

因变量，采用 Logit 或 Probit 模型进行研究时，该分解方法便不再适用，比如本节研究的城乡工人自我雇佣行为差异。尼尔森（Nielsen, 1998）、费尔利（Fairlie, 1999; 2005）、埃文和麦克弗森（Even & Macpherson, 1990）对该分解方法进行了扩展，将之运用于 Logit 或 Probit 模型。

扩展后的 Oaxaca – Blinder 模型的思路和程序与原来并无多大差别。思路上也是将群体间的差异分解为两部分：可解释部分和未解释部分；分解的步骤也是先分别估计两类群体各自自我雇佣决策的 Logit 模型，以估计的结果为基础进行分解。假定 $\overline{E}^u$、$\overline{E}^r$、X_i^u、X_i^r、$\hat{\beta}^u$、$\hat{\beta}^r$ 分别表示城镇本地工和农民工的实际自我雇佣率、第 i 个变量实际观察值和 Logit 模型回归系数，则分解的表达式为：

$$\overline{E}^u - \overline{E}^r = \left[\sum_{i=1}^{N^u}\frac{F(X_i^u\hat{\beta}^u)}{N^u} - \sum_{i=1}^{N^r}\frac{F(X_i^r\hat{\beta}^u)}{N^r}\right] + \left[\sum_{i=1}^{N^r}\frac{F(X_i^r\hat{\beta}^u)}{N^r} - \sum_{i=1}^{N^r}\frac{F(X_i^r\hat{\beta}^r)}{N^r}\right] \quad (4.6)$$

N^u、N^r 分别为城乡工人各自的样本量[①]。在式（4.6）中，右边第一项衡量城乡工人在从事自我雇佣上的差异多大程度上是由城乡工人可观察的特征差异所引起的；第二项的差异可看作是由于在劳动力市场上，城乡工人获得不同对待所造成的自我雇佣差异，可看作由城乡户籍歧视造成。扩展了的分解方法同样存在着权重问题，本节认为，城镇职工所估计出来的系数代表无歧视状态下的结果更符合现实，因此本节将以城镇职工的估计系数作为权重，也就是以式（4.6）的分解表达式来计算两类工人在从事自我雇佣差异的原因。

二、数据介绍和变量定义

本节使用的数据来自中国社科院经济研究所收入分配课题组在 2002 年进行的全国城镇住户调查及暂住户调查。由于本节关注劳动者从事雇员或从事自我雇佣两种就业状态的选择及城乡户籍差异问题，因而在样本筛选方面做了如下规定：(1) 只保留男性就业人员[②]；(2) 根据我国劳动法规定，公民最低工作年龄为 16 周岁，本节删除了年龄小于 16 周岁的样本，同时由于大多数工人的退休年龄为 60 周岁，因而大于 60 周岁的群体也没被包括进来；(3) 为了将对比的群体限定于城镇本地工和农民工，对于城镇居民样本限定于户口类型为本市非农业户口人员，暂住户样本限定于户口类型为外地农业户口人员；(4) 由于本节的实证

[①] 研究二值因变量（0, 1）问题，最常用到的为 Logit 和 Probit 两种模型。本节之所以采用 Logit 模型，是因为 Logit 模型具有样本因变量实际发生概率的平均值与预测发生概率的平均值相等的性质，而 Probit 模型不具有此性质（Nielsen, 1998; Fairlie, 2005）。

[②] 到 2003 年 6 月止，SSCI 显示这两篇文章引用量高达 1 000 多次（转引自 Fairlie, 2005）。

研究还考虑家庭特征变量，比如家中幼小子女个数、配偶是否从事自我雇佣等因素，因此只选择在调查问卷中"住户成员户主关系栏"中选项为户主和配偶的样本。在此基础上，再删去有缺失信息的样本后，最后得到的样本总量有 6 438 个，城镇职工样本 4 663 个，农村样本 1 775 个。

本节使用的解释变量可以分成个体特征变量和家庭特征变量。个体特征变量包括户籍特征、受教育年限、年龄、年龄的平方、婚姻状况、身体健康状况[①]、政治身份和性别特征，家庭特征变量包括家中幼儿个数、配偶是否从事自我雇佣。表 4-4 报告了下文计量分析所涉及变量的统计性描述，按户籍特征和就业类型分类。一个显著的差异是，农民工中自我雇佣比例高达 51.72%[②]，远高于城镇本地劳动力的 4.40%。需要说明的是，农民自我雇佣行为常常与发展中国家的非正规就业形式相伴随，从而成为较低劳动生产率的非正规部门的一部分（Gong et al., 2002），也就是说农民工高自我雇佣率反映了其在劳动力市场上的不利状况。此外，不论是城镇本地工还是农民工，从事自我雇佣群体的平均受教育程度均低于从事雇员的群体，党员身份的比重也大大低于雇员群体。数据也初步显示本人是否从事自我雇佣职业与配偶是否从事自我雇佣有较大的关联。

表 4-4　　变量统计性描述（按户籍和就业类型分类）

变量	城镇本地工 总体 均值	标准差	自我雇佣 均值	标准差	雇员 均值	标准差
教育	11.37	3.09	9.70	2.55	11.44	3.09
年龄	44.04	7.50	42.36	7.73	44.11	7.48
婚姻	0.99	0.12	0.99	0.12	0.99	0.12
身体状况						
很好	0.24	0.43	0.30	0.46	0.23	0.42
较好	0.43	0.50	0.43	0.50	0.43	0.50
一般	0.30	0.46	0.24	0.43	0.30	0.46
差	0.03	0.18	0.02	0.15	0.03	0.18
党员	0.40	0.49	0.13	0.34	0.41	0.49

---

① 细心的读者将会发现，如果 $F(X_i^u \beta^u)$ 为线性函数，则式（4.4）与 Oaxaca - Blinder 分解方法是一样的，也就是说 Oaxaca - Blinder 分解表达式为式（4.4）的特殊形式。

② 问卷询问个体的身体状况，共有 5 类，分别为很好、较好、一般、较差及很差，由于回答很差的样本很少，故将其与回答较差类的进行合并，在后文的回归分析中设为基组。

续表

变量	城镇本地工					
	总体		自我雇佣		雇员	
	均值	标准差	均值	标准差	均值	标准差
0～6岁孩子数	0.10	0.31	0.17	0.39	0.10	0.30
配偶自我雇佣	0.03	0.17	0.24	0.43	0.02	0.14
样本量（个）	4 663		205		4 458	
农民工							
教育	8.22	2.58	8.11	2.51	8.35	2.66
年龄	35.97	8.04	36.35	7.18	35.57	8.87
婚姻	0.95	0.21	0.97	0.17	0.93	0.25
身体状况						
很好	0.36	0.48	0.36	0.48	0.36	0.48
较好	0.55	0.50	0.57	0.50	0.53	0.50
一般	0.07	0.25	0.05	0.22	0.09	0.29
差	0.02	0.13	0.02	0.14	0.02	0.12
党员	0.05	0.21	0.04	0.20	0.05	0.22
0～6岁孩子数	0.23	0.47	0.22	0.45	0.25	0.48
配偶自我雇佣	0.38	0.49	0.68	0.47	0.07	0.25
样本量（个）	1 775		918		857	

三、回归结果及讨论

为了采用扩展的 Oaxaca – Blinder 分解方法分析城镇职工和农民工在从事自我雇佣上的巨大差异，我们按户籍分类分别估计城镇本地工和农民工各自自我雇佣行为决策模型。表4-5右半部报告了城镇本地工和农民工各自我雇佣决策的 Logit 模型回归结果，表明：教育每提高一年，城镇本地工和农民工的自我雇佣概率分别下降和提高0.5个和0.1个百分点，但对农民工的影响在统计上不显著；年龄对自我雇佣先有正的影响，随后变为负，但只对农民工的影响在统计上显著；已婚身份对城镇本地工的影响为负，对农民工的影响为正且在统计上显著；健康状况对两者的影响相反，但在统计上均不显著；党员身份对城镇本地工的影响明显小于农民工，党员身份的自我雇佣概率分别降低2.2个和7.9个百分点，且在统计上均显著；配偶的自我雇佣身份显著提高个体自我雇佣概率，但对农民工的影响显著高于城镇本地工,是其两倍多,而且在统计上均显著。

表 4-5　　　　　个体自我雇佣决定的 Logit 模型估计结果

变量	城镇本地工 估计系数	城镇本地工 平均边际效应	城镇本地工 标准误	农民工 估计系数	农民工 平均边际效应	农民工 标准误
农民工	—	—	—	—	—	—
教育	-0.156***	-0.005	0.028	0.006	0.001	0.026
年龄	-0.117	-0.004	0.109	0.211***	0.053	0.062
年龄平方	0.001	0.000	0.001	-0.002***	-0.001	0.001
已婚	0.081	0.003	0.652	-0.512*	-0.126	0.318
身体状况						
很好	0.714	0.031	0.510	-0.707	-0.171	0.493
较好	0.640	0.027	0.501	-0.635	-0.155	0.487
一般	0.460	0.018	0.510	-1.280**	-0.286	0.541
党员	-1.209***	-0.022	0.222	-0.318	-0.079	0.304
0~6岁孩子数	0.273	0.008	0.261	-0.038	-0.009	0.149
配偶自我雇佣	2.476***	0.250	0.217	3.478***	0.458	0.169
常数项	1.112	—	2.405	-4.219***	—	1.236
观察值	4 663			1 775		
Pseudo R^2	0.174			0.353		
Log-likelihood	-694.538			-794.931		

注:(1)回归方程中控制了地区虚拟变量;(2)平均边际效应是基于样本中教育、年龄、年龄平方、0~6岁孩子个数的均值,其他虚拟变量为0时所计算;(3)***、**、*分别表示在1%、5%、10%水平上显著。

在对城镇本地工和农民工自我雇佣决策模型估计的基础上,表4-6报告了采用扩展了的 Oaxaca-Blinder 方法分解的结果。本节前面数据显示城镇本地工的自我雇佣率为4.40%,远低于农民工的51.72%,二者相差47.32个百分点,现在采用本节第二部分介绍的扩展了的 Oaxaca-Blinder 分解方法解释二者差异的原因。表4-6显示,假定农民工拥有与城镇本地工相同劳动力市场结构,农民工的自我雇佣比例下降到23.92%,个体禀赋差异解释了其中的41.25%,剩余的58.75%归结为户籍歧视等不可解释部分。这一结果表明在城镇劳动力市场上农民工除了遭受工资待遇歧视外,在就业类型上也存在显著歧视。

表 4-6　　　　　城镇本地工和农民工自我雇佣差异分解

	城镇本地工	农民工
	$\overline{E}^u = 0.0440$	$\overline{E}^r = 0.5172$
城乡自我雇佣率实际差异	$\overline{E}^u - \overline{E}^r$	-0.4732
个体特征差异解释的部分	$\left[\sum_{i=1}^{N^u}\dfrac{F(X_i^u\widehat{\beta}^u)}{N^u} - \sum_{i=1}^{N^r}\dfrac{F(X_i^r\widehat{\beta}^u)}{N^r}\right]$	-0.1952 (41.25%)
不可解释部分（歧视）	$\left[\sum_{i=1}^{N^r}\dfrac{F(X_i^r\widehat{\beta}^u)}{N^r} - \sum_{i=1}^{N^r}\dfrac{F(X_i^r\widehat{\beta}^r)}{N^r}\right]$	-0.2780 (58.75%)

第四节　非正规就业者权益保护的政策建议

一、鼓励发展非正规就业的积极意义

在众多发展中国家，非正规就业在促进就业、维护经济发展和社会稳定方面发挥着重要作用。当前形势下，一方面，农民工、下岗工人和高校毕业生三股就业大军形成了庞大的就业群体。另一方面，由于劳动力市场的分割垄断及产业结构的滞后，正规部门创造的就业岗位远不能消化吸收如此大规模的劳动供给。虽然正式统计上的城镇登记失业只有3%~4%，但据估算，城镇实际失业率高达10%以上，就业形势极其严峻。如此高的失业率潜伏着许多社会矛盾和冲突，已成为关系社会稳定发展的头等大事，如何解决就业问题也就成为摆在我们面前最为迫切的任务之一。正因如此，鼓励发展非正规就业对我国经济社会的重要意义就凸显出来。

一是非正规就业可以促进就业，缓解就业压力。由于非正规就业具有对从业者素质要求不高，进入门槛低、就业形式灵活等特点，所以非正规就业对于文化素质不高、技能相对缺乏的农民工和下岗工人来讲是最为合适不过的。大量的非正规就业岗位吸纳了这部分求职群体，促进了就业，降低了失业率，缓解了我国目前严峻的就业形势。

二是鼓励发展非正规就业可以减少贫困，维护社会安定。非正规就业这种就业方式为进城的农民工提供了一条增加家庭收入的渠道，改善了农民工家庭的经济状况，在一定程度上消除了贫困，提升了农民的生活水平。另外非正规就业为

城市的下岗职工和失业者提供了新的就业机会，确保他们有一定的收入维持日常的生活开支，解决了他们的生存问题。因此，非正规就业在一定程度上减少了贫困，消除了社会不稳定因素，化解了社会矛盾，保证了经济社会的平稳发展。

三是提高劳动力市场的市场化程度。在非正规就业市场上，劳动力供需双方完全按照市场供需的变化决定劳动力的价格，是一个接近完全竞争的市场。劳动力需求方按照利润最大化的目标进行决策，确定用工的方式、用工的类型、用工的数量以及用工的时间，节省了用工成本，提高了企业的经济效益。劳动力供给方则按照市场决定的劳动力价格来权衡是否就业、从事哪种行业、从业多长时间，拓宽了劳动者选择的余地，提高了劳动力供给方的福利水平。这种具有灵活弹性的工资制度可以迅速出清市场，从经济理论来讲是最有效率的市场。因此，非正规就业促进了劳动力市场的市场化，提升了整个社会的效率。

四是发展非正规就业可以促进城乡劳动力市场一体化。由于我国城市化进程的加快，农村剩余劳动力开始迁移流动到城市就业，促进了非正规就业市场的发展。由农民工在城市就业引发的一系列问题，受到了整个学术界的关注。学界针对农民工权益保障问题的研究和争论，促进了我国户籍制度、社会保障制度、劳动合同等制度和法律的一系列改革，逐步打破了我国原来的二元经济结构和城乡劳动力市场分割，逐步形成了城乡劳动力自由流动的局面。这些变化对打破城乡壁垒、促进我国城乡劳动力市场一体化起到了积极的作用，为进一步构建我国城乡统一的劳动力市场打下坚实的基础。

二、发展非正规就业存在的问题

虽然我国的非正规就业取得了较快的发展，但在非正规就业发展的过程中也出现了不少的问题，突出表现在以下几个方面。

一是非正规就业者的权益没有得到切实保障。由于在我国以前的法律法规体系中，还没有针对非正规就业的具体规定，在劳动部门对劳动用工的监察监督过程中，工作重心也主要放在正规就业部门，对非正规就业群体重视不够，所以非正规就业者的合法权益得不到保护，非正规就业市场中劳动者权益被侵犯甚至被践踏的情况时有发生。非正规就业者权益被侵犯的表现主要集中在恶意拖欠工资、缺少必要的社会保障、工作场所达不到法规要求的安全条件、非法用工等方面。随着《劳动合同法》的颁布实施，非正规就业者的权益保障有了法律基础，许多具体条款对保护劳动者的权益都作了具体规定，但非正规就业者的权益保障究竟能有多大程度的改善，关键还要看《劳动合同法》的执行力度和情况。

二是非正规就业缺乏政策扶持引导。非正规就业在我国起步较晚，但发展相当迅速,已经成为解决我国就业问题的一种手段。但由于就业观念的影响,人们对非正规就业仍然存在各种偏见和歧视,另外由于各级政府对非正规就业重视不够,没有对非正规就业发展进行资金政策倾斜,所以我国非正规就业的发展缺乏政策的扶持和引导,影响了非正规就业规范蓬勃发展。首先,最突出的表现是非正规部门的发展缺乏金融部门的资金扶持。吸纳非正规就业的市场主体一般都是中小企业,通常来讲,这些企业资金少,技术含量低,劳动力密集,劳动成本占有较大比重,利润空间有限,没有足够的资金来对企业进行升级换代,因此它们的发展主要缺乏资金技术的支持。其次,非正规就业的发展还往往缺乏必要的经营场所。根据全国总工会的一项调查表明,在自我创业者中,自有场地或享有政府提供的低价经营摊位的只是极少数,而一般大中城市正规的经营场所租金太高,小本经营者难以承担。同时,简易经营场所由于影响城市环境而常常遭受城市管理部门的限制甚至取缔。这就使非正规就业的发展陷入两难的境地。

  三是非正规就业存在制度性障碍。由于计划经济时代产生的户籍制度加重了我国城乡二元经济结构的分化,把众多的农村剩余劳动力长期束缚在土地上,阻碍了农村剩余劳动力向城市的自由迁徙流动。户籍制度成为非正规部门劳动力市场发展的体制性障碍。从我国最近几年的情况看,农村剩余劳动力在向城市转移过程中仍然受到各种不合理的限制,比如一些城市为了保证城市居民的就业,限制农民进入某些工种和行业;一些部门向外来务工农民收取名目繁多的各种费用,加重了其就业成本;进城农民的子女在城市的教育也面临着各种困难等。所有这些问题不仅阻碍着我国劳动力市场的发育,延缓了我国劳动力市场一体化进程,同时也成为非正规就业发展的体制性障碍之一。

  四是对非正规就业人员教育培训投入不足。非正规就业市场在劳动力市场中属于低端劳动力市场,一般来讲非正规就业者文化程度低、技能水平低,因此被迫进入非正规就业市场,引起过量的同质劳动力竞争有限的岗位。虽然我国政府已经建立了一套具有一定规模的职业培训体系,但其培训对象主要针对正规部门就业的从业人员,而面向下岗职工和进城农民工的培训体系很不完善。即使有一些针对这部分群体的专业培训部门,但这部分培训主要是由一些社会力量来承担,不仅费用昂贵,而且缺乏系统规划,培训内容也比较单一,因此需要增加更大的教育培训投入来满足就业形势发展的需要。

三、促进我国非正规就业发展的策略

  我国目前就业形势严峻,社会保障还不是很完善,如何解决更多人的生计问题,是社会诸多矛盾中最主要的矛盾。非正规就业的根本目的是尽可能吸收更多的劳动者就业，特别是社会弱势群体的就业，经济效益目的是放在第二位考虑的。因此，我们认为在发展非正规就业时要着重解决以下问题。

一是建立适合非正规就业的就业服务机制。就业服务机制：第一，可以为求职者提供有效的就业岗位信息服务，使之能够及时地了解各类就业岗位的情况，以便根据不同岗位的要求做出选择。就业岗位服务信息要经常更新，以确保其准确性和真实性。第二，可以为求职者提供有针对性的就业咨询服务，使之在求职中减少盲目性，少走弯路。就业咨询服务的内容应尽量做到全面、具体、针对性强，应对求职者择业起到切实的指导作用，就业咨询服务的提供方式要灵活多样。第三，可以为求职者提供就业培训服务。参加就业培训是许多劳动者重新就业的必备步骤，鉴于劳动者各自的情况不同，就业培训服务就不能千篇一律，要灵活多样，有所区别。对于一些难以在劳动力市场上竞争到就业岗位、也难以通过灵活性劳动组织的形式组织起来自我解决就业的特困人员，则开创公益性劳动组织，变消极的救助性补贴为积极的岗位性援助。

二是实行适当的税收减免政策。非正规就业之所以能够成为缓解现阶段我国严峻就业压力的主要手段，主要在于其固有的性质和特点，如进入门槛低、就业方式灵活等。但非正规就业长期存在的主要原因还是在于其成本低廉的经济特性。为了关注民生，切实保护劳动者权益，我国《劳动合同法》的颁布实施，将在一定程度上提高非正规就业劳动力的成本，抵消非正规就业的低成本优势。为了鼓励非正规就业的发展，确保就业增长和劳动者权益不受侵害，使之保持一定的竞争活力，有必要给予这些中小企业税收减免和政策倾斜，这样非正规就业依旧保持低廉的成本优势，达到在实现保障非正规就业者权益的前提下，促进非正规就业进一步发展的目的。

三是创新工会组织形式。在我国劳动力市场"资本强，劳动弱"的状况下，非正规就业者尽管人数众多，但在公共决策中缺乏话语权，属于"沉默的大多数"。涉及非正规就业者利益的时候，往往要靠政府和大众媒体来为他们说话。健全利益表达机制，例如社会舆论的汇集和分析机制、畅通民情民意反映渠道等是构建和谐社会不可缺少的重要环节。作为非正规就业者最重要的利益诉求渠道之一，工会应把保护非正规就业者利益列入工作日程，积极贯彻实施《劳动合同法》，为保持非正规就业者利益诉求渠道的顺畅发挥积极作用。

四是健全劳务派遣制度。当前劳务派遣领域存在的问题究其本质，主要表现在两个方面。第一个方面是"无法可依"，即对于劳务派遣单位、劳务派遣工和用工单位三方权利义务的规定不明，法律法规需要修改和完善：首先，需要对劳务派遣的"临时性、辅助性、替代性"这三性做出具体的解释和说明；其次，需要提高劳务派遣机构门槛，防止用工成本转嫁，减少派遣机构与用工单位的合谋行为；再次，要尽可能地消除劳务派遣工与正式员工的"身份差异"，特别是要保证两者在工资福利、社会保险以及员工发展方面的平等性；最后，要明确雇主责任，将三方责任明确区分，特别是用工单位与劳务派遣机构的责任差异。第二个方面则表现在"违法不究"，即政府监管不严以及服务不当，政府部门需要明确职能，加强对劳务派遣的监管服务。首先，要加强政府对劳务派遣的监管，特别是在合同签订、"三性"用工政策、同工同酬等方面，制止企业滥用劳务派遣的行为，充分保障劳务派遣工的基本权益；其次，还要强调政府服务职能，并鼓励建立劳务派遣的行业协会，建立有效的劳务派遣内部监督体系，强调行业自律。

第五章

劳动契约和劳动关系

第一节 劳资权利失衡的表现及其主要原因

一、劳动关系的新动向

随着劳动力市场供求关系的变化及政府在协调劳动关系方面的工作强化，近年我国劳资权利失衡的状况相比过去有所改善，劳动者的合法权益得到了一定的维护。主要表现在：（1）员工工资报酬总体趋于增加，恶意欠薪现象减少；（2）劳动合同签订率与社会保险参保率大幅度提高；（3）员工劳动条件有明显改进，企业安全生产管理措施加强，工伤等安全生产事故显著下降；（4）企业开始注重员工发展，一线员工教育（培训）经费支出占比有明显提高；（5）企业组织建设、民主管理制度建设取得较大进步，劳动争议调解等协调机制进一步完善。不过由于劳资矛盾的内生性和经济转型的复杂性，当前我国劳动关系领域仍然存在许多不规范、不协调、不和谐的现象，侵害劳动者权益的事件依旧比比皆是。如企业发放工资不规范，不发加班工资，劳动者职业健康防护控制措施差，劳动者不能享受国家规定的休息休假制度，事前维权困难等。此外，由于劳动关系更多地包含劳资主体双方的主观意志，随着劳动者生活水平和法律意识的提高,劳动者的追求目标及维权意识越来越高,劳资双方的隔阂也就越来越大。从我们最近几年在浙江省的调查情况来看,现实上劳资双方的矛盾和冲突相比过去并没有得到很好的缓解,劳动关系呈现出一些新的特征和变化。特别是以下几方面的问题,我们认为在今后的劳动关系调整及和谐劳动关系创建中需要重点注意。

(一) 劳动合同的质量及履约情况较差,劳动者权益保护效果不明显

根据浙江大学劳动保障与社会政策研究中心的调查,2011年浙江省的劳动合同签订率达到了96.3%(调查样本为浙江省全省24个地区360家企业和4 000名劳动者,不包括劳务派遣工),相比于《劳动合同法》实施前2007年的调研结果76.7%(调查样本为浙江省全省6个县市区300家企业和3 000名劳动者),已有较大程度的提高,说明《劳动合同法》的施行和执法力度的加强在提高劳动合同签订方面的确发挥了一定的作用。但值得注意的是,由于绝大多数劳动合同的内容过于笼统和程式化,缺乏针对劳动过程关键事项或环节的详细规定,导致劳动合同实际质量较差,缺乏现实约束力,进而削弱了合同契约对劳动者权益的保护作用,影响了劳动合同的实施效果,而且劳动合同的履约情况也并不令人满意。在对员工的访谈中我们发现,很多劳动合同签约程序不规范,"格式合同"较多,甚至存在劳动者签了劳动合同但是拿不到合同书,合同由雇主或管理者代为保管的现象。一旦发生劳动纠纷,员工很难拿到合同去申请仲裁,即使能拿到也常常因合同条款对资方的义务责任规定不清而导致该契约无法成为申请仲裁的有效依据。由此可见,当前劳动合同在劳动者权益保护方面的有效性远没有签订率所显示得那么乐观。

相对于个体劳动合同的高签订率,各地区集体合同和工资集体协商的覆盖率则相对较低。浙江大学劳动保障与社会政策研究中心于2011年在浙江省全省实施的抽样调查结果显示,仅有不到45%的企业与员工签订了集体合同,而真正能进行工资集体协商的企业还不到40%。集体合同的缺失不仅与我国现阶段从个体劳动关系向集体劳动关系转变的趋势背景不相适应,也大大限制了单个劳动者在与雇主的博弈中通过集体力量表达自我利益诉求的权利和机会。然而必须指出,即使在已确立集体协商制度的企业,由于当前劳动者没有自主谈判的权利和独立谈判的能力,集体合同的推行和实施是否能够真正保障劳动者的权益是值得商榷。根据我们的调查,部分企业在签订集体合同和工资集体协商之后,员工的劳动强度大幅度增加,劳动者的单位产出报酬反而有所下降。而且从长期看,企业还会通过减员来消除劳动力成本上升所带来的影响。另外,调查中还发现,不少开展企业集体协商或加入行业集体协商的企业的根本目的是为了规避行业竞争中劳动力频繁流动而导致的生产不稳定盈利受损的风险,利用企业的强势地位,通过操纵行业内或区域内的工资定价来降低工作流动为劳动者带来的收益,

从而达到稳定员工队伍和稳定生产的目的。调查显示开展工资集体协商的企业的员工离职率较未开展的企业显著下降 2.5 个百分点，并且开展企业无论是一线工人还是管理技术人员的平均月薪增长率也都显著低于未开展企业（见表 5-1）。

表 5-1　　　　　　　　　　工资集体协商影响效应分析

	员工离职率（%）		一线工人年平均月薪增长率（%）		管理技术人员年平均月薪增长率（%）	
	开展	未开展	开展	未开展	开展	未开展
均值	14.08	16.58	11.92	14.42	11.05	15.18
标准差	11.24	11.90	11.81	12.33	10.69	15.26
Z 统计量	-2.421** 差异显著		-2.127** 差异显著		-3.387*** 差异显著	

注：** 表示在 5% 的统计水平上显著，*** 表示在 1% 的统计水平上显著。
资料来源：根据浙江大学劳动保障与社会政策研究中心 2011 年的抽样调查数据整理并统计。

（二）劳动关系短期化和非正规化现象加剧，劳资矛盾社会化

上述调查结果显示（2011 年数据），在已签订劳动合同的员工中，合同期限在 3 年及以下的占到了 67.5%，其中还有 20% 的员工的合同期限为 1 年及以下。这与 2007 年浙江省 6 县市区的调研结果（87% 的员工的劳动合同期限在 3 年及以下，40% 的员工的合同期限为 1 年及以下）相比，合同的平均期限虽然已经显著延长，但还是表明大多数企业仍然存在劳动合同期限短期化的现象。合同期限短期化导致劳动力流动频繁，继而造成劳动关系的短期化。员工抽样调查数据显示，46.1% 的员工在当前就业企业的工作时间不足 3 年，这不仅容易滋生员工心理上的不安全感和危机意识，也不利于员工人力资本的积累，导致员工与雇主之间难以形成相对稳定的利益共同体，进而影响企业生产经营的可持续性和企业劳动关系的和谐。调查还发现，企业的年平均员工流失率约为 15%，而流失员工中有 70%~80% 的人并非合同期满，而是在合同期内离开企业，特别是一线员工和勤杂人员的离职率非常高，较为现实的解释之一就是这些人群的劳动条件和发展预期相对较差。除此之外，有些短期合同本身就是对劳动者正当权益的侵犯。调查显示，15.2% 的员工表示自己已在本企业工作满 10 年，但企业按照劳动法要求与其签订无固定期限合同的员工只有 9.6%。

近年劳动力市场的另一个显著特征就是劳动关系的非正规化现象加剧。调查发现，劳务派遣正在逐步成为企业用来降低用工成本、规避用工风险的一种用工形式。尽管表面上各地区各类企业的劳动合同签订率显著提高，但实际上很大一

部分是因为很多企业大量使用劳务派遣工，企业与劳动者特别是农民工之间脱离直接劳动关系所致。据官方统计显示，我国劳务派遣用工总数为 2 700 万，而一项非官方调查则认为这一数字要超过 6 000 万。政府机关事业单位和国有企业使用劳务派遣工最集中，特别是金融、邮政、电信、电力、石油等大型国有企业劳务派遣用工异常普遍，劳务派遣用工比例达到职工总数的 1/3 以上。浙江大学劳动保障与社会政策研究中心的调查结果也支持了这一说法：劳务派遣现象在大型国有企业和外资企业中最为普遍，约占员工总数的 40%，部分企业这一比率甚至高达 80%；劳务派遣工在中小企业中的比率虽不及大企业的高，但也开始出现增长的势头。尽管劳务派遣作为一种灵活用工形式，能够适应劳动力市场灵活多样的用人需求，有利于扩大就业，但由于我国现行劳动法律法规尚未对这种用工形式做出严谨科学的规范，使得其变相成为企业降低劳动用工成本、规避劳动纠纷赔偿责任的手段，并造成了企业内部派遣工与正式合同工之间在劳动者地位和福利上的"双重标准"，即同工不同酬，同工不同权。劳务派遣工不仅劳动报酬低廉，社会保险、培训等员工福利也难以充分享受，而且由于劳务派遣工与用人单位之间只是劳务关系而非法律保障的直接劳动关系，其知情权、监督权、投票权等参与企业民主管理决策的劳动者权益也常常受到限制。由于受到了不公正待遇，劳务派遣工要么通过抱怨、偷懒或向劳动监察部门"告状"产生与雇主的劳动纠纷，要么通过"用脚投票"或自杀的极端方式单方面终止用工关系，从而加剧了企业劳动关系的无序波动和劳资矛盾的激化。

劳动关系短期化和非正规化现象导致群体利益分化及劳动关系的外部化，雇主和员工的关系不再是简单的个别劳动关系和发生在企业内部的雇佣关系，而是演变为复杂的集体劳动关系和立足于企业外部的社会群体利益关系，企业内部的劳资矛盾向社会矛盾转化的趋势越来越明显。近年劳动争议案件数量急剧上升、群体性事件的每期平均参与人数增多就是一个很好的佐证。

（三）加班加点现象严重，加班费支付无保障，导致实际工资仍处于相对较低水平

2011 年企业员工调查数据显示，37.7% 的员工平均每月要工作 26 天以上，其中 12.4% 的员工全月工作，节假日、黄金周、双休日全都与他们无缘。这远远超出我国《劳动合同法》对企业加班时间的规定（经与工会和劳动者协商以后，用人单位可以延长工作时间，一般每日不超过 1 小时；因特殊原因要延长工作时间的，在保障劳动者身体健康的条件下延长工作时间每日不得超过 3 小时，每月不超过 36 小时）。超时加班已经成为某些企业的一种常态。而且，访谈时了解到许多一线员工实际上对经常性加班已习以为常，以为每天工作 10 小时就是正常

的工作时间。尤其对于农民工来说，农民工外出打工的主要目的是要多挣钱以养家糊口，而最低工资标准是以生存工资为依据计算的，企业的定额标准又比最低工资还低。在这种情况下，农民工只有通过加班加点，超时工作才能有所节余。于是，"自愿加班"就成为农民工的被迫选择，许多企业利用了这种"饥饿规律"驱使员工"自愿加班"，超时劳动因此成为普遍现象。

不可否认，工作时间延长的责任并不全在企业，因为许多实行计时或计件工资制的企业的员工为多赚工钱会主动要求增加工作时间。但工作时间的延长真正创造了高工资吗？由于加班多为一线员工，他们每天基本工作10个小时，每周最多休息一天，故按《劳动合同法》的规定"日常延长时间的，按原工资1.5倍支付；休息日加班，按原工资的2倍以上支付"估算下来，一线员工月实际工作小时数为 $(8+2\times1.5)\times22+10\times2\times4=322$（小时），而一线员工平均月工资收入为2 667元，故折合成小时工资则为 $2\ 667\div322\approx8.28$（元/小时），低于2011年浙江省各地区的最低小时工资标准；而若按正常月工作时间计算，一线员工的实际月工资仅为 $8.28\times8\times22=1\ 457.28$（元），远低于浙江省2010年度全社会在岗职工平均月工资。我们在调查某机械零部件加工企业时，企业管理者说其现场操作工的月收入可以达到2 500多元。但经调查，一线员工基本上每天工作12个小时，周六周日也照常上班加班，只有周末晚上不用加班。按照《劳动合同法》的规定测算下来，一线员工的月实际工作小时数为 $(8+4\times1.5)\times22+(12\times2+8\times2)\times4=468$（小时），小时平均工资为 $2\ 500\div468\approx5.34$（元/小时），那么实际月工资为 $5.34\times8\times22=939.84$（元），比浙江省月工资标准的最低档950元还要低。由此可见，不仅是工人加班时间长的问题，企业不按劳动法要求合理支付加班工资也已成为当前劳动关系领域的又一个突出问题。

（四）劳资双方对劳动者权益保护的认识存在较大差异，劳资双赢的理念尚未建立

表5-2报告了浙江省历年劳动争议的原因。可以发现，一方面，尽管工资支付及最低工资标准等劳动报酬问题还是劳动者权益受到侵害的主要内容之一，但其在劳动争议中的比重在逐年下降。当前劳动者维权的重点内容已从追讨工资等最基本的生存权向牵涉劳动者自身劳动力产权、发展权的其他权益转移。从争议案件的原因可知，劳动合同履行、经济补偿金支付、社会保险加入等问题已成为当前劳动者维权的主要内容。

而另一方面，从企业角度看，多数企业在劳动者权益保护问题上还仍旧停留在依法用工、规范用工等层面，或只是对企业过去不履行法律义务的纠正。在大多数企业，劳资双赢的意识及员工参与企业民主管理的理念都还没有建立起来，

无法满足当前劳动者的权益诉求,且离更高的劳工标准,如 SA8000 标准等还有较大的距离。从最近几次在浙江省的调查结果看,企业对劳动者权益的漠视主要表现在以下几个方面:(1) 发放工资不规范,有相当比例的企业并没有完全按照法律法规的规定来发放工资,或者在法律法规的边线上打擦边球,变相拖欠工资的现象依然显著,其规范性有待进一步改进;(2) 多数员工不能完全享受国家规定的各类休息休假制度,调查发现,企业一线员工完全享受国家规定休息休假制度的仅占样本员工的 36%;(3) 在女工与未成年工保护、劳动者职业健康防护控制等方面,企业的执行力度及完善程度相对较弱,从调查数据看,大约只有 60% 的企业能够做到每两年一次为员工提供定期免费体检;(4) 职代会不能影响企业决策,劳动者事前维权困难,调查企业中虽然有 70.1% 的企业建立了职代会制度,但只有 28.6% 的企业认为职代会提案会对企业生产经营产生重要影响。

表 5-2　　　　　　　　浙江省历年劳动争议原因统计

年份	劳动报酬	保险福利	劳动保护	职业培训	劳动报酬比重	经济补偿金、违约金、赔偿金	签订劳动合同	履行劳动合同	变更劳动合同	解除劳动合同	终止劳动合同
2001	2 633	3 065	1 067	33	38.7	—	—	—	64	1 069	312
2002	3 372	2 968	2 133	28	39.7	—	—	—	54	1 333	469
2003	3 516	2 597	3 543	17	36.3	—	—	—	70	1 639	429
2004	4 048	3 288	4 542	33	34.0	—	—	—	135	2 018	556
2005	5 262	4 117	5 788	24	34.6	—	—	—	32	2 341	510
2006	4 944	5 598	5 757	18	30.3	—	—	—	171	3 168	513
2007	4 972	5 662	6 288	184	29.1	—	—	—	22	2 966	1 086
2008	11 062	10 865	—	—	—	16 215	1 871	9 306	1 915	21 686	5 176
2009	17 202	13 490	—	—	—	9 512	131	37	27	23	11
2010	12 436	13 589	—	—	—	—	—	—	—	197	—
2011	11 874	14 253	—	—	—	—	—	—	—	7 035	—
2012	16 071	15 166	—	—	—	—	—	—	—	7 793	—
2013	18 463	16 862	—	—	—	—	—	—	—	8 954	—
2014	17 764	15 217	—	—	—	—	—	—	—	7 817	—
2015	18 085	15 542	—	—	—	—	—	—	—	9 772	—

注:2008 年、2009 年与以前年份争议原因分类有所不同,没有劳动保护、职业培训,增加了经济补偿金、违约金、补偿金。

资料来源:浙江省劳动争议仲裁委员会办公室;《中国劳动统计年鉴》(2011~2016)。

从以上内容可以看出，尽管近年劳动者权益保护的各项客观指标相比过去有所改善，但由于劳动关系更多地包含劳资主体双方的主观意志，随着劳动者生活水平和法律意识的提高，劳动者的追求目标及维权意识也越来越高，而企业的和谐劳动关系建设相对滞后，劳资双方的隔阂越来越大。如果企业没有足够的劳资权利对等和劳资双赢的意识和理念，那么劳资双方的矛盾及冲突就不可避免地会进一步的尖锐化。

表 5-3 进一步报告了企业工资发放的规范性，从表中数据可以发现相当比例的企业的工资发放还存在各种不规范的情况。

表 5-3　　　　　　　工资发放规范性情况　　　　　　单位：%

问题	回答"是"的企业占样本企业的比率
（1）对计件工资制的员工，企业一般情况下不发放加班工资，而是根据完成的工作量来发放	25.1
（2）一般情况下，企业会以调休的方式来代替加班工资的发放	30.1
（3）对于流动率较高的员工（如农民工），企业一般情况下每月会分两次（或以上）来发放工资，或者在下一个月发放当月工资，以保证企业正常生产营业	32.0
（4）企业每月按规定足额发放工资，但发放日期视具体情况而定，没有确定的工资发放日	10.5
（5）因为企业发放工资是直接打到员工的银行卡等原因，所以一般情况下企业不向员工提供工资单或提供的工资单上不会具体注明工资的详细构成	11.1

资料来源：同表 5-1。

二、劳资权利失衡的主要原因

从上述基于实证调查的描述性分析中可以看出，劳动者的权益保护状况相比过去几年尽管有所改善，但劳动者权益受损的问题依然是一种常态，现实中雇主侵害劳动者权益的现象仍然比比皆是，劳资权利失衡的局面并无太大改变。劳资权利为何失衡，既有外部环境使然，也有其内在的必然性。概而言之，我们认为主要有以下三方面的原因：（1）劳动关系的本质及劳动力的特性决定了劳资矛盾的内生性和劳资权利的不对等性；（2）中国的二元市场结构及劳动密集型的经济结构决定了劳动力的弱势地位；（3）劳资权利平衡机制的失灵强化了劳资权利失衡的格局。

（一）劳资矛盾内生性与劳动力特性

劳动关系具有双重性，既是一种以生产为目的而建立起来的用雇佣关系表现的经济关系，又是一种以履行劳动合同义务而发生的用契约关系表现的社会关系。从经济关系上讲，劳动和资本虽然同属生产要素，但劳动必须依附于资本才能发挥生产要素的功能，是一种派生需求，再加上现实经济中资本拥有剩余索取权和承担经营风险的义务，因此，在现有的生产方式下资本雇佣劳动是生产的必然规律和基本事实，劳资双方的博弈力量具有天然的不对等性。此外，从利益分配的角度看，只要劳动和资本是互为替代品，那么基于边际生产率的要素分配规则必然是此消彼长，劳资双方的利益必然是不一致和冲突的。而从社会关系上讲，作为契约的双方，劳动要素的主体劳动者和资本要素的主体资本家都是独立的行为主体，不存在谁依附谁的问题，劳资之间在法律制度上的权利地位也是相互平等的。一方面是经济关系上的地位隶属和利益不一致；另一方面是社会关系上的主体独立和权利对等，这种劳资矛盾的内生性就必然导致劳资矛盾和劳资冲突是不可避免的。

此外，劳动关系中劳动力的特性也导致劳动者的权利边界难以界定，权利诉求的依据相对模糊，过于宽泛的权利诉求空间反而致使劳动者的权力维护变得更为困难。比如对于劳动力的定价问题：第一，尽管从理论上讲，劳动力拥有劳动力产权（劳动者只出售其劳动，但保留其自身拥有的资本），但由于劳动力具有人身依附性，劳动力产权并不明晰且界定困难，再加上劳动力产权所有者的异质性，那么，从产权划分的角度对劳动力进行定价就不具有实际可操作性。第二，劳动供给具有多元性，劳动供给的内容一般包括劳动供给人数、劳动供给时间、劳动供给密度（劳动强度或劳动努力程度）、劳动供给质量、长期劳动供给等内容，这些内容有些无法观察，有些无法验证，有些无法预测，要综合上述这些劳动供给内容对劳动力进行准确定价无异缘木求鱼。

在调整劳动关系时，如果无视市场生产规律，不考虑劳资双方在经济关系上的隶属性及其利益冲突等劳资矛盾的内生性问题，不考虑劳动力的特殊性和劳动者的异质性，而是一味追求社会关系或法律分析意义上的劳资权利对等，劳动者之间的报酬平等，借助外部的法律法规或组织力量，那么不仅不能解决劳资权利失衡的问题，劳资矛盾和冲突甚至也有可能进一步加剧。

（二）市场结构与经济结构

劳资权利失衡还与我国的二元市场及劳动密集型的经济结构密切相关。从市场结构看：一是城乡二元结构导致城乡居民收入差距不断扩大，农村劳动力市场萎缩，缺乏就业机会，经济差距和就业机会两大因素推动了大量的农村劳动力向城市流动，进而导致城市劳动力市场的供求关系失衡；二是城市的分割的劳动力市场结构导致劳动力资源配置扭曲和无效率，包括大学生在内的大多数劳动者无法进入垄断部门工作，只能涌入下位的竞争性劳动力市场，进一步加剧了下位劳动力市场劳动供求关系的失衡。而市场供求关系从根本上决定了劳资双方的地位。近几年农民工权益地位的改善在很大程度上是受"民工荒"的影响而非法律制度实施和政府就业保护强化的结果。与此对照，大学生就业难、大学生工资不如农民工等现象也毫无疑问是市场供求结构所致。要改变劳资权利失衡的局面，首先就要通过市场一体化建设来改变劳动力市场配置扭曲、供求结构失衡的现状。

此外，从经济结构看，由于我国长期以来实施的是以出口为导向的劳动密集型产业为主的经济战略，这一方面造成我国的企业多为加工型的中小民营企业，这些民营企业与国有企业、外资企业相比，资本规模小、技术水平落后，要素禀赋差、政策待遇低，因此在竞争上长期处于不利地位。在缺乏政府监管和缺乏社会责任理念的情况下，这些中小民营企业为了生存，就容易把成本和损失转嫁到比他们更弱的劳工身上，由此造成对劳动者，尤其是对农民工的压迫和伤害。另一方面，这种经济结构必然导致劳动要素的边际贡献要远低于资本要素的边际贡献，而要素报酬又是按生产的边际贡献来分配的，劳动者获得"低工资"就在所难免。此外，这种劳动密集型的产业结构还会降低劳动者的人力资本投资的回报预期，从而减少人力资本投资，而人力资本的下降又会减弱劳动者的维权能力。也就是说，劳资权利失衡是劳动密集型经济结构的必然产物，只有做大做好"蛋糕"才能分好"蛋糕"。

（三）劳资权利平衡机制的失灵

劳资权利长期失衡的另一个重要原因就是平衡劳资关系的机制失灵。首先，劳动者自身缺乏足够的力量来纠正这种失衡局面，而作为劳动者的组织——工会在维护劳动者权益中的作用不突出。尽管近年工会组织不断扩面，成立工会组织的企业越来越多，据统计，截至2015年末，浙江省全省基层工会组织数达到151 330个，会员有2 027.83万名，其中女会员864.98万人。[①] 但工会作为代表职工的权力机关尚未充分发挥保护职工权益和积极为职工谋福利的作用。首先，员工对工会及会员身份认识不足，从而导致员工的入会积极性不高，进入

[①] 资料来源：《浙江统计年鉴》（2016）。

21 世纪后，工会入会率逐年下降。在调查的 448 家建会企业中，平均工会密度（即工会成员占企业员工总数的比例）为 81.8%，但来自员工的调查却显示，只有 64% 的人明确表示自己加入了工会组织。这些数据在某种程度上表明基层员工民主意识还比较薄弱，对工会或者对会员身份和权利的认知甚少，对企业内部维护职工切身利益的重要组织、机制的认识不足，参与有关自身工资水平和增长决策的机会更少，因此常被置于疏离、边缘的状态；同时，也从侧面反映出企业工会在培养员工民主意识和维护员工权益上发挥的作用相对于员工需求还极为有限。其次，工会组织的代表性和独立性不强。调查显示，76% 的工会主席由企业中高层领导如（副）总经理、财务总监、人事总监、办公室主任等兼任；而且大部分工会主席都是由一定程度上的组织参与推荐或任命产生的，由公开竞聘经工人代表或工会成员民主选举产生的工会主席仅有 8.6%。所以，由于工会主席的自身利益与企业经营绩效直接挂钩，工会活动经费与企业利润密切相关，使得工会代表职工与雇主谈判的独立性被大大削弱，谈判力量不可避免地下降，造成工会虽名义上是工人的民主组织，但实际上却严重附属于企业受雇主或管理方的控制，为工人利益代言的作用也因此名存实亡。

　　其次，劳动立法滞后和政府监管不力导致劳动者合法权益无法得到维护，在一定程度上纵容了企业对劳动者权益的侵害行为，虽然伴随《劳动合同法》《就业促进法》《劳动争议仲裁调解法》等一系列劳动法律法规的相继实施，我国进入了劳动力市场的法治时代，但这些立法尚未对新型劳动关系中出现的劳务派遣三方主体义务与责任的分担，派遣用工的劳动权益及保护，违法解除劳动合同的法律责任和经济补偿，劳动者未能获得法定加班费时的法律救济，员工参与集体协商的途径，工会在代表职工进行集体协商中的角色和地位等一系列新问题做出合理的司法解释和准确界定，导致企业利用法律漏洞大量使用派遣用工或非正规用工来替代正规合同用工以降低用工成本。此外，不加区分地要求所有企业奉行统一的劳动标准的规定还使部分中小企业因不堪承受短期内用工成本激增的压力被迫停工或以非正常手段大规模裁员。反而进一步侵犯了劳动者的权益，一时间导致劳资纠纷迅速增加。不仅立法不完善，相关政府部门对企业侵犯劳动者权益的违法行为执法不严、监管不力也是导致劳资权利失衡难以纠正的又一个关键问题。一方面，执法部门对企业在员工劳动合同期限届满后既不终止劳动关系也不续签劳动合同，集体协商实际上没有谈判环节，集体合同没有经过职工投票表决便实施等违法行为疏于管制，造就了企业对频频侵犯劳动者权益有恃无恐的心理。另一方面，由于劳动执法和监察人员配置严重不足，导致监察人员难以有效处理超负荷的监察任务，不免使监察流于形式。据统计，截至 2014 年年底，浙江省拥有城镇从业人员近 2 181.12 万，进城农民工约 1 200 万，外来常住人口约

648.82万，共计从业人员3 714.15万。[1] 按照国际劳工组织和劳动保障部门的规定——每5 000~10 000名职工应当配备一名劳动监察人员，浙江省至少应配置3 700名监察人员，而实际上浙江省目前专职监察员还不足1 300名。此外，从政府最近几年出台的就业保护法规条例和劳动力市场政策来看，多数制度政策缺乏必要的科学论证，无视劳动力市场的运行机制，重条文而轻实效，难以真正起到保护劳动者权益的作用，有些甚至借保护劳动者之名行保护企业之实。

第二节　劳动合同的劳动者权益保护效应

一、无固定期限劳动合同利弊的理论分析

（一）问题的展开

我国2008年施行的《劳动合同法》在有力推动劳动关系契约化进程的同时，也引起了理论界和实际工作部门的广泛讨论和争议。其中的一个热点就是"强制性无固定期限劳动合同是否会导致劳动力市场僵化以及由此将产生何种影响"。客观地说，《劳动合同法》中无固定期限劳动合同条款的本意是针对我国劳动用工中劳动合同签约率低和劳动合同短期化的突出现象，拟通过引导乃至强制用人单位与劳动者签订较长期限的劳动合同，构建稳定而和谐的劳动关系。但是，倘若以法律形式强制用人单位与劳动者签订无固定期限的劳动合同，则将不可避免地产生弊端。这些弊端很大程度上蕴含在以下两个相互关联的问题之中：

一是强制性无固定期限劳动合同，与劳动力市场上由用人单位和劳动者双方经由自主选择共同确定的非强制性无固定期限劳动合同相比，会产生何种不同的影响？

二是无固定期限劳动合同有效发挥作用的条件有哪些？或者说，怎样才能使无固定期限劳动合同成为劳动者和用人单位（以下简称为"企业"）共同的自愿选择？由此还可进一步引申出如何更好地改善劳动者的境况？

对于上述问题，以往的研究和争论中已有所涉及，不过仍缺乏明确区分和系统梳理。我们以为，重视这些问题的分析，不仅有助于对无固定期限劳动合同作

---

[1] 资料来源：《浙江统计年鉴》（2015）。

出一般机理上的解释，而且还可以提醒人民代表大会在制定法律以及政府在制定政策时注意无固定期限劳动合同的适用条件和范围，以更有效地配置和利用劳动力资源，更和谐地构建劳动关系，更切实地维护劳动者的利益。

(二) 强制性无固定期限劳动合同对劳动契约形成的影响

众所周知，我国将劳动力资源从计划（行政）配置方式改变为市场配置方式，是为了提升劳动力资源的配置效率和使用效率。在劳动力市场中，劳动者可以根据自己的偏好和诉求选择企业，企业也可以根据自身的规模、工艺特点以及市场状况，自由选择劳动力、用工方式和用工期限，而劳动者与企业双方通过自由和自主地协商所达成的劳动合同期限，则是当事人双方共同选择的优化结果。

在纷繁复杂、千差万别的用工环境和劳动关系中，就劳动者和企业选择的劳动合同期限而言，大体上可以划分为两大类：一类是无固定期限劳动合同，记为 A；另一类则是其他期限类型的劳动合同（包括固定期限劳动合同和以完成一定工作任务为期限的劳动合同），记为 B。按照劳动者（L）和企业（E）希望签订的劳动合同期限种类，可形成以下四种组合，见表 5-4。

表 5-4　　　　劳动者和企业对劳动合同意愿期限的组合

		企业	
		A_E	B_E
劳动者	A_L	(A_L, A_E)	(A_L, B_E)
	B_L	(B_L, A_E)	(B_L, B_E)

无固定期限劳动合同存在着两种形成机制：一种是法律规定在某些条件下劳资双方必须签订无固定期限劳动合同，具有契约形成的强制性；另一种则是由劳资双方自主选择、共同协商达成的无固定期限劳动合同，具有契约形成的非强制性。在表 5-4 的四种组合的情况下，如果法律强制企业与劳动者订立无固定期限劳动合同，那么，就会出现以下四种情形：

情形 I：在 (A_L, A_E) 组合即劳动者和企业均意愿选择签订无固定期限劳动合同的状态下，推行强制性无固定期限劳动合同的制度安排无疑有助于降低签约和履约的交易成本，有利于更快获得签订无固定期限劳动合同的结果。

但是，在另外三种情况下，强制订立无固定期限劳动合同的制度安排却会妨碍劳动者与企业自由协商订立劳动合同期限的自主性和合意性，在损害企业利益的同时，劳动者的利益并不能同步增长甚至可能受到损害。

情形 II：在 (B_L, B_E) 组合状态下，劳动者和企业均意愿选择签订其他期限类型的劳动合同而不是无固定期限劳动合同。此时，如果强制推行无固定期限劳动合同，那么这样的劳动合同既不是劳动者也不是企业自主和合意的选择结果。企业和劳动者想要获得自己希望的劳动合同期限，就必须额外付出解约和违约的成本，无端增加了经济运行的成本，造成社会资源的虚耗。

情形Ⅲ：在(A_L, B_E)组合状态下，劳动者意愿选择无固定期限劳动合同而企业却意属其他期限类型的劳动合同。若让劳资双方自由自主地协商，则很可能形成"短边效应"的结果，即达成其他类型的劳动合同尤其是短期的固定期限劳动合同。如果劳动力市场供大于求，那将进一步强化"短边效应"的结果。此时，倘若强制推行无固定期限劳动合同，势必就会造成一系列影响：

首先，是增加企业的交易成本和生产成本，拖累企业绩效。一般来说，随着外部环境的变化和企业的发展，企业不一定能够保证所雇用的员工总是最合适的，假如"重新雇用员工所增加的收益＞解约成本＋招聘成本＋培训成本"，则企业就会在一定程度和范围内"吐故纳新"，而且，净收益［即两者的差距＝重新雇用员工所增加的收益－（解约成本＋招聘成本＋培训成本）］越大，企业越能通过吐故纳新来提升生产经营效率；反之，假如"重新雇用员工所增加的收益＜解约成本＋招聘成本＋培训成本"，企业就只得留用原来的员工。显然，强制性无固定期限劳动合同不仅会影响劳动力市场的灵活性，增加企业的解约成本等交易成本，而且在当下的中国还会增加企业的生产成本，进而加大企业吐故纳新的难度，妨碍甚至损害企业效率提升和企业发展。这一结论与科斯第二定律的意蕴也是一致的。[①]

其次，企业增加的支出部分却不一定能为劳动者所得。例如，企业在增加交易成本方面的支出有相当大一部分耗散在经济运行之中，并没有为员工所得。又譬如，在中国现行的制度环境下，签订无固定期限劳动合同通常与企业社会保障的缴纳正相关，而企业为员工缴纳的社会保障支出部分在员工流动到异地时却无法随之转移，企业增加的支出并不能起到真正保障员工的作用。

再次，企业可以将增加的成本对劳动者进行一定程度的转嫁[②]。作为劳动力

[①] 科斯第二定律是指在交易费用大于零的情况下，初始产权安排会对资源配置效率产生影响。科斯指出："一旦考虑到进行市场交易的成本，那么显然只有这种调整后的产值增长多于它所带来的成本时，权利的调整才能进行。反之，禁令的颁布和支付损害赔偿金的责任可能导致发生在无成本市场交易条件下的活动终止（或阻止其开始）。在这种情况（指交易费用大于零的情况——引者注）下，合法权利的初始界定会对经济制度运行的效率产生影响。"（科斯著，盛洪、陈郁译：《社会成本问题》，载于《论生产的制度结构》，上海三联书店1994年版，第158页）

[②] 据深圳市"打工者职业安全健康中心"对新劳动合同法施行后劳工权益的调查，近期企业的外部经营成本上升较多，企业用各种手段转嫁经营成本，主要表现在：降低薪资待遇（占23.8%）、增加伙食、住宿费（占22.2%）、增加罚款项目（占22.3%）、借故炒人（占15.7%）、裁员（占6.3%）……（转引自姚忆江、吴冰清：《绑在劳动合同法上的劳资博弈》，载于《南方周末》2008年7月31日）。

价格的工资,是由劳动力市场的供求关系决定的。当由外部强制造成企业成本上升时,通过市场交易的经济运行过程,上升的成本会依照劳动力的供求价格弹性而由企业和劳动者分担:当劳动力需求相对于供给而言弹性充足时,增加的成本将主要向后转嫁给劳动者;反之,当需求相对于供给而言弹性不足时,增加的成本将主要由企业自身承担。

最后,通过劳资双方的自由选择和平等协商来达成劳动合同包括劳动合同期限,是优化劳动力资本配置的基本途径。诚然,相对于企业(雇主),劳动者在与企业建立劳动关系、订立契约时确实处于不利地位,但从根本上说,这种地位取决于资本要素与劳动要素的相对稀缺性以及劳动者自身的人力资本存量。以农民工为例,他们在城市次级劳动力市场上的境遇差是人所共知的事实,然而,在农民工既有的文化知识不足、劳动技能缺乏、人力资本存量不高且又有大量的农村剩余劳动力需要转移的现实约束下,农民工进城找工作仍是改善自身及其家庭生活状况的一种重要而可行的方式①,是一种实实在在的帕累托改进。如果强制企业与这些民工签订无固定期限劳动合同,在其他条件不变的状况下,社会保障支付等准固定劳动成本的上涨和解雇难度的上升将逼迫企业降低雇佣意愿,使得企业在雇佣量与工时的权衡中偏重于延长工作时间而不是增加雇佣量,从而在相当程度上削减劳动者的就业,造成实际结果与给劳动者利益的愿望相背离。

情形Ⅳ:(B_L, A_E)组合即劳动者意愿选择其他类型期限的劳动合同而企业则希望签订无固定期限劳动合同的状态,多出现在该劳动者为企业长期需要,或者劳动力市场供不应求包括行业性劳动力供不应求之时。在我国劳动力供求变动的基本趋势上,随着我国人口结构和社会经济的发展,劳动力逐渐从"无限供给"向有限供给、结构性短缺乃至未来十多年间可能供不应求的局面转变,不难预计,这种组合状态的情况将出现得越来越多。而在这样的组合状态下,企业为想方设法留住员工,势必将开出更优厚的条件。可是,假如法律强制企业与劳动者订立无固定期限劳动合同,则不利于增强劳动者的谈判力和获得更多的实际利益,企业反而可以较少的代价获得所需的结果。

总之,期望通过强制性无固定期限劳动合同的方式来改善劳动者的境况,很可能是南辕北辙。到头来,既限制了劳动力市场的灵活性,增加了企业的成本,下滑了企业绩效,又无法有效改善劳动者的境况,同时,还会降低经济制度的运行效率,对劳动力资源的配置、经济发展和就业造成负面影响。

---

① 中国由于农村人口众多、土地资源匮乏和农地平均分配,导致人多地少和小规模经营,相对较高的农资价格和很低的农产品价格,使得许多地区的农民种田无利可图甚至亏本。因而,目前中国农村劳动力向工业和城市流动,是对"由于劳动力大量剩余而造成的普遍贫困化"这种状况的反应(参见孙立平:《断裂——20世纪90年代以来的中国社会》,社会科学文献出版社2003年版,第99页)。

（三）无固定期限劳动合同与劳资双方激励相容的条件

无固定期限劳动合同的两种形成机制的最大差别在于是否存在着强制性，如果强制性的无固定期限劳动合同能够像非强制性无固定期限劳动合同那样为劳资双方所选择和接受，那么，无疑可以增进强制性无固定期限劳动合同的正面作用。因而，我们有必要进一步考察劳资双方怎样才会在非强制性状态下自主协商达成无固定期限劳动合同。

在非强制性的无固定期限劳动合同中，无固定期限劳动合同可以看作是一种带有隐性契约特性的显性契约。隐性契约的特性表现为企业与劳动者是在相互信任的基础上达成一种长期雇佣的默契。较之于短期雇佣，长期雇佣存在以下一些优势：（1）降低企业的替换成本，主要是从劳动力市场招聘、筛选、雇佣和培训新员工的成本，解雇员工所支付的成本以及新老员工之间沟通与合作方面的成本。（2）企业与员工之间形成长期稳定的预期，有利于稳定企业员工，增强员工的归属感和忠诚度，激励员工的长期行为，提高人力资本尤其是专用性人力资本投资的回报率；同时，也有利于企业保护自己的技术和市场，加强人力资本投资和创新。（3）降低信息不对称性，使企业更好地筛选员工尤其是高级岗位的员工，优化企业的人力资源配置。至于何以采取隐性契约的形式，主要是因为信息不完全和不对称以及对未来的不确定性造成劳动契约做不到"事前完全讲清楚"或者"讲清楚的成本太高"。如果完全采取显性契约，要么挂一漏万，要么契约缺乏弹性，无法根据当时当地的实际情况加以适当调整，简而言之，调整的成本过高。而采用隐性契约，在劳资双方心照不宣的默契下，是有可能降低调整成本的。总之，欲使无固定期限劳动合同成为劳动者和企业自愿自主的共同选择，劳动者应认为在此企业至少是在该行业长期干下去"有奔头"[①]；对企业来说，则是"长期雇佣的净收益＞短期雇佣的净收益"。

日本的终身雇佣制可以说是非强制性无固定期限劳动合同的一个经典案例，对它的剖析可以为我们提供许多有益的启示。

第一，因时因行业因企业制宜追求企业用工稳定性与灵活性之间的均衡。日本终身雇佣制通常只存在于大企业中，技术性不强的行业长期雇佣的比例较低，

[①] 在我国当前经济环境下，有相当一部分员工实际上并不愿意签劳动合同包括无固定期限劳动合同。究其原因，一方面是由于认识上的误区，员工担心劳动合同会束缚其工作流动；另一方面则与员工的职业生涯发展、社会保障的实际惠及程度等因素密切相关。例如，尽管现在有许多餐饮企业愿意与员工签订劳动合同，以稳定员工队伍，并对员工进行培训和再提高，但据调查，餐饮行业中员工不愿意签订劳动合同的现象比较普遍。原因就是一些员工把从事餐饮业当作另觅高就的过渡或跳板，而且对社会保障跨区域接转的现实障碍及其解决的信心不足。

并且，即使在鼎盛时期，日本也只有大约 1/3 的劳动者是被终身雇佣的。日本企业实行终身雇佣制的主要目的之一是为了留住员工特别是骨干员工，以保证企业稳定发展。从企业规模来看，终身雇佣制只存在于大企业之中，而对众多中、小企业的受雇者来说，终身在同一企业保有稳定的工作通常只能是一个美好的愿望。从企业的产业划分来看，制造、通信、金融、保险等技术性较强的行业，长期雇佣的比例较高，而商业、服务业等行业则极低。在大企业中，以终身雇佣的"正规社员"（亦称"本工"）为内核，从本工到计时工（包括长期时间工、短期时间工和季节工）、零工、嘱托劳动者形成了一个多形式、多层次、多元化并具有相当弹性的用工体系；本工占员工的比例因企业规模和产业性质的不同而有较大的差别，制造业一般占到一半左右，而饮食业有的甚至不到十分之一（沈士仓，1998）。此外，尽管日本劳动力市场供求在总体上长期基本平衡，但在经济增长时期却仍处于"人手不足"的状态，在某种程度上可以说，劳动力供不应求压力对终身雇佣制的兴盛起到了催化作用。

第二，让员工"有奔头"的薪酬设计和晋升制度。在日本大企业中，与终身雇佣制相配套的是年功序列工资和内部晋升。年功序列工资是按照员工在同一企业的工作时间和工作岗位划定工资等级，形成报酬后置的薪酬制度。这种薪酬制度加大了员工途中退出的成本，鼓励员工特别是企业所需的核心员工长期在企业工作下去，关心企业的长期生存和发展，并进行企业专用性人力资本投资。内部晋升则是在企业内部形成工作阶梯，向员工提供长期激励，使员工更好地认同和融合于企业，同时也是充分利用信息优势，将有能力的和业绩突出的忠诚员工提升到重要岗位。

第三，"声誉"（或"信誉"）在终身雇佣制中举足轻重。在契约不完全的情况下，如果交易重复进行，那么，"声誉"可以有力地抑制劳资双方的机会主义行为，降低交易成本（Holmstrom，1981；Kreps & Wilson，1982）。在法律禁止企业签订不允许员工在长期内流动或辞职的雇佣合同，并且长期的不确定性很大，劳动契约不可能把有关方面规定得那么准确、详细，企业和员工需要足够的灵活性来适应未来变化的情况下，企业不可能也不宜用正式契约来保证对员工的长期或终身雇佣，但可以在企业与员工之间达成一种默契，形成一种惯例或企业文化，而非以明文规定的契约形式将长期雇佣确定下来（赵增耀，2002）。至于企业信誉的高低，则可以看作是经济增长速度、社会文化传统及制度、企业经营绩效、市场发育程度（市场规模）、企业进入（退出）市场的难易程度、企业数量、竞争程度、兼并收购与破产程度等因素的函数。其中，经济增长速度与社会文化传统及制度可归属为外生变量；信誉是企业经营绩效、企业规模、市场发育程度的递增函数；信誉与企业进入（或退出）市场的难易程度之间缺乏单调递增或递减关系（李向阳，1999）。一国经济增长速度是保证企业信誉得以建立和维持的一个必要条件（Stiglitz，1984）。一国的社会文化传统则直接影响着该国国民的决策惯例和共同预期。

  第四，即使用长期雇佣的方式在当时取得了企业用工稳定性与灵活性之间的某种平衡，如何使企业能够在长期因应经济环境变化尤其是产业结构的调整和升级，仍是一个有待解决的事关企业竞争力的大问题。日本终身雇佣制的一个根本弊端是企业难以适应自身对劳动力需求的变化，导致用工机制的僵化。由于员工工资随资历逐年递增，终身雇佣制容易造成人工成本和福利成本居高不下。在整个社会必须对产业结构进行调整时，企业缺乏灵活应变的机制，很难在必要的情况下迅速降低劳动成本，致使竞争力下降。终身雇佣制还使企业内部劳动力结构日趋老化，技术更新困难，老年员工掌握的熟练技术失去用武之地（沈士仓，1998）。日本终身雇佣制的衰微启迪我们：即便是非强制性的无固定期限劳动合同，其长期实施也必须十分小心地避免给企业自己造成用工僵化的不利结局。

  联系中国现实来看，市场包括劳动力市场正在不断地发育，企业信誉和个人信誉都在养成之中，诚信社会的建设依然任重而道远。企业与劳动者要在相互信任的基础上达成一种长期雇用的默契，不可能一蹴而就，只能是一个逐步增进和深化的过程。反之，如果我们把这种隐含契约变成正式条款，并由法律法规做出统一规定，企业缺乏必要的自主性、灵活性和应付未来不确定性的必要余地，员工则会缺乏力求上进的动力和压力，很可能呈现出欲速则不达、好心办坏事的尴尬局面。再者，以往企业普遍对劳动者特别是对农民工采取劳动合同短期化，是当时经济环境下的利益最大化选择。因为当农民工蜂拥而至，技能差、可替代性强又迫切需要工作（在农村只能填饱肚子）时，企业可以随时招到所需工人并且招聘成本非常低，企业当然倾向于掠夺性地使用。可是，2004年以来，许多地方相继出现的"民工荒"和"技工荒"，已经在不断地"教育"企业改变以往的用工方式以留住员工。企业除了实质性的加工资行为以外，还想方设法推出各种改进措施，例如，改善用工条件；出资包车送员工回家过年，过完年后再把员工接回来；企业主与员工同吃年夜饭⋯⋯事实上，企业会通过市场机制因地因势地调整自己的行为。政府要切实改变的是就业环境；至于劳动合同，则不宜强制性地推行无固定期限劳动合同，而应把重点应放在如何解决现有劳动合同执行难的问题上。

  退一步讲，假如我们暂时无法取消强制性无固定期限劳动合同的有关条款，那就应多朝着劳资双方均选择无固定期限劳动合同的条件交集去努力，积极为扩展交集创造良好的外部环境。

（四）分析性结语

我国《劳动合同法》希望矫正现行突出的劳动合同短期化倾向和改善劳动者境况的心情是完全可以理解的，但用强制订立无固定期限劳动合同的方式，却很可能并不是对症下药之举。强制订立无固定期限劳动合同的确能够帮助一些已就业的技能较低、年龄较大、替代性较高的劳动者保住饭碗，但社会却要为此付出大得多的沉重代价，包括扭曲市场机制、增加企业负担和对宏观经济的负面影响（诸如加大其他未就业劳动者的就业难度）等。当然，是否真的得不偿失，还有待于实践来回答。

在我们看来，改善劳动者境况可以采取"管住底线、合作共赢、三管齐下"的基本思路。"管住底线、合作共赢"是指在保证"劳动者的基本生存权和人格权、最低劳动标准（包括最低工资标准、最长劳动时间标准和劳动安全生产条件等）以及基本社会保障"的基础上，让劳动者与企业双方充分自由和自主地合作博弈，使保护劳动者权益、充分利用市场机制和优化劳动力资源配置达到有机统一。其中，给劳动者群体中那些技能较低、年龄较大、替代性较高、流动性较强、竞争力较弱的"弱势群体"提供最基本的社会保障也是管住底线的应有之义，更是政府的主要责任之一，政府不应试图将这些社会责任和包袱甩给企业。上述底线既是劳动力市场的制度安排，也应成为劳动力产权初始界定和保护的基本环节。依据科斯第二定律不难推断，对劳动力产权初始界定和保护的不足或者过度，都会影响劳动力资源的配置效率。这里还要特别强调的是，法律强制企业与劳动者订立无固定期限劳动合同就属于保护过度，而且这种过度的保护并不能真正起到保护劳动者权利的作用，尤其是在现今中国之环境下。此外，要使产权界定和保护真正落到实处，政府的实际执行力至关重要。1995年以来我国《劳动法》实施的结果已经表明，劳动者的实际权利并不等于名义权利，不能指望仅靠颁布有关劳动法规就能自动获得。

"三管齐下"则是"产权、机会和能力"三管齐下，亦即要求在界定和保护劳动力产权的同时，尽力增加劳动者获得工作的机会，大力加强人力资本投资，提升劳动者的机会和能力，增强人力资本与物质资本所有者抗衡的力量，以演化出真正改善劳动者境况的内在机制。在很大程度上可以说，人力资本投资比之劳动者权益保护制度更具根本性、更有长远意义（姚先国，2006）。

本节尽管着重提出并论证了强制性无固定期限劳动合同并非改善劳动者境况、建立合作博弈的劳资关系的好举措，但联系中国实际看，目前要取消《劳动合同法》中第十四条（即关于强制订立无固定期限劳动合同的条款）是不现实的。因此，当下我们只能退而求其次，尽可能地降低其负面影响。令人稍感欣慰的是,《劳动合同法》只是在某些情形下强制要求用工单位(企业)与劳动者签订无固定期限的劳动合同,并且还设置了一些可以解除劳动合同的情形;国务院法制办2008年9月18日颁布的《劳动合同法实施条例》更是将有关情形罗列在一起,形成了14条用工单位可以解除无固定期限劳动合同的情形。这实际上已经在降低企业调整无固定劳动期限的交易成本包括解约成本。至于如何在随后的实践中进一步恰当地降低和厘定实际调整成本,则仍是摆在理论界和实际工作部门面前一道亟须破解的难题。

二、工资集体协商制度的工资效应

自2000年《工资集体协商试行办法》颁布以来,工资集体协商制度①在全国范围内取得了快速的发展。那么,这一旨在保护劳动者权益的工资集体协商制度的广泛实施究竟能否如政策预期的那样保障劳动者权益?如果能,程度有多大?回答这些问题不仅对中国现行劳动保护政策的实施有重要的实践意义,也将为检验工资集体议价理论提供来自转型经济的经验证据。我们认为集体谈判能否提高以及在多大程度上提高劳动者的工资待遇不可一概而论,它的实施效果不仅与劳动者个体特征有关,也受一国集体谈判模式以及人口结构、市场环境等制度因素的影响。

本节利用2011年杭州市企业调查数据系统地评估工资集体协商制度的实施效果。拟重点研究两个问题:首先,应用均值回归分析考察工资集体协商制度对基层员工工资的总体影响;其次,为考察员工异质性在工资集体议价中的作用,应用分位数回归方法评估该制度对处于收入分布不同分位处的员工的工资效应。

(一)数据与变量

本节使用的数据来自浙江大学劳动保障与社会政策研究中心于2011年11~12月开展的杭州市企业—员工匹配数据调查。课题组采用分层和等比例抽样法,先根据杭州每个区县市的常住人口规模从当地随机抽取48家或24家企业,再从每家企业随机抽取10名左右基层员工进行一对一问卷调查。最终收回企业有效问卷503份,员工有效问卷4 994份。剔除信息缺失较多的样本后,本节使用的企业和员工样本数分别为501个和4 977个。

表5-5显示,在501家调查企业中,近半数(49.90%)的企业实施了工资

---

① 根据《工资集体协商试行办法》,"工资集体协商"是指"职工代表与企业代表依法就企业内部工资分配制度、工资分配形式、工资收入水平等事项进行平等协商,在协商一致的基础上签订工资协议的行为"。

集体协商制度并与员工签订了工资集体协议。从行业分布看，制造、建筑等劳动密集型行业的工资集体协商制度覆盖率（60.89%）明显高于其他行业，其次是公共管理及其他行业（42.86%），可见，在杭州地区，劳动关系相对不稳定与劳动关系相对和谐的行业同为实施工资集体协商制度较多的领域，但造成的原因可能不同——前者主要是为扭转该领域劳资纠纷突出的客观现实，政府从制度层面进行干预的结果，而后者更多发自企业本身劳动管理体制的相对完善和规范。

表 5 - 5　　　　　　　　　企业特征描述性统计

变量及定义	所有企业 企业数（个）	实施企业 企业数（个）/占比（%）	未实施企业 企业数（个）/占比（%）
是否已实施工资集体协商：是 = 1，否 = 0	501	250（49.90）	251（50.10）
行业分布			
劳动密集型行业（基准组）	271	165（60.89）	106（39.11）
垄断或信息技术等高利润行业	51	20（39.22）	31（60.78）
商业服务行业	144	50（34.72）	94（65.28）
公共管理及其他行业	35	15（42.86）	20（57.14）
所有制分布			
国有/集体企业（基准组）	82	36（43.90）	46（56.10）
外资/港澳台资企业	93	52（55.91）	41（44.09）
民营企业	326	162（49.69）	164（50.31）

注：（1）占比 =（回答"是"的样本数/明确回答该问题的所有样本总数）×100%，分母不含未回答或回答不清楚的样本；（2）"劳动密集型行业"具体包括制造业、建筑业、交通运输仓储业；"垄断或信息技术等高利润行业"具体包括电力、燃气及水的生产和供应业、房地产业和信息传输、计算机服务与软件业；"商业服务行业"具体包括批发零售业、住宿餐饮业、居民商务服务业；"公共管理及其他行业"具体包括水利环境公共设施管理业、教育卫生文化业、农林牧渔业及其他行业；（3）"民营企业"具体包括私营、个体、非国有股份和有限责任公司等企业。

从总体样本看，杭州市基层员工呈本地化、非农化、工会化、高学历化、劳动关系契约化等趋势（见表 5 - 6）；进一步比较实施与未实施工资集体协商制度的企业（以下简称"实施企业"和"未实施企业"）的员工样本发现，两组员工在性别构成、户籍构成、党员比例上大体相当，但其余特征指标均有一定差异：与未实施企业相比，实施企业中具有大专以上学历和持有国家专业技术等级证书的员工均相对较少，从事一线生产服务的员工相对较多，这表明实施企业多为对劳动者素质要求不高,以简单机械化或流水作业为主要生产方式的企业;尽管实施企业平均经营规模较大,但不同企业的盈利水平有明显差异(标准差较大),这从侧面反映出该制度的实施带有某种程度的强制性,可能并非完全是企业的理性选择。

表 5-6 员工特征描述性统计

变量及定义	所有企业 员工数(个)/占比(%)	实施企业 员工数(个)/占比(%)	未实施企业 员工数(个)/占比(%)
性别:男性=1,女性=0	2 215(44.64)	1 129(45.40)	1 086(43.88)
户口:农业户口=1,城市户口=0	2 017(41.01)	1 014(41.17)	1 003(40.86)
户籍地:杭州本地=1,杭州以外地区=0	3 391(68.49)	1 759(70.84)	1 632(66.13)
会员身份:工会会员=1,非工会会员=0	3 163(71.40)	1 833(79.90)	1 330(62.27)
党员身份:中共党员=1,其他=0	960(19.44)	482(19.45)	478(19.42)
学历:			
初中及其以下(基准组)	900(18.17)	508(20.42)	392(15.91)
普通高中/职高/技校/中专	1 273(25.71)	670(26.93)	603(24.47)
大专及其以上	2 779(56.12)	1 310(52.65)	1 469(59.62)
技术:持有专业技术等级证书=1,没有=0	2 189(44.73)	1 066(43.58)	1 123(45.87)
岗位:其他基层岗位=1,一线岗位=0	3 310(67.04)	1 547(62.53)	1 763(71.58)
劳动合同期限:			
1年及以下(基准组)	431(8.93)	194(7.98)	237(9.90)
1~3年	2 660(55.12)	1 227(50.47)	1 433(59.83)
3年以上	1 269(26.30)	732(30.11)	537(22.42)
无固定期限	466(9.65)	278(11.44)	188(7.85)
	均值(标准差)	均值(标准差)	均值(标准差)
工作经验:已在本行业工作年数(年)	6.94(6.87)	7.56(7.31)	6.31(6.34)
所在企业经营规模:所在企业人均主营业务收入(万元/人)	128.67(693.78)	150.12(959.78)	134.77(418.78)
小时工资:(元/小时)	15.23(8.59)	14.81(6.89)	15.71(10.04)

注:(1)占比=(回答"是"的样本数/明确回答该问题的所有样本总数)×100%,分母不含未回答或回答不清楚的样本;(2)"一线岗位"主要指车间生产工人、检验工、统计员等,也包括服务业中的一线业务、服务人员等;"其他基层岗位"指一线生产服务员工之外的各类基层员工,包括中层以下的普通管理干部、技术、行政、销售、后勤人员等;(3)"经营规模"以企业2011年上半年的人均主营业务收入来衡量。在下文实证分析中,该变量取自然对数;(4)"小时工资"根据员工调查中"月工作小时数"和"月工资总收入"两个指标的数据计算得出。在下文实证分析中,该变量取自然对数。

（二）计量模型与评估方法

Mincer 方程是研究劳动者工资决定的一种常用计量模型，但该模型关注于完全竞争劳动力市场下劳动者教育回报率的问题，未考虑工作属性、企业环境、地区发展、劳动力市场政策等外部因素对劳动者收入的影响。我们在评估工资集体协商制度的工资效应时，对 Mincer 方程加以扩展建立了如下工资决定方程：

$$\ln w_{ijc} = \alpha + \beta WCB_{ijc} + \gamma P_{ijc} + \delta E_{jc} + \theta D_c + \varepsilon_i \quad (5.1)$$

其中，被解释变量 $\ln w_{ijc}$ 为 c 地区 j 企业员工 i 的小时工资对数；WCB_{ijc} 表示 c 地区员工 i 所在企业 j 是否已实施工资集体协商制度并与员工签有工资集体协议，系数 β 即为我们所关注的反映工资集体协商对员工工资的影响的参数；P_{ijc} 代表影响员工工资水平的个体特征变量，包括经验、身份、学历、专业技术、岗位等。需要说明，由于同行业不同企业的工作经历都有助于劳动者专用人力资本的积累，故我们以员工本行业（而非企业）工作年限来衡量其工作经验；E_{jc} 表示 c 地区 j 企业的特征变量，包括企业经营规模、所有制性质、所属行业类型等；D_c 表示一组区县特征控制变量；ε_i 为随机扰动项。

在实证分析中，我们首先使用 OLS 估计前述方程，以考察工资集体协商制度对员工工资整体上的影响；接着利用分位数回归技术刻画了工资集体协商对位于收入分布不同分位数上的员工的工资效应。根据分位数回归的定义，因变量 $\ln w_i$ 的条件分位数函数可表示为：

$$Q_\tau(\ln w_i \mid X_i) = X_i \beta_\tau \quad (5.2)$$

其中，X_i 表示所有解释变量，τ 为分位数，则 τ 分位上的待估参数 β_τ 可通过求解下式最小值估计出来：

$$\overline{\beta_\tau} = \arg\min \sum_i \rho_\tau [\ln w_i - Q_\tau(\ln w_i \mid X_i)] \quad (5.3)$$

通过设定不同的 τ，可获得整个收入分布上参数 β 的估计值（条件均值回归只能获得分布均值处的参数估计值），从而揭示工资集体协商制度对处于收入分布不同位置上员工工资的异质性影响。

（三）实证分析结果与解释

1. 工资集体协商制度对基层员工工资水平的影响

首先考察工资集体协商制度对全体基层员工工资整体上的影响（见表 5-7）。估计结果显示，工资集体协商制度的实施不仅没有如政策预期那样改善员工工资待遇，反而使员工小时工资较未实施企业低 3.4%（在 5% 的水平上显著）。考虑到一线生产服务员工（即一线员工）与行政、销售、技术等非一线基层员工

（即其他岗位员工）在个体特征继而在议价能力和对政策、环境的变化的反应上有别，我们又分别对一线员工和其他岗位员工进行了评估（见表5-7）。估计结果显示，工资集体协商对其他岗位员工表现出了更大程度（-5.3%）且更为显著（1%的显著性水平）的负工资效应，而对一线员工的工资有政策预期的正效应，但统计上不显著。可见，无论对全体基层员工还是一线或其他岗位基层员工，工资集体协商制度均未表现出显著提升员工工资的正向作用。

表5-7　工资集体协商制度对员工工资的影响：OLS估计

解释变量	全体基层员工 系数	t值	一线岗位员工 系数	t值	其他基层岗位员工 系数	t值
所在企业已实施工资集体协商	-0.034**	-2.53	0.024	1.12	-0.053***	-3.17
男性	0.113***	9.13	0.162***	8.47	0.092***	5.84
工作经验	0.028***	10.36	0.022***	4.97	0.030***	8.86
工作经验平方	-0.001***	-6.57	-0.001***	-3.18	-0.001***	-5.47
农业户口	-0.048***	-3.42	-0.041*	-1.86	-0.050***	-2.78
杭州本地户籍	-0.003	-0.23	-0.031	-1.38	0.015	0.78
普通高中/职高/技校/中专学历	0.048***	2.75	0.001	0.05	0.141***	5.00
大专及其以上学历	0.212***	10.91	0.157***	5.41	0.291***	10.54
工会会员	0.043***	2.93	0.081***	3.59	0.030	1.56
中共党员	0.041**	2.51	0.022	0.67	0.042**	2.27
持有国家专业技术等级证书	0.040***	3.08	0.038*	1.68	0.044***	2.81
1年<劳动合同期限≤3年	0.040*	1.82	0.033	0.98	0.049*	1.71
劳动合同期限>3年	0.050**	2.13	0.033	0.92	0.061**	2.02
无固定期限劳动合同	0.069**	2.30	0.006	0.13	0.087**	2.27
其他基层岗位	0.046***	3.35	—	—	—	—
R^2	0.3224		0.2855		0.3192	
N	3 172		1 051		2 121	

注：(1) 评估模型为前述工资决定方程，评估方法为OLS回归；(2) 模型中其他控制变量还包括企业经营规模、所有制性质、所属行业及地区虚拟变量；(3) *、**、***分别表示在10%、5%、1%水平显著。

我们认为产生这一结果的原因在于：(1) 集体议价本质上是劳资双方就利益分配讨价还价的博弈，博弈结果取决于双方力量对比、博弈规则和外部约束。在中国，工会代表劳动者集体维权的资格由相关法律所赋予①，无须像西方那样从工会竞争性选举中赢得。但由于中国企业工会的领导构成、活动经费、组织管理都与资方有密切联系，工会代表劳方维权的独立性大大受限，博弈力量被弱化，所谓的平等议价实际成了雇主单方垄断的定价机制，继而导致劳动力价格被资方挤压到竞争性均衡之下。(2) 主要依靠自上而下行政力量推进的中国工资集体协商制度的发展路径明显带有强制性制度变迁的特点（郑桥，2009）。由于企业是否实施工资集体协商，员工是否需要加入这一组织化的制度保护很大程度上并非其自身的理性选择，导致集体议价产生的均衡解偏离了劳资博弈的最优解。至于对其他岗位员工产生的更大程度的负效应，我们认为根据利益集团选择理论（奥尔森，1965），在集体议价中，工会可被视为为所有成员提供"集体（最低）工价"这一公共物品的劳方利益集团。当外部经济激励和强制性约束缺失或趋弱时，集团规模越大，不负担成本但从其他成员的集体行动中受益的"搭便车"行为就相对越多，从而使大集团集体议价效率较小集团下降。

2. 不同分位上工资集体协商制度的工资效应

为揭示给定其他特征变量，员工的收入分布与工资集体协商效应之间的变化关系，采用了分位数回归技术对五个主要分位数（0.15，0.25，0.5，0.75 和 0.85）加以考察：位于收入分布低端（Q = 0.15，0.25）的员工，工资集体协商制度的实施对其工资水平没有显著影响，但对位于中位数及以上较高分位的员工表现出了明显的负工资效应，且分位数越高，显著性相对越强。在 0.85 分位上，保持其他变量不变，实施企业的员工小时工资较未实施企业在 5% 的显著性水平上低 4.8%（见表 5 - 8）。这表明追求员工集体利益最大化的集体议价制度实际上牺牲了部分较高收入组的员工的工资福利，这一点也得到了来自绝大多数发达国家的经验证据的支持。

表 5 - 8 还报告了其他变量对不同分位上基层员工工资决定的影响：(1) 各分位上均呈现男性高于女性的性别工资差异，且随分位数提高而扩大；工作经验则在各分位上对工资表现出较一致的倒"U"型影响。(2) 以初中及以下员工为基准组，高中、技校等中等教育仅在低分位上使员工工资小幅提升，高等教育则在各分位上均显示出显著且较大幅度提升员工工资的作用；与教育不同，专业技术证书对工资水平的正向作用主要集中在中位数以上的高分位上。所以，对低分位员工而言，学历提升其市场价格的信号作用可能比技术证书更为有效。(3) 各分位上因来源地引起的员工工资差异几乎都不显著，但户籍带来的工资差异却十

---

① 在《中华人民共和国工会法（修正）》第三章第二十条、《中华人民共和国劳动合同法》第五章第五十一条和《工资集体协商试行办法》第三章第九条中均有关于由工会代表职工一方与雇主方进行平等协商并签订集体合同的表述。

表 5-8 工资集体协商制度的工资效应：分位数估计

解释变量	Q=0.15 系数	Q=0.15 t值	Q=0.25 系数	Q=0.25 t值	Q=0.50 系数	Q=0.50 t值	Q=0.75 系数	Q=0.75 t值	Q=0.85 系数	Q=0.85 t值
所在企业已实施工资集体协商	0.013	0.67	-0.015	-0.80	-0.034*	-1.88	-0.056***	-3.48	-0.048**	-2.22
男性	0.089***	5.08	0.098***	5.80	0.108***	6.41	0.129***	8.88	0.157***	8.28
工作经验	0.023***	6.43	0.028***	8.39	0.032***	9.62	0.034***	11.20	0.029***	7.27
工作经验平方	-0.001***	-4.53	-0.001**	-6.32	-0.001***	-6.97	-0.001***	-7.63	-0.001***	-4.06
农业户口	-0.033	-1.54	-0.040*	-1.93	-0.053***	-2.61	-0.069***	-4.05	-0.066***	-2.99
杭州本地户籍	0.016	0.77	-0.014	-0.69	-0.035*	-1.69	-0.017	-0.96	0.010	0.43
普通高中/职高/技校/中专学历	0.045*	1.68	0.044*	1.68	0.033	1.29	0.005	0.24	0.027	0.94
大专及其以上学历	0.194***	6.40	0.212***	7.30	0.218***	7.80	0.173***	7.48	0.209***	6.82
工会会员	0.066***	3.15	0.061***	3.07	0.027	1.38	0.037**	2.23	0.030	1.35
中共党员	0.047**	2.06	0.031	1.45	0.043**	2.00	0.048***	2.60	0.048**	2.03
持有国家专业技术等级证书	0.020	1.11	0.022	1.26	0.034**	1.96	0.064***	4.19	0.080***	4.06
1年<劳动合同期限≤3年	0.091***	2.91	0.033	1.08	0.037	1.24	-0.002	-0.08	0.046	1.32
劳动合同期限>3年	0.085**	2.51	0.044	1.32	0.026	0.79	0.033	1.21	0.080**	2.21
无固定期限劳动合同	0.068	1.59	0.070*	1.71	0.090***	2.25	0.066**	2.00	0.095**	2.23
Pseudo R²	0.1517		0.1581		0.1813		0.2089		0.2283	
N	3 172		3 172		3 172		3 172		3 172	

注：（1）评估模型为前述工资决定方程，评估方法分别为分位数回归；（2）其他控制变量还包括员工工作岗位、企业经营规模、所有制性质、所属行业，以及地区虚拟变量；（3）*、**、*** 分别表示在 10%、5%、1% 水平显著。

分明显。(4) 工会会员和党员身份均有利于提升员工的工资水平，但比较而言，前者的作用主要表现在中位数以下的低分位上，后者则集中在较高分位。这意味着对于较低收入组员工，获取组织化保护有利于改善其工资待遇，但党员身份可能只是一种荣誉。(5) 除无固定期限合同在大多数分位上促使员工工资有不同程度提升外，其余的固定期限合同并未造成显著的工资差异。

3. 员工特征异质性与工资集体协商制度的工资效应

为检验工资集体协商制度的实施效果是否因基层员工个体特征而异，我们分别考察了该制度对按年龄、学历和技术特征分类的不同员工的工资的影响（见表5-9）。从表5-9可以看出：(1) 分年龄考察，在30岁及以下的年轻员工中，实施企业员工的小时工资较未实施企业显著低5.38%，但在30~45岁和45岁以上的中、高年龄段员工中，负工资效应均不显著。(2) 分学历考察，随着员工受教育程度的提高，工资集体协商制度对工资的影响不仅方向由正变为负，而且显著程度增加。在初中及以下的较低学历员工中，工资集体协商制度使其工资水平小幅上涨（尽管统计上不显著），但在大专及以上高学历的员工中却产生了5.12%的负工资效应。(3) 分技术水平考察，在持有专业技术证书的员工中，实施企业员工的小时工资较未实施企业显著低5.45%，而在没有专业技术证书的员工中，这一负效应仅为2.57%且不显著。

表5-9　工资集体协商制度对不同类型员工的工资效应

	员工类型	系数	t值	R^2	N
分年龄	30岁及其以下的青年员工	-0.0538***	-2.91	0.2899	1 653
	31~45岁中年员工	-0.0288	-1.33	0.3554	1 232
	46岁及其以上年长员工	-0.0544	-1.05	0.4571	294
分学历	初中及其以下员工	0.0339	1.21	0.2629	611
	高中/高职/技校/中专员工	-0.0329	-1.31	0.2755	858
	大专及其以上员工	-0.0512***	-2.82	0.2966	1 758
分技术	没有专业技术等级证书员工	-0.0257	-1.39	0.2724	1 821
	持有专业技术等级证书员工	-0.0545***	-2.72	0.2847	1 406

注：(1) 评估模型为前述工资决定方程，评估方法均为OLS；(2) 因篇幅所限，本表仅报告研究关注的核心变量"工资集体协商（WCB）"前的系数估计值；(3) *、**、*** 分别表示在10%、5%、1%水平显著。

综上所述，原始劳动能力或人力资本相对较低的基层员工，由于其本身的劳动力价格较低，与雇主一对一的谈判能力也有限，故借助工会组织的集体议价力量有可能改善其福利；但对具有较强原始劳动能力的年轻员工，或学历高、有技术的人力资本较高的员工而言，他们原本可凭借自身相对较强的博弈能力或用脚投票的威胁在竞争劳动力市场上向雇主索要一个与其人力资本匹配的劳动力价格，但被集体协商制度覆盖后，个体谈判被工会集体协商取代。由于企业工会主体地位不明晰，很难完全站在劳方立场与雇主博弈，整个集体谈判过程很大程度上被雇主左右，而任何占据谈判优势的理性雇主都试图给出一个不招致报复的最低价。此外，基层员工人力资本的较强专用性和率先开展集体协商的企业给同类企业工资标准带来的示范效应在一定程度上制约着高人力资本员工的流动，使其被迫接受低于竞争性水平的人力资本价格。

（四）小结

本节利用2011年杭州市企业—员工匹配调查数据检验工资集体协商制度的实施对基层员工工资的效应发现，两者总体上呈负相关关系，并且在其他岗位员工和处于收入分布中高分位数上的员工中表现得尤为明显。此外，工资集体协商制度的工资效应与员工个体特征的差异密切相关。这些研究结论带给我们的主要启示在于：

第一，中国工资集体协商制度的实施效果亟待改善。工资集体协商的初衷是保障职工工资增长，扭转"两个比重"下降趋势，保护职工权益。但从实证研究结果看，即便是高度重视企业社会责任评价和劳资关系改善的杭州市，其实际效果也不理想，甚至事与愿违。这一反差现象令人深思。工资集体协商制度很有可能是一把"双刃剑"，既可能成为提高职工待遇的利器，也可能成为压抑工资增长、控制劳动成本的手段。因此，推行工资集体协商制度不能单纯"扩面"，更要注重"提质"，使之真正产生保障劳工权益的实际效果。

第二，关键在于强化职工谈判主体，提升协商对话能力。中国工资集体协商效果不佳与劳方协商代表——企业工会主体性、独立性不足有直接关系。目前情况下，只有工会适合作劳方谈判主体。改革开放以来，工会职能在不断转变，民营企业工会组织积极发展，在保护劳动者权益方面做了不少努力。有关研究表明，工会组织对企业员工工资水平和福利改善有积极的正向影响，而且工会独立性越强，这种影响越显著（姚先国等，2009）。另一方面，由于历史和现实的种种原因，现行工会体制"宏观上强大，微观上弱小"的格局尚未根本改变，从而影响了工会在工资集体协商过程中的作为。因此，今后应使其成为自主性更强、更有能力维护劳动者权益的工人群众组织，使工资集体协商成为合理兼顾企业发展与职工利益的有效制衡机制。

第三，工资集体协商制度要充分反映不同劳动者群体的利益诉求。从同质性假设转为异质性假设是劳动经济学研究的重大进展。不同群体劳动者因其人力资本类型、水平与稀缺性的差异，在劳动力市场的地位不同，对组织的制度保护的需求也不同。一般来说，个体谈判能力与对集体议价的制度需求成反比。这也是北美、欧洲许多发达国家工会参与率下降的原因之一。我们发现的高人力资本拥有者在集体谈判中获得负效用的现象值得重视。当前中国既要解决一线员工，尤其是农民工收入过低的问题，又要实施人才集聚战略，以高端人才引领创新发展，如何在工资集体协商中兼顾不同层次劳动者的利益，充分调动所有劳动者的积极性与创造性，需要予以重视解决。

第四，创造工资集体协商制度有效实施的体制环境。中国的工资集体协商制度是在劳动力市场一体化尚未实现的环境下推出的。户口制度壁垒、社会保障制度的差异化、碎片化、不同用工形式的身份等级差别等体制性障碍都将影响劳动者权益的公平实现，也会对工资集体协商制度的实施效果产生不利影响。在新一轮深化改革中，既要改变"重资本，轻劳动"的体制安排和政策导向，落实企业社会责任，又要以城乡劳动者平等就业、公民权利均等化为基准，消除劳动力市场的制度性分割与歧视，使工资集体协商制度具备可实施的基础条件，从而保障所有劳动者劳动的尊严与生活的体面。

第三节　工会在发展和谐劳动关系中的作用研究

近年来我国企业的劳动纠纷持续上升，国家统计局数字显示，从1994年到2015年，劳资纠纷由1.9万件增长至81.4万件，参与劳动纠纷的总人数由7.78万人增长至116万人，两个数字都增长逾10倍。[①] 还有一点需要引起关注：集体件数只占劳动纠纷总数量的6%左右，但集体劳动纠纷人数却占劳动纠纷总人数的2/3左右。这些纠纷由劳动者自发提起，而非工会组织，很具体地说明了目前工会与劳动者之间的关系状况，也说明了我国工会在劳动关系中的地位和作用（常凯，2005）。劳动关系直接影响企业的生产率和安全稳定，对于经济发展的作用毋庸置疑。而工会是劳动关系的基础和桥梁，而且相对容易观察和量化，所以国外研究工会的文献很丰富。然而，关于我国劳动关系情

---

① 资料来源：《中国统计年鉴》（2016）。

况的研究却非常欠缺，已有文献也是以案例和论证为主，缺乏足够的实证支持。本节将会从各个角度对工会进行详尽的分析：什么企业更可能设立工会？工会会员有没有额外的回报？以及工会在改善员工福利方面到底起了怎样的作用？

（一）数据说明

本节使用的数据来自浙江省 2004 年经济普查。数据的基本结构如下：首先是法人单位基本情况，我们使用的关于企业基本情况，包括所有制、工会设立情况、从业人员数、教育和技术分布情况、计算机使用情况都从这部分得来；然后是产业活动基本情况，我们使用的企业行业情况、企业成立时间、营业状态从这部分得到；接着是规模以上工业企业的生产经营财务以及各种生产经营情况的调查，工会经费，职工教育费，劳动、待业保险费，养老保险和医疗保险费，住房补贴和住房公积金，福利费等数据都从这部分得到；需要指出的是，对于规模以下企业，由于普查数据没有提供关于工会和员工福利情况，所以在后文讨论工会对于员工福利影响时，我们只考察了规模以上企业，样本量相应会减少。尽管因为数据限制导致分析不那么具有代表性，但是总体来看，我们对于规模以上工业企业的分析也同样可以推广到别的类似企业。而且参加工会的员工主要集中在规模以上工业企业，所以我们的结论一样具有参考价值。

（二）企业设立工会情况及工会覆盖率

根据普查数据的初步统计，企业设工会的比例约为 17.1%，个人参加工会的比例约为 12.5%。这两个数字的差异来自大小企业设立工会的情况不同，而且每个企业内部工会的覆盖率都不尽相同。那么是哪些因素影响企业设立工会情况以及工会在工人中的覆盖率呢？在本节中，我们将通过估计一个 Probit 模型来回答上诉问题。模型设定如下：

$$\Pr(y=1 \mid x) = \Phi(xb) \tag{5.4}$$

y 指是否设立工会（设立为 1，不设立为 0），Φ 是标准正态分布累计函数。x 为解释变量，包括：企业不同教育水平比例、技术职称比例、技术等级比例、企业所有制、员工数、年龄及其平方、企业技术（采用人均拥有计算机数量来衡量）、经营状态和企业的行业类型。b 是估计系数。估计结果见表 5-10。

表5-10　企业是否设立工会的 Probit 估计（设立为1，不设立为0）

	1	2	3	4
教育（初中以下为比较组）				
研究生及以上学历人员比例	-1.331 (5.11)***	-0.569 (1.74)*	-0.662 (1.92)*	-0.796 (2.27)**
大学本科人员比例	-0.053 -0.82	0.33 (4.04)***	0.373 (4.30)***	0.326 (3.70)***
大专人员比例	-0.35 (10.04)***	0.155 (3.57)***	0.199 (4.36)***	0.228 (4.93)***
高中人员比例	-0.235 (16.23)***	-0.062 (3.79)***	-0.012 -0.7	0.009 -0.53
专业技术职称（无职称为比较组）				
高级	0.793 (6.19)***	0.702 (4.81)***	0.608 (4.11)***	0.582 (3.91)***
中级	0.48 (7.42)***	0.485 (6.59)***	0.443 (5.90)***	0.418 (5.53)***
初级	0.754 (21.17)***	0.604 (15.48)***	0.579 (14.67)***	0.571 (14.36)***
技术等级（无技术等级为比较组）				
高级技师	-0.516 (1.98)**	-0.502 (1.75)*	-0.496 (1.72)*	-0.523 (1.82)*
技师	0.167 -1.22	-0.05 -0.33	-0.096 -0.63	-0.018 -0.12
高级工	1.081 (9.66)***	0.676 (5.46)***	0.619 (4.93)***	0.693 (5.51)***
中级工	0.524 (10.02)***	0.266 (4.66)***	0.217 (3.77)***	0.253 (4.39)***
初级工	0.183 (7.80)***	0.12 (4.80)***	0.099 (3.92)***	0.107 (4.23)***
所有制（公有制为比较组）				
私营	-0.399 (48.60)***	-0.07 (7.44)***	-0.08 (8.37)***	-0.085 (8.82)***

续表

	1	2	3	4
港澳台	0.275 (14.63)***	0.17 (7.87)***	0.162 (7.45)***	0.139 (6.35)***
外资	0.238 (12.64)***	0.174 (8.02)***	0.161 (7.41)***	0.147 (6.71)***
员工数		0.004 (108.66)***	0.004 (105.11)***	0.004 (102.32)***
企业年龄		0.055 (58.98)***	0.056 (59.93)***	0.057 (59.72)***
企业年龄平方		0 (24.11)***	0 (23.92)***	-0.001 (24.19)***
人均拥有计算机量			0.066 (3.93)***	0.084 (5.15)***
营业状态	否	否	是	是
行业类型	否	否	否	是
观察值数量	188 632	178 933	178 919	178 915

注：括号内为 t 值。*、**、*** 分别表示在 10%、5%、1% 水平显著。

表 5-10 的第一列控制了企业不同教育水平比例、技术职称比例、技术等级比例和企业所有制，第二列比第一列多控制了员工数、年龄及其平方，第三列比第二列我们加上了企业技术（采用人均拥有计算机数量来衡量）和经营状态，第四列比第三列我们额外控制了企业的行业类型。从表 5-10 我们看出企业是否设立工会和教育、技术职称、企业所有制、企业规模、企业年龄、企业技术等多项因素显著相关。通过以上分析，我们发现工会的设定受多方面因素影响，有的合乎预期，有的出乎意料。

那么工会在工人中的覆盖率又是怎样的呢？下面我们采用和表 5-10 相同解释变量，但是被解释变量换成企业的工会覆盖率：就是该企业参加工会人数除以企业总员工数，如果该企业未设立工会，那么相应的，该企业工会覆盖率为 0。至于回归方法，我们也相应调整为普通最小二乘法（OLS），回归结果在表 5-11 中给出。从表 5-11 中，我们发现对于工会覆盖率的影响因素，结果和表 5-10 中是否参加工会的结果类似。这也意味着我们对于为什么设立和参加工会的分析结果是非常稳健的（robust），当然系数会稍有差异。此外，高中教育比例也呈现非常正面的影响。除了最高的研究生以上教育以外，别的教育水平影响的层次感更强：系数随教育正向增长，意味着教育水平越高，工会覆盖率越大。应当说，表 5-11 的结果比表 5-10 更清晰，但是两个表类似的结果完全支持了我们的观点，而且说明我们的结果比较可信，不是因为测量误差等而造成。

表 5-11　　　　　　　　　　工会覆盖率的 OLS 估计

	1	2	3	4
教育（初中以下为比较组）				
研究生及以上学历人员比例	-0.165 (4.26)***	-0.065 -1.23	-0.065 -1.23	-0.087 (1.65)*
大学本科人员比例	0.013 -1.07	0.103 (6.83)***	0.105 (6.88)***	0.091 (5.98)***
大专人员比例	-0.042 (6.88)***	0.036 (4.71)***	0.037 (4.81)***	0.038 (4.92)***
高中人员比例	-0.024 (9.38)***	0 -0.08	0.009 (3.12)***	0.011 (3.72)***
专业技术职称（无职称为比较组）				
高级	0.129 (4.90)***	0.114 (3.99)***	0.096 (3.39)***	0.089 (3.13)***
中级	0.101 (7.88)***	0.096 (6.82)***	0.086 (6.12)***	0.08 (5.73)***
初级	0.18 (24.29)***	0.144 (18.97)***	0.137 (17.98)***	0.13 (17.17)***
技术等级（无技术等级为比较组）				
高级技师	-0.117 (2.46)**	-0.127 (2.56)**	-0.128 (2.59)***	-0.135 (2.74)***
技师	0.051 (1.90)*	0.02 -0.75	0.014 -0.51	0.027 -0.98
高级工	0.267 (11.10)***	0.203 (8.28)***	0.191 (7.80)***	0.205 (8.36)***
中级工	0.12 (11.03)***	0.077 (7.05)***	0.069 (6.33)***	0.076 (6.93)***
初级工	0.033 (6.92)***	0.023 (4.99)***	0.02 (4.24)***	0.02 (4.27)***

续表

	1	2	3	4
所有制（公有制为比较组）				
私营	-0.076 (46.05)***	-0.015 (8.26)***	-0.016 (9.12)***	-0.016 (8.91)***
港澳台	0.04 (9.84)***	0.067 (15.39)***	0.064 (14.75)***	0.059 (13.59)***
外资	0.034 (8.38)***	0.065 (14.95)***	0.061 (14.14)***	0.059 (13.49)***
员工数		0 (73.55)***	0 (71.87)***	0 (70.65)***
企业年龄		0.011 (59.35)***	0.011 (60.05)***	0.011 (59.42)***
企业年龄平方		0 (15.42)***	0 (15.57)***	0 (15.88)***
人均拥有计算机量			0.015 (4.26)***	0.02 (5.56)***
营业状态	否	否	是	是
行业类型	否	否	否	是
观察值数量	187 948	178 250	178 237	178 237
R平方	0.03	0.09	0.1	0.1

注：括号内为t值。*、**、*** 分别表示在10%、5%、1%水平显著。

（三）工会的工资回报

西方研究显示工会有正向的工资回报（Linneman，1982；Card，1996），已有中国方面的研究也显示出类似结论（胡建国、刘金伟，2006）。我们通过代表性的经济普查数据来测试一下，模型设定为：

$$\ln(W) = G\alpha + X\beta + \varepsilon \tag{5.5}$$

其中 W 是企业平均工资，G 代表该企业工会覆盖率，X 包括其他解释变量，譬如企业不同教育水平比例；技术职称比例；技术等级比例；企业所有制、员工数、年龄及其平方；企业技术；经营状态和企业的行业类型。我们的做法和以前的结果不同就在于：我们使用企业层面数据来探讨企业工会覆盖率对于企业平均工资的影响，而并非以往那些个人参加工会的工资回报。回归结果见表5-12。

表 5-12　　　　　　　　工会工资回报的 OLS 估计

	1	2	3	4
工会覆盖率	0.166 (56.94)***	0.13 (43.43)***	0.124 (41.78)***	0.121 (40.85)***
教育（初中以下为比较组）				
研究生及以上学历人员比例	0.357 (5.91)***	0.456 (6.52)***	0.425 (6.09)***	0.442 (6.37)***
大学本科人员比例	0.524 (27.70)***	0.593 (28.91)***	0.553 (26.83)***	0.543 (26.34)***
大专人员比例	0.138 (14.48)***	0.213 (20.49)***	0.199 (19.02)***	0.192 (18.42)***
高中人员比例	0.02 (5.52)***	0.043 (11.43)***	0.046 (12.25)***	0.038 (10.23)***
专业技术职称（无职称为比较组）				
高级	0.181 (5.10)***	0.15 (4.11)***	0.127 (3.50)***	0.108 (2.99)***
中级	0.052 (2.95)***	0.039 (2.15)**	0.028 -1.58	0.024 -1.34
初级	0.111 (11.50)***	0.098 (10.12)***	0.092 (9.59)***	0.086 (8.93)***
技术等级（无技术等级为比较组）				
高级技师	0.063 -0.99	0.031 -0.49	0.029 -0.46	0.008 -0.13
技师	-0.007 -0.21	-0.043 -1.23	-0.042 -1.21	-0.038 -1.12
高级工	0.186 (5.95)***	0.155 (4.95)***	0.137 (4.40)***	0.116 (3.73)***
中级工	0.094 (6.75)***	0.07 (5.08)***	0.063 (4.57)***	0.05 (3.62)***
初级工	0.008 -1.3	0.003 -0.54	0.001 -0.13	-0.003 -0.44

续表

	1	2	3	4
所有制（公有制为比较组）				
私营	-0.056 (26.06)***	-0.034 (14.98)***	-0.035 (15.50)***	-0.03 (13.20)***
港澳台	0.185 (34.39)***	0.188 (34.11)***	0.185 (33.75)***	0.194 (35.40)***
外资	0.243 (45.64)***	0.25 (45.57)***	0.245 (44.93)***	0.256 (46.91)***
员工数		0 (37.04)***	0 (36.40)***	0 (37.65)***
企业年龄		0.004 (16.64)***	0.004 (17.36)***	0.004 (17.15)***
企业年龄平方		0 (8.98)***	0 (9.17)***	0 (9.02)***
人均拥有计算机量			0.079 (17.04)***	0.076 (16.44)***
营业状态	否	否	是	是
行业类型	否	否	否	是
常数项	2.267 (1 028.22)***	2.225 (820.49)***	2.244 (39.94)***	2.211 0
观察值数量	177 015	173 798	173 785	173 785
R 平方	0.08	0.09	0.1	0.11

注：括号内为 t 值。*、**、*** 分别表示在 10%、5%、1% 水平显著。

从表 5-12 我们可以看出：企业工会覆盖率对于企业平均工资有个非常正的影响。第二列系数比第一列下降很多，主要原因是企业规模和工资是正相关，而企业规模和工会覆盖率二者相互之间也是正相关，所以忽略企业规模的话，会导致估计出来的系数被高估。后三列结果类似：0.12 左右，这个结果说明一个企业工会覆盖率多 1% 的话，那么其平均工资一般也会高 0.12%。应当说，这个结果基本符合实际情况。

（四）工会对于员工福利的影响

工会在员工福利方面有没有影响？有多大影响？这是本节需要回答的问题。

回归方法和表5-12类似，被解释变量也都去了常用对数。需要说明的是：我们控制了员工人数，在此情况下，企业规模相当于控制了，虽然被解释变量采用的总金额，但是回归结果和被解释变量采用人均金额的情况是一致的。

首先我们来看工会支出和覆盖率的关系（见表5-13）。由于分析工会经费情况，而且只有规模以上企业才提供此类信息，这里我们只考虑设有工会的规模以上企业。从表5-13结果我们发现工会经费和工会覆盖率完全正相关，这符合预期的结果。我们还发现，即便是其余相关变量尤其是工会覆盖率已经控制的情况下，私营企业相对而言不太重视工会，而相对公有制企业而言，外资企业的工会支出大大增加，这也说明外资企业对于工会作用的重视。虽然工会在中国不一定像西方那样是代表劳方和资方谈判斗争的重要工具，但是企业重视工会的话，一样可以协调好劳资关系。工会至少可以成为劳资双方沟通的有效桥梁，所以我们看到外资企业如此重视工会也就不难理解为什么外资企业可以达到更有效率的生产，获得更高工资，甚至在比公有制等企业劳动强度大得多的情况下也能改善劳资关系。这方面来说，工会的作用功不可没。现代生产活动趋势不再以个体生产为主，而是越来越趋向于团队生产。所以说劳资关系以及劳动者内部相互之间的关系都显得越来越重要。

表5-13　　工会经费的OLS估计（被解释变量：log（企业工会经费））

	1	2	3	4	5
工会覆盖率		0.511 (17.32)***	0.442 (16.04)***	0.441 (15.95)***	0.431 (15.57)***
教育（初中以下为比较组）					
研究生及以上学历人员比例	1.121 -0.81	1.134 -0.82	0.886 -0.69	0.58 -0.45	1.087 -0.84
大学本科人员比例	3.173 (10.16)***	3.102 (9.93)***	2.485 (8.58)***	2.299 (7.49)***	2.253 (7.30)***
大专人员比例	1.771 (9.20)***	1.701 (8.77)***	1.73 (9.64)***	1.68 (9.20)***	1.581 (8.56)***
高中人员比例	0.564 (9.33)***	0.509 (8.39)***	0.508 (9.04)***	0.504 (8.95)***	0.481 (8.48)***
专业技术职称（无职称为比较组）					
高级	-2.246 (3.75)***	-2.093 (3.51)***	-1.152 (2.09)**	-1.247 (2.25)**	-1.086 (1.96)**

续表

	1	2	3	4	5
中级	0.097 -0.29	-0.183 -0.54	0.302 -0.97	0.283 -0.91	0.25 -0.8
初级	0.502 (3.12)***	0.286 (1.77)*	0.281 (1.88)*	0.267 (1.78)*	0.186 -1.24
技术等级（无技术等级为比较组）					
高级技师	0.418 -0.36	1.335 -1.17	1.215 -1.15	1.317 -1.24	1.533 -1.45
技师	0.598 -1.02	0.621 -1.06	0.653 -1.2	0.685 -1.26	0.782 -1.44
高级工	1.149 (3.02)***	1.036 (2.61)***	0.296 -0.81	0.305 -0.82	0.226 -0.61
中级工	1.321 (7.14)***	1.218 (6.52)***	0.876 (5.05)***	0.862 (4.97)***	0.791 (4.55)***
初级工	-0.001 -0.01	-0.013 -0.16	0.019 -0.26	0.024 -0.32	0.02 -0.27
所有制（公有制为比较组）					
私营	-0.543 (22.08)***	-0.51 (20.68)***	-0.349 (14.78)***	-0.348 (14.71)***	-0.337 (14.11)***
港澳台	0.06 -1.41	0.078 (1.82)*	0.056 -1.4	0.055 -1.36	0.054 -1.32
外资	0.194 (4.54)***	0.206 (4.80)***	0.16 (3.96)***	0.157 (3.89)***	0.169 (4.14)***
员工数			0.001 (53.18)***	0.001 (53.15)***	0.001 (52.17)***
企业年龄			0.016 (6.47)***	0.016 (6.52)***	0.014 (5.77)***
企业年龄平方			0 -0.42	0 -0.34	0 -0.41

续表

	1	2	3	4	5
人均拥有计算机量				0.185 (1.78)*	0.069 -0.64
营业状态	否	否	否	是	是
行业类型	否	否	否	否	是
常数项	2.359 (91.08)***	2.08 (68.78)***	1.634 (49.15)***	0.8 (1.76)*	-0.543 -0.51
观察值数量	19 001	18 709	18 707	18 702	18 702
R 平方	0.1	0.11	0.24	0.24	0.25

注：括号内为 t 值。*、**、*** 分别表示在 10%、5%、1% 水平显著。

那么工会力量对于员工真正的福利等方面有没有影响呢？表 5-14 结果说明：工会在职工教育费、劳动和待业保险费、养老保险和医疗保险费的作用还是很明显的，在保障工人利益方面还是起了非常积极的作用。通过实证结果，我们发现以往关于工会的认识存在误解，事实上工会不仅仅组织活动，而且在培训员工、保障员工利益方面起了很重要的作用。从员工这三类福利来说，工会起的作用不尽相同：职工教育费作用最小，劳动和待业保险费比较高，而养老保险和医疗保险费最高。这说明工会在保障员工最有效的利益方面，起的作用最大。

表 5-14　　　　　职工教育费及社会保险的 OLS 估计

	职工教育费	劳动、待业保险费	养老保险和医疗保险费
工会覆盖率	0.364 (16.80)***	0.603 (21.01)***	0.73 (42.63)***
教育（初中以下为比较组）			
研究生及以上学历人员比例	1.004 -1.17	-1.46 -1.39	0.456 -0.67
大学本科人员比例	1.893 (8.19)***	2.296 (8.04)***	2.187 (11.71)***
大专人员比例	0.843 (5.81)***	1.256 (6.81)***	0.73 (6.24)***

续表

	职工教育费	劳动、待业保险费	养老保险和医疗保险费
高中人员比例	0.362 (7.77)***	0.514 (8.57)***	0.324 (8.92)***
专业技术职称（无职称为比较组）			
高级	-0.306 -0.73	-1.836 (3.45)***	-0.597 (1.65)*
中级	-0.569 (2.33)**	0.05 -0.16	-0.159 -0.82
初级	0.025 -0.21	0.716 (4.47)***	0.663 (6.85)***
技术等级（无技术等级为比较组）			
高级技师	0.412 -0.48	0.787 -0.7	-3.401 (4.43)***
技师	0.325 -0.74	0.568 -0.96	-0.062 -0.17
高级工	0.777 (2.65)***	0.781 (2.13)**	0.797 (3.10)***
中级工	0.495 (3.40)***	0.715 (3.87)***	0.561 (4.69)***
初级工	-0.033 -0.52	-0.073 -0.9	-0.157 (3.16)***
所有制（公有制为比较组）			
私营	-0.105 (5.14)***	-0.353 (12.84)***	-0.321 (19.39)***
港澳台	-0.256 (7.16)***	-0.015 -0.37	0.22 (8.38)***
外资	-0.119 (3.48)***	0.063 -1.57	0.252 (9.65)***

续表

	职工教育费	劳动、待业保险费	养老保险和医疗保险费
员工数	0.001 (56.12)***	0.001 (45.23)***	0.002 (74.18)***
企业年龄	0.019 (8.92)***	0.029 (11.71)***	0.048 (29.11)***
企业年龄平方	0 (3.52)***	0 -0.04	0 (10.82)***
人均拥有计算机量	0.001 -0.01	0.116 -1.11	0.286 (4.00)***
营业状态	是	是	是
行业类型	是	是	是
常数项	-0.126 -0.16	3.303 (4.08)***	0.983 -1.16
观察值数量	21 226	16 038	31 351
R平方	0.21	0.29	0.36

注：括号内为t值。*、**、***分别表示在10%、5%、1%水平显著。

下面我们再来看关于住房和福利费的情况，表5-15列出了企业住房公积金和住房补贴、福利费的影响因素。工会也显然起了非常正向的作用，其中对住房公积金和住房补贴的作用最大，不仅仅超过了对福利费，而且超过了表5-14中工会对于职工教育费，劳动、待业保险费，养老保险和医疗保险费的影响。由此可见，工会对于员工住房福利的影响非常大，由于住房问题关系工人切身利益，而且在近年来房价飞涨的情况下，住房问题对于工人越来越显得重要。从这个意义来说，工会的作用得到集中体现。此外，工会对于发放员工福利费也有比较大的正面影响。综合表5-14和表5-15来看，工会并非形同虚设，虽然我们观察不到工会是否代表劳方利益来和资方谈判，但是从福利来判断，我们还是发现工会起了不可抹杀的作用。中国工会和西方确实不同，但是只要能够为工人带来更高福利，那么工会在劳资关系中的作用确实还是非常重要的。

表5-15　　住房公积金和住房补贴、福利费的OLS估计

	住房公积金和住房补贴	福利费
工会覆盖率	1.004 (14.95)***	0.411 (28.13)***
教育（初中以下为比较组）		
研究生及以上学历人员比例	-5.037 (3.25)***	1.084 (1.85)*
大学本科人员比例	3.208 (7.42)***	1.99 (12.63)***
大专人员比例	0.363 -1.13	0.458 (4.77)***
高中人员比例	0.228 (1.68)*	0.11 (3.64)***
专业技术职称（无职称为比较组）		
高级	-2.662 (2.82)***	-0.74 (2.57)**
中级	-0.484 -0.92	-0.401 (2.51)**
初级	0.221 -0.81	-0.008 -0.1
技术等级（无技术等级为比较组）		
高级技师	-6.51 (2.30)**	-0.204 -0.36
技师	-0.008 -0.01	0.161 -0.51
高级工	0.484 -0.95	0.574 (2.68)***
中级工	1.441 (4.71)***	0.482 (4.78)***
初级工	-0.288 -1.53	0.011 -0.27

续表

	住房公积金和住房补贴	福利费
所有制（公有制为比较组）		
私营	-0.587 (8.34)***	-0.174 (12.58)***
港澳台	-0.133 -1.58	-0.285 (12.15)***
外资	0.286 (3.74)***	-0.222 (9.52)***
员工数	0.001 (20.43)***	0.002 (95.39)***
企业年龄	0.035 (8.59)***	0.02 (13.90)***
企业年龄平方	0 (3.80)***	0 (5.86)***
人均拥有计算机量	0.317 (2.10)**	-0.329 (5.61)***
营业状态	是	是
行业类型	是	是
常数项	1.306 -0.77	1.949 (2.99)***
观察值数量	3 353	38 638
R平方	0.41	0.28

注：括号内为t值。*、**、***分别表示在10%、5%、1%水平显著。

（五）小结

本节使用2004年浙江省经济普查数据，对于工会在劳动关系中的作用进行了详尽的分析。结论主要如下：（1）工会并非如一般认识那样形同虚设，而是确实起到了改善劳动关系的作用。从工资回报到各项福利，工会都在一定程度上提升了员工利益。此外，我们的实证研究还表明，资方也乐意设立工会以及给工会拨经费，因为工会能够改善劳动关系，增强企业凝聚力，从而提高生产效率。（2）企业工会覆盖率对于企业平均工资有着显著的正面影响。（3）工会经费和工会覆盖率完全正相关，相对公有制企业而言，外资企业的工会支出大大增加，这也说明外资企业对于工会作用的重视。（4）工会在职工教育费、劳动和待业保险费、养老保险和医疗保险费方面的作用有着很明显的正向影响，而对企业住房公积金和住房补贴、福利费的影响因素，工会也都起了非常正向的作用，其中对住房公积金和住房补贴的作用最大。

应当说，伴随着我国的经济转型，工会的职能也发生了重大变化。虽然现在很多企业尤其是国有企业的工会仍然保留一些计划经济时代的工会特征。但是总体来看，工会已经不再只是充当组织文娱活动类似的角色了，而是切切实实或多或少在为工人谋福利，协调劳动关系和劳劳关系，增强企业的凝聚力。由于劳动关系对于劳动力市场发展非常重要，更何况还是处于经济转型期，所以工会在全民经济和谐健康发展的要求下，任务也会越来越艰巨。我国工会未必一定要完全学习西方，但是一定要保障工人利益，处理好劳动关系。目前来看，工会的发展任重而道远。

第四节　劳动关系的调整思路

基于以上对劳资权利失衡的表现和原因的考察以及对工会作用的实证分析，我们认为要调整当前的劳动关系，改变劳资权利失衡的局面，着重要认清和抓住以下三个关键问题。一是随着劳动关系的多元化和外部化，劳动关系不再局限为企业内部的关系，劳资之间的矛盾更成为社会矛盾的一个缩影，调整劳动关系不仅仅要强调劳资合作或劳资双赢，还需要从全体社会和谐的视角来系统看待。二是由于劳资双方在经济关系上具有天然的隶属性及利益冲突，再加上劳动力的特殊性和劳动者的异质性，这种内生的劳资矛盾仅凭外部的以平等公平为原则的立法和政府监管是不可能解决的，在宏观层面更需要利用市场机制本身的力量，通过调整劳动力市场的供求结构及经济结构来达到调整劳资关系的目的。三是要建立劳动者权益维护的自我平衡机制，通过劳动者可行能力的建设和组织资本（工会）的强化，来提高劳动者自身的谈判力量进而扭转劳资权利失衡的局面，而非仅仅依靠政府的"帮助"。

（一）从社会和谐的视角来调整劳动关系

随着劳务派遣等非正规就业的增加及员工工作流动加速导致的就业非稳定化趋势的上升，劳动关系的发生不再局限于单个企业内部，也不再仅仅表现为企业与劳动者之间的双向关系。劳动关系的多元化和外部化使企业处理与外部人群之间矛盾的可能性大大增加。因为劳动者同时也是消费者和社区居民，一旦员工对企业的组织认同度降低或离开企业，那么原有的劳资冲突自然而然就会转化为企业与外部人之间的冲突，劳资之间的矛盾不可避免地就会演化为社会阶层之间的矛盾。因此，在调整劳动关系时，不仅要理顺企业内部的企业绩效与劳动者权益保护之间的关系，更要从外部的社会和谐的视角来系统考虑企业、社会、劳动者这三方的关系。图5-1描述了企业发展、和谐劳动关系与和谐社会之间的逻辑关系。

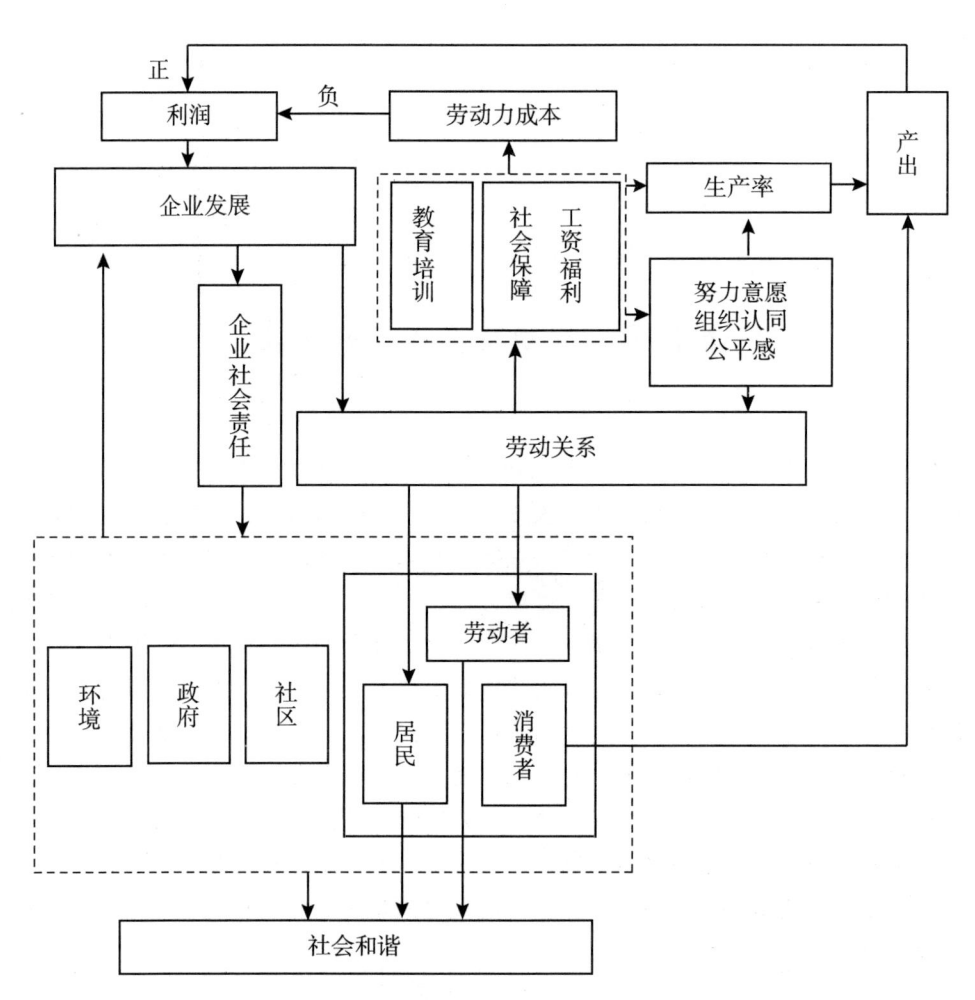

图5-1 企业发展、和谐劳动关系与和谐社会之间的逻辑关系

从企业内部的角度看，劳动者与企业虽然在利益分配上存在着无法回避的冲突，但劳动成本的增长压力也能够通过生产率的提高以及劳动力转换成本的节约得到抵偿，员工劳动报酬增长与企业发展之间同时也具有利益一致性。如图 5-1 所示，员工权利的扩大一方面意味着要提高员工工资福利、社会保障，增加教育培训费用，从而增加劳动力成本，减少企业利润，进而影响企业发展。另一方面，员工权益增多后，会增进员工对企业的组织认同感、提升员工努力意愿，提高生产效率，而员工生产率的提高无疑会扩大产出，增加利润，从而促进企业发展。反过来企业的发展也会使企业所有者有能力去提高员工的薪酬福利，改善员工的工作环境，从而缓和劳资矛盾，化解劳资冲突。而不合理的低水平劳动报酬分配不仅会造成企业人力资源的流失，也直接导致劳资纠纷的频繁发生从而干扰企业的正常生产，同时还会鼓励企业采用更适于低工资水平的技术，从而阻碍企业加强技术进步与创新，进而导致企业生产效率的损失。我们认为，要让企业认识到这种劳资双赢模式的存在进而改善劳资关系，一要改变企业的人力资源管理观念，二要鼓励企业创新，加快转型升级，让企业保持经济增长活力，防止企业迫于竞争压力，把风险和成本转嫁给劳动者。

但仅仅从企业内部劳资双赢的角度来推动劳动关系的调整是不够的，还需要从外部的社会和谐的视角出发来考虑劳资关系的调整。如前所述，劳动者既是消费者同时也是社区居民。如图 5-1 所示，劳资权利的失衡首先直接意味着作为劳动者的另一种身份——居民的权益受损。居民的大部分收入来自工薪收入，如果劳动关系不和谐，劳动者报酬持续偏低，那么居民收入分配状况就会进一步恶化，收入差距进一步扩大，衍生仇富等现象，影响社会和谐稳定。此外，劳动者收入如果不能正常提高，那么就会造成消费乏力，影响企业产出和企业利润，进而阻碍社会经济转型。另外，劳工权益是企业是否履行社会责任的核心内容，如果劳动者的利益得不到保障，那么企业承担社会责任的意识必然缺失，而企业社会责任意识的缺失又会导致企业与外部相关利益者（包括社区居民和消费者）的关系不融洽，引发一系列的社会矛盾，恶化企业外部生产环境，进而阻碍企业的发展，并降低劳动者的公平感、幸福感，加剧劳资矛盾。

因此，维护劳动者权益，不仅需要提倡劳资双赢的理念，更需要从社会和谐的角度出发，重点通过推进和完善企业社会责任建设来系统地调整劳动关系。（1）企业要将企业社会责任建设纳入企业可持续发展战略规划中，并建立企业社会责任的管理机构和规章制度，将企业社会责任形成制度化、规范化的管理体系，同时建立具有社会责任导向的企业文化，树立和提高全体员工的企业社会责任意识。（2）政府要积极引导，建立激励机制来促进企业履行社会责任，同时建立和完善企业社会责任相关的法律法规并监管到位。（3）社会要发挥舆论监督作用，建立一个完善的社会监督体系，并营造良好的企业社会责任氛围，同时充分发挥民间非营利组织（NPO）的监督作用。

（二）通过健全市场机制来调整劳动关系

劳资权利的失衡本质上是劳动力市场的供求关系和资本雇佣劳动的生产特性所决定的。在劳动关系调整中一味强调立法保护和政府监管，不仅治标不治本，政府失灵的一系列问题还可能进一步恶化劳动关系。只有充分依托市场的作用，健全完善市场内生的协调机制，才能均衡劳动力市场的供求关系，平衡劳资双方的议价能力，进而促进劳动关系的和谐发展，有效解决现实中劳动者权益保护不到位且维权困难的问题。要改变劳动力市场的供求关系，一要实现劳动力市场的一体化，促使劳动力资源在地区、企业、行业间的均衡有效地配置，二要改变经济结构，产业结构要与人力资本结构相匹配，提高劳动的贡献度。

劳动力市场的一体化包括城乡劳动力市场的一体化及城市内部劳动力市场的一体化。在城乡劳动力市场一体化问题上，政府要正确认识我国当前劳动力市场总量短缺的事实和未来走势，充分利用"刘易斯转折点"的到来这一时代契机，通过加强新农村建设和城乡一体化建设来系统调控劳动力市场的供求结构。努力扩大农村当地的就业机会，鼓励并支援农村劳动者在农村本地的创业，并完善农村社会保障制度，通过提高农民收入、提高农村劳动者进城的机会成本，来减少城市劳动力市场的劳动供给量。在城市内部劳动力市场一体化问题上，主要是要打破垄断、开放市场。少数产业的垄断及高准入门槛，一方面降低了就业岗位的创造，劳动需求减少；另一方面导致大量拥有高人力资本的大学生涌入下位劳动力市场，不仅造成下位劳动力市场劳动供给过剩，也造成人力资源的大量浪费。上述两种由制度所致的劳动力市场资源的畸形配置，一方面使劳动力市场供求结构扭曲，进而导致劳资权利的失衡；另一方面也导致劳动边际贡献被低估，间接降低了劳动报酬分配。因此，调整劳动关系的前提就是要健全市场机制，打破垄断和分割，实现劳动力市场的一体化。

在经济结构转型方面，政府要把劳动成本上升作为推动技术进步、产业升级的机遇，通过改善管理、挖掘潜力、技术创新等途径，提高劳动生产率和全要素生产率，以相对成本下降抵偿绝对成本上升，以物耗成本下降抵偿劳动成本上升，以交易费用下降抵偿生产成本上升，走集约化经营、创新式发展之路，形成新的竞争优势。只有通过技术创新、激励制度创新，做大做强"蛋糕"，才能使人力资本发挥更为有效的作用，劳动力资源得到充分配置，劳动力的权利才能得以提升。同时，企业发展也能为劳资双赢创造条件。

（三）建立劳动者权益维护自我平衡机制来调整劳动关系

劳动者权益维护的自我平衡机制之一是劳动者可行能力的建设机制。重点是通过人力资本投资来提升劳动者的竞争力和市场适应性。劳动者的地位取决于人力资本存量和人力资本产权界定制度这两个维度，两相比较，人力资本投资比人力资本产权保护更具根本性。道理很简单，财产保护制度只对拥有财产的人才有意义，人力资本同样如此。近年来，党和政府越来越重视教育、科技和人才培养，提出了"人才强国"的口号。但在人才强国战略实施过程中，普遍重视"三支队伍"建设（即党政管理人才队伍、专业技术人才队伍和企业家人才队伍），忽视了对普通劳动者的人力资本投资，造成了企业劳动力结构上的矛盾，出现劳动力过剩和劳动力短缺并存的现象。农民工的文化水平和劳动技能低，是导致其实际地位低下的重要原因。目前全国技能型人才短缺的现象有增无减，很多企业高薪聘请技工而不得，这种矛盾随着我国经济转型和技术进步的加速将不断加剧。因此必须加强对普通劳动者的人力资本投资，大力培养技能型人才。因此，我们建议政府要在评估培训效果的基础上，进一步完善技术培训体系，采取政府、企业、劳动者个人共同出资的办法，提高职业教育和技术培训的实际效果。此外，国外研究表明，早期人力资本投资比对成年人进行职业训练的效果好得多。因此，在农民工培训问题上，更重要的是加强对农村普通教育和就业前职业教育的投资，对于外地农民工子女的教育，也要从国家大局出发，充分利用城市教育资源，使其享受同等的义务教育和职业技术教育。

劳动者权益维护的另一个更为重要的自我平衡机制是工会的谈判及维权机制。如何使工会能够成为真正维护劳动者权益的组织并发挥工会应有的职能，我们认为最根本的就是要在制度上、观念上进行突破，并着重从以下几个方面着手。

第一，明确劳动关系的主体，建立真正意义上的劳动者自己的工会，而不是把资方和企业高管都划为劳动者。市场经济改革已近 40 年，我们不能回避劳资双方在本质上是对立的这个现实，特别是在私营企业，劳资双方完全就是雇佣关系而非分工协作关系。如果资方和企业高管都可以加入工会，那么最终只能是强势的资方代表劳工方来和资方自己进行双手互搏，即便某些举措有利于劳动者，一切出发点也都是为了资方自己的根本利益。劳资关系主体不明的工会不仅只是成为形同虚设的工会，而且还有可能剥夺劳动者表达权利和维权的路径，严重损害劳动者的权益。因此，要使工会真正成为劳动者自己的组织，政府必须在政策上鼓励劳动者在不违反法律法规的基础上，根据自己的意志自发组建任何形式的工会，并限制由企业组建工会，而不是本末倒置地规定"企业、事业单位应当在开业或者设立一年内依法建立工会组织"。

第二，保证工会的独立性，使工会脱离对企业的依附。主要可以从两方面进行机制改革：一是基层工会组织的形式应以联合工会、行业工会为主，而非企业内部工会，尽量使基层工会脱离于企业的支配。二是基层工会主席应为上级工会或其他行业工会派遣的专职人员，而不应与资方有雇佣关系。本节的计量结果表明，工会主席这个角色在劳动关系调整中具有相当重要的作用。因此，要保证工会的独立性，除了工会主席在经济利益关系、雇佣关系上要脱离于企业外，还要在制度上有效保护工会主席的权益，保证工会主席的行为不易偏向于企业。

第三，工会在职能形式上，应强化参与职能，充分发挥职工代表大会的作用，积极主动参与到企业管理和决策中去。本章的计量分析结果已经表明，只有参与到企业的管理决策中去，争取劳动者应有的权利，进行事前维权，才能切实有效地保障劳动者的合法权益。事后维权机制虽然可以为劳动者讨回某些公道，但不可能是长效的，只能解决燃眉之急，而且被侵害的权益现实上也不可能全部返回，且事后维权需要较高的维权成本。所谓治标要治本，工会只有在事前积极维权，才有可能保障劳动者的合法权益。

第六章

社会保险与劳动力市场一体化

社会保险权是劳动者基本权利,因而社会保险制度与劳动力市场有密切关系。科学合理的社会保险制度安排有利于劳动力市场健康运行,有利于劳动者权益的实现。改革开放以来,劳动就业体制发生了深刻的变化,但统一的劳动力市场尚未完全形成,城乡劳动者未能实现平等就业,也未能公平地享受社会保险权益。尤其是现行社会保险制度存在种种缺陷,制约着劳动力自由流动,从而影响着劳动力市场一体化进程。本章从劳动力市场一体化的目标出发,审视我国社会保险制度,揭示其存在的问题和成因,提出了深化改革的基本思路,并对社会保险参与的户籍差异、社会保险关系转移和社会保险制度整合等问题进行了重点讨论。

第一节 社会保险制度与劳动力自由流动

人力资源是第一资源。人力资源配置效率是影响经济发展、社会进步的重要因素,而劳动力自由流动则是实现人力资源优化配置的前提。现代社会中,社会保险制度是影响人力资源配置的一种重要机制。因此,社会保险制度的设计,要有利于保护劳动者的权益,有利于劳动力的自由流动。

一、社会保险制度改革促进了劳动力流动

我国社会保险制度的普遍实施,以1951年2月26日政务院颁布《中华人民

共和国劳动保险条例》为标志。这一制度的建立与实施，为国家经济发展和社会进步做出了极其重要的贡献。同时，应当看到，这一社会保险制度建于计划经济体制时期，与计划管理下的劳动就业制度相适应，这与市场经济体制以及市场化的劳动就业制度有着本质性的矛盾。

计划经济体制之下，企业由国家办，工人由国家招聘，生产由国家计划决定，从一定意义上说，企业是国家机器的延伸。这一时期，企业为职工提供生、老、病、死、伤、残等基本风险保障服务，实际上是代行国家的社会保险职能。那个时候，工人虽然端着"铁饭碗"，但自由选择的机会很少，劳动力很少在地区之间和用人单位之间流动。

20世纪80年代中期，城市经济体制改革开始，企业逐步成为自主经营、自负盈亏、独立核算的经济主体。但是，职工的基本风险保障服务仍然由企业提供，这就使得社会保险变成了"企业保险""单位保险"，社会保险的社会化程度大大降低，并且造成了企业间社会保险负担不均。在这一时期，劳动就业逐步走向市场化，劳动者自主择业，劳动供求双向选择，劳动力流动的数量和频率大大增加，以用人单位为责任主体的社会保险体制成为劳动力流动的障碍。

为了解决日益严重的新旧体制冲突，国家于20世纪80年代后期开始进行社会保险制度改革试验，探索建立与社会主义市场经济体制相适应、独立于用人单位之外的新型社会保险制度。这项改革是朝着有利于劳动力自由流动的方向进行的。

社会养老保险方面，1984年开始，各地陆续进行企业职工社会养老保险制度改革探索，1997年起逐步规范，建立了制度框架全国统一的职工基本养老保险制度，采用社会统筹与个人账户相结合的部分积累制基金管理模式，城镇各类企业及其职工和个体劳动者均受这一制度的保障。这一制度的建立和实施，使企业职工养老开始真正走向社会化，其基本养老保障与其原单位经营状况的好坏没有直接关系，这就有力地促进了劳动者的自由流动。

社会医疗保险方面，20世纪90年代，各地在总结企业大病医疗费用社会统筹试点的基础上，开始推行企业大病医疗费用社会统筹，以企业保障为主体的医疗保障逐步向社会化医疗保障转轨。1998年起，逐步建立并实施制度框架全国统一的职工基本医疗保险制度。这一制度打破企业所有制性质及企业职工户籍之限制，覆盖范围日益扩大，并且逐步向城镇全体劳动者拓展。从基本医疗保险制度规定看，劳动力在不同所有制用人单位和不同地区间流动，其医疗保险关系可以随之转移。

失业之后再就业，意味着劳动力流动。失业保险能够为这类劳动力流动提供帮助。随着经济体制改革的深入，企业破产转制、工人失业成为寻常之事。1986

年，我国开始探索建立失业保险制度，1998年各地还建立了过渡性的国有企业下岗职工再就业服务中心。1999年，国务院颁布《失业保险条例》，进入21世纪后，逐步实行下岗职工基本生活保障制度与失业保险制度的并轨。根据现行制度规定，所有企业、事业单位、社会团体、民办非企业单位、有雇工的城镇个体工商户及与其形成劳动关系的职工、雇工，都应当参加失业保险。

工伤保险方面，20世纪90年代开始，各地积极探索社会化的企业职工工伤保险制度。1999年劳动部颁布《企业职工工伤保险试行办法》。2003年，国务院颁布《工伤保险条例》，2004年起全面实施。根据现行制度，各类企业、有雇工的个体工商户都要依照该条例规定参加工伤保险，为本单位全部职工或者雇工缴纳工伤保险费；没有参加工伤保险的单位，仍由该单位承担支付工伤待遇的责任。据此，劳动者到任何用人单位就业，都有职业伤害风险保障，这使得就业流动者无职业伤害风险保障之忧。

生育保险方面，1986年开始改革，1988年国务院颁布《女职工劳动保护规定》，1994年劳动部颁布《企业职工生育保险试行办法》，各地建立生育保险基金，企业的女职工生育保险费用实行社会统筹，不仅均衡了企业生育保险费用负担，也有利于女性劳动力的就业与流动。

在社会保险制度改革的同时，社会保险相关的社会化管理服务逐步兴起，"企业办社会"的局面逐步改变，企业开始逐渐回归到承担其应有的社会责任。

经过改革探索，劳动力流动的阻力日益减小，劳动者择业的自由度逐步增加，社会保险的社会化程度逐渐提高。从这个意义上说，社会保险制度改革促进了劳动力流动。

二、社会保险制度缺陷制约劳动力自由流动

20多年的社会保险制度改革探索，虽然打破了制约劳动力流动的坚冰，但是，现行社会保险制度中还有许多不利于劳动力流动的因素，与劳动力市场一体化的要求不相适应，改革有待深入。问题突出表现在以下几个方面。

（一）群体间社会保险待遇差别大

按照劳动法的基本精神和社会保险的原理，任何一个工薪劳动者都享有社会保险的权利，即都应受到社会保险制度的保障。而且，从国际经验看，由政府开办的社会保险项目，劳动者之间的社会保险待遇差距并不大。但是，目前我国社会保险的实际待遇在不同的劳动群体之间存在较大差别，一部分很高，一部分很低，还有一部分甚至没有。这既影响着社会公平，也影响着劳动力的合理流动。

这种差别主要是由制度安排引起的，最典型的是社会养老保险和社会医疗保险。近20年来，企业的社会养老保险制度几经变迁，形成现行的基本养老保险制度，其中的养老金替代率有较大幅度的下降。而机关事业单位目前执行的社会养老保险制度依然是20世纪50年代延续下来的退休保障制度，虽有某些地方进行过改革探索，但都没有实质性的进展。该制度由政府财政单方筹资，职工个人不缴费，养老金待遇较高且与在职人员工资调整同步。这样的制度安排，使得企业与机关事业单位退休人员的养老金待遇差距越拉越大，后者的养老金大约是前者的2倍甚至更多。如果把农民的社会保险问题一起考虑，则这种差别就显得更大。社会医疗保险的待遇差距很明显，各群体社会医疗保险的筹资额度之比大约为——农民∶城镇居民∶企业职工∶公务员＝1∶1.5∶5∶10。养老金的群体差距更大：农民养老金不足企业退休人员养老金的1/20，不足机关事业单位退休人员养老金的1/40。

国家机关、事业单位、企业、农村的社会保险待遇存在如此巨大的差异，形成劳动力流动的壁垒。加上工资的差异、社会地位的差异，年轻人都希望到机关或事业单位工作，而不愿意到企业就业，更不愿意去当农民。薪酬和社会保障待遇的差别是有力的指挥棒，引导着人们的择业行为，扭曲着劳动力的流向，导致全社会人力资源配置失衡，已经并将继续严重影响经济发展和社会进步。

（二）社会保险关系转移难

对工薪劳动者而言，社会保险关系以劳动关系为前提。因此，参加社会保险的劳动者变更工作单位，尤其是跨地区的工作变动，必然引起社会保险关系转移。如果这种转移不畅，必然影响劳动力流动。

然而，目前社会保险关系转移并不顺畅。例如职工基本养老保险，某人从甲地转往乙地就业，其养老保险关系难以顺利接续。目前实行社会统筹与个人账户相结合的部分积累制基金管理模式。个人账户权益是很清楚的，属于参保者本人；而用人单位向统筹基金所缴的养老保险费，体现了劳动者未来领取基础养老金的一份权益，但这种权益在确定基本养老金数额时并没有严格的对应关系。由于制度规定养老保险关系转移时只转移个人账户基金，各地纷纷抵制转入。即便是按照前几年出台的政策，可以有一部分统筹基金转入或有一部分结算权益带入，因为对于未来养老金支付额难以准确把握，各地对于新政执行的热情仍然不高。

在社会保险基金实行地方统筹的体制下，社会保险关系转移，必然引起地区间利益关系的变动，但是，现行制度之下，缺乏一个利益协调机制。正是由于缺乏有效的协调机制，导致了地区之间的利益矛盾，并影响到流动就业人员的社会保险权益。

（三）社会保险权益可能因就业流动而受损

地区间经济发展水平的差别、劳动者的自由选择权及其价值追求，引起了劳动力流动，但是，由于地区间社会保险待遇和具体政策的差异，导致了投机行为：一部分人通过各种途径千方百计由待遇较低的地区转移到待遇较高的地区，这既增加了转入地社会保险基金支付压力，又造成劳动者之间的不公平。于是，不少地方出台了形形色色的"土政策"。例如，有些地方规定，要具有本地户籍的人才有可能享受本地的基本养老金；有些地方规定，要在本地参加基本养老保险并实际缴纳保险费满 15 年，才能享受本地待遇；较为宽松一点的，也要求在本地有 7 年的实际缴费年限。

这些"土政策"虽然能够遏制部分投机行为，但却可能导致流动劳动者的社会保险权益部分损失，甚至全部损失。尽管前些年政府颁发了关于社会保险关系转移的政策，但实际效果与政策目标有较大差距。一些人的社会保险关系无法接续，社会保险权益落空。例如，由于社会养老保险关系接续的困难，部分劳动者（尤其是农民工）只能选择退保，而退保只能拿到个人账户部分，这就意味着他们在统筹基金中的权益丧失。更有甚者，一些地方不承认本地区以外的视同缴费年限，劳动者的这部分权益也会丧失。这就使得劳动力流动的风险增加。有流动愿望者需要在估计风险成本、并反复权衡后做出是否流动的决定，而这种风险估计常常是很困难的。由于这种风险的存在，劳动力正常流动受到了影响。

三、社会保险制度设计理念反思

现行社会保险制度存在的问题，与改革探索过程中的指导思想和设计理念有密切关系。从劳动力流动的角度看，过去社会保险制度设计的理念需要在下列问题上进行反思。

（一）社会保险对象：工薪劳动者，全体劳动者，还是全体国民？

早期的社会保险只覆盖工薪劳动者，但随着时代的变迁，许多国家通过政府直接经办社会保险以解决国民的一部分基本风险保障问题，于是，部分社会保险权已经扩展为公民权。这样做，有利于劳动者在不同的生产部门转移，因而是有利于劳动力自由流动的。但在 20 世纪 90 年代，重点关注"社会保险制度改革为国有企业改革配套"，直接影响了社会保险制度的定位。在这种观点指导下形成的现行社会保险制度对于私营企业、民办非企业单位等非国有部门以及处于高速流动状态的农民工的适应性就很弱。因此，需要把社会保险权作为全体国民的权利，并由此出发设计社会保险制度，使得全体劳动者乃至全体国民都能够受到社会保险制度的保障。

（二）社会保险待遇：基本保障，还是充分保障？

20世纪90年代，学界基本达成共识——社会保障制度改革的原则是"广覆盖、低水平、多层次"，这几年有新的提法——广覆盖、保基本、多层次、可持续。笔者主张还可以再改一个字，应该是——全覆盖、保基本、多层次、可持续[①]。在社会保障体系建设的过程中，政府的职责有两条：一是直接提供基本风险保障服务，二是制定规制，实施监管，促进补充性保障的健康发展。因此，一定要明确，由政府直接提供的只是基本保障，而不是高水平的、很体面的充分保障。值得注意的是，最近几年，我国在社会保险领域乃至整个社会保障领域，有一些非理性行为，调子唱得过高，胃口吊得太高，从长远看，这是不利的。所以，确定适度的保障水平十分关键。事实上，只有保基本，才能全覆盖；只有保基本，才能可持续；只有保基本，才能建立起多层次社会保障体系。显然，如果政府直接提供的社会保险是全覆盖的，即无论在何地何部门就业，都能够享受到水平基本一致的基本风险保障，那么，社会保险制度就成为劳动力自由流动的支持力量而不是阻力。

（三）社会保险制度：按人群类型设置，还是一体化独立运行？

既然社会保险是政府为全体劳动者乃至全体国民提供的基本风险保障项目，那么就应该按照保基本的原则确定保障待遇，按照普遍性原则力求人人参加、应保尽保，同时按照效率原则，实行统一管理、一体化运行，以最低的成本为老百姓提供最优的风险保障服务。然而，20世纪90年代以后，我国并没有根据这些原则朝着一个明确的方向努力，而是把国民分成若干部分，对不同的人群适用不同的制度，而这些制度的社会保险待遇是有较大差异的。从这些制度实施的实际效果看，国民被分成了若干等级。这种做法，严重破坏了社会公平的原则——形成了社会不稳定、不和谐的一个因素，也破坏了管理学中的效率原则——社会保险制度因"碎片化"而导致了制度摩擦、道德风险和运行效率低下。

---

① 2017年的政府工作报告已经采用该提法。

（四）社会保险政策目标：缩小收入差距，还是扩大收入差距？

社会保障的核心价值是追求社会公平。因此，社会保障制度设计，包括社会保险制度设计，应当以缩小收入差距为目标，但是，现行社会保险的部分项目在制度设计时还没有贯彻这一原则。例如，现行的社会养老保险和社会医疗保险项目中，越是地位高、收入高的人群，其保障项目越全、保障待遇越高；反之，地位越低、收入越低的人群，其保障项目越少、保障待遇则越低。前者在一次分配时已经得到较多的利益了，在二次分配时继续多得利；后者在一次分配时利益少，二次分配时利益还是少。从这个意义上说，我们的这种再分配制度强化了收入差距。这样的制度安排，必然扭曲人们的择业行为，从而影响劳动力的正常流动和全社会人力资源配置效率。对此，既要明确缩小收入差距政策目标，又要建立制约权贵阶层利益膨胀的有效机制。

四、深化社会保险制度改革，促进劳动力自由流动

根据构建统一劳动力市场、实现劳动力自由流动的要求，需要建设一个统一的覆盖全民的社会保险体系。但是，实现这个目标需要一个较长的过程，因为现实情况与这个目标还有较大的距离，而且实现这一目标需要的条件也不能一步到位。所以，现阶段社会保险制度的设置仍然可能是二元的，但这种二元结构与过去所说的二元结构不同，不是按照城乡划分，而是以参保者是否为工薪劳动者来分。凡属工薪劳动者，均参加同一个制度，而且要求强制加入；对于非工薪劳动者，设计的是一个自愿参加的制度。在此基础上，设计一个转换办法，使这两类制度之间可以互相转换。等到条件成熟时，再把这两类制度合并起来，成为一个覆盖全民的社会保险制度。在社会保险制度一体化实现之前，要重点解决一些突出问题。

一是加快社会保险制度整合。要朝着社会养老保险制度全社会统一的方向，加快改革机关事业单位退休保障制度，改造职工基本养老保险制度，实现全体工薪劳动者（国家机关、事业单位、企业及各类经济和社会组织中的从业人员）社会养老保险制度的统一，再创造条件逐步实现全体国民基本养老保险制度的统一，统一后的基本模式是——国民年金制度（制度A）+个人账户式养老保险制度（制度B），即建立覆盖城乡居民、保障基本生活的国民基础养老保险制度（或国民年金制度），并在此基础上建立养老保险个人账户，其中工薪劳动者强制缴纳，其他人员自愿缴纳，可以自由转移。近几年，应当积极创造条件，逐步实现社会养老保险制度向新制度的过渡。对于职工基本养老保险制度而言，可以在

做实个人账户的基础上,将统筹基金与个人账户基金彻底分离,使之演变成为两个制度:制度 A 和制度 B。机关事业单位社会养老保障制度改革的核心是制定科学合理的养老金计发办法,达成合理的目标替代率,妥善处理历史问题,实现新旧制度的平稳过渡。与此同时,要在新型农村社会养老保险制度与城镇居民基本养老保险整合的过程中,进一步改进和优化制度设计,为全社会基本养老保险制度的统一做好准备、创造应有的条件。当然,还要积极推进社会医疗保险整合,逐步将职工医保、城居医保、新农合三个制度整合统一成为一个全民医疗保险制度。

二是着力解决跨地区转移问题。解决这一问题,需要建立地区间利益关系协调机制,核心是寻求合理而简便的结算机制,并成为财政体制的一部分,以解决因社会保险关系转移引起的地区间利益冲突。例如,可以建立由各地社会保险部门有关业务处室的联席会议,借助发达的信息系统,确认转入与转出的人员名单及其相关权益的信息,进行有关的资金结算和划转事宜。与此同时,要改进社会保险待遇确定方法,制约投机行为。要使劳动者在各个不同时期形成的社会保险权益都得到承认,在确定其待遇时累积计算。社会养老保险、社会医疗保险、失业保险等均须按照这个原则来落实。例如,养老金权益,可以引入分段计算的方法,使劳动可以在任何地方办理退休,取得养老金。社会医疗保险和失业保险的视同缴费年限和实际缴费年限都可以这样来确定。

三是尽快实现同类制度有机衔接。这里的关键是建立合理的转换机制。社会养老保险方面,要在机关事业单位退休保障制度、职工基本养老保险制度、农村社会养老保险制度、土地被征用人员社会养老保障政策之间,建立一种衔接机制,其核心是养老金待遇确定方法。社会医疗保险方面,干部保健制度、公费医疗制度、职工基本医疗保险制度、农村合作医疗制度、城镇居民基本医疗保险制度之间,也要建立一种衔接机制,其核心是医疗保险待遇的确定方法。因此,要尽快组织力量研究在不同制度下工龄、缴费年限的确认与缴费水平的折算方法。

第二节　社会保险参与的城乡户籍差异分析

在我国,工业化和城市化正在持续快速推进,大批农民从农村转移到城市劳动,于是,工薪劳动者被分成两个部分:城市工和农民工,其中农民工已经成为一支新型劳动大军。值得关注的是,尽管政府及有关部门采取了多种积极措施,作为劳动者,农民工的许多权益还未能落实。于是,客观上形成了城乡两类工人在劳动者权益方面的户籍差异。

城乡工人的户籍差异表现是多方面的,不仅在工资收入方面,而且在就业岗位、职位升迁、就业稳定和社会保险参与等领域也存在着较大差异。目前,大多数文献仅关注两类工人的工资收入差异(王美艳,2003;姚先国、黄志岭,2008等),研究结果发现两类工人工资收入差异中,大概20%~30%左右由户籍歧视造成,剩余部分归因于两类工人在人力资本禀赋上的差异。但是两类工人在工资以外的差异却很少受到重视,一些学者估计农民工在福利享受方面受到的歧视可能更大(蔡昉等,2003;卢周来,1998)。谢勇(2008)对农民工劳动权益的影响因素进行了实证研究,发现人力资本状况与农民工的劳动权益存在显著的正相关关系。但由于作者只以农民工作为研究对象,未将农民工跟城镇职工的劳动权益作对比分析,也无从就城乡工人之间的劳动权益差异程度及其原因进行分析。从既有文献来看,唯有姚先国、赖普清(2004),除了研究城乡户籍工资差异外,同时还考虑二者在养老保险、医疗保险、失业保险、劳动合同签订以及工会参与等状况的差异。作者利用2004年浙江省企业调查和农村劳动力流动调查得到的数据,采用Oaxaca-Blinder分解方法(Oaxaca,1973;Blinder,1973),发现户籍歧视所起的作用占城乡工人上述差异的20%~30%左右。作者认为若仅仅关注城乡工人在工资收入方面的差异,而忽视其他非工资福利待遇的差异,将低估两类工人的实际福利差异,而且也会低估户籍歧视的作用。作者虽然较为全面地考察了两类工人的经济福利差异,但是在方法上,为了采用Oaxaca-Blinder分解方法,对于非工资福利二元因变量,该文采用线性概率模型估计。但是当因变量为二元因变量时,采用线性概率模型有以下几个缺点:(1)预测出来的概率可能小于0或大于1;(2)存在异方差问题;(3)假定解释变量任何水平对被解释变量的偏效应都相等,假定过强。

本书在前人总结的基础上,运用最新的调查数据,采用扩展的Oaxaca-Blinder分解方法,对城乡工人在养老保险、医疗保险和失业保险等三类社会保险参与差异进行实证研究。试图回答以下三个问题:第一,城乡工人决定是否参与三类社会保险行为上受哪些因素影响;第二,城乡工人在三类社会保险参与上的差异有多大,其决定机制存在哪些差异;第三,城乡工人在三类社会保险参与上的差异多大程度是由个体禀赋差异造成的,多大程度是由于城乡户籍歧视造成的。

一、城乡劳动力特征差异

本部分数据来自浙江大学劳动保障与社会政策研究中心于2007年4~5月在浙江省实施的企业问卷调查和职工问卷调查。课题组先随机抽选了杭州市西湖区、桐乡市、慈溪市、义乌市、遂昌县、乐清市这6县市区为调查地点，并确定在每个调查地区抽选50家企业，每个企业再分别抽选10～30名职工为调查对象。问卷调查表由课题组负责设计，由浙江省总工会负责发放及回收。本次调查共发放企业问卷300份，职工问卷6 000份。最终企业问卷回收205份，其中有效问卷为189份，回收率和有效率分别为68.3%和92.2%；职工问卷回收4 357份，其中有效问卷为3 749份，回收率和有效率分别为72.6%和86.0%。

由于关注的是城乡职工在社会保险参与方面的差异，所以我们采用的是职工调查数据，按照通常的做法，在样本中排除了雇主、自我雇佣者、退休人员、学生以及家务劳动者。此外，根据我国劳动法规定，公民最低工作年龄为16岁，删除了年龄小于16岁的样本。同时，由于大多数工人的退休年龄为60岁，因而大于60岁的群体不在考察范围。

表6-1报告了总体劳动者、城镇职工和农民工各自的劳动权益和基本人力资本特征。总体劳动者的养老保险、医疗保险、失业保险的参保率分别为69.61%、50.25%和40.38%。按户籍分类来看，城镇职工和农民工在社会保险参与上存在较大差异，城镇职工参加养老保险的比率为80.36%，比农民工的60.14%高出20.22个百分点，城镇职工参加医疗保险的比重为65.62%，大大高于农民工的36.61%，参加失业保险的比率59.18%也大大高于农民工的23.42%。从初步的统计分析来看，城镇职工享有社会保险待遇的状况明显优于农民工。

表6-1　　　　城镇职工与农民工主要变量统计性描述　　　　单位：%

	总体		城镇职工		农民工	
社会保险	均值	标准差	均值	标准差	均值	标准差
养老保险	69.61	0.46	80.36	0.40	60.14	0.49
医疗保险	50.25	0.50	65.62	0.48	36.61	0.48
失业保险	40.38	0.49	59.18	0.49	23.42	0.42
人力资本禀赋	—	—				
户籍	0.49	0.50	—			
教育（年）	11.89	2.89	13.34	2.51	10.58	2.57
工作经验（年）	12.14	9.50	14.24	10.63	10.28	8.01
资历（年）	5.05	6.10	6.18	7.25	4.12	4.71
培训	0.52	0.50	55.49	0.50	49.35	0.50
劳动合同	0.82	0.39	86.03	0.35	77.61	0.42
工会	0.65	0.48	75.34	0.43	55.89	0.50
样本量（个）	2 275		1 125		1 150	

社会保险待遇是企业为员工支付工资外的一项重要的非工资报酬，虽然形式上，企业和职工共同支付费用，但最大的受益者是职工。从企业角度来看，这部分支出构成了企业成本，从员工的角度看，这是项基本的福利。因此我们考察城乡户籍歧视仅仅关注工资收入差异是不够的，同时也应考察两者在社会保险享受方面的差异。表6-1数据显示，在各种人力资本存量上，城镇职工与农民工存在着较大差异。城镇职工的平均受教育年份为13.34年，比农民工的10.58年高出2.76年；城镇职工的平均工作年份为14.24年，比农民工的10.28年高出3.96年；城镇职工的平均资历比农民工高出2.06年，二者分别为6.18年和4.12年；城镇职工获得职业培训的比例要高于农民工，二者分别为55.49%和49.35%；城镇职工签订劳动合同的比例为86.03%，比农民工的77.61%高出8.42个百分点；此外城镇职工参加工会的比例也要高于农民工，二者的比例分别为75.34%和55.89%。

上述对城乡工人的社会保险参与和人力资本的各自特征的统计性描述，揭示出两类群体在社会保险参与上存在较大的差异，同时也显示城镇职工和农民工在人力资本禀赋上也存在较大的差异。但仅仅通过这些信息，我们还不能判断两类群体在社会保险参与方面的差异，有多少是由两类群体人力资本差异所引起，又有多少是由歧视所造成的。为了分离这两个因素，这里将采用扩展的Oaxaca-Blinder分解方法，该方法的介绍可参见第四章第三节。

二、户籍歧视与城乡社会保险参与差异

（一）养老保险

表6-2报告了城镇职工和农民工各自的养老保险、医疗保险和工伤保险的logit估计结果。教育每增加一年，城镇职工参加养老保险的平均边际概率提高2.45个百分点，农民工的平均边际概率提高4.06个百分点，教育对两者的作用在统计上都显著；工作经验对城乡工人参加养老保险的作用均先有正向影响，到一定点后变为负向影响，但农民工的估计系数不仅大于城镇职工，而且在统计上也是显著的；资历对二者参加养老保险的影响都有正向影响，资历每提高一年，城镇职工和农民工参与养老保险的平均边际概率分别提高2.11个和4.08个百分点，且在统计上显著；签订合同和参与工会对城乡工人参加养老保险均有正向显著影响，城乡工人签订合同的相比未签订合同的，其参加养老保险的平均边际概率分别增加21.08个和20.08个百分点[①]；城乡工人参加工会的相比未参加工会

[①] 签订合同对工人参加三类社会保险具有十分显著作用。这可能是因为签订合同本身意味着工人与企业有更加规范的雇佣关系，而且许多合同包含了对社会保险等非工资福利待遇等内容的规定。

的，其参加养老保险的平均边际概率分别增加 23.27 个和 12.12 个百分点。

表6-2　　　　　　个体参与社会保险的 Logit 模型估计结果

变量	养老保险 城镇职工平均边际效应	养老保险 农民工平均边际效应	医疗保险 城镇职工平均边际效应	医疗保险 农民工平均边际效应	失业保险 城镇职工平均边际效应	失业保险 农民工平均边际效应
性别	-0.050	-0.103***	-0.001	-0.031	-0.018	-0.007
教育	0.025**	0.041***	0.007	0.008*	0.014***	0.002
工作经验	0.003	0.042***	0.005	0.015**	0.006	0.001
经验平方	0.000	-0.001***	0.000	0.000**	0.000	0.000
资历	0.021**	0.041***	0.006	0.008	0.012**	0.001
资历平方	0.000	-0.001**	0.000	0.000	0.000*	0.000
培训	0.015	0.098***	-0.007	0.085***	0.033	0.036***
婚姻	0.075	0.026	0.028	-0.022	0.025	0.039**
劳动合同	0.211***	0.208***	0.336***	0.222***	0.287***	0.094***
工会	0.233***	0.121***	0.237***	0.035	0.168***	0.014
观察值	1 123	1 048	1 125	1 048	1 125	1 048
Pseudo R²	0.102	0.168	0.147	0.094	0.116	0.080
Log-likelihood	-435.12	-566.46	-596.84	-636.64	-656.87	-542.43

注：(1) 平均边际效应是基于样本中教育、工作经验、工作经验的平方、资历、资历的平方的均值，其他虚拟变量为 0 时所计算；(2) ***、**、* 分别表示在 1%、5%、10% 水平上显著。

（二）医疗保险

在医疗保险参与影响因素中，人力资本特征比如教育、工作经验、资历和培训等对城镇职工参与医疗保险虽然有正向作用，但在统计上都不显著；对农民工来说，教育每增加一年，参与医疗保险的平均边际概率增加 0.7 个百分点，且在统计上显著，工作经验每增加一年，参与医疗保险平均边际概率提高 1.48 个百分点，且在统计上显著，个体参加过培训的对其参加医疗保险也有显著的作用，相对于没有参加过培训的群体，其参与医疗保险的概率提高 8.45 个百分点。此外签订劳动合同和参与工会对两类工人参加医疗保险均有显著正向作用，但其对城镇职工的影响要大大高于对农民工的影响：城乡工人签订合同的相比未签订合同的，其参加养老保险的平均边际概率分别增加 33.6 个和 22.2 个百分点；城乡工人参加工会的相比未参加工会的,其参加养老保险的平均边际概率分别增加23.7个和3.5个百分点。

(三) 失业保险

教育每增加一年,城乡工人参加失业保险的平均边际概率分别提高1.4和0.02个百分点,教育对城镇职工的影响要高于对农民工的影响,且在统计上显著。工作经验对城乡工人参与失业保险虽然有促进作用,但在统计上都不显著。资历每增加一年,城镇职工参加失业保险平均边际概率提高1.2个百分点,且在统计上显著,但对农民工的影响不仅小,且不显著。参加培训对城镇职工参与失业保险有正相作用,但在统计上不显著,对于农民工来讲,参加过培训的,其参与失业保险的平均边际概率提高3.6个百分点。签订合同和参加工会对城镇职工的影响也大大高于农民工,对城镇职工来讲,其参加失业保险的平均边际概率分别提高28.7个和16.8个百分点,且在统计上显著;而对农民工来讲,其参加失业保险的平均边际概率只分别提高0.7个和1.98个百分点,而且签订合同的影响在统计上不显著。

(四) 城乡社会保险差异分解

在表6-2城镇职工和农民工社会保险参与决定模型估计结果的基础上,表6-3报告了扩展的Oaxaca-Blinder分解方法的计算结果。

表6-3　　　　城市职工和农民工社会保险参与差异分解

	养老保险	医疗保险	失业保险
两类群体社会保险总差异	0.202 (100%)	0.290 (100%)	0.358 (100%)
个体特征差异解释的部分	0.048 (23.6%)	0.090 (31.2%)	0.104 (29.2%)
未解释部分 (歧视)	0.154 (76.4%)	0.200 (68.8%)	0.253 (70.8%)

首先,在养老保险参与问题上,城镇职工和农民工总差异为20.2%,分解结果表明,个人特征差异可以解释两者养老保险差异的23.6%,而户籍歧视所造成的差异高达76.4%。

其次,两类工人医疗保险参与的总差异为29.0%,其分解结果表明,个体特征差异可以解释总差异的31.2%,户籍歧视造成的差异高达68.8%。

最后,在失业保险参与上,两类工人的总差异为35.8%,其中个体特征差异可以解释失业保险总差异的29.2%,剩下的由户籍歧视所造成的比重高达70.8%。

姚先国、黄志岭(2008)研究发现城乡工人工资差异为33.53%,户籍歧视占其中的20%。与工资收入歧视相比,我们的研究发现农民工在社会保险非工资福利上受到的歧视更大,平均在70%左右,这一结果在某种程度上验证了蔡昉等(2003)关于农民工在福利享受方面受到更大歧视的猜测。

三、结论与政策建议

由于城乡户籍制度的存在,农民工在劳动力市场上受到了歧视,劳动力市场歧视弱化了市场机制配置资源的作用,人力资本无法得到最优配置,降低了整个社会的经济效率。任何有助于改善农民工市场地位,完善劳动力市场的努力,均应建立在对问题深入了解的基础之上。城乡工人的差异是多方面的,不仅反映在工资差异上,而且在社会保险等非工资福利上也存在着较大差异。但是,到目前为止,研究城乡工人差异的文献大多仅关注二者在工资方面的差异,在社会保险等非工资福利上的差异却得不到应有的重视。本节的研究表明:(1)城乡工人在养老保险、医疗保险和失业保险参与上存在较大差异,城镇职工比农民工分别高出20.2%、29.0%和35.8%。该结果表明,在研究城乡户籍差异问题时,仅仅关注工资差异是不够全面的,将低估城乡工人的实际经济福利差异。(2)城乡工人在三项保险参与上的较大差异基本上可归结于两方面。一是与生产力相关的个体禀赋差异,在市场经济条件下,这部分引起的差异属于合理的因素;二是农民工受到的户籍歧视。研究结果表明,前者分别解释了两类工人在养老保险、养老保险和失业保险上的23.6%、31.2%和29.2%,户籍歧视是造成两类工人在三项保险参与差异的主要因素,平均在70%左右。

我们对城乡工人社会保险参与差异的分析结论有一些重要的政策启示。(1)虽然近年取消了户籍登记的城乡差别、统一实行居住证管理制度后,但我们仍然看到转移到城镇的农村劳动力无论是在居住证申领还是在基于居住证享有的公共服务上均处于市场竞争的相对劣势,因此需要进一步采取措施,彻底改革户籍制度,真正建立起农民工进城务工的公平就业制度。(2)要创造条件逐步提高社会保险统筹层次,在条件允许的情况下,实现某些项目的全国统筹,逐步消除社会保险方面存在的地方保护主义,提高农民工参加社保的积极性,切实保障农民工享有社会保险的权利。(3)人力资本禀赋差异也是造成城乡工人在社会保险参与上差异的重要因素,因此要加强对农民工的教育和培训,以增强农民工在劳动力市场上的竞争能力和自我维权能力。(4)政府相关部门应该强化对各类雇主劳动用工的监督,加强劳动执法力度,规范企业行为来保障进城农民工的劳动权益。

第三节　社会保险关系转移难及其破解

目前，我国社会保险实行地方统筹，各统筹区域间的社会保险关系转移就成为一个问题。虽然，按照社会保险原理、国家法律法规政策和各地颁行的社会保险制度，社会保险关系可以在不同统筹区域间转移，但事实上，从 21 世纪以来 10 多年的实践看，这种转移并不顺畅。许多劳动者深受此害，苦不堪言。一些有异地就业意愿的劳动者感到异地就业成本提高、风险增加，对自己曾经有过的念头开始重新思考。劳动力流动于此环节卡壳。而且，一些地方政府及有关部门在抱怨制度不完善的同时，出台了接纳社会保险关系转入的具体政策，实际上设置了接受转入的门槛，形成了社会保险关系转移的新阻力。这就是劳动力市场一体化进程中需要破除的众多制度性壁垒之一。下面我们以职工基本养老保险为例进行讨论。

根据现行制度，无论是《国务院关于建立统一的企业职工基本养老保险制度的决定》（1997 年），还是《国务院关于完善企业职工基本养老保险制度的决定》（2005 年），职工基本养老保险关系可以在不同统筹区域间转移。但实践中常常难以做到。尤其是农民工这个群体，流动性极强，由于社会保险关系不能顺利结转，许多人无奈选择退保，期待已久的保障又与自己分手，因而不少人选择不再参保。于是，劳动者权益受损，劳动力流动受阻，职工基本养老保险制度的规范性和严肃性受到挑战。

多年来，这一问题受到全社会的高度关注，并且已经被列为中央最高层的工作重点，学界和业界一直在研究或探索解决这一问题的方法与途径。事实上，这一问题源于现行制度的严重缺陷，其本质是地区间（主要是地方政府之间）的利益冲突未能有效协调而殃及百姓利益。因此，要从根本上解决问题，就必须对现行制度进行大幅度改革。受多种因素限制，有关方面不准备对现行制度作大幅度改进，包括前段时间进行的所谓"顶层设计"，而基本养老保险关系转移又是一个迫切需要解决的问题，因此要在现行制度的框架内，寻求一种相对合理而又可行的解决办法，使之在原有基础上有所进步。

一、养老金权益形成与实现的错位

现行基本养老保险制度实行社会统筹与个人账户相结合的部分积累制基金管

理模式。按照该项制度的设计原理，参保者在缴纳养老保险费达到一定年限后，享有领取基本养老金的权益。但是，这种权益的形成与权益的实现在时空上是错位的。

（一）养老金权益的形成

社会保险权益是参保者及其用人单位依法履行缴纳社会保险费义务后形成的。根据职工基本养老保险制度设计，参保者的养老金权益是这样形成的：

对于"新人"而言，其所缴纳的养老保险费全部被记入个人账户（其累积额记作 G）[①]，这属于参保者本人所有，关系比较清晰。其用人单位所缴纳的养老保险费进入统筹基金，为该"新人"未来领取基本养老金积累权益（其累积额记作 T），于是，"新人"的基本养老保险总权益 M = T + G。需要注意的是，与 G 不同，权益 T 在确定基本养老金数额时并没有严格的一一对应关系。

对于"中人"而言，除了 G 和 T 外，还有体现在与视同缴费年限相应的过渡性养老金权益 S。于是，"中人"的基本养老保险总权益 M = T + S + G。

对于"老人"而言，单位和本人都不需要缴费，其养老金权益完全由历史贡献形成。如果沿用"中人"养老金权益的记号，"老人"的基本养老金总权益就是 S，即 M = S。

（二）养老金权益的实现

参保者的基本养老保险权益通过领取养老金来实现，而养老金来自于养老保险基金。根据现行制度，基本养老保险基金由个人账户基金和统筹基金两部分组成。前者采用完全积累制，参保者个人缴费全部进入个人账户，连同其投资回报，均可自由转移，并作为计发个人账户养老金的依据。因此，前述权益 G 很容易实现。

但是，统筹基金由各地管理[②]，其基本原理是，本地在职的参保人群通过缴纳养老保险费用形成统筹基金，用以支付给本地退休人员的养老金，一年一平衡，只要略有结余就行。因此，权益 T 和 S 无法在当期统筹基金中体现，而要到退休时的退休地去实现。根据现行制度，参保者可以在全国各地就业并参保。到达退休年龄，由退休地的统筹基金负责支付"新人"的 T 和"中人"的 T + S。

这就意味着养老金权益的形成与养老金权益的实现在时空上发生错位。这种错位，容易导致参保者权益受损，也容易导致地区间的利益矛盾。

---

① 在 2005 年以前，用人单位所缴养老保险费有一部分划入个人账户，2006 年起不再划入。
② 目前一般是地市级和县级统筹，少数地方是省级统筹。

二、就业流动与参保者权益得失

由于养老金权益的形成与实现在时空上是错位的,参保者跨统筹地区流动就业可能造成养老金权益损失,也可能导致投机养老行为的出现。

(一)基本养老保险关系不能转移时

如果基本养老保险关系不能转移,那么这种劳动力流动往往导致参保者养老保险权益的部分损失,甚至全部损失。第一种情况,因为养老保险关系不能接续,没有地方能够为其落实退休养老。尤其是大量的农民工,他们往往被作为"新人"对待,由于养老保险关系不能接续,只能选择退保,而退保只能拿到个人账户这部分。这就意味着他或她的基础养老金权益全部丧失。更有甚者,由于种种原因,一些农民工连个人账户积累额也没能得到。第二种情况,部分"中人"由于一些地方不承认本地区以外的视同缴费年限,因而这部分权益丧失。也就是说,养老金权益 T 有可能丧失(而 T 总是不少于 G),有时 G 也会丧失,甚至 S 也被剥夺。

(二)基本养老保险关系能够转移时

如果养老保险关系能够顺利转移,则养老金的算法对于参保者的行为有重要影响。在其他条件相同的情况下,参保者总是选择使自己能够得到较多养老金的路径转移,这就会导致投机养老行为。

例如,根据 1997 年的职工基本养老保险制度,参保人不论缴费多寡,只要缴费(含视同缴费)满 15 年,就可以享受基本养老金。由于基本养老保险基金实行地方统筹,且地区间经济发展水平的差别和养老保险具体政策的差异,前几年出现了不少投机养老的现象:一部分人通过各种途径千方百计由待遇较低的地区转移到待遇较高的地区退休,既增加转入地养老保险基金支付压力,又造成参保者之间的不公平,其结果是养老金待遇较高的地区不得不设置准入门槛。

2005 年 12 月修改的基本养老保险制度在这方面有所改进,引入了"指数化月平均缴费工资"①,但对于养老保险关系在不同统筹地区间转移时指数化月平均缴费工资的计算方法有待进一步明确。因为采用在不同统筹地区先计算指数后

---

① 指数化月平均缴费工资是指职工本人历年缴费工资占相应年份全省在岗职工平均工资的比值之和(包括视同缴费年限的替代指数)除以本人累计缴费年限后得出的平均值与职工退休时上一年全省在岗职工月平均工资的乘积。

再加总（方法 A），与统一以退休地的工资水平为基础计算指数（方法 B）的结果是不同的。容易证明，参保者在选择是否由低待遇地区向高待遇地区转移时，方法 A 比方法 B 的激励作用更大。这是制度设计者需要考虑的一个重要因素。

因此，合理的制度设计，既要保障流动就业者的养老金权益不受损害，又要遏制投机养老行为，以保持参保者之间的公平。

三、养老保险关系转移与地区间利益变动

20 世纪 80 年代开始，我国逐步形成"分灶吃饭"的财政体制，各地在依照某种规则上交给上级（或中央）财政后，所剩财力即用于本地，同时，中央财政通过一定的方式实行转移支付。这样做，调动了地方的积极性，促进了经济发展。在职工基本养老保险制度实施之前，以这一体制为基础的全国性利益格局已经形成。可惜的是，制度设计者并没有充分注意到"分灶吃饭"的财政体制及其所形成利益格局对职工基本养老保险制度的重要性。

当基本养老保险关系在统筹地区间发生转移的时候，各地区间的利益关系就发生了变化，各地政府对劳动者的养老金责任也随之发生变化。对于这种变化，在原有的利益格局中没有新的调整机制。对此，各地政府以"经济人"的敏锐早已意识到，并理性地采取了相应的对策——有关养老保险关系转移的限制性政策纷纷出台，在这些"土政策"的"指导"下，各地对于办理养老保险关系转出都很积极，而对办理养老保险关系转入则都有着近乎苛刻的条件。

事实上，这种利益的变化以及地方政府的行为，我们可以这样来分析。

假设某君，其基本养老保险关系准备由甲地转往乙地，如果此君在乙地退休，则乙地将负责支付其基础养老金（现值之和为 A）、过渡性养老金（现值之和为 B）、可能的养老金标准提高（现值为 C），以及可能的与最低养老金差额补差（现值之和为 D）。

记 H 为此君对乙地可能有的净贡献在退休时的终值，则乙地会按照下列原则决定是否接纳此君将基本养老保险关系转入：

如果 $EH \geq E(A+B+C+D)$，则同意转入，否则就不同意转入。公式中的 E 表示对随机变量求数学期望。根据这个原则，许多地方理性地制定了各种规则限制转入。

先看乙地。如果乙地成为退休地，则乙地将承担前述 A+B+C+D 全部。从这几年的实践看，各地都有深切的体会：H 是一个很不确定的值，而 A 是随工资水平提高不断增长的一个值；B 是对于初始参保地（甲地或更前的参保地）的贡献，并没有相应的资金转到退休地来；C 也是一个不断增加的数值，而且很难预

期，例如，最近几年，中央政府决定提高养老金标准，每月人均增加400元；D是一个具有一定概率的可能支付的数值，尤其是大量的农民工缴费时间短、缴费水平低，按照制度计算的养老金一般较低。乙地很担心自己成为退休地，所以对于接纳转入十分谨慎，除非转入者足够年轻，或者是本地需要引进的稀缺人才。

对于甲地而言，如果参保人转到乙地，则甲地的负担明显减轻，所以甲地总是乐于办理转出手续。

由此可见，基本养老保险关系转移必然引起地区间利益关系的变化。在现行制度下，地区之间的博弈结果，必然使之陷入"囚徒困境"。如果能够建立一种有效的协调机制，则可以走出困境。

四、政策启示

从前面的讨论我们看到，现行制度下，养老金权益的形成与养老金权益的实现在时空上是错位的。在流动就业的背景下，如果缺乏地区间有效的利益协调机制，则必然导致养老保险关系转移受阻，参保者权益受损；如果养老金算法不当，则会出现投机养老行为，造成参保者之间的不公平。而保持地区间的利益均衡和参保者之间的公平是实现基本养老保险关系无障碍转移的根本保证。因此，我们提出如下建议。

第一，建立基本养老保险关系转移结算机制。养老保险关系转移引起的地区间利益关系需要一种协调机制。这种机制应当是基本养老保险体系与财政体系的有机结合。由于现行制度存在严重缺陷，基本养老保险体系自身难以完成这种利益的协调。所以，既要有养老保险体系内的协调，又要通过中央财政转移支付在外部进行协调。根据社会保险部门提供的信息，全国各地已经实现职工基本养老保险基金省级统筹[①]。因此，需要尽快建立全国性结算机构，负责省际养老保险关系转移事务：个人账户储存额全部转移；用人单位所缴纳养老保险费的一部分转移（单位缴费的另一部分用于补偿历史债务，解决转制成本），转入地基金不足部分由中央财政通过转移支付实现基金平衡。省内养老保险关系转移，通过实现省级统筹或省级调剂金解决。

第二，建立中央财政对于基本养老保险基金的投入机制。在严格控制各地养老金标准的前提下，明确中央财政对于基本养老保险基金的责任，主要用于：社会养老保险制度转轨成本、欠发达地区的基本养老保险基金缺口、中央政府提出的养老金待遇提高所需资金。

[①] 事实上，这些省级统筹并非严格意义上的省级统筹。

第三，采用更加合理的养老金计发办法。为有效遏制逆向选择和投机养老，促进参保者之间的公平，需要采用简便、合理的方法，计算养老保险关系转移者的养老金待遇。对于指数化月平均缴费工资的确定，其指数通过将每年在各地的实际缴费基数与退休地的相应年份数据相除得到，即采用前述方法B。

第四，逐步向覆盖全民、保障基本的社会养老保险制度新模式过渡。前面几条建议，都是基于现行制度框架提出的。从长远看，要从根本上解决养老保险关系顺利接转问题，必须采用新的社会养老保险制度模式，形成新的社会养老保险体系：建立覆盖全民的国民基础养老保险制度（或国民年金制度），以保障老年人具有购买基本生活资料的能力，无论其社会地位之高低、历史贡献如何；在此基础上建立以养老为目的的个人账户，其中工薪劳动者强制缴纳，其他人员自愿缴纳，可以自由转移。近几年，应当积极创造条件，逐步实现职工基本养老保险制度向新制度的过渡，其中的关键是实行社会统筹与个人账户的彻底分离。

第七章

城乡居民平等就业与劳动力人力资本投资

第二章的理论分析表明,劳动者地位决定于劳动力产权的实现能力或劳动力产权的强度。因此,需要从影响劳动力产权强度的有关因素着手,提出推进城乡居民平等就业的相关对策。

决定劳动力产权强度的因素分为三个维度变量:个人变量、结构变量与制度变量。个人变量中除了经济发展阶段这个因素外,最重要的还是劳动者的人力资本存量。结构变量最终也与劳动者的人力资本存量密切相关。制度变量在我国当前的政治体制下,其主要决定因素是政府。

根据以上分析,可以将影响劳动力产权强度的有关因素分为两大类:一是劳动者自身的人力资本存量;二是政府对不同身份劳动者经济、社会、政治地位的制度安排。本章主要从人力资本投资的角度论述如何加强城乡居民平等就业。

第一节 政府促进农村转移劳动力人力资本投资的政策体系

"所有资本中最有价值的是对人本身的投资"(贝克尔,1987)。农村人力资本的投资是发展中国家经济增长和促进农民增收的有效途径,也是实现我国经济健康持续发展的必然要求。在农业科技推广、水利、道路交通、教育、电力、通信6项投资中,教育投资的减贫影响排名第一位,影响远远大于其他各项投资(樊胜根等,2002)。调查资料还显示,农村义务教育普及率与农村居民收入之间存在显著的正相关关系,提高1个百分点的农村义务教育普及率,可带来6.5%的当期收入增长和8.4%的后期收入增长(完善农村义务教育财政保障机制课题组,2005)。所以在公共政策上,如果能够切实地转变发展思路,坚持人力资本尤其是农村人力资本优先投资的战略理念,那么中国庞大的农村人口数量将不再是经济腾飞的负担,而将成为我国又一轮经济迅猛发展的重要推动力。

一、制定公共政策的基本理论框架

在开始讨论促进农村劳动力人力资本投资的公共政策体系之前,我们首先探讨一下公共政策领域相关问题。本节基于公共管理和公共政策的基本理论,讨论了公共政策的内涵、政策制定过程及公共政策目标,这是本章设计促进农村劳动力人力资本投资公共政策体系的基本理论框架。

一个有为有效的政府应当对公共问题表现出足够的回应性(responsiveness)、代表性(representation)、责任性(responsibility)及可靠性(reliability),而此四性的实现,与政府的公共政策制定和执行密切相关。公共政策是"政府活动的综合,无论行为是直接的还是通过代理,因为其行为对公民的生活产生影响"(Peters,1993)。

拉雷·N.格斯顿将公共政策定义为:由那些掌握或影响官方政府职能的人们所作的基本决策、承担的义务与其行为的结合。在多数情况下,这些组合由那些要求变化者、决策者和受到该政策影响的人们之间相互的作用而产生(Geston,1997)。该定义既从政策博弈的角度反映了人们和政府之间以动态和相互依赖的方式行动和交流,也说明公共政策是政府决策和执行行为相结合的一个多层次的系统,在本章的分析中,我们遵循这一定义,既考察了政策决定机制,也考察了政策执行效果,从各个相关利益主体的角度分析和筛选有效的政策工具。

公共政策需要回答的核心问题是"政府所做为何,为何政府要做,所做的有何不同"(Dye,1987),也就是说,公共政策的制定需要解决政策目的、政策范围和政策措施三个方面的基本问题。就我们所研究的农村劳动力的人力资本投资问题而言,由政府实施的促进政策主要目的产生于以下两个方面:一是提升农村劳动力的可行能力,从根本上保证城乡劳动力的平等就业;二是着力提升作为产业工人重要组成部分的农村转移劳动力的劳动技能,从而促进产业结构的调整和经济发展方式的转变。

研究者对政策目的的观点基本一致,主要的争论产生在政策范围和政策措施方面。这是两个密切相关的问题,政策范围需要回答哪些投资是需要政府直接提供的，哪些投资是需要动员企业和个体的力量实现投资的，由于对政策作用范围的观点不同，也就必然导致政策措施的差异。本章将根据不同类型的人力资本投资的基本性质和收益方式的差异，讨论政府政策的职能范围和政策领域。

公共管理理论还指出，政策制定是一个过程，过程是动态的、持续的，因而是经常受到再评估、中断、加速甚至不稳定的运动。政策制定过程是对一个既定政策的探索、争论、发展、应用和评价，而这个政策来源于一个连续的事件整体，其开端几乎不可能准确定位而其结果几乎很少经久不变。无论争论的问题是什么，学者们都同意，公共政策的制定具有无休止的、动态的和演变的性质（Geston，1997）。因此，必须把公共政策的制定作为一个观念、一种过程和政治变化的机制来加以考察。本章通过对现有政策的梳理和回顾，从动态的角度指出与农村劳动力人力资本投资相关的政策变化和进一步完善的方向。

二、促进农村劳动力人力资本投资政策的基本原则和政策工具

（一）基本原则

在改善农村劳动力人力资本投资问题上，我们确定的原则是"政府主导，多方互动；集中资源，突出重点；注重管理，市场运作"。下面分别加以阐述。

第一，政府主导，多方互动。这是由人力资本投资的基本性质决定的。从根本上讲，以基础教育为主的一般性人力资本投资是一种公共物品，长期以来发展教育是政府的一项重要职责。同时，人力资本投资具有较强的外部性，所产生的社会收益率明显高于个人收益率，也就自然成为每一个谋求发展的政府所重点关注的领域。许多研究表明，发展中国家，人力资本投资的回报率既高于物质资本投资的回报率，也高于发达国家人力资本投资的回报率。在人力资本投资问题上，政府责无旁贷。但是，应该看到人力资本投资的实现需要政府、企业、个体等利益相关主体共同参与，因此公共政策的着力点除了明确需要政府直接提供投资的领域之外，还需要寻找撬动企业和个体投资的杠杆，有效地实现多方互动。

第二，集中资源，突出重点。相对于包含了基础教育、职业培训以及医疗健康等各个方面在内的人力资本投资的巨大开支而言，公共财政预算的数量是极其有限的，这就需要谨慎地选择投资的重点领域和优先次序，无论是在农村基础教育方面，还是在农民工转移培训方面，政府都应该确定重点投资的内容、地区以及针对的人群，在兼顾公平和效率的原则下将有限的公共资源进行合理的配置。

第三，注重管理，市场运作。从目前投资的现状来看，针对农村劳动力的人力资本投资日益受到重视，政府提供的经费不断增加，在这种有利的背景下，更加需要加强对投资资金的管理和运作，提高投资效率。在保证投资效率方面，市场化运作可能提供了一条可行的选择。市场是特定社会环境下备受推崇的工具，它是有效提供绝大多数私人物品并能有效配置资源的最优效率的途径，同时市场提供的大量关于供给和需求的直接信息，能有效实现供给和需求的有效匹配，这些优势是依靠政府计划或行政干预所不可比拟的。政府对此已经有所认识，在农民工培训等领域越来越注重引入市场机制，有效地保证了投资效果。这种趋势应该进一步加强，政府除了在教育规划、培训目标等总体方向上进行管理以外，应该弱化对投资形式、效果评价等方面的管理，交由市场进行选择，这极有可能更有效地提升人力资本投资的效率。

（二）主要工具

政策工具是政府能够用以实现特定政策目标的一系列机制、手段、方法和技术，它是政策目标与政策结果之间的纽带和桥梁（吕志奎，2006）。政策工具的选择对于政府实现政策目标及有效管理社会公共事务具有极为重要的意义。首先，任何一项政策都是目标与工具的有机统一，工具是达成目标的基本途径。其次，政策工具选择将产生再分配的后果，政策执行中"关键性的不是管理技巧而是执行的工具"。

按照不同的标准，政策工具可以分为不同的类型，不同工具均具有其优势和弱势，也会产生不同的政治影响。加拿大政策科学家布鲁斯·德林和理查德·菲德提出的以政策工具的强制性为标准进行分类的方法在公共政策分析的过程中被广泛采用。用这个分类标准，可以将不同的公共政策工具放在一条以完全自愿（提供）和完全强制（提供）为两段的轴上。按照政府的介入逐步升高的程度排序，这些政策工具分别是家庭和社区、自愿性组织、私人市场、信息和劝诫、补贴、产权拍卖、税收和使用费、管制、公共事业和直接提供（见图7-1）。

自愿性工具	混合性工具	强制性工具
家庭和社区 自愿性组织 私人市场	信息和劝诫 补贴 产权拍卖 税收和使用费	管制 公共事业 直接提供
低强制水平		高强制水平

图7-1 政策工具图谱

1. 自愿性工具

自愿性工具的主要特征是不受或很少受政府的影响，期望中的任务是在自愿的基础上完成的。自愿性政策工具是经济政策和社会政策的重要补充。自愿性工具包括家庭与社区、自愿性组织和市场。

2. 强制性工具

强制性工具也被称为直接工具，强制或直接作用于目标个人或公司，后者在响应措施时只有很小的或没有自由裁量的余地。强制性工具包括规制、公共企业和直接提供。

3. 混合型工具

混合型工具兼有自愿性工具和强制性工具的特征。混合型工具允许政府将最终决定权留给私人部门的同时，可以不同程度地介入非政府部门的决策形成过程。混合型工具包括信息与劝诫、补贴、产权拍卖、征税和用户收费。

每种政策工具都有其优势及弱点，因此，尽管在技术上各种政策工具可以相互替代。但是在实践中，不同的政策工具产生的政策效果会出现某种程度的差异。因此，为了保证政策执行的效果，必须慎重地选择和运用各种政策工具。

第二节　加大政府人力资本投资的政策建议

人力资本投资主要包括对教育、健康以及职业培训和迁移等支出，其中教育投资是人力资本投资的核心，是在前劳动力市场阶段形成人力资本的主要形式。教育作为一种生产性活动，它能增长一个人的能力和知识，又能直接贡献于劳动生产率的提高，其潜力是巨大的。不仅如此，教育投资比物质投资带来更多的利润，具有更大、更长期的经济和社会效益。教育无疑是民生之基，教育程度客观上决定着每个国民的发展机会，重视教育和发展教育是一个国家走向繁荣富强的必要条件。义务教育作为教育产品中一种具有强烈外部性的公共物品，由政府主导发展教育不仅存在理论依据，而且具有实践支持，世界多数国家政府承担基础教育经费的比例高达90%。有证据表明，发展中国家人力资本投资收益率很高，不仅高于发达国家，而且一般来讲比物质资本投资收益率高。因此，在不发达农村地区，不管是个人还是政府，投资人力资本都是合算的。本节在梳理了我国农村教育政策演变的基础上，针对现存的主要问题，提出了进一步发展我国农村教育的政策建议。

一、现有的政策体系及现存的主要问题

我国现行的农村义务教育框架体系起始于 1986 年的《义务教育法》和 1995 年的《教育法》，该制度的基本思想是义务教育责任基层化，要求义务教育实行"三级办学（县、乡、村），两级管理（县、乡）"体制，经费来源以国家财政拨款为主，但在实际操作过程中尤其是在 1994 年分级分税预算管理体制改革之后，乡镇机构和农民成为义务教育的主要费用承担者，实际运行的结果是农民负担不断加重，失学比例逐年攀升。因此，以减轻农民负担为直接目的的农村税费改革将由乡、村分担义务教育责任的制度改为"以县为主"的体制，对不发达地区通过财政转移支付制度保障全国公民基本公共服务水平的实现。

2005 年 12 月 24 日，国务院印发了《关于深化农村义务教育经费保障机制改革的通知》，此次改革坚持"明确各级责任、中央地方共担、加大财政投入、提高保障水平、分步组织实施"的基本原则，逐步将农村义务教育全面纳入公共财政保障范围，建立了中央和地方分项目、按比例分担的农村义务教育经费保障机制。中央重点支持中西部地区，适当兼顾东部部分困难地区。改革设计了具体的实施步骤：2006 年，西部地区农村义务教育阶段中小学生全部免除学杂费，中央财政同时对西部地区农村义务教育阶段中小学安排公共经费补助资金，提高公用经费保障水平，启动全国农村义务教育阶段中小学校校舍维修改造资金保障新机制；2007 年，中部地区和东部地区农村义务教育阶段中小学生全部免除学杂费，中央财政同时对中部地区和东部部分地区农村义务教育阶段中小学安排公共经费补助资金，提高公共经费保障水平。这一改革政策的出台既有时间表，又有具体措施，可以说是农村基础教育投入体制的重要转折，为解决农村基础教育投入不足的问题提供了强有力的保障，也使 1993 年就提出的"财政教育投入占 GDP 4%"的目标又向前推进了一步。

当前农村教育中存在的主要问题表现在以下几个方面：

第一，投入总量不足和结构不平衡。在税费改革之后，农村义务教育、农村教育仍然存在经费不足的问题。无论是"三级办学，两级管理"体制还是目前的"以县为主"的体制，财政投入都是一个硬约束，不同之处在于以前是乡村投入而现在改为中央转移支付和县财政保障，但从教育经费占 GDP 的比重来看，我国与世界平均 5% 的比例相比，投入仍相对偏少。从投入主体结构看，各级政府分担的责任不合理。改革前义务教育经费大部分由基层乡、村承担，而改革后主要责任转移到县级政府，正如有的学者指出的那样"将义务教育的统筹层次提高到县一级后，也只是将乡、村的资金缺口集中到了县级财政，总量不足的问题并

没有真正解决。"从投入的地区结构来看,教育资源在城乡之间、区域之间差距较大,东、中、西部相比,存在明显的"中部凹陷"现象。据《国家教育督导报告》(2005年)显示:尽管我国东、中、西部及城乡之间拥有的义务教育公共资源差距正在缩小,但在生均拨款水平、生均教学仪器设备配置水平、义务教育学校的中级及以上的职称教师比例等多项指标中表现为东、中、西部差距拉大,城乡间、地区间差距拉大。我国农村义务教育经费保障机制方面,仍然存在各级政府投入责任不明确、经费供需矛盾比较突出、教育资源配置不尽合理、农民教育负担较重等突出问题,在一定程度上影响了"普九"成果的巩固,不利于农村义务教育事业健康发展,必须深化改革。

第二,现有的财政性教育投入结构存在严重的城乡差异,不利于农村劳动力人力资本的形成。我国基础教育一直保留着计划经济年代下的以户籍制度为基础的属地管理原则。长期的城乡二元经济结构和分级办学、分级管理的城乡二元教育体制,造成了城乡之间教育的严重不均衡,农村学生的教育经费低于全国平均水平。同时,由于我国教育投入的主要责任由地方政府承担,而全国各地区之间经济发展水平及其财政收入存在很大差距,东、中、西部教育投入差距日益增大。在传统的城乡二元分治体制下,资源分配上城市较之农村有着明显的优势。以教育投资为例,城乡之间在办学条件、师资素质、生均教育经费方面还存在较大差距。2013年,城乡义务教育教师本科及以上学历,二者的比例为1.51;生均占有教学计算机比为1.37。[①] 同时,经费投入相差悬殊也体现发达地区和落后地区,以2013年普通小学生均公共财政预算教育事业费为例,北京为全国最高,达到21 728元,河南最低,只有3 914元,两者相差4.55倍[②]。因此,必须调整财政投入的方向和结构,协调各地区人力资本的均衡发展。在地区性支出结构中,应加大转移支付中人力资本培育经费的比重,协调各地区人力资本的均衡发展。

第三,经费使用上存在教育高消费倾向。就全国性的教育资源配置来看,我国存在"重高等教育、轻义务教育,重学历教育、轻非学历教育,重重点学校、轻非重点学校,重城市、轻农村,重知识、轻技术"的现象,教育资源配置在非均衡发展观下造成了一些不良后果。农村地区在相当长的时间内只能依靠义务教育补充部分人力资本积累及发挥外溢性,急需的高层次人才与技术人才缺乏。然而,从个人对教育的投入来看,我国家庭对子女的教育非常重视,居民自愿增加教育投入本是件好事,但教育高消费出现了一些"并发症":如我国的教育高消

[①] 资料来源:《2013年中国教育统计年鉴》。
[②] 资料来源:教育部、国家统计局、财政部《关于2013年全国教育经费执行情况统计公告》。

费热潮并不是出现在某些技能培训、基础教育领域，而是出现在高等教育领域；居民在教育方面的自愿投入实际上是教育公共产品定价系统不健全所致，而非市场选择的结果；就业去向集中于大城市与经济发达地区，农村地区尤其是落后农村地区的教育高投入并没有得到应有的回报，农村所需要的各种人才始终缺乏，这说明我国人力资本使用效率低下，投入与回报极不对称。

二、促进农村教育投资的政策建议

（一）基本方向：农村基础教育和职业教育并重

较之于高等教育，基础教育的投入可得到两个最基本的结果：一是由于受教育者本身的投入成本低，其所要求的回报率也较低；二是培育了受教育者的发现能力。实证结果也表明如果农村转移劳动力能获得大专以上的高学历，那么获得企业提供的在职培训的机会将大大增加，因此，政府大力发展农村的基础教育，是从根本上解决城乡劳动力获得在职培训机会不平等的必然选择。

建立规范化的教育投入机制，继续加大对农村基础教育的投入，为农村基础教育积极寻求多渠道的筹资模式刻不容缓。我国农村地区基础教育的内容和体制也亟待改革，目前的农村教育内容和体制对于提高农业劳动生产率促进作用不大，没能将农村基础教育与农村的实际相结合，农村地区的基础教育的内容与管理模式都应当积极转变，应把基础知识教育与职业技术教育相结合，同时根据各个地区的不同情况，对农民进行农业科学技术方面的基础知识教育以及其他方面的职业技术培训等。

在职培训和学校教育是两个前后继起、相互补充的人力资本投资形式，但是职业教育的发展在农村地区较为滞后。职业教育在社会上处于弱势地位，农业职业教育又是弱势中的弱势。农业职业院校难以投入大量的资金与师资来专司此项工作，影响了培训效果。建议农村中小学把以基础教育为主的办学方向逐步调整为基础教育与技术教育相结合，加强对学生劳动技能的培训，让初高中毕业生掌握一些实用的生产技术。使不能进入高中和大学的人能成为有一定技能的人，提高人力资本质量。

在教育内部，要坚持以普及农村九年义务教育为基础，在农村中小学特别是初中阶段，应及时补充渗透城市化与农村劳动力转移，促进新农村建设以及就业指导、相关职业技能培训等内容。各级各类职业教育和成人教育是实施农村劳动力转移培训的主力军，在推进职业教育办学主体多元化的过程中，坚持以服务为宗旨、以就业为导向，把农村劳动力转移培训作为重点，纳入到城乡初、中等职业教育和各类成人教育当中。同时严格履行就业准入制度，实行"先培训、后转移"的职业资格证书制度，实现农村劳动力转移培训与城乡劳动力市场的对接。随着农村劳动力"二次转移"的发展，对高等教育特别是高等职业教育和成人高等教育也会产生新的需求，需要发挥高等教育在农村劳动力转移培训中的作用。同时，根据学习者的学习需求和企业用工的不同标准，区分不同的培训层次。

教育落后的地区，初等教育的投资收益率比中等教育投资收益率要高得多，中等教育投资收益率又比高等教育投资收益率高，而在发达国家，教育投资收益率的高低顺序是大学、中学和小学。因此，在不发达农村地区，人力资本的投资重点应当是普及初等教育。

（二）责任分摊：合理的政府教育责任分担体系

农村教育问题解决的根本出路不在于农村教育本身，而是社会结构的变革。农村九年义务教育必须从目标、内容、形式、结构和布局诸方面彻底改革，尤其要积极建立农村高等教育体系，把农村教育由过去的单纯升学教育转到主要为当地建设培养急需的人才兼顾升学的轨道上来，大面积提高农村劳动者的文化技术素质，促进农村经济发展和社会全面进步。

要发挥财政投入在农村人力资本积累中的作用，基本前提之一就是要明确各级政府的教育责任，形成合理的分担体系。无论是此前基础教育的"乡村责任"还是目前的"以县为主"体制，教育责任基层化是其主要特点。但从目前的情况来看，"以县为主"的农村义务教育体制尽管解决了诸如拖欠教师工资等实际问题，但相当一部分县政府出现财政困难，中央财政的转移支付成了最后的"兜底"财政，省一级政府在基础教育中的责任缺失不符合国际惯例。目前大多数国家和地区实施的义务教育都是分担责任体制，且从集中、相对集中和分散三种经费来源模式看，各级政府间的责任分工有规范化的制度保证，基本上不存在讨价还价和扯皮推诿现象。考虑到我国地区经济发展的不均衡，在基础教育中，中央财政及省级政府应承担更多的责任。在建立基础教育政府间责任分担体系的同时，还应建立基础教育与非基础教育间的责任分担体系，根据教育成本来确定相应的筹资渠道与方案，规范教育收费，防止农民"因学致贫"问题。

（三）层次架构：大教育体系下的成人教育

培育新型农民，强化基础教育投入仅是内容之一。在普遍提高农民文化素质的同时，还应对农民进行普遍的技能培训，在大教育体系下创建有特色的成人再教育机制。第一，财政要重点扶持和全额资助一批农民职业教育单位，在给予具体税收优惠的基础上，对农民职业教育和技能培训市场进行规范、引导，同时鼓励大学生下基层创业，在信贷等方面给予支持。第二，农民职业和技能教育要以市场需求为导向，打破"以粮为纲"的农村技能教育体系。农村孩子在完成义务教育后无力继续求学时，农村职业和技能培训单位应对农民进行"一村一品""一技一训""一业一训"等时机技能培训，使其能够掌握一两门立足于社会的技术，在家务农有基础，出门创业有技能。第三，要突出对农村经营人才的培养，使其成为农村社区精神文明建设，经济发展的示范标兵。一般而言，农民对风险有着天然的抵触，农村经营的培育及其在市场中的成功将对农民产生强烈触动并激发其受训能动性。第四，在可能的条件下，将城市教育体系中电视广播大学、农业大学、远程教育等向农村延伸，采取派教师、技术员、横向课题攻关等多种方式，针对农村的地域特色进行技术指导，在普遍提升农民谋生能力的同时，通过重点户带动一批农民首先上一台阶。

（四）资金来源：以财政相对集中筹资为主，探索多渠道融资

对于基础教育，我们认为强化高层次政府的投入责任更能够化解政策的"纸面效应"，省级政府可对基础教育的人员经费、办公经费等以上年为基数作为定额标准进行下拨，中央政府在核定缺口的前提下，通过转移支付实现其在基础教育中的责任。当然，这并不是意味着县级政府没有责任，在强化高层次政府的投入责任之后，县级政府根据其财力增长状况、师生数量的变化，建立适当补充基础教育经费的规范机制，履行校舍建设及维护、人员工资发放、日常教学活动等职责。有人认为义务教育应由中央政府承担完全责任，但就目前我国的情况来看，多级财政融资，相对以省为主的筹资体系更能够保证公民均等的受教育机会和平等的受教育权利。对于农民的技术、技能职业培训，除上级对口部门的支持外，应构建多元化的融资体制，例如采用金融手段进行教育融资，扩大资金来源；利用产业优惠、税收减免，鼓励民间资本进入农民职业教育领域；利用乡土文化，鼓励捐资等参与农民技能培训等。

第三节　企业培训投资的促进政策

加强农民工培训只靠政府是不够的，企业参与进来，一方面可以让培训进行得更为顺利；另一方面也更加有的放矢——作为用工对象，企业对培训的目的更加明确，对培训结果的要求也更为实际。

一、从机制上保证企业的培训资金

为保证企业获得充足的培训资金,政府可以从税收和补贴等财政手段入手加以补充和引导。首先,实行税收优惠,激励企业增加对科技人才培养和员工技能培训的投入。目前,税法中规定的企业用于科技人才培养和员工培训方面的支出,只限于计税工资总额的3%以内给予扣除的优惠措施,已远远不能适应当前经济发展的要求,应该突破这个标准,适当扩大扣除范围。

其次,采取培训资金直补用人单位的做法。政府承担的一部分资金则可以通过直补用人单位的做法,从而减少中间环节,提高企业的培训积极性。

二、政府运用公共资源引导企业在职培训

企业要把农民工纳入职工教育培训计划,确保农民工享受和其他在岗职工同等的培训待遇,并根据企业发展和用工情况,重点加强农民工岗前培训、在岗技能提升培训和转岗培训。政府应强制性地要求企业提取足额的职工教育经费,并通过劳动管理部门实施监督,要求企业在对城乡劳动者提供教育经费的时候一视同仁,根据岗位的实际需求平等地提供培训机会。在劳动力频繁流动的情况下,政府应该运用公共资源支持在职培训的供给。我们的研究指出企业一年中为员工提供的人均培训费用的平均值仅为396.62元,当前的培训以应急式的安全教育和岗前培训为主,这对员工掌握中高级的生产操作技术来说是远远不够的,完全依靠企业投入改善数以亿计的转移劳动力的职业技能是不现实的。政府必须认识到在职培训是和学校教育同等重要的人力资本投资方式,甚至在推动产业升级和技术创新方面,在职培训有着更为明显的优势,因此,政府应该在更高的层面上对全国的教育培训经费进行统筹,并向农村转移劳动力倾斜,这在某种程度上是对农村劳动力受教育程度较低的一种弥补。

第四节 促进个体投资的公共政策

对于农村劳动力个人来说,培训的收益是其做出投资培训决策的决定性因素,由于培训需求是由劳动力市场产生的引致需求,所以,对于经过培训学会某项技能的劳动力来说,劳动力市场上能够实现就业是其获得培训收益的根本

保证。

从现实情况来看，年龄大、学历低的农村劳动力在劳动力市场上根本没有竞争力。据调查，企业对农村劳动力的招工主要考虑学历、年龄和是否掌握技能。考虑学历的企业，主要是一些机器设备比较先进的制造业和要求员工具备一定文化素质的服务业，有些外资企业，面试时还要进行文化课的考试。年龄一般要求在16~35岁，如果具有技能，年龄可以放宽到40岁，建筑业、交通运输业的条件可适当放宽；2004年7月，广东省劳动和社会保障厅对佛山、中山、深圳、东莞等8市306家企业的调查也表明这一现状，306家企业100%招收18~34岁年龄段的人员，其中近80%需求18~25岁年龄段人员；2007年春，劳动和保障部专题调研组对企业春季用工需求调查的情况表明，90%以上的岗位对新员工的年龄有要求。18~25岁之间的农民工仍是企业的用工需求主体，其中，58.2%的岗位要求年龄在18~25岁之间，28.7%的岗位要求年龄在26~35岁之间。企业用工的年龄、学历偏好，使农村外出务工劳动力的平均年龄为28.6岁，其中16~40岁的农民工占84.5%，初中及以上文化程度的占81.6%（国务院研究室课题组，2006）。那些年龄大、学历低的农村劳动力基于现实的考虑，不愿进行个人培训投资。因此，政府必须从个人投资的成本—收益分析出发，科学地制定促进个体投资的公共政策，鼓励和引导个体对人力资本的投资。

人力资本投资的基本理论揭示，投资的预期收益是促使个人和家庭做出人力资本投资决策的根本动力。预期收益的大小主要由两方面决定：一是人力资本投资的回报率，二是获得收益的可持续年限。但是，在城乡分割的二元劳动力市场制度尚未根本改变之前，对农村转移劳动力而言，决定未来收益的两个方面都受到了严重制约。在人力资本投资的回报率方面，农村转移劳动力由于户籍限制，在就业方面受到一定的歧视，往往进入次级劳动力市场就业。尽管在户籍制度松动的情况下，农村劳动力在城市中也缺乏足够的社会资本，难以谋求一个相对稳定、收入较高的职业。即使拥有同等学历条件、同样技能水平，农村劳动力也无法获得与城镇劳动力同等的收入，这样，城乡劳动力之间人力资本投资回报率的不平等就产生了，这是农村劳动力对个人投资缺乏动力的原因之一。第二个原因是农村劳动力市民化过程艰难，进城门槛障碍重重，生活成本居高不下，就业状态极不稳定，使得进入城市就业的农民工无法估计人力资本投资的回报年限，最终只能选择城市就业的短期利益，即通过从事简单劳动获取微薄收入。对个体投资的根本动力进行深入分析，我们就不难发现，在促进农村转移劳动力个体投资方面，政府的第一要务乃是从根本上破除城乡分割的二元就业体制，平等就业是保证农村劳动力获得人力资本投资回报的基础。

第八章

城乡居民平等就业与农民工的政治社会权利制度建设

　　劳动力产权强度决定劳动者在劳动力市场中的地位。影响劳动力产权强度因素包括个人变量、结构变量和制度变量。第七章分析了通过人力资本投资来改变农村劳动力产权的个人变量、结构变量，从而增强其劳动力产权的强度。本章则研究如何通过制度变量来增强农村劳动力产权强度，从而最终改变城乡居民就业的不平等状况。

　　我国城乡居民就业的不平等表现在两个方面，一是发生在城市居民与进城务工的农村居民之间，二是发生在劳方与资方之间。因此，本章对制度变量的分析主要涉及户籍制度改革与劳资关系的制度性建设。

第一节　城乡居民的平等就业与户籍制度改革

　　城乡劳动者由于身份不同而存在着不平等就业状态，而现存的户籍制度则是甄别城乡居民不同身份的基本手段，从而也是影响劳动力产权强度的最重要的制度变量。在进入劳动力市场之前的阶段，由于户籍制度原因，城乡居民在获得用于形成人力资本的资源时存在机会、种类、数量或质量上的差异。在进入城市劳动力市场之后，就业限制政策等更直接地损害了城乡劳动者就业机会权利上的平等性。因此引发的双轨定价机制和保障制度的缺失带来城乡劳动者在工资报酬、福利保障等就业权利上的不平等性。这样，实现居民之间平等就业就必然要求改革现存的户籍制度，使城乡居民拥有平等的公民身份。本节分析户籍制度改革的现状、难点以及改革的基本思路。

一、户籍制度改革的本质含义

在城乡劳动力市场分割的状况下，中国农民工从农村向城市的迁移，表现出来的是职业与身份的背离，城市福利制度等配套制度的缺位使得农民工缺乏开始城市化生活的前提基础和保障，较高的迁移成本和缺乏具有稳定预期的制度安排使得民工理性地选择所谓"候鸟式"的流动就业模式。

需要解决城乡劳动力市场分割的问题，改变劳动要素无法自由流动和有效配置的现状，让业已成为中国产业工人主体的农民工从"候鸟式"流动就业转为"永久性迁移"，不断完善其人力资本投资和积累，以保障中国经济增长方式改变和产业结构的升级，最终实现中国经济的可持续发展。

如前所述，由于我国现存的户籍制度具有隔离城乡居民自由流动的功能，因此从表面看，平等就业最需要的是解决农民工的户籍问题，那么户籍问题的实质又是什么？我们认为，在我国，户籍问题背后反映的是不同居民之间权利上的差别，因此，通过户籍改革实现平等就业，其本质就是让农民工获取与城市户籍居民平等的权利[①]。

农民工已经在城市工作、生活，在事实上已经是城市的常住居民，他们与现有城市户籍居民的差别就在于他们不享有城市户籍居民所享有的就业、社会保障、社会福利与社会救助等权利，以及与这些权利相联系的各种利益。因此，消除城乡分割，其本质就是消除农村居民和城市户籍居民因为身份不同所附带的权利差距，完成其身份的转变。

二、平等就业所要求的相关权利[②]

"平等就业"其本质就是让农民工获取与城市户籍居民平等的权利。那么，平等就业需要获取哪些权利？

[①] 从更广泛的视角分析，城乡居民平等的权利不仅包括进城农民工在城市应该享有与城市户籍居民平等的权利，还应该包括城市居民到农村应该享有与农村居民平等的权利，如土地的承包权等。不过，从我国当前仍然处于工业化、城市化快速增长发展阶段的现实出发，劳动力流动的主线是农村向城市转移，因而本书仅仅分析进城农民工在城市与城市户籍居民的平等权利问题。

[②] 本章所称的"相关权利"实质指农民工相较于城市户籍居民的应有权利。

农民工与城市户籍居民权利的不平等表现在各个方面，下面，我们以城市户籍居民享有的现实权利为参照，从平等就业的实际需要出发，将平等就业相关权利概括为经济权利、社会权利与政治权利三个方面。本书第二章第三节已经对以上三个方面的权利进行了理论分析。这里则结合进城农民工的实际需求进一步分析三方面权利的具体内容。

（一）经济权利

经济权利是农民工进入城市首要获得的权利。劳动者的经济权利主要体现在劳动者具有参加劳动和获得相应报酬的权利，以及与此相联系的休息权利、安全权利、公平交易的权利、财产的经营权和转让权等。基于现实情况，农民工与城市户籍居民经济权利差距主要体现在平等就业权上。

广义平等就业权包括获得工作机会的平等权以及工作待遇平等、安全平等等。2008年1月1日生效的《促进平等就业法》和《劳动合同法》具体明确地确立了平等就业权，"'平等就业权'是公民的基本权利之一，是公民宪法上的平等权在劳动领域的延伸和具体化。"[①] 作为与城镇户籍居民平等的劳动者，农民工理应享有平等的就业权。通过前文对平等就业意愿的分析，我们发现"有留城定居意愿"组中的在"政府部门、公共事业等其他行业及国有性质单位工作"就业的农民工比重高于"没有留城定居意愿"组的相应比重，因此可以推测，如果当前的工作较为稳定、工资报酬较高、工作条件也比较好，平等就业意愿就较为强烈，这也说明他们对该权利十分看重。

（二）社会权利

学术界对于农民工社会权利的界定仁者见仁，智者见智。根据我国《宪法》规定，公民的社会权利是指我国公民有获得物质帮助权、社会保障权、受教育权、婚姻家庭、老人妇女儿童受保护权等权利。而在平等就业的实现过程中，社会权利主要表现为义务教育、社会保障和其他社会福利等一系列的制度安排和实施情况。城市户籍居民一般享有一系列关于其基本生活和医疗养老等方面的保障，如子女就近入学机会、城市居民最低生活保障等，但这些权利一般与户籍相挂钩，农民工被排除在该体系之外。概括而言，目前农民工相较于城市户籍居民对社会权利的需求主要表现在以下三个方面：

1. 农民工子女受教育权利

主要是指农民工子女应享有的义务教育权，这里强调的是农民工子女在流入

[①] 杨思斌："平等就业宪法赋权"，载于《人民日报》2003年10月29日。

地城市接受义务教育的权利。国家人口计生委组织的 2010 年《流动人口动态监测调查》浙江部分数据显示，农民工产生获得城市户籍意愿的动力，占比最高的一项是"为了子女教育"，占调查者的 44.9%。此外，随着新生代农民工逐渐进入成家阶段，他们的子女大都在城市出生、成长，"农民工子女"这一身份不应该成为阻碍其平等享受义务教育权利的因素。

再从是否具有留城定居意愿方面进行考察，调查发现，农民工对其子女是否能像城市孩子一样平等地享有社会教育资源非常重视，而且成为影响他们定居意愿的重要因素。从子女就读学校情况看，"有留城定居意愿"组中"子女在城市公立学校读书"的被访者比重最高，占 41.67%，而"子女在老家上学"的被访者比例相对较少。此外，对比"没有留城定居意愿"组会发现，子女在老家上学的农民工是最多的，即他们是最不愿意留城定居的。直观而言，这是因为这些农民工已逐渐认识到接受教育，提升人力资本对自身求职就业的重要性，对他们而言，子女能够在城市学校读书是接受较好教育的一个标志，而子女的稳定对于家庭稳定而言十分重要。

2. 社会保障权利

社会保障是指国家依法对遭遇劳动风险的职业劳动者提供一定补偿和帮助，以维持其基本生活水平的社会保障制度。根据调查反映，"有留城定居意愿"组群中企业为进城务工人员办理了各种社会保险的比例均高于"没有留城定居意愿"组群，这表明农民工享有的社会保险越充分，城市生活就越有保障，就越愿意留城定居。对"有留城定居意愿"组而言，享有养老、医疗、工伤这三险的农民工定居意愿相对更强。这是因为养老、医疗、工伤是农民工在城市生活最担心的问题：养老不能再寄托于"养儿防老"；从事的工作不仅辛苦又常常带有危险性，患职业病或发生事故的概率高；一旦患大病，城市医院高昂的医疗费也难以承受。所以，有了相应的社会保险，就能大大减少农民工在城市生活的各种风险，其留城定居的意愿自然就会更强。可见，农民工对于社会保障权利的主观需求是十分强烈的。

3. 住房权利

想要实现留城定居，必然意味着在城市永久居住，按照农民工目前的经济积蓄，想要在城市购买商品房对于大部分农民工而言均不太现实。因此，目前农民工对住房权利的需求主要是指对保障性住房的需求，他们期望凭借收入证明、困难证明等相关资格文件也能与城市户籍居民一样，获得申请廉租房、经济适用房、公共租赁房等保障性住房的权利。

（三）政治权利

与劳动者紧密相关的政治权利主要是人身平等权、迁徙自由和组织参加工会的权利和自由。政治权利的核心是公民对于公共事务、对于政治过程的参与和控制权。在实行间接民主的现代政治生活中，选举是这种参与和控制的最基本表现和方式，而工会则为农民工作为个体想要在一定程度上对制度安排等施加影响提供了可能（王小章，2010）。此外，鉴于其他权利即使是城镇户籍居民也处于不完全状态，而基层选举权与参与工会则是我国公民最普遍拥有的政治权利，因此，这里主要探讨农民工在选举权与工会参与权上的需求情况。

一是参与工会的权利，主要指企业中的官方工会，此外还包括街道工会、社区工会等非官方工会。尽管官方工会所起的维权作用无论是对于城镇户籍职工还是农民工而言均比较小，但是参加工会至少为农民工在一定程度上对企业治理、社区管理以及政治过程施加影响提供了可能。

二是选举权。选举权是指公民选举代表机关代表和国家公职人员的权利（包括对村民委员会、居民委员会组成人员的选举权，被选举权相同）。被选举权，是指公民被推荐为代表机关代表或者国家公职人员的权利。选举权和被选举权通常被合称为选举权。失去选举权，意味着农民工在城市中既失去了获得农民工群体利益代表者的机会，也失去了表达自己各方面利益诉求的话语权。2011年全国"两会"上，出现了3位农民工代表，他们代表着2.4亿名农民工。这是我国政治生活的巨大进步。但是，一方面，限于时间、精力等限制，他们根本无法完全表达农民工的利益诉求；另一方面，农民工群体也不应被其他群体区别化对待，他们作为人大代表的权利与其他城市群体应是平等的。完善农民工阶层在城市的选举权，既有利于促进农民工维权意识的觉醒，也有利于提高农民工对地方政府的影响力。

三、平等就业相关权利之间的内在联系

上文我们分析了平等就业相关的经济权利、社会权利以及政治权利的需求状况，不同形式的权利之间是相互补充、相互促进的，无论是经济权利、社会权利或是政治权利，单独运行很难发挥效用，但就农民工在城市生存、发展的过程而言，不同阶段对不同形式的权利或需求有所侧重，因此，不同形式的权利之间既有内在联系，又具有一定层次性。

（一）农民工的经济权利是农民工获得经济收入和赖以生存的前提

经济权利并不是只有具有留城定居意愿的农民工所应享有的权利，它是基于就业关系的存在而应享受的广义的劳动保护条件和公平的劳动报酬的权利。缺乏对个体安全、休息的保障，农民工的劳动能力得不到维持，缺乏公平获得劳动报

酬的权利，农民工也无法获得正常的生存与发展。

经济权利的实现是农民工在城市定居的首要生存保障，是社会权利和政治权利的基础。根据马斯洛的需求层次理论，农民工通过劳动获得经济报酬，进而获得生活必需品以维持生存和生命健康、安全，这是农民工最初级也是最基本的需要，因此经济权利是最基本的权利，是享有社会权利和政治权利的基础。

首先，当劳动者的经济权利实现后，其资金和金融资源增加，这有助于其获得更多的就业机会，提高同资方的谈判能力，提高其影响制度安排和政策制定的能力。当其自身的素质与能力提升到一定程度后，能够促进其维权意识的觉醒，也使其更有机会作为农民工人大代表，代表农民工群体行使权利，提高其政治话语权，促进政治权利的实现。

其次，劳动力首先实现经济权利，获得参与劳动取得劳动报酬的平等机会，有利于减弱农民工的流动性，农民工的稳定性又是其享受进一步的权利的重要依据。当农民工获得了更加完善的社会保障、拥有能够安居的稳定住房，实现了子女在流入城市与城市居民平等地接受教育的愿望之后，这些社会权利的实现又将对农民工在城市定居提供更加坚实的保障，能够促进农民工继续为城市发展做出自己的贡献。

最后，实现平等就业之后，农民工能够与企业形成更加稳定的劳动关系，而农民工经济权利的实现更进一步增加了其承担人力资本转化成本的能力。以稳定的劳动关系为核心，企业可以与农民工共同分担培训费用，分享培训收益，进而提供进一步的专门培训提高农民工的人力资本。稳定的工作与居住，更是提高了农民工获得城市的社会保障权利、住房权利以及子女接受教育权利的可行性。

（二）维护农民工社会权利、政治权利是实现农民工经济权利的条件

在法律明文规定农民工有依法按时领取报酬的权利，有休息权利、安全权利等经济权利的情况下，农民工各项权利还屡受侵害的一个重要原因是农民工自身维权意识的薄弱与维权能力的不足。

农民工维权意识薄弱与其自身受教育程度即其自身素质息息相关。调查表明，受教育程度更高的农民工在权利受到侵害时，会更倾向于寻求法律帮助，维护自身利益。可见，个体人力资本存量的高低将影响其获取经济利益的意识。教育的不平等将会产生新的经济不平等，因此，教育不平等与经济不平等、社会不平等相互交织，形成在特定时期的社会存在状况。如果教育不公平，人们在经济上的利益占有情况就会产生更大的差距。可见，若农民工子女在教育上不能受到公平对待，不仅影响其今后的经济地位与社会地位，不利于整个农民工群体素质的提高，对于农民工自身而言，子女教育的不公平，也将影响其在城市的生活意愿与能力。因此，包括社会保障权利、子女受教育权利、住房权利等社会权利对于农民工经济权利的实现起到保障与促进的作用。

而就农民工维权能力而言，这与农民工参与工会，形成代表自身利益的集团，参加选举，拥有其利益代表者等政治权利的实现息息相关。当劳动者有权参与政治和管理，就有机会设计有利的制度来保障其社会权利和政治权利。反过来，当制度的设计与安排，例如社会保障制度、子女受教育制度、自由迁徙制度、选举制度等，能够有效解决农民工的养老、医疗、工伤等问题，实现农民工工伤保险的全覆盖，提高农民工养老保险、医疗保险的参与率，实现流动人口社会保险的跨省或省内续接；能够使更多农民工子女在流入地享受教育甚至参加高考，免除"借读费"等费用，将农民工子女的教育经费纳入财政预算并进入教育规划；能够增加农民工人大代表的代表数量，鼓励农民工加入工会，提高农民工维权意识等等，它们也必然能够使农民工更加公平地获得就业的机会与合理的待遇，促进农民工平等就业权利的实现，增进农民工经济权利。

因此，维护农民工社会权利与政治权利是实现其经济权利的重要条件，社会权利和政治权利能够保证农民工实现社会交往需要，得到社会尊重，使其作为公民有权与城市居民享有平等的人格尊严和社会地位。

（三）经济权利、社会权利、政治权利与农民工人力资本提升良性循环

农民工经济权利得到实现之后，能够为社会权利与政治权利的实现提供经济基础，为农民工定居提供生存保障。社会权利的实现，为农民工不受歧视地获得就业机会提供了社会保障，使农民工能够享受到更多的社会福利，而政治权利的实现，进一步增强了农民工的维权意识，工会、农民工组织等将提高农民工集体谈判能力，拓宽其利益表达渠道，从而为农民工争取经济权利提供了支持，为农民工人力资本提升提供了机会，促进平等就业。

平等就业的实现，则将大大减弱农民工的流动性，增强劳动关系的稳定性，既有利于提高员工参与培训，积累自身人力资本的积极性，也能够促使企业安心地对农民工进行人力资本投资，推动政府对农民工的教育培训，加大政府与企业对农民工的职业培训力度，为农民工提供廉价而实用的就业技能。对于农民工整体而言，人力资本的提高，有利于其获得更高层次的就业机会，提高社会地位，

进而进一步实现其经济权利、社会权利与政治权利。

综合而言，经济权利是实现社会权利与政治权利的基础，它是农民工作为劳动者基于就业关系而应广泛享有的权利。政治权利本身无法自足，当人们缺乏一定的经济基础时，也无法有效地行使自身的政治权利。社会权利与政治权利的增进，也有利提高农民工的承受能力与影响力，从而提高其经济权利。

第二节 农民工平等就业相关权利获取途径

一、我国各地农民工获取市民权利的途径分析

由于我国现存的户籍制度具有隔离城乡居民自由流动的功能，因此，农民工获取市民权利从形式上看表现为户籍制度改革。我国从20世纪80年代开始，各地就陆续进行了户籍制度改革。近年来，户籍改革进程明显加快，2014年国务院《关于进一步推进户籍制度改革的意见》明确"取消农业户口与非农业户口性质区分和由此衍生的蓝印户口等户口类型，统一登记为居民户口"，2016年1月1日起施行的《居住证暂行条例》进一步明确"居住证是持证人在居住地居住、作为常住人口享受基本公共服务和便利、申请登记常住户口的证明"。自此，农民和城镇劳动力市场上农村转移劳动者不再被标记"农业户口"或"农民工"身份标签，流动到城市的农村劳动者与其他所有流动人口一样，遵循同样的规则申领居住证、按照同样的标准享受常住地的公共服务，实现了制度层面的权利平等。国务院出台户籍制度改革方案之后，各地进行了各种探索，目前全国有30个省区市出台了户籍制度改革的具体方案，具体形式大致有以下几种：

（一）以吸引高层次人才为目的的户籍改革

一些城市以人力资本素质为标准，激励高层次人力资本存量的人才落户。例如，上海规定外来人员申请上海市常住户口需满足"持居住证满7年、按规定缴纳上海城镇社会保险满7年、持证期间依法纳税、在上海市被评聘为中级及以上专业技术职务或具有技师（国家二级以上职业资格证书）以上职业资格、无违反计生政策及不良行为记录。"[①]但若申请人满足"在本市做出重大贡献并获得相

---

① 资料来源：上海市人民政府印发《持有〈上海市居住证〉人员申办本市常住户口试行办法》的通知。

应奖励，或在本市被评聘为高级专业技术职务或高级技师（国家一级职业资格证书）且专业、工种与所聘岗位相符的"则可进一步不受参保年限及持上海市居民证年限的制约。这种落户政策主要针对的是高素质人才，例如高级技工等，而在目前大多数农民工流动性较强，先天人力资本存量较低加后天培训缺失的情况下，技能素质能够达到该标准的仍然是少数，因而该种落户政策目前并不适合农民工群体。

另有一些城市将资本贡献作为标准，主要是指将申请人在该市的投资总额等资本贡献作为能否落户的标准。北京、上海和深圳等市以纳税总额代替直接投资额提高投资落户门槛。企业连续3年每年营业收入利润率大于10%，且上年度应纳税额大于1 000万元（含1 000万元），或科技企业连续3年每年主营业务收入增长大于10%，且上年度应纳税额大于1 000万元（含1 000万元），或企业在上海证券交易所、深圳证券交易所等资本市场挂牌上市。尽管跨过门槛就可获得与城市户籍居民平等的所有权利，但这些城市所设置的上述户籍开放条件并不适用于农民工群体，基本是农民工无法企及的"高门槛"，甚至可以说有些城市有通过高准入标准阻碍平等就业的倾向。

（二）覆盖农民工群体的户籍改革

上述城市户籍开放政策的针对目标并不是农民工，而近年来，也有一些城市意识到农民工群体对于当地经济、社会发展的重要性以及权利分配公平的重要性，开始针对农民工群体，尝试性地推出平等就业的政策措施。特别是在2016年1月1日施行《居住证暂行条例》后，全国各地已有30个省份出台了户籍制度改革方案。

浙江省于2016年7月1日起施行的《浙江省流动人口居住登记条例（修订）》规定"流动人口在居住地居住半年以上，符合有合法稳定就业、合法稳定住所、连续就读条件之一的，可以依照本条例规定申领《浙江省居住证》。"同时规定对应的子女义务教育、基本公共就业服务、基本公共卫生服务等十多项基本公共服务权益。

福建省自2016年12月1日起施行的《福建省实施〈居住证暂行条例〉办法》规定以下三类人员可申领居住证：（1）合法稳定就业：在居住地被国家机关、社会团体、企业事业单位录用（聘用）、招用，或者从事其他生产经营活动的；（2）合法稳定住所：在居住地具有合法所有权的房屋、租赁的房屋或者用人单位、就读学校的宿舍居住的；（3）连续就读：在居住地全日制小学、中学、中高等职业学校或者普通高等学校取得学籍并就读的。同时规定对应的子女义务教育、基本公共就业服务、基本公共卫生服务、住房保障服务等十多项基本公共服务权益①。

　　山东省于2017年1月1日开始实行的《山东省流动人口服务管理暂行办法》规定流动人口在居住地居住半年以上，符合有合法稳定就业、合法稳定住所、连续就读条件之一的，可以依法申领居住证。同时相应规定对应的十多项基本公共服务权益②。上述三省颁布的居住证条例都涉及公民的基本权利，如子女受教育权利、住房保障权利、接受培训的权利等，这种权利获取途径在权利供给的条件设置方式上更加合理。尽管这种居住证制度并未以学历、技能、投资、购房等作为门槛，然而能否落户所依据的居住地政府的条例也大多以"年龄、学历、纳税金额、是否企业中层、是否有投资、是否有创新、受过奖励"作为打分依据，除了便于人口的社会管理之外，重要原因还是留住人才，尤其是年轻人才和农民工中的技术骨干，适合的是农民工群体中的精英分子。

　　同时大多条例还要求符合"居住地县级以上人民政府规定"，这一条款给各城市地方政府留下了操作空间，它虽然兼顾了各地经济社会发展情况不同的事实，但同时也给各地政府设置购房、投资、学历等较高的农民工落户条件提供了机会。如杭州市范围内的流动人口要申领《浙江省居住证》，需同时符合的条件之一为"高中以上文化程度"③。但本课题本次调查中，中专以上学历的农民工仅占12.31%，这一条件将使大部分农民工丧失享受与城市户籍居民平等权利的机会。

专栏　广州首批农民工积分入户名单公布　被指存众多疑点
《工人日报》，2011年8月8日

　　2011年7月底，广州首批农民工积分入户名单公布。由于名单的构成以医疗、教育等事业单位居多，且绝大多数入围者为大专以上学历，拥有专业技能，在广州工作和参保多年，部分农民工还是博士学位。这使得大家开始质疑——学历和技能才是成功入围的制胜法宝，农民工哪有资格申请，"这分明是为挽留人才而设置的"。

　　黄利红律师认为，积分入户制度的设计本身考虑的是尽可能让更多的优秀人才能够获得广州的户籍，而不是为了消除不同户籍之间的差别待遇，所以这个结果是在预料之中的。

---

①　资料来源：《福建省实施〈居住证暂行条例〉办法》。
②　资料来源：《山东省流动人口服务管理办法》。
③　资料来源：《杭州市流动人口居住管理办法（试行）》。

(三) 各地户籍改革评价

综观各地户籍改革，有的规定能落户的农民工主要限于本市籍，如广东省；有的虽然扩大到外地籍农民工，但是规定了一般农民工很难达到的条件，并且基本上是一种以推进城市经济增长为主要目标的"高门槛、一次性"的权利获取途径。

在户籍制度改革的目标取向上，以推进城市经济增长为直接目标。各地把城市户口当作一种稀缺资源，作为推进当地经济增长的一种手段。因此，在外来人口取得城市户籍的条件设置上，主要根据城市经济增长的需要设置外来人口落户条件，主要以对城市经济增长可能的"贡献"大小作为衡量标准，具体来说，多以学历、职称等人力资本状况、购房的价值额大小、投资额大小等作为准入门槛。

在户籍制度改革的具体方式上，采取了"一次性"的权利获取途径，即对符合条件的外来人口给予城市户籍，有了城市户籍就意味着与原有城市居民享受同样的权利，也就是一次性地取得了城市户籍居民享受所有的权利。

以上这种以促进"经济增长"为导向、"一次性给予"的权利获取途径，所设置条件往往很高，因此，它是高门槛的、"选拔式"的权利获取途径（见图8-1）。

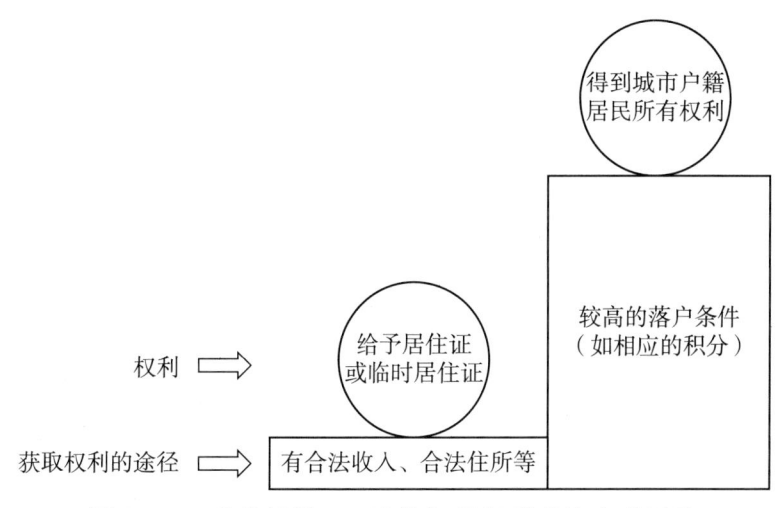

图8-1 "高门槛、一次性"的权利获取方式示意

综上所述，无论是"积分制"还是其他的平等就业方式，基本做法都是在农民工达到城市政府设定的条件后，就一次性给予城市户籍所承载的所有福利，这

种权利获取途径主要存在以下问题。

首先,这种"高门槛、一次性"权利获取途径必然长期地将绝大部分农民工排斥在城市市民之外。因为要一次性地给外来落户者城镇户籍所享有的全部权利,就需要城镇政府为每一个落户者一次性地付出较多的公共资源,这样在资源一定的条件下就大大减少了能吸纳人数,为此城镇政府就需要设定很高的落户门槛,从而使绝大部分农民工很难达到,留城定居便成为绝大部分农民工遥不可及的梦想。

其次,这种权利获取途径也不利于城市社会各阶层的和谐相处。这种方式把农民工仅仅作为一种生产要素,而不是将农民工作为一个公民,从而只是以城市经济增长的需要程度为甄别标准,即根据农民工能够为城市带来多少经济效益来决定是否允许其平等就业,而不是将农民工作为一个权利主体来肯定与承认。这种将权利与义务割裂开来,只要求农民工尽义务,而不给予相应权利的制度安排,最终将导致义务也失去依存的基础,从而极易导致农民工与城市居民的矛盾冲突,农民工难以成为城市社会的稳定性因素。

最后,这种方式不利于城市经济社会的发展。从经济增长的角度分析,它将使城市企业持续地失去熟练的技术工人。对于许多老一代农民工而言,经过多年的打工经历,他们往往是某一方面技能的熟练操作工,但并不一定是一些职业资格(职称)拥有者,因此他们想要通过个人技能素质加分从而获得落户机会的难度很大;而对于新生代农民工而言,他们进城时间较短,经验较浅,想要达到"高门槛"所需时间与努力更多,时间过长可能导致他们由于各种原因中途放弃。因此,这种"高门槛、一次性"的供给方式也使城市失去了经济发展所需要的人才。

二、确定农民工市民权利获取途径的基本思路

那么,如何选择农民工市民权利获取的途径呢?笔者认为,应该通过分析农民工相关主体的利益格局,揭示其获取市民权利制约因素,从而寻找相应的途径。

(一)影响平等就业权利获取途径的制约因素

1. 城市相关主体现存的利益格局

平等就业的实现过程,也是农民工与城市政府、城市户籍居民等利益主体之间,在利益与公平、容纳与排斥、城市管治与国民生存权利之间的权利博弈过程。在原来的体制下,城市公共资源与公共服务主要由城市户籍居民享有,现在

若要马上实现农民工公共资源与公共服务均等化，这必然会受到原有城市户籍居民的反对，容易引发较大的社会冲突。因此，在外来劳动者众多，而一定时期的城市公共资源有限的状况下，难以在短时间内让农民工一次性地获取所有的权利。

现存的城市利益格局决定了需要在城市经济的不断发展中，在做大"蛋糕"中分割"蛋糕"，让外来劳动力逐步地获取权利。因而只有通过各个方面配套改革，逐渐地调整利益格局，尽可能地减少对原有城市户籍居民所享有的公共资源的冲击，在城市经济的不断发展中，一步一步推进农民工权利的获取，才能较为平稳地实现平等就业。

2. 平等就业相应权利的需求层次

根据农民工在城市从生存、稳定到发展的生活轨迹，对于各种权利的需求程度具有轻重缓急之分。农民工在生存保障阶段，更需要的是平等的就业机会、合理的收入，因此更加注重平等的就业权利与相关社会保险权利等经济权利。经济权利与社会权利推动平等就业能力积累，随着农民工素质的提高，会进一步认识到加入工会、参加选举与被选举等政治权利的重要性，期望通过增加自己的话语权，影响制度的安排与实施。因此，权利获取途径应该遵循农民工不同阶段对不同权利的需求重点，渐进式逐步给予农民工所需权利，循序渐进实现平等就业。

3. 整个国家经济、社会发展状况

进城城市农民工权利获取路径不仅需要当地政府有所作为，更需要得到中央层面的支持与保障。制度规定了权利，平等就业权利供给不足的关键因素在于制度的缺陷。一直以来，我国的改革很大程度上受制于权力中心在既定的政治、经济秩序下提供新的制度安排，所遵循的"是由政府命令和法律引入实行"的自上而下的制度变迁（林毅夫，1989）。国家层面所做的制度安排往往引领了改革的方向，在恢复农民工权利主体地位的过程中，中央政府也出台了多项政策予以支持，2014年国务院《关于进一步推进户籍制度改革的意见》明确"取消农业户口与非农业户口性质区分和由此衍生的蓝印户口等户口类型，统一登记为居民户口"，2016年1月1日起施行的《居住证暂行条例》进一步明确"居住证是持证人在居住地居住、作为常住人口享受基本公共服务和便利、申请登记常住户口的证明"。提出在全国范围内实行居住证制度说明从国家层面已经针对农民工问题开始切实做出制度安排，进行制度创新，推进改革的进行。并从基本原则、就业、培训、社会保障、子女教育等方面提出了意见，敦促各级地方政府要维护农民工合法权利。这在一定程度上是一种放权，但是在放权同时，中央并没有统筹解决的思路，也没有做出相应的制度调整，地方政府要凭一己之力解决农民工权利问题,就容易做出上述"高门槛、一次性"权利供给方式的选择。

(二)"多阶梯、渐进性"的平等就业途径

根据以上制约因素,平等就业权利获取途径的基本思路是:首先让农民工能够在城镇留下来,然后能通过自身的努力,在为城镇发展不断做出贡献的同时也能够不断地获取户籍居民所享有的权利,使之所拥有的权利不断增多,直到取得户籍居民所拥有的全部权利,实现农民工与本地户籍人口权利平等的目标,同时也完成了平等就业的过程。基于以上思路,本书认为应该采取"多阶梯、渐进性"的平等就业权利获取途径。

"多阶梯、渐进性"的平等就业途径,就是把农民工进入城镇就业到最后实现定居的整个过程,分解为数个前后衔接、逐步递进的阶段;农民工获得权利的"进入条件"比较低,农民工只要在城镇具有稳定的工作、基本的居住场所,就能够获得在城镇生存发展的最基本的条件;然后根据农民工对权利需求的轻重缓急以及政府权利供给的易难程度,让其能通过自身的努力,逐步地获取更多的权利,直至取得与城镇户籍居民平等的权利,完成在城镇的永久定居。

三、平等就业获取相关权利的具体进程

为了使各个阶段各项权利的获取更具有操作性,我们将城镇户籍居民现阶段所享有各种权利进行分类。首先将各种权利先简要地分为经济权利、社会权利、政治权利,然后再细分为六大类,十六小类(见表8-1)。

表8-1　　　　　　　　农民工留城定居相应的权利举例

经济权利	平等就业的权利	平等择业的权利
		平等签订契约的权利:在确定雇佣意向之后,要求签订劳动合同的权利
		平等获得合理劳动报酬的权利:依法按时、足额领取工资的权利
		休息的权利:按法定时间工作、法定节假日休息且加班领取加班报酬的权利
		工作环境安全的权利:工作环境的安全性、卫生性应得到保障的权利
		劳动能力受保护的权利:发生职业病时有权要求治疗或调离工作岗位的权利

续表

社会权利	子女平等享受义务教育的权利	义务教育阶段与城镇户籍居民子女费用平等
		义务教育阶段与城镇户籍居民子女同等就近入学
		在流入地就读高中及高考的资格
	平等住房权利：平等地申请公共租赁房、廉租房、经济适用房等保障性住房的权利	
	平等的社会保障权利	享有工伤保险权利
		享有基本养老保险权利
		享有基本医疗保险权利
		享有失业保险权利
		享有社会福利与社会救助权利
政治权利	参加工会的权利：包括企业中的工会，也包括街道、社区等组织的工会	
	就地选举权	基层选举权与被选举权
		人大代表选举权与被选举权

注：农民工实际所应享有的经济权利、社会权利及政治权利必然超过表格中所列各项数目，这里仅参照前文讨论与平等就业所需权利最为联系密切的各项列于表内。

农民工在城镇从生存、稳定到发展，其对于各种不同权利的需求具有轻重缓急之分，同时城镇政府对农民工权利的供给也受到经济社会发展现实情况的限制。为此，根据农民工对权利需求的迫切程度以及城镇政府权利供给的难易状况，课题组设计了一个"多阶梯、渐进性"平等就业的权利获取途径的路线图（见图8-2）。

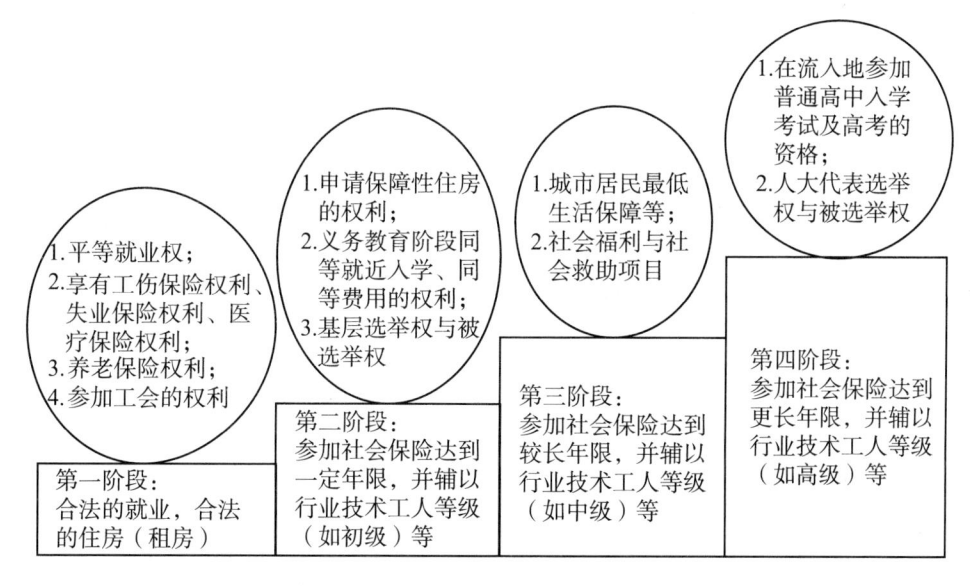

第一阶段：
合法的就业，合法的住房（租房）
1. 平等就业权；
2. 享有工伤保险权利、失业保险权利、医疗保险权利；
3. 养老保险权利；
4. 参加工会的权利

第二阶段：
参加社会保险达到一定年限，并辅以行业技术工人等级（如初级）等
1. 申请保障性住房的权利；
2. 义务教育阶段同等就近入学、同等费用的权利；
3. 基层选举权与被选举权

第三阶段：
参加社会保险达到较长年限，并辅以行业技术工人等级（如中级）等
1. 城市居民最低生活保障等；
2. 社会福利与社会救助项目

第四阶段：
参加社会保险达到更长年限，并辅以行业技术工人等级（如高级）等
1. 在流入地参加普通高中入学考试及高考的资格；
2. 人大代表选举权与被选举权

图8-2 "多阶梯、渐进性"的农民工权利获取方式示意

图 8-2 表明,农民工只要有合法的就业与住所就应该保障其基本的经济权利,这样农民工在城镇就有了稳定发展的基础。继而将不同的社会保险的参保年限、技术工人等级、缴税年限等作为获取进一步权利的途径,从而使农民工能够通过自身的努力,逐步地增加自己在城镇的经济、社会、政治权利,直到最后取得城镇户籍居民所享有的全部权利,从而实现外来农民工与户籍居民权利平等,完成在城镇的永久定居过程[①]。

图 8-2 也表明了农民工分阶段、逐步获取各种权利的途径以及每一阶段所获取的权利内容,其中每一阶段的权利体现的都是权利获取的增量。下面进行逐一分析。

第一阶段,主要以合法就业、基本的住所(租房)等为条件,获取的相应权利为:

——经济权利。只要农民工在流入城市合法就业,地方政府就应保障其平等的就业权利。由于农民工在经济权利方面的缺失主要体现在就业的非正规性、劳动报酬低、劳动强度大等方面,所以我们在这里关键是要强调政府应改善农民工的工作环境,加大对企业的监督与执法力度等,保障农民工平等就业权利等经济权利的实现。

——基本的社会权利。首先,实现工伤保险对农民工的全覆盖,这一方面是由于农民工所处的行业是工伤事故多发行业;另一方面由于失业保险为农民工个人非缴费项目,因此政府在提高其覆盖面时相对较为容易。其次,在这里强调失业保险,主要是因为我们认为失业保险的救助范围应不仅仅限于失业后的救助,还应包含准备就业阶段的救助。最后,在合法就业基础上,农民工按照规定签订劳动合同,则应依法享有养老保险与医疗保险。养老保险是缴费型社会保险,扩大养老保险的覆盖面,将农民工纳入养老保险范围,也要求农民工尽到缴纳养老保险费用的义务,并为之后阶段的权利供给提供依据。

——基本的政治权利。参与工会是一项重要的政治权利,本书把它放到了第一阶段,主要是因为参与工会是劳动者在单位工作所享有的基本权利,与农民工户籍、居住地等无关。只要农民工合法就业,无论其是在企业就业还是自我雇佣,都有参加各种合法工会的权利。

第二阶段,当农民工在城市参加社会保险以及稳定居住时间达到一定年限之后(其中社会保险与居住时间的设定各项权利可根据实际情况有所不同),并取得一定的岗位技术等级(如初级),农民工则应该享有更进一步的权利。

---

① 注:该权利获取路径图参考了各地一些做法,特别是国务院发展研究中心所提出的"梯度推进户籍改革,实现权利实质平等"等方案的思想,课题组结合浙江省具体情况作了相应的调整与补充。

——进一步的社会权利，包括申请公共租赁房、廉租房、经济适用房等保障性住房的权利。第一，平等就业的首要表现就是在城市拥有住所，农民工一直以来作为城市的"夹心层"，很少能够享受保障性住房，而事实上许多农民工经济条件与城市户籍的低收入居民相仿。保障其该项权利，既立足于目前政府大力发展保障性住房的现实，也有助于防止城市中"贫民窟"的出现。第二，在目前子女入学按户籍所在学区划分的情况下，农民工首先应获得稳定的住所，而通过设置居住年限的条件，也是要求其在工作上与居住上保持稳定性，赋予其申请廉租房、经济适用房等保障性住房的申请资格，也进一步为农民工子女就近入学提供基础，因为在住房集中的区域周围更有可能建设新的学校，以满足当地居民子女的就学需求。

——农民工子女接受义务教育的权利。这里强调的是在稳定就业，拥有合法住所且居住达到一定年限（较短）基础上，保障农民工子女与城市户籍子女同等就近入学的权利以及在就学费用上一视同仁的权利。这里的稳定就业既包含与企业签订劳动合同，也包括自我雇佣形式。浙江省早在2008年起就规定免除符合入学条件的农民工子女义务教育阶段的"借读费"，至此农民工子女与浙江城市户籍居民子女一样能够享受义务教育阶段全部免费。政策尽管如此，但是从我们的调查可知，仍然有许多地方政府以各种名义收取费用以限制农民工子女就学。实证调查发现，农民工家庭规模普遍大于城市家庭规模，2~3个子女是农民工家庭的常态，而最早一代新生代农民工也将进入结婚生子阶段，农民工子女素质的提高，从长远而言，将带动整个农民工群体素质的提高。像上海、广州、北京等地入读当地公立学校更难，要通过找关系、高额赞助费等方式才能入学①。

——基本的政治权利，主要指基层选举权。随着农民工群体数量的增大，他们也有权利参与当地的管理，表达自身的利益诉求，因此可以考虑给予其在基层的选举权利与被选举权利，使其逐渐参与到城市的管理之中。

第三阶段，当农民工在城市居住与参加社会保险时间进一步增加，岗位技术技能进一步提高，譬如取得了中级及以上岗位的技术等级，通过缴税等履行自身的法定义务，也就能够获取进一步的权利。

进一步的权利主要包括社会救助和社会福利等社会权利。这里的社会救助与社会福利主要指城市居民最低生活保障、临时救助等项目。浙江省目前的临时救助对象仍然是城镇户籍居民，《浙江省城乡居民临时救助办法（试行）的通知》

---

① 转引自国务院发展研究中心、世界银行：《中国推进高效、包容、可持续的城镇化》，中国发展出版社2014年版。

第九条规定:"临时救助以家庭为单位向户籍地村(居)民委员会提出书面申请"。当农民工进入到这一阶段时,在城市生活工作的时间已较长,年龄也已进入中年,应该向其开放教育救助、就业救助、医疗救助、住房救助等各项社会救助服务。

第四阶段,当农民工在城市居住与参加社会保险达到相当长的时间,并取得更高等级的工人技术等级,如高级,就可以获取作为城市户籍市民的所有权利,成为平等权利的城市居民。

——进一步的社会权利,包括农民工子女在流入地就读高中与参加高考的权利。浙江省政府为鼓励和吸引进城务工人员子女特别是外省来浙务工人员子女就读中等职业学校(含职业高中和技校),今后凡具有初中毕业以上学历或同等学力的,不受户籍限制,均可报读浙江省中等职业学校[①]。这应该说是已经为农民工子女义务教育阶段以后的基础教育打开了一个口子。鉴于目前全面开放高考,有可能发生一些生源大省到较少生源省份参加考试,挤占当地学生机会的现象,同时,还有可能出现高考移民。因此,居住时间以及在该城市学校拥有学籍的时间应作为重要指标对农民工子女进行考核。学籍指标还应考虑其时间地点的连续性。通过设立合理的标准,给予符合条件的农民工子女参加当地高考的机会,这一制度的实施,将需要中央统一领导,对高考名额与高考资源进行合理调配,统筹考虑。

——进一步的政治权利,即人大代表的选举权与被选举。增加政治权利的供给,能够增强农民工对于城市管理的关注度与理解度,也有助于提高农民工在企业中加入工会的积极性,提高农民工自身的维权意识与维权能力。农民工代表是最能反映农民工问题的代表,因此应稳步增加农民工人大代表的数量。这有助于政府进一步了解农民工群体的真实意愿,增强政策的针对性。当农民工逐渐在城市稳定生活,还有助于促进社会的稳定性与安全性,能够降低政府在维护社会治安方面的成本。

通过以上四个阶段,农民工从获取最基本的经济权利起步,到社会权利、政治权利,最终获得了城市户籍居民享有的所有权利,实现了与城市户籍居民的平等权利,成为真正意义上的城市居民,农民工实现了留城定居的目标。

上述平等就业过程尽管基本是依据时间轴描述了农民工从进入城市到逐渐在城市工作、生活最后定居的整个历程,但各个阶段并不是完全孤立的,而是一个渐进的过程,各个阶段权利获取的多少,需要根据城市的产业结构、发展战略、规模大小等进行适当调整。并且,各项权利中所涉及的社会保障制度、教育制

---

① 浙江省人民政府,《浙江省人民政府关于进一步加强和改进进城务工人员子女教育工作的意见》。

度、住房保障制度也都是一个个相互独立又彼此影响的体系，它们在一步一步地完善过程中，也许无法像图8-2中所描述的那样同步，甚至会产生较大差别。本书只是提供了一个大概的思路，并强调条件的设置应注重权利与义务对等的原则。

"多阶梯、渐进式"权利获取途径向普通农民工提供了一条通过自身努力获得城市各项公共权利的途径，但这个路径并不是固定不变的，不同城市可以根据自身情况，在权利与义务对等原则的指导下，改变入户条件与权利供给程度，甚至供给的顺序，实现平等就业。

随着农民工群体内部出现明显的结构性变化——新生代农民工已经成为农民工的主体并必将成为产业工人的主体，该群体具有一些不同于传统农民工的新特征、新诉求和新问题，这些诉求和问题的积累已经开始显露出对我国政治社会稳定、经济可持续发展、农民工家庭幸福及其个人发展的负面影响。这就使有针对性地解决新生代农民工问题成为国家发展中事关大局的紧迫问题。

第三节　企业内部劳资关系的调整

企业内部的劳资关系的不平等是城乡居民不平等就业的重要表现。解决这一问题同样需要提升劳动力产权的强度，从而形成劳动者权益维护的自我平衡机制。而形成这一机制的重要条件除了通过人力资本投资来提升劳动者的竞争力外，还有一个重要的方面就是组织建设，即形成工会的谈判及维权机制。在我国现有的体制下，结社等政治资源严格控制在政府手中，因而这一机制形成显然需要政府的推进。

工人组织对工人地位以及工人福利的影响，在某种程度上是充满争议的。然而，不可否认，当存在代表工人利益的工人组织（比如工会）时，工人拥有一种通过集体力量和集体行动维护自身利益的可能。在工人组织的活动过程中，工人们通过组织罢工、集体谈判、提供劳资争议协商机制以及对政府政策施加影响等途径提高其劳动力产权的实现程度。

政府在推进与完善工会的谈判及维权机制中，主要应该注意以下方面。

第一，明确劳动关系的主体，建立真正意义上的劳动者自己的工会，而不是把资方和企业高管都划为劳动者。市场经济改革已近40年，我们不能回避劳资双方在本质上是对立的这个现实，特别是在私营企业，劳资双方完全就是雇佣关系而非分工协作关系。如果资方和企业高管都可以加入工会，那么最终只能是强势的资方来代表劳工方来和资方自己进行双手互搏,即便某些举措有利于劳动者,一切出发点也都是为了资方自己的根本利益。劳资关系主体不明的工会不仅只是形同虚设的工会,反而还有可能剥夺劳动者表达权利和维权的路径,严重损害劳动者的权益。因此,要使工会真正成为劳动者自己的组织,政府应该在政策上鼓励劳动者在不违反法律法规的基础上,根据自己的意志自发组建任何形式的工会,并限制由企业组建工会,而不是本末倒置地规定"企业、事业单位应当在开业或者设立一年内依法建立工会组织"。

第二,保证工会与企业管理层的相对独立性,使工会脱离对企业的依附,主要可以从两个方面进行机制改革。一是基层工会组织的形式应以联合工会、行业工会为主,而非企业内部工会,尽量使基层工会脱离于企业的支配。二是基层工会主席应为上级工会或其他行业工会派遣的专职人员,而不应与资方有雇佣关系。工会主席这个角色在劳动关系调整中具有相当重要的作用。因此,要保证工会的独立性,除了工会主席在经济利益关系、雇佣关系上要脱离于企业,还要在制度上有效保护工会主席的权益,保证工会主席的行为不易偏向于企业。

第三,工会在职能形式上,应强化参与职能,充分发挥职工代表大会的作用,积极主动参与到企业管理和决策中去。只有参与到企业的管理决策中去,争取劳动者应有的权利,进行事前维权,才能切实有效地保障劳动者的合法权益。事后维权机制虽然可以为劳动者讨回某些公道,但不可能是长效的,只能解决燃眉之急,而且被侵害的权益现实上也不可能全部返回,且事后维权需要较高的维权成本。所谓治标要治本,工会只有在事前积极维权,才有可能保障劳动者的合法权益。

第四节 促进城乡居民平等就业的配套政策

农村劳动力进入城市、实现与城市居民的平等就业,不仅涉及城乡劳动力市场本身的问题,还涉及劳动力的区域流向、产业的空间布局、城市的规划与管理等各方面的问题。这些问题能否合理解决,在很大程度上也影响着城乡居民平等就业的实现。

一、产业空间结构调整与劳动力流向

由于资源有限,农民工大量集中流向大城市、特别是特大城市,为农民工融

入城市带来很大困难。因此，需要推行以中小城市为主导的城市化战略，促进非农产业特别是劳动密集型产业从大城市向中小城市扩散，这将为农民工改变流动就业模式，最后融入城市创造更为有利的条件。

推进中国人口城市化，就要使农村剩余劳动力逐步转变为有就业、有住所、有社会福利和有文明素质的市民，并且逐步成为中等收入者。但从目前情况看，由于外来劳动力倾向于流向大城市，导致大城市特别是特大城市转移人口"落不下"和中小城市"没人去"的情况，劳动力分布严重失衡。

对于（特）大城市而言，人口过度集中，无疑会加重城市负担且不利于城市管理，流动人口对城市人口增长而言是一种社会性机械增长，而非自然增长，他们对社会的需求往往带有突加的性质，对城市施加的全方位的压力，必然会增加城市管理难度，诱发一系列社会问题，比如公交压力过大、环境污染严重、社会治安恶化、居民生活环境受损等。

面对我国城市化过程中的上述问题，需要大力改变劳动力集中涌向大城市这种现状，促使劳动力从大城市流向中小城市，从而在不影响大城市自身快速发展的前提下，又促进外来劳动力融入中小城市。

产业发展产生劳动力需求，产业的空间结构决定劳动力流向。导致我国大城市特别是特大城市转移人口"落不下"和中小城市"没人去"情况的根本原因是产业的空间结构问题。我国大城市工业化进程快于中小城市，城市基础设施建设相对较好，企业较为集中且规模大，劳动力就业机会多，因此劳动力多倾向于流向大城市而非中小城市。对于中小城市来说，工业化发展水平不如大中城市，规模以上企业数量较少，劳动力就业机会相对较少，且中小企业抗风险能力相对较差，难以扩大就业机会。因此要促使劳动力从大城市流向中小城市需要推进产业特别是劳动密集型产业向中小城市转移。

产业空间结构主要反映的是产业在不同区位上的分布形式，我们以产业集聚为主来研究产业在地域上的分布对劳动力区域分布的影响。

理论上，产业集聚引致劳动力流动的机制可以从以下三个角度分析。一是外部经济角度，马歇尔产业集聚理论指出产业集聚优势之一就是产业集聚为有专业技术的工人提供了一个公共市场，有利于劳动力共享。"雇主们往往到能找到他们所需要的有专门技能的工人的地方去办厂；同时，找工作的劳动者，自然也到有许多雇主需要像他们那样技能的地区去找职业"。这种集聚无论是对工人还是对厂商都是一种保障，同时又加强了该区域的产业集聚。二是竞争优势角度，波特的"钻石模型"中生产要素可分为一般生产要素和专业生产要素。高级人才属于专业生产要素领域，而拥有专业生产要素的企业更会获得竞争优势。因此，企业会创造各种条件以吸引人才，产业集聚为高级人才提供了一个互动学习和创新依赖的平台，非正式的交流是提升其人力资本的重要途径。三是空间经济学角度，克鲁格曼根据设立的三个假定以分析厂商根据市场容量迁移后大量厂商的集中导致竞争加剧，同时对劳动力又会产生新的高的需求，名义工资提高进而持续不断的吸收劳动力的流入。

在国内，学者们关于这方面的研究主要着眼于劳动力在产业集聚的驱动下从农村流向城市、从中西部流向东部沿海发达地区，最终形成特定的劳动力区域分布。范剑勇、王立军、沈林洁（2004）在对农村劳动力跨区域流动的数据描述中指出，东部沿海地区的产业集聚对中西部地区农村劳动力具有强有力的吸引力，同时劳动力的跨区域流动是内生地由地区间产业分布不均匀决定的。敖荣军（2005）指出区域经济格局的形成和演化更多的是市场作用的结果，尤其是随着我国对外开放程度的加深，东部沿海地区面向国际市场的区位优势得到充分体现，其中以劳动密集型产业和高新技术产业为主的制造业发展迅速。在东部沿海地区形成制造业的相对优势后，沿海地区相对较高的工资收入吸引了大量劳动力流入，尤其是中西部地区劳动力的涌入。武晓霞、任志成（2007）通过对1995～2000年东中西部劳动跨区域流动的实证指出，劳动力的跨区域流动主要影响因素为制造业的集聚程度，由此可以判断中部劳动力的跨省流动和东部地区制造业集聚有密切关系：东部地区产业集聚效应构成了对西部地区劳动力跨省迁移的巨大拉力，反过来中部劳动力的流入又进一步增强了东部地区的集聚效应，两者形成一种正反馈机制。

上述这种产业和劳动力集聚的现象广泛存在于现实经济生活中，是现代区域经济增长的一种重要现象。人口和经济活动在地理上分布极不平衡，在集聚区域，同一产业或相关产业往往聚集在一起，使该区域的经济呈现强劲的发展势头，从而不发达地区的劳动力等要素流向效益好、投资回报高的发达地区，而劳动力的流入又进一步增强了该地区的集聚效应，最终形成了人口稠密的制造业带和人口稀疏的农业带，这种空间集中不断自我强化的累积过程被米达尔（Myrdal，1957）称为"循环因果律"，也被亚瑟（Arthur，1990）称为"正反馈"效应，而且累积过程还是动态的。

因此，产业在某一地区集聚将带来人口的空间集中，人口聚集为厂商提供丰富的劳动力资源，反过来，产业聚集区居民择业更方便，节省了就业信息搜寻费用，降低了交通费用及时间成本，同时提高了消费决策的有效性（吴勤堂，2004）。

更为重要的，产业集聚将引致人才集聚。由于同一产业或相关产业的企业在地域上的集中，有关市场、技术等各种知识与信息也会在区域内汇集，人才的流入带来了大量的专业知识、信息和经验，良好的产业环境，激发了人员的求知欲望，使他们对该产业的相关信息保持高度敏感，增强了收集知识与信息的能力；

此外，集聚区域内基础设施的完善，如信息网络的完善将能更快地汇聚知识。同时，产业的集聚将促发高素质人才集体学习，使学习成为不断演化的动态过程，当区域人力资本集聚到一定规模程度后，一方面向四周扩散，另一方面又在更高层级上进行量的积累，达到一定规模后，产生更高层次的扩散，如此循环往复，从而形成不同层级的人力资本组合结构。

从短期来看，最重要的是要加强土地资源的优化配置，实现土地要素的市场化。虽然，我国城市土地属于国有，政府对城市土地的空间利用拥有决定权，但是城市用地的合理规划离不开市场这双无形的手，在进行产业空间结构的调整时，应遵循市场规律的客观要求，运用地价杠杆以及对不同区位的土地征用不同的土地税来引导土地使用者合理的选址行为，对于不同城市的土地以及城市内不同等级土地采取不同的定价方式。在核心区域，对于高新技术产业和第三产业，应采用"多供取、低地价"，提供有利的地理区位；而对于限制发展的产业来说，应采取"不供地、高地价"的政策或者运用城市低地级的土地进行用地调整。同时将土地的置换与产业空间结构相结合，将部分工业企业搬迁，同时引进资金，发展商贸、金融等先进服务业，充分发挥核心城市市区"寸土寸金"优势，只保留少量无污染的都市型工业，腾出空间，营造环境，发展现代服务业和高技术产业，进而优化产业结构。

从长期来看，需要进行综合配套性改革措施，改革财税体制，要科学划分各级政府职能，在明确规定事权的基础上，中央政府应通过规范的转移支付制度并且转让一定的税种给予地方政府更多的财权；用物业税逐步取代土地财政来补充地方税源，世界上有些国家或地区对房屋土地的使用采取税收的形式，通过征收物业税，保持收入的稳定性和可持续性，我国应尽快开征物业税，将土地出让金等收入改成征收物业税，把政府一次性收入变成长期稳定的收入，降低地方政府对土地财政的依赖。在政绩考核上要改变以GDP、财政收入为标准的考核体制，以人为本地关注GDP指标的同时，关注如社会保障率、失业与就业率、家庭收入增长率、生态和环境指标达成率、重大责任事故发生率、对突发性事件的应急能力等民生指标和环保指标。

二、城市管理创新与城乡居民平等就业

过去我国的城镇规划更多是考虑城镇户籍居民，特别是城镇中、高收入阶层居民的利益与需求。随着城乡劳动力一体化以及城镇户籍居民的阶层分化，低收入阶层在城镇居民中的比重将会不断增大。根据构建和谐社会的目标，就要求城镇规划不但要考虑中、高收入阶层的利益，而且还要更多地考虑低收入阶层的利

益；要统筹考虑不同阶层的居民对交通、教育、文化、医疗、商业配套设施等城镇基础设施的不同需求。

（一）合理布局低收入群体的居住地

城市规划应与城市发展的进程与阶段相适应。目前，我国的城市扩张以制造业外移、工业园郊区布局为特征，制造业大多以劳动密集型为主，其一线工人大多属于城市中的低收入阶层。因此，在城市规划中应充分体现就地安置原则，为工业园区规划配套足够的职工生活、居住设施建设空间，使其在工作地点附近安居乐业，这不仅能促进城郊产业的发展，而且也能提升城郊人气，带动城市经济发展。

在制造业外迁的同时，城市发展日益进入后工业化阶段，服务业在城市经济中逐渐成为主导产业，因而低收入的服务业从业者的工作岗位大量集中在市中心，这就需要政府在城市中心的不远处布局一些廉租房等低收入者居住区，使得这部分人的工作和生活地点在空间上较为接近。

（二）加强社区建设规划

城市低收入阶层的一系列问题如"未富先老"的离退休职工养老问题、外来人口管理问题以及下岗失业人员救助、培训和再就业问题都与社区建设密切相关。因此，城市规划应该制定社区建设规范和指标体系，除社区建设所必需的教育、医疗卫生、商业服务、金融、邮电、市政公用和行政管理设施外，还要充分考虑新城市贫困人口的社会需求，提供社区福利与社区保障，增加社区社会保障类服务设施如失业人员培训职介中心、外来人口管理服务中心和社区救助服务中心等。

（三）商业配套设施

当前，我国各地城市规划中普遍存在盲目高端定位的问题，过于追求表面的华丽而忽视了底层民众的需求。

城市中普遍存在的小商品市场、建材市场、农产品市场、小吃摊贩等，既满足了广大低收入阶层的基本生活需要，也是一大部分低收入者的谋生手段。对于这些城市中的相对低端的商业形态，在城市规划中应以包容的态度来对待，要考虑多层次人群的生存与发展。在城市规划中，可以考虑在低收入人群聚居地附近划出特定的区域，建设专门的与低收入阶层相符合的"低收入居民消费区"。对于低端消费市场，因势利导，建设相应的管理体系、基础设施体系、公共服务体系和商业体系。这些体系都应该与居住区居民的收入和消费偏好相适应。

(四) 交通设施规划

城市交通作为一种公共物品，在规划中也应重视全体社会成员之间的公平性原则。然而在今天的城市交通中，由于机动车数量剧增，城市交通拥挤问题日益严重，普遍存在着有违公平性原则的现象，例如为了能最大限度地保证车辆通行，许多城市把人行道缩减了，把行人过街的绿灯时间减少到了最低限度。

从低收入群体出行方式的统计数据来看，大部分的居民都以步行、自行车、公交为主要出行工具。因此，在交通基础设施设计中，应避免以损害非机动车、行人的通行权益为代价保障机动车通行条件，甚至提高机动车通行条件。特别是老城区，更要保障非机动车交通、步行交通出行的通行条件。另外，在交通规划中需要继续大力发展公共交通，倡导公交优先的城市交通发展战略，避免一味偏向于公路建设的规划思路。为了方便低收入群体的出行，可考虑公交线网设计与廉租房、公租房规划布局相结合，保障其出行。

(五) 科学规划旧城区、"城中村"的改造

随着城市的不断发展与扩张，对旧城区、"城中村"的改造近年来成为每个城市发展建设的重点。但是，对于这些繁华都市中的落后地区，不能简单粗暴地采取取缔措施，大拆大建，而后盲目地布局大型商业、办公楼、高档住宅等设施。这样简单的做法等同于是对原住于此的低收入者的粗暴驱逐。

因此，对于这些地区，应按照城市发展的要求，兼顾不同阶层的利益，进行积极有效的综合开发改造。可能的举措包括：继续保持原区土地适度混合使用；在社区重建中采用多户型、多面积标准的住宅类型，创造可充分选择的住宅机会，维持社区居民的多样性；对现有社区以再投资强化其职能，保护及扶持多功能的小企业及互补性的社区商业设施，为社区低收入居民提供就业渠道。

三、完善与农民工等低收入阶层相适应的住房制度

随着农民工逐步地融入城市，城市低收入阶层的住房问题将日益突出。如何做到居者有其所，是摆在城市政府面前的重大挑战。解决农民工等城市低收入阶层的住房问题应将长远目标与短期措施相结合。

（一）规范租赁市场、增加与低收入阶层住房需求相适应的住房供给、增强低收入阶层的住房消费能力

1. 加强对住房租赁市场的管理，拓展服务渠道

农民工的居住环境差、住房基本设施配备不完善，因此应加强对其住房市场的管理。而农民工住房市场的管理主要是针对房屋租赁市场及企业员工宿舍，可围绕以下几方面进行：

——构建房屋租赁管理网络，合理指导租金安排，各部门协调管理房屋租赁市场运行。确立统一清查制度及房屋租赁登记备案制度，定期更新全城镇的出租屋信息，充分掌握出租房供给状况。建立符合当地实际的房屋租赁协作管理机制，房管部门主动与公安、税务、工商、计生等部门协调，通过联合办公、相互把关、信息资源共享等途径，共同维护房屋租赁市场有序运行。

——强化出租房治理，制定出租屋准入标准。明确出租屋的概念，将其与其他类型住房加以区别。制定基本的出租屋准入标准（建筑质量、消防要求、环境卫生、基本设施、安全等），只有符合标准的住房才能进入农民工住房租赁市场。同时，公安机关也应会同房产部门对出租房屋开展全面清理整顿，对违反国家房屋租赁政策出租房屋，以及规避管理、私下出租、转租房屋等行为予以查处。

——成立专门机构，协调解决房屋租赁纠纷。政府应该大力推广、宣传出租屋合同的签订，并为农民工提供法律咨询服务：第一，加强房屋租赁的监管；第二，完善房屋租赁合同的规范；第三，建立房屋租赁纠纷的协调和解决机制；第四，成立专门机构负责城镇房屋出租管理。

此外，对于企事业单位建设的集体宿舍和建筑工棚，也应要求符合农民工城市住房居住标准，必须满足基本的设施条件才能投入使用。

2. 加大城市低收入阶层的住房供应

针对当前日益旺盛的农民工住房需求，政府应引入社会资本、寻求多种途径扩大农民工住房的供应。城市内农民工住房供应规模的扩大可以从以下几个途径出发：

——完善城市住房租赁管理体制，使农民工可以以低成本获取符合要求的住房。

——提供土地、税收等方面的优惠，鼓励有能力的企业建造员工宿舍。政府可以通过减税鼓励招用农民工较多的企业充分利用自有职工宿舍或通过新建、租赁、购置等方式筹集农民工住房房源。

——改善以往"城中村"改造模式，尽量以不改变其用途为前提实施"原位"改造。对于城中村的改造，以翻修、翻新为主，在土地权属发生变更的过程

中，尽量不转换土地的居住用途，在提高城中村房屋质量、环境状况、卫生条件、合理规划及土地集约利用的基础上，把城中村改造成适宜原住户和流动人口居住的普通住区。

——利用社会各方力量，在适宜的地方建设集体公寓、农民工经济适用房、廉租房等。例如，政府可以通过改造旧厂房、房屋等方式扩大房源；对于流动人口集聚的村集体，还可允许集体通过合理规划建造面向外来人口的集体公寓。

——拓宽住房供应渠道，为农民工在宅基地置换的前提下通过集资共同解决住房问题提供制度、土地等方面的保障。对于那些特别想进城的农民，可以通过利益补偿机制进行购买其原有宅基地，增强其进城购房的能力，也可允许其到城镇边缘区进行土地或房屋的置换。此外，政府还可以出台特殊政策允许农民在镇区边缘集资建设居民住宅。

3. 提高农民工收入水平，提高其住房消费能力

解决农民工住房问题还应注重提高农民工的收入及住房消费水平，可以基于以下两方面加以注重：

——调整最低工资标准并严格执行。合理调整最低工资标准，实施小时最低工资制度，促进农民工工资合理增长。

——完善土地流转，允许农村宅基地出售与置换。改革现有农村土地使用制度，推进农村住房产权流转，能够增加农民工收入，进而提高其购房及承租能力。对于持续在城镇务工若干年以上的人员，还可考虑允许其利用原有的宅基地折价换取务工地的一套保障性住房，而其所务工的城镇则可获取等面积的建设用地指标。

4. 注重分行业、分层次逐步引导农民工住房问题的改善

针对不同住房类型与方式的农民工制定不同的解决办法。例如，制造业企业可以在政府的引导下，在企业集中区利用支持性土地政策为企业员工建设集体公寓；对于建筑行业农民工，重点则是通过制定行业标准，对工棚的质量、配套设施等基本居住条件进行硬性规定，推广使用标准化的活动工房；对于餐饮行业农民工的住房问题，重点是对集体宿舍的条件进行规范，制定集体宿舍的条件和标准，明确安全、居住面积等指标；对于自主租赁住房的农民工，可由用工单位发放住房补贴；物业管理行业农民工除可采取发放住房补贴、集中修建农民工公寓等方法外，可探索在商品房小区中修建一定比例的专门住房，提供给为小区服务的物业公司的管理人员、保安、清洁工等居住；而对于从事经商贸易的农民工，相对而言他们是经济条件好、未来潜力大的农民工群体，城市政府可以出台优惠政策，引导他们租房或购房置业。

(二) 深化城镇住房制度改革，将农民工住房问题纳入城镇住房保障体系

解决农民工的住房问题还必须逐步将其纳入城市住房保障体系，这样才能在"治标"的基础上逐步实现"治本"。城市政府还应注重改革城镇住房制度，并进一步完善城镇住房保障体系，逐步将农民工纳入城镇住房保障体系中。

1. 廉租房制度

政府应多渠道筹措资金以建设面向城镇低收入者及低收入农民工的廉租房，降低申请"门槛"，扩大廉租房供应范围，逐步将低收入农民工纳入廉租房保障体系中。例如，对于那些不能通过市场及用工单位解决住房问题的农民工，且收入在一定数额之下、连续在城市工作一定年限以上的农民工，可以纳入廉租房的供应对象。

2. 住房补贴制度

政府在放宽廉租住房申请的户籍限制的同时给予一定比例的租金补贴，且应以"人头补贴"为主，"砖头补贴"为辅。此外，还应逐步建立适宜的农民工住房补贴制度。补贴对象是单位未交纳住房公积金、单位提供宿舍但须交纳租金和自行租房的农民工，补贴的金额根据农民工收入状况的一定比例确定，并在劳动用工合同中予以明确。

3. 住房公积金制度

逐渐将农民工纳入住房公积金政策范围，采取"低水平、多层次、广覆盖"的原则，对于农民工只要连续缴存住房公积金一定时间以上，就可以申请住房公积金贷款，且缴纳的标准也可以适当降低，允许其因工作变动或其他正当理由一次性提取公积金，并可提取用于支付房租。逐步建立和完善农民工公积金制度，最终实现与企业签订了劳动合同的农民工均享有住房公积金待遇的政策目标，从而提高农民工的购房能力。此外，还应建立全国统一的账户数据库，实现网络共享，解决农民工流动与公积金缴纳各自为政的矛盾。

4. 经济适用房制度

逐渐将农民工纳入经济适用房政策范围：（1）对于短期无力购买又不具备享受廉租住房条件的困难家庭，可以从经济适用住房中划出一定比例作为经济租赁房，承租户可先按成本租金支付一定年限后，再按承租当年经济适用房价格购买；（2）对于购买城市经济适用房、限价房的农民工，可降低其购房首付款的比例，延长还款期限，给予契税优惠。

5. 住房保障进入退出机制

建立一套合理的准入、轮候及退出机制，可以建立一个动态数据管理系统，

对城市各类从业人员的数量变动以及各类住房的存量、价格、住房获得方式等有一个动态反映。当农民工的经济状况达到一定条件时，应该退出公共廉租住房，鼓励其进行市场租赁。

6. 全国性土地流转机制

农民工流入地政府和流出地政府应通力合作，探索农民工老家承包地和宅基地的流转问题，探索跨地区间（即农民工流出地、流入地之间）的建设土地指标交易机制和土地的有效规划，以盘活全国的土地资源。

附录 1

一个政策文本的文献计量分析

本附录以 1949~2012 年中央层面农村劳动力流动相关政策文件（共 100 份）为基础，运用词频分析（Word Frequency Analysis）和网络分析（Network Analysis）方法[①]分析了农村劳动力管理政策的变化。图附 1-1 描述了历年劳动力流动政策的数量分布。

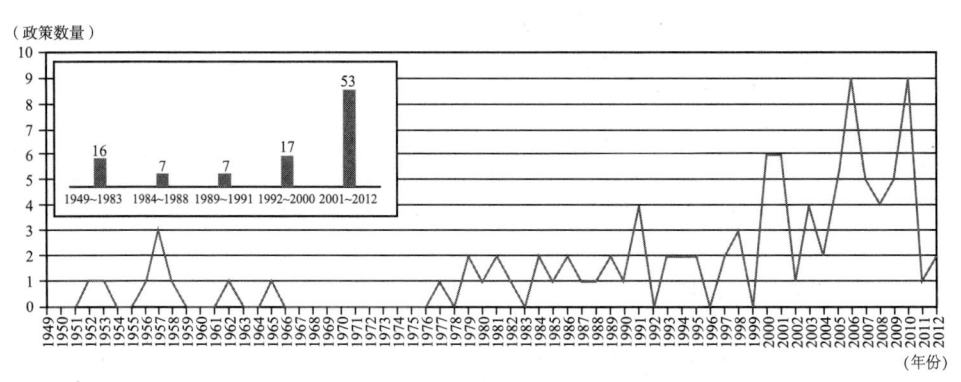

图附 1-1　历年劳动力流动相关政策数量分布

图附 1-2 的分析基于 1949~1983 年的 16 份政策文本。这一期间政策主题包括：农村人口盲目流入城市、从农村招临时工、农村劳动力进城、农业人口转

[①] 词频分析主要以词频的高低揭示文本主题的受关注程度。这里的"词"指能够表征文本主题特征的关键词，不包含泛指的词。一般而言，词频越高，表明这一主题词受关注程度越高。网络分析是关于网络的图论分析、最优化分析以及动力学分析的总称。从图论的角度来看，网络通常是由节点和连线构成。以政策主体合作网络为例，网络结构中的节点是机构，连线是机构之间的合作关系。常用的指标包括：密度、连通性、中心性、度分布、特征路径长度、聚类系数等。

为非农业人口等。其中"农村人口盲目流入城市"节点最大,也即该主题在1949～1983年的政策文本中受关注程度最高。这一时期政策主体的态度包括:严格控制、防止、不允许、坚决清退等。图中态度标签后括号内为该政策主体态度出现的年份。

图附1-2 严格控制流动(1949～1983)

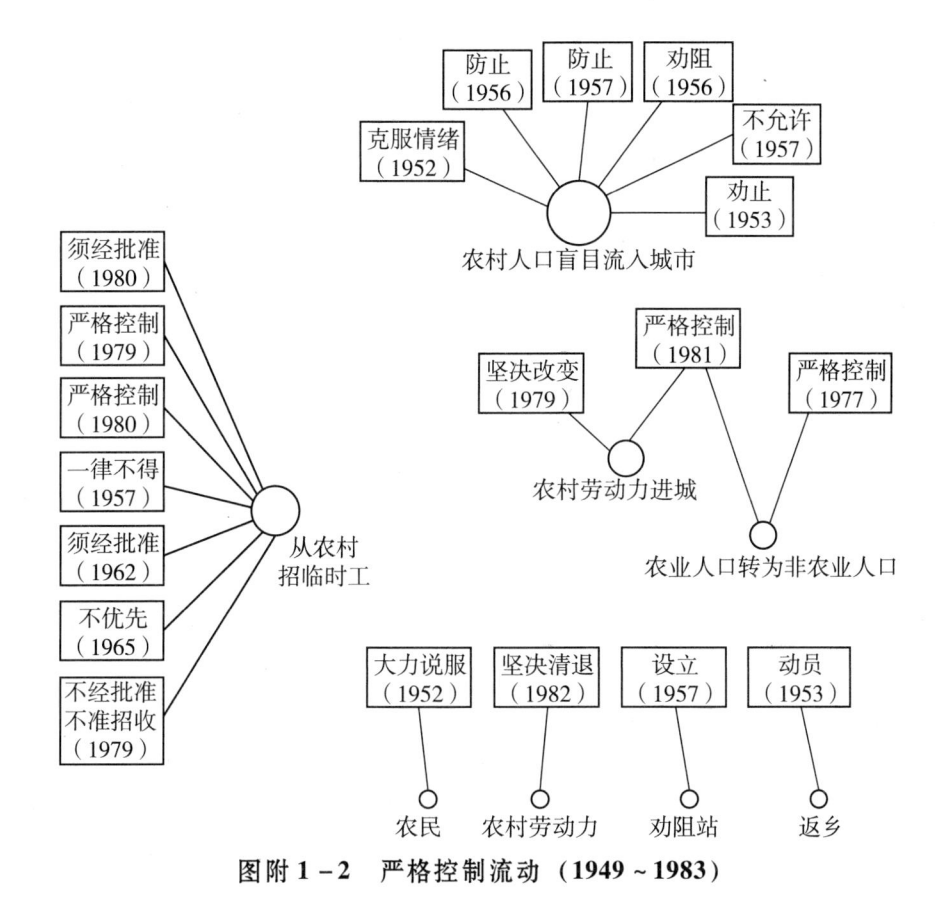

图附1-3的分析基于1984～1988年的7份政策文本。这一时期政策主题较为分散,包括:落常住户口、从农村招用人员、农民进城、农业人口转为非农业人口等。各政策主题出现的频次均较低。与这些主题相对应的政策主体态度包括:允许、可以、准予、积极支持等。

图附1-4的分析基于1989～1991年的7份政策文本。这一期间政策主题也较为分散,包括:民工外出、农村富余劳动力、外流灾民、民工盲目去广东、农业人口转为非农业人口等。其中,"民工外出"出现频次相对较高,与之对应的政策主体态度为"严格控制"。

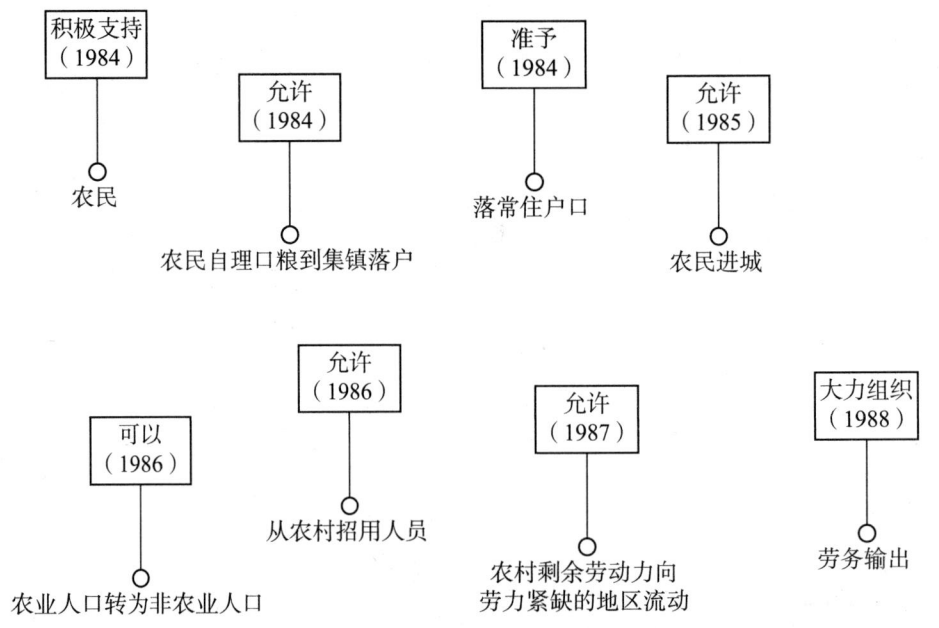

图附1-3 　允许流动（1984~1988）

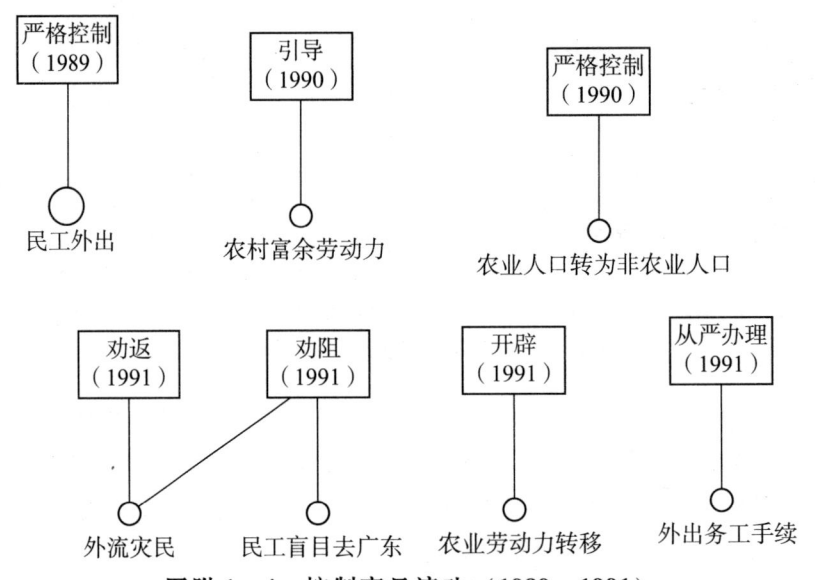

图附1-4 　控制盲目流动（1989~1991）

图附1-5的分析基于17份政策文本。这一期间政策主题包括：农村劳动力流动、盲目外流人员、城镇户口、就业服务体系、流动就业者合法权益、就业制度等。政策主体的态度包括：有序化、鼓励、引导、完善、规范流动、促进、保障等。态度中"有序化"出现频次最高。

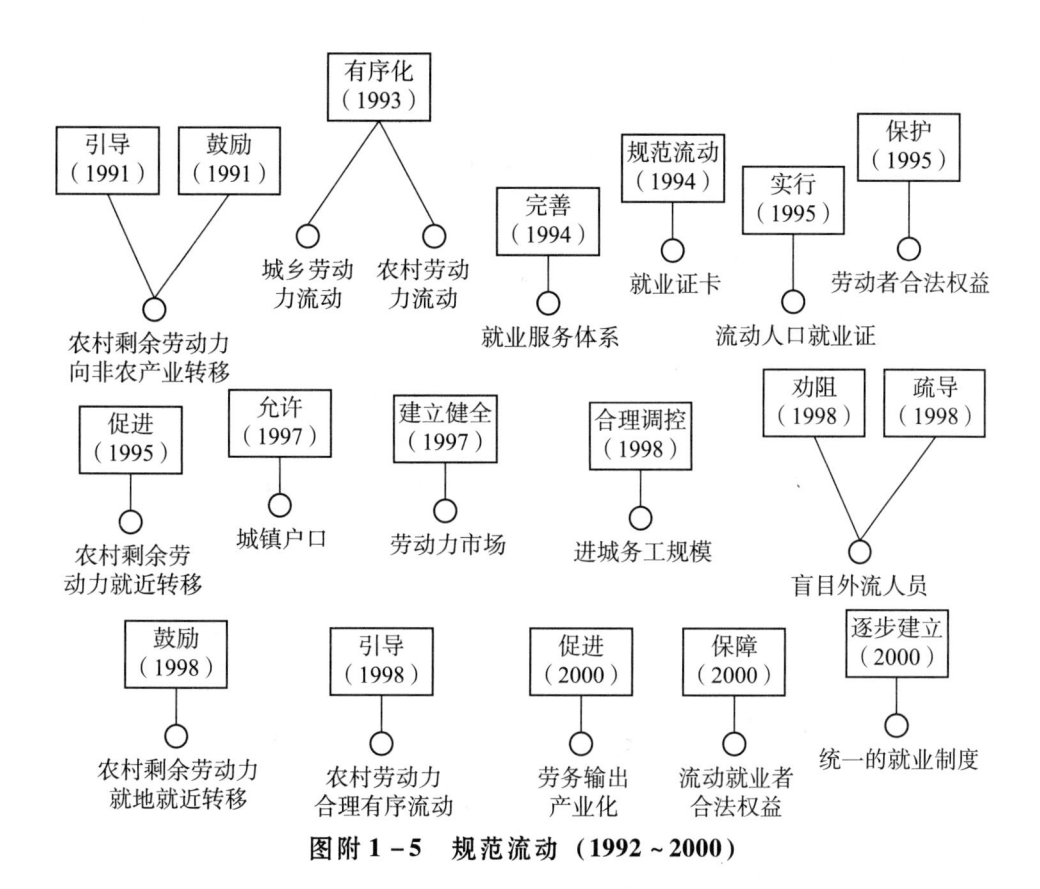

图附 1-5　规范流动（1992~2000）

图附 1-6 的分析基于 53 份政策文本，政策主题包括：户籍制度改革、农民工进城不合理限制、拖欠农民工工资、农民进城就业环境、农民增加收入、居住证制度等。对应的政策主体态度包括：清理、取消、加强、改革、促进、公平对待、完善等。

图附 1-7 揭示了 1949~2012 年中央层面各政策主体之间的合作网络。图中节点代表政策主体，节点后的括号内为政策主体的出现频次，连线的粗细代表合作强度，连线越粗，合作强度越大。图中显示，发挥最重要作用的政策主体包括国务院、人力资源和社会保障部、中共中央等。合作强度最大的是国务院与中共中央、人力资源和社会保障部与国家发展和改革委员会（均为 5 次）。

表附 1-1 显示 1949~2012 年的政策主体之间的合作关系划分为三个子网：国务院与中共中央合作、国务院办公厅与中共中央办公厅合作、其余政策主体合作。尽管第一个子网络中只有两个政策主体，但这二者各自作为第一机构的政策文件数量达 50 份，占样本的 50%（二者之间有 5 次合作，累计出现 55 次），在劳动力流动政策中发挥着举足轻重的作用。第三个子网络涉及 14 个机构，但作为第一机构的政策文件数量低于第一个子网络。第三个子网络的直径为3，即任意两个节点之间通过3条连线即可到达，平均路径长度为1.549，即任意两个节点之间平均通过1.549条连线即可到达。

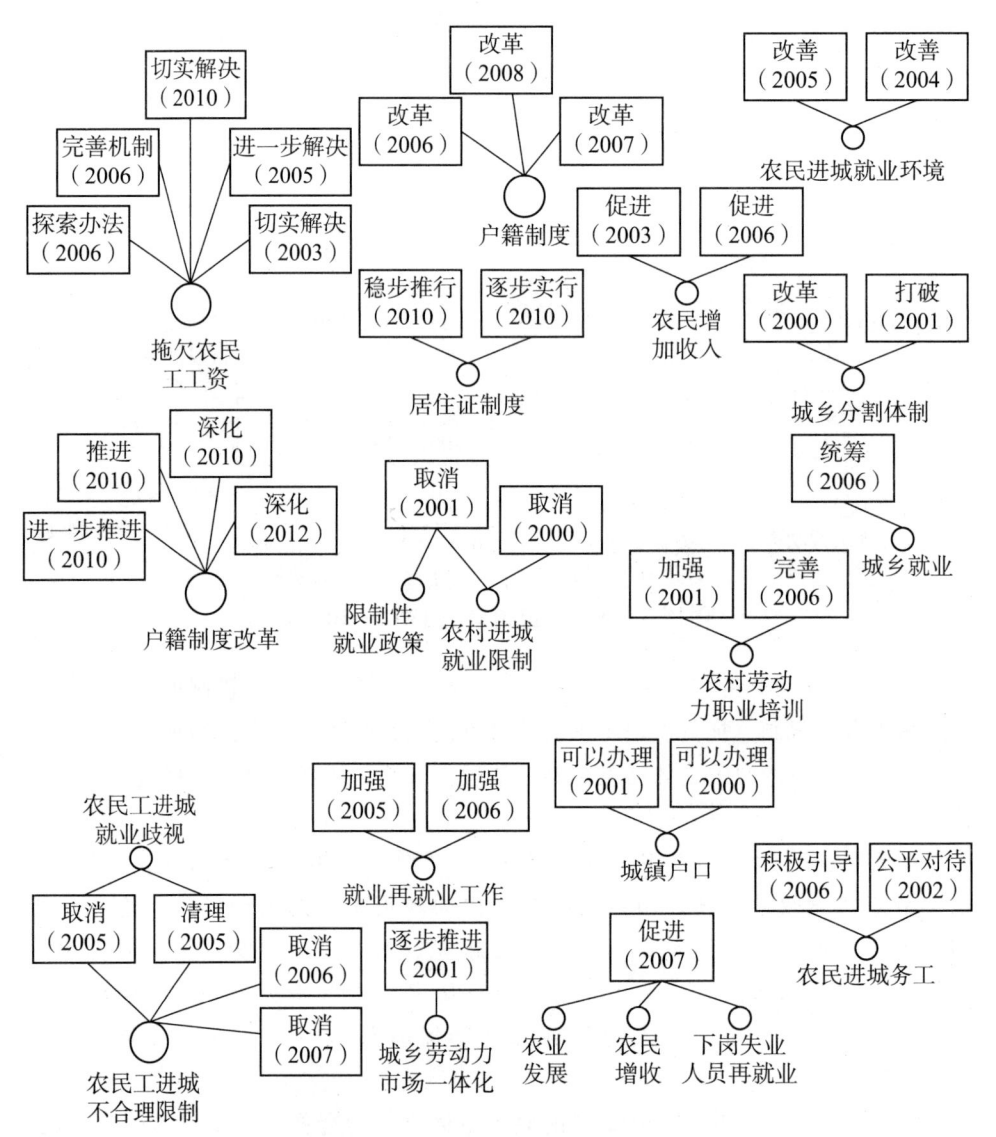

图附1-6 公平流动（2001～2012）

图附 1-7 政策主体的协作网络

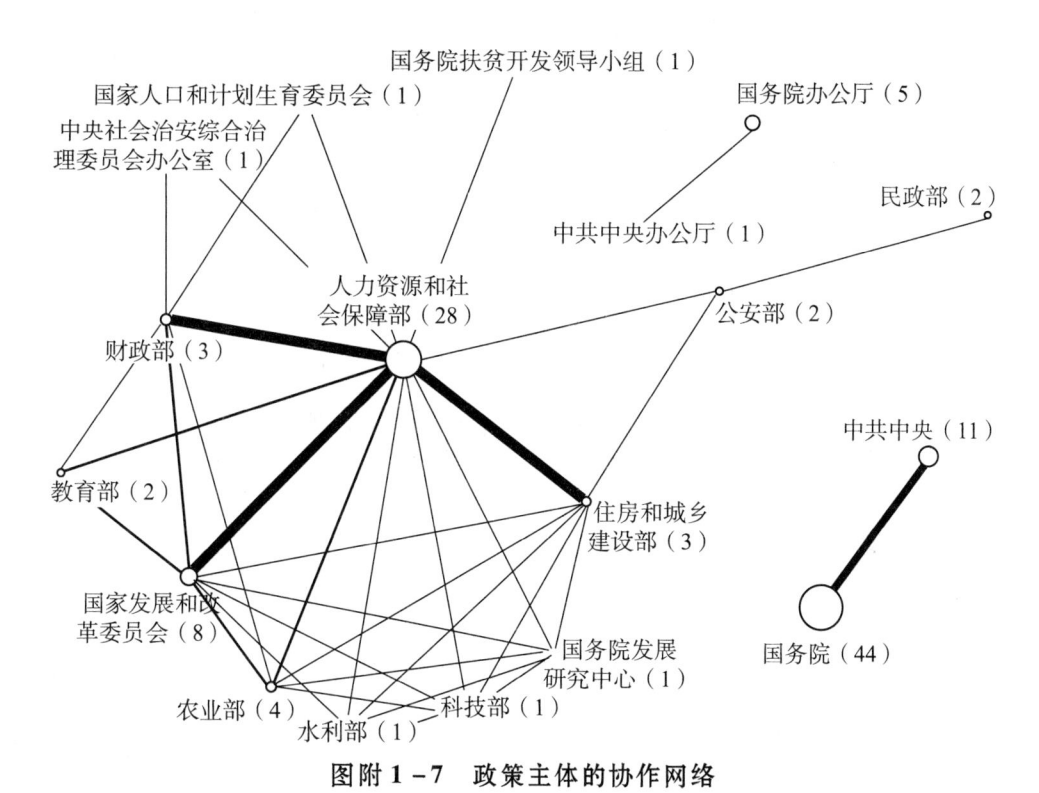

表附 1-1　　　　　　　　　　政策主体合作网络指标

网络指标	值
节点数量（Vertices）	18
连线数量（Total Edges）	38
子网数量（Connected Components）	3
直径（最大路径长度，Maximum Geodesic Distance, Diameter）	3
平均路径长度（Average Geodesic Distance）	1.549
密度（Graph Density）	0.248
最大度数（Maximum Degree）	12

图密度是图中连线数量与图中最大可能的连线数量的比值，介于 0~1 之间。密度越大，政策主体之间合作越广泛。图附 1-7 中网络密度为 0.248，表明劳动力流动政策主体之间的合作仍不够广泛。尽管如此，在 2001~2012 年间，政策主体之间的合作广泛程度远高于之前。图附 1-7 中最大度数为 12，拥有最大度数的节点是"人力资源和社会保障部"，该机构在图附 1-7 中对网络的连通性起着至关重要的作用，在劳动力流动政策中的作用不可或缺。

附录 2

城乡平等就业进程及其评价体系

本附录采用统计学的综合评价方法构造了衡量就业平等程度的综合指数,并利用五个省份 2002 年度和 2007 年度的数据分别计算了就业平等综合指数。

A1 中国劳动力市场平等就业综合指数构建

A1.1 基于宏观视角的平等就业研究

"平等就业"中的"平等"指的是经济上的平等。劳动力资源配置的改革迄今为止有三十多年了,其目标是建立全国统一的劳动力市场。在劳动力市场的形成和发展进程中,传统制度的"路径依赖"和市场制度本身的缺陷相互交织在一起,使得劳动者就业不平等产生的原因十分复杂:既有中国特有的"户籍制度"所带来的就业不平等,也有在市场经济发展过程中所衍生出来的性别就业的不平等、不同行业/职业间的就业差异,以及不同地域之间就业的不平等。

现有文献大部分是从微观层面探讨劳动力市场不平等产生的根源与程度,即利用个体数据考察户籍、行业、性别、职业等因素对于收入分配和工作获得机会是否有显著性的影响,从而判断上述因素是否为劳动就业的障碍。"户籍制度"所带来的"城乡二元社会"对于就业的影响是中国所特有的,国内外的许多学者对此都进行了深入的研究。户籍制度对于收入以及福利的影响十分显著,很多实证研究都证明了这点(姚先国等,2004;王美艳,2005;陈钊等,2009;魏万清,2012;郭菲等,2012)。同样,在现实中,完全竞争的自由市场经济是不存在的，劳动力市场在形成和演进的过程中，内生地存在着行业之间（Dmurger et al.，2006；陈钊等，2010）、职业之间（吴愈晓，2012）、性别之间（姚先国等，2007；陈文府，2011；刘斌等，2011）就业的不平等，这些不平等是无法仅仅从劳动生产率的差异来解释的。

概言之，文献对于劳动力市场平等就业的研究都是基于微观视角，探讨各种因素对于就业结果（即工资性收入）以及对于就业机会（即工作获得）的影响大小，并在实证研究的基础上，提出政策建议，这些研究无疑为我们正确认识中国劳动力市场的运行机制起到很好的作用，但对于整体劳动力市场的把握，仅仅从微观层面观察是不够的，劳动力市场就业不平等是各种因素共同作用的结果，针对不同因素的实证结果所提出的政策建议不可避免地有"只见树木、不见森林"的倾向。

我们就是在微观研究的基础上，从宏观视角对劳动力市场的平等就业进行研究，即将劳动力市场作为一个研究整体，把平等就业作为研究对象，确定影响就业平等的各种因素，建立就业平等综合评价体系，计算就业平等指数，同时，综合评价各种因素在平等指数中的作用，从而对劳动力市场中的就业问题有一个整体的认识。

A1.2 就业平等综合评价体系的构成

平等就业的本质是劳动者权利的平等。每位劳动者具有多重身份，其权利也表现在三个层面上（姚先国，1996，2007）。

第一，作为劳动力资源所有者的权利，或者称为劳动力产权，即劳动者作为劳动力这一生产要素的承载者所拥有的天然权利，以及劳动者在使用他所拥有劳动力时所享有的经济权利，简而言之，就是同工同酬的权利。

第二，作为市民的权利，劳动力流动是劳动力市场存在的必然结果，通常情况下，劳动力是从农村向城镇流动，由于中国存在着"城乡二元体制"，将劳动者人为划分为社会地位不平等的两个部分，所谓市民的权利，就是要求农村户籍劳动者可以平等获取作为城市居民的各项城市福利。

第三，作为公民的权利，《中华人民共和国宪法》规定公民在法律面前一律平等，但在基本的政治权力——选举权上，我们的《选举法》还依然规定按照户籍分配名额。平等就业的实现过程就是劳动者权利在三个层次上的回归过程。

在劳动力市场建立的过程中，"平等就业"是其本质所在，指标是衡量"平等就业"某一方面特质的一个尺度。如果我们认为"平等就业"的实质是劳动者的劳动力产权、市民权利以及公民权利上的平等，那么，劳动者权利就是"平等就业"的一种特质，工资性别歧视程度就是反映"平等就业"程度中劳动者权利平等的指标之一。对于"平等就业"这样复杂的一个系统，我们不可能用几个指标就能描述其变化的状态和程度，必须采用数量一定的指标构成指标体系来描述整个系统的变化。因此，"平等就业"综合评价体系由衡量劳动者权利指标、市民权利指标和公民权利指标等构成，他们之间的联系构成了指标体系结构。

指标的选择主要有频度统计法和理论分析法两种。频度分析法主要是对到目前为止关于"平等就业"或"市场一体化"指标体系研究进行频度统计，选择使用频度比较高的指标；理论分析法主要是对"平等就业"的内涵、基本要求和主要问题进行比较、分析、综合，选择使用针对性强以及重要性高的指标。依据本书的理论框架，我们把"就业平等"划分为三个子系统，即 A) 作为劳动者资源所有者权利的平等；B) 作为市民权利的平等；C) 作为公民权利的平等，在上述分析的基础上，综合考虑数据获取的可能性，我们构造了评价"就业平等"的指标体系，具体如表附 2 - 1 所示。

表附 2 - 1　　　　　"平等就业"评价指标体系构成

总目标	子系统	指标名称	数据来源
就业平等	A. 作为劳动力资源所有者权利的平等	城乡居民人均收入之比	《中国统计年鉴》
		城镇职工不同所有制人均收入比	同上
		城镇职工二三产业人均收入比	同上
		城镇职工不同性别人均收入之比	城镇住户调查推算
	B. 作为市民权利的平等	城镇中不同户籍劳动者参加社会保障项目之比	同上
		城镇中不同户籍劳动者平均收入之比	同上
		城镇中不同户籍劳动者参加社会保障支出之比	同上
	C. 作为公民权利的平等	城镇和农村小学生均预算内教育经费支出之比	《中国教育经费统计年鉴》
		城乡平均每千人病床位数量之比	《中国卫生统计年鉴》

"作为劳动力资源所有者的权利平等"的指标由"城乡居民人均收入之比""城镇不同所有制人均收入之比""城镇职工二三产业人均收入比""城镇职工分性别人均收入比"构成。要反映劳动力资源所有者的平等，其核心标准是"同工同酬"，为此，我们设计了三个指标来反映"同工同酬"：（1）从全国劳动力市场角度看，在现阶段的中国，我们重点关注城乡之间的差距，按照发展经济学的观点，如果城乡之间不存在劳动力的流动障碍，最终城镇和农村劳动力的边际生

产力将趋于相等，这也就意味着收入会趋于相等，我们用"城乡居民人均收入比"这个指标来反映城乡之间的不平等；（2）从城镇劳动力市场角度看，不同行业，不同所有制，都存在着劳动力流动的障碍，这些障碍的存在，使得城镇劳动力市场并不是一个完全竞争性的市场，"同工同酬"的实现任重而道远，为此，我们设计了"城镇职工不同所有制人均收入之比""城镇职工二三产业人均收入比"这两个指标来反映城镇劳动力市场的不平等；（3）在劳动力市场中，不同性别之间存在着就业歧视，为此，我们设计了"不同性别之间平均收入比"来反映性别歧视。

"作为市民的权利平等"的指标由"城镇中不同户籍劳动力平均收入之比""城镇中不同户籍劳动力参加社会保障项目数之比"以及"城镇中不同户籍劳动者参加社会保障支出之比"三个指标构成。要反映作为市民的权利平等，其核心标准是"收入以及福利享受均等"。在相同条件下，农村户籍的劳动者所处的工作条件、劳动报酬以及社会福利等都远远低于城镇户籍的劳动者，我们设计了"城镇中不同户籍劳动力平均收入之比"反映收入的不平等，"城镇中不同户籍劳动力参加社会保障项目数之比"和"城镇中不同户籍劳动者参加社会保障支出之比"反映所享有的社会福利的不平等。

"作为公民权利的平等"：公民的基本权利是写入《中华人民共和国宪法》的。但在现实中，公民获取公共资源存在不均衡的现象。尤其是城乡之间，公共资源的分配差距更大，我们选取了和人力资本形成密切相关的两个指标——"城镇和农村小学生均预算内教育经费支出之比"和"城乡平均每千人病床位数量之比"来反映公民权利的不平等。

A1.3 就业平等综合评价模型

1. 评价指标权重的确定

采用综合指标体系测度不平等程度中争议较大的问题是不同层次指标权重的确定。在统计综合评价中，有非常丰富的构造评价权重的方法，其中最常用的方法可以分为三大类，即主观法、客观法以及主观和客观混合构权法。主观构权法主要包括层次分析法、环比法和德尔菲法，客观法主要包括主成分分析法、熵值法等。主观法主要是以专家或者学者的主观判断来分配权重，虽然这种做法包含一定的客观性和权威性，但其容易受到所咨询专家的影响，不同领域的专家或者不同水平的专家对同一研究对象所得出得权重分配结果通常有着非常大得差别。客观法则是根据原始数据的信息通过一定的统计分析模型或数学模型来确定权重，但由于各种模型的局限性，其给出的权重往往偏离实际情况，不能反映现实的重要程度。综合考虑两大类方法的优点和缺陷，我们采用层次分析法来确定权重。

层次分析法（analytic hierarchy process，简称 AHP）是将决策总是有关的元素分解成目标、准则、方案等层次，在此基础之上进行定性和定量分析的决策方法。它是根据美国运筹学家萨里（Sarry）教授所创立的多目标多准则决策方法（AHP 法）原理提出的一种确定统计权重的方法。其特点是在对复杂的决策问题的本质、影响因素及其内在关系等进行深入分析的基础上，利用较少的定量信息使决策的思维过程数学化，从而为多目标、多准则或无结构特性的复杂决策问题提供简便的决策方法。

层次分析法的基本方法如下：

第一步：将全部评价指标列成一个棋盘式平衡表（即判断矩阵 A）。并对各指标的重要性进行两两比较，比较结果 a_{ij} 填入表内相应的 i 行 j 列内，其含义是"i 指标的重要性是 j 指标重要性的倍数"。即：

$$a_{ij} = \frac{i \text{ 指标的重要性}}{j \text{ 指标的重要性}} = \frac{W_i}{W_j} \qquad (A.1)$$

a_{ij} 的确定规则有很多种，其中 1~9 比率标度是目前运用最广的一种，从统计权数的含义来看，这些标度只是一个参考值，我们应该根据指标之间实际权重二元分配比例来确定 a_{ij} 的具体数值，显然有：$a_{ij} \times a_{ij} = \frac{1}{a_{ij}}$。由 a_{ij} 组成了 n 行 n 列的 AHP 判断矩阵，记作 $A = (a_{ij})_{n \times n}$。

第二步：求解各指标的权重相量 W_1，W_2，…，W_n。对判断矩阵 $A = (a_{ij})_{n \times n}$ 求权重的方法很多，经典的方法是幂乘法，即求解下列方程：

$$AW = \lambda_{max} W \qquad (A.2)$$

其中，λ_{max} 是 A 的最大特征根，W 为对应的特征向量。求解这个式子是通过迭代法实现的。

第三步：计算相对权重。对相量 W 进行归一化处理，即：

$$W'_i = \frac{W_i}{\sum W_i}, \qquad i = 1, 2, \cdots, n \qquad (A.3)$$

W'_i 就是所求的各指标的相对权重，即权重系数。

第四步：一致性检验。公式如下：

$$\text{一致性指标} \qquad CI = \frac{\lambda_{max} - n}{n - 1} \qquad (A.4)$$

其中，λ_{max} 是判断矩阵 $A = (a_{ij})_{n \times n}$ 的最大特征根。在此基础上，计算一致性比例 $CR = \frac{CI}{RI}$，其中，RI 为平均随机一致性指标（值是已知的），当 CR 值小于 0.1 时，认为判断矩阵是可以接受的。

2. 指标和综合指数的确定

根据劳动者就业平等的内涵，最理想的状态是表一中所列的各项目指标数值基本相等。上述指标数值要进行一定的处理，使得指标数值无量纲化，这样才有利于比较，这些数值我们称之为完成程度，记作 f。在得到完成程度 $f(x)$ 和权重 W 的基础上，进一步计算各子系统和总系统的完成程度。完成程度的计算公式是：

$$\text{正指标}: f_i = \frac{x_i}{x_{0i}} \quad \text{逆指标}: f_i = \frac{x_{0i}}{x_i} \tag{A.5}$$

式中，x_i 为第 i 个指标的实际值，x_{0i} 为第 i 个指标的标准值。$f_i > 1$ 表明该指标所反映的评价值高于标准水平；$f_i < 1$ 表明该指标所反映的评价值低于标准水平；$f_i = 1$ 表明该指标所反映的评价值等于平均水平，值越大，说明该项指标评价水平越高。

综合实现程度以及各子系统实现程度的计算公式是：

$$F = \sum_{i=1}^{9} f_i W_i = F(A) \times W_A + F(B) \times W_B + F(C) \times W_c \tag{A.6}$$

$$F(A) = \sum_{i=1}^{4} f_i W_i \tag{A.7}$$

$$F(B) = \sum_{i=5}^{7} f_i W_i \tag{A.8}$$

$$F(C) = \sum_{i=8}^{9} f_i W_i \tag{A.9}$$

其中：F——表示城乡劳动者就业总体平等程度，即综合指数；$F(A)$——表示作为劳动力资源所有者权利平等程度；$F(B)$——表示作为市民权利的平等程度；$F(C)$——表示作为公民权利的平等程度；f_i——表示第 i 个指标的实现程度，即指标数值；W_i——表示第 i 个指标在整个子系统中的权重；W_A、W_B、W_c——表示各个子系统在整个指标体系中的权重。

A2 "平等就业"程度的评价

A2.1 数据来源

指标反映的是总体的数量特征。本部分的九个指标数值都无法从国家公布的统计数据中查到，因此，这些数值都必须通过其他各种数据计算得到。表附 2-2 说明了这九个指标数值的计算公式以及数据来源。由于从 2002 年开始，城镇住户调查才开始调查具有固定居所的农村户籍居民的情况，此处计算以 2002 年为基期。我们可获取的城镇住户调查数据包括五个省份，即广东、辽宁、陕西、四川和浙江，因此，我们劳动力市场平等指数的计算就以省为单位，无法计算全国指数。从表中的计算公式，我们可以判断，这九个指标都是逆指标，也就是说数值差距越小越平等，在计算完成程度的时候，采用公式（A.5）中的 $f_i = \dfrac{x_{0i}}{x_i}$ 来计算。

表附2-2　　　　九个指标的计算公式以及数据来源

序号	指标名称	计算公式	指标性质	数据来源
1	城乡居民人均收入之比	城镇职工平均工资/农村居民人均纯收入	逆指标	《中国统计年鉴》《中国农村住户调查年鉴》
2	城镇职工不同所有制人均收入比	国有制职工平均工资/非国有制职工平均工资	逆指标	《中国统计年鉴》
3	城镇职工二三产业人均收入比	第二产业职工平均工资/第三产业职工平均工资	逆指标	《中国统计年鉴》
4	城镇职工不同性别人均收入之比	男性职工平均工薪收入/女性职工平均工薪收入	逆指标	《城镇住户调查》个体数据估算。其中：工薪收入=工资及补贴收入+其他劳动收入
5	城镇中不同户籍劳动者参加社会保障项目之比	农业户口参加项目数/非农业户口参加项目数	逆指标	《城镇住户调查》个体数据估算。社会保障项目包括养老基金、住房公积金、医疗基金、失业基金和其他。
6	城镇中不同户籍劳动者平均收入之比	农业户口平均工薪收入/非农业户口平均工薪收入	逆指标	《城镇住户调查》个体数据估算。其中：工薪收入=工资及补贴收入+其他劳动收入
7	城镇中不同户籍劳动者参加社会保障支出之比	农业户口社会保障平均支出/非农业户口社会保障平均支出	逆指标	《城镇住户调查》个体数据估算。社会保障支出=养老基金+住房公积金+医疗基金+失业基金+其他
8	城镇和农村小学生均预算内教育经费支出之比	城镇小学生均预算内教育经费支出/农村小学生均预算内教育经费支出	逆指标	《中国教育经费统计年鉴》
9	城乡平均每千人病床位数量之比	平均每千农业人口乡镇卫生院床位数/平均每千人口医院和卫生院床位	逆指标	《中国卫生统计年鉴》

A2.2 权重的计算

按照 AHP 方法，首先采用 1~9 比率标度来确定指标的标度，为了使比率标度更加客观，我们邀请专家评价法来确定标度，表附 2-3 给出了各子系统和各指标的标度；其次，为了便于计算，我们分别对子系统内部的指标进行比较，然后依据层次分析法的步骤计算出子系统内部的权重。表附 2-4 分别给出了子系统 A、子系统 B 和子系统 C 对应指标的 AHP 标度比率矩阵。

表附 2-3　　　　　各子系统和各指标的标度

子系统	A 作为劳动力资源所有者权利的平等				B 作为市民权利的平等			C 作为公民权利的平等	
标度	1				5			3	
指标	1 城乡居民人均收入之比	2 城镇职工不同所有制人均收入之比	3 城镇职工二三产业人均收入之比	4 城镇职工不同性别人均收入之比	5 城镇中不同户籍劳动者参加社会保障项目之比	6 城镇中不同户籍劳动者平均收入之比	7 城镇中不同户籍劳动者参加社会保障支出之比	8 城镇和农村小学生均预算内教育经费支出之比	9 城乡平均每千人病床位数量之比
标度	5	3	3	1	7	5	3	1	1

$$\text{AHP}(A) = \begin{bmatrix} a_{11} & a_{12} & a_{13} & a_{14} \\ a_{21} & a_{22} & a_{23} & a_{24} \\ a_{31} & a_{32} & a_{33} & a_{34} \\ a_{41} & a_{42} & a_{43} & a_{44} \end{bmatrix} = \begin{bmatrix} 1 & 5/3 & 5/3 & 5 \\ 3/5 & 1 & 1 & 3 \\ 3/5 & 1 & 1 & 3 \\ 1/5 & 1/3 & 1/3 & 1 \end{bmatrix},$$

$$\text{AHP}(B) = \begin{bmatrix} a_{55} & a_{56} & a_{57} \\ a_{65} & a_{66} & a_{67} \\ a_{75} & a_{76} & a_{77} \end{bmatrix} = \begin{bmatrix} 1 & 7/5 & 7/3 \\ 5/7 & 1 & 5/3 \\ 3/7 & 3/5 & 1 \end{bmatrix},$$

$$\text{AHP}(C) = \begin{bmatrix} a_{88} & a_{89} \\ a_{98} & a_{99} \end{bmatrix} = \begin{bmatrix} 1 & 1 \\ 1 & 1 \end{bmatrix},$$

$$\text{AHP}(ABC) = \begin{bmatrix} a_{AA} & a_{AB} & a_{AC} \\ a_{BA} & a_{BB} & a_{BC} \\ a_{CA} & a_{CB} & a_{CC} \end{bmatrix} = \begin{bmatrix} 1 & 1/5 & 1/3 \\ 5 & 1 & 5/3 \\ 3 & 3/5 & 1 \end{bmatrix}.$$

在计算得到 AHP 矩阵的基础上，我们根据式（A.2）、（A.3），利用迭代法计算得到各指标在子系统内部的权重系数以及子系统在整个总目标的权重系数，在此基础上，我们可以计算出各指标在总目标中的权重系数，具体见表附 2 - 4。

表附 2 - 4　　　各指标在子系统内部的权重系数及子系统在整个系统中的权重系数

子系统编号	D 子系统在总目标的权重	指标序号	E 各指标在子系统中的权重	F 各指标在总目标中的权重（F = D * E）
A	0.1111	1	0.6818	0.0757
		2	0.1364	0.0152
		3	0.1364	0.0152
		4	0.0454	0.0050
B	0.5556	5	0.4667	0.2593
		6	0.3333	0.1852
		7	0.2000	0.1111
C	0.3333	8	0.5000	0.1667
		9	0.5000	0.1667

A2.3　九个指标数值、完成程度和"平等就业"完成程度的确定

依据表附 2 - 4，我们可以利用相关数据计算出来五个省份的指标数值。依据经验数据认为，城乡收入比大体上在 2 左右比较合适，因此指标 1 的标准值定为 2，通常，城乡收入比越小越平等，由此认为，城乡收入比是逆指标，依据公式（A.5）的逆指标公式，计算出指标 1（城乡居民人均收入之比）的完成程度；同样道理，我们在判定指标 2 ~ 9 的标准值是 1 的基础上，分别计算出他们的完成程度，具体的数值见表附 2 - 5。从表中可以看出，如果以 2007 年的数据和 2002 年的数据进行比较，指标 1（城乡居民人均收入之比）、指标 3（城镇职工二三产业人均收入比）、指标 4（城镇职工不同性别人均收入之比）的完成程度绝大部分呈现减小的态势，这说明五个省份城乡居民人均收入的平等程度、城镇二三产业职工收入的平等程度、城镇不同性别收入的平等程度均有恶化的趋势；指标 8（城镇和农村小学生均预算内教育经费支出之比）的完成程度，五个省份的值都接近于 1，这说明小学生生均预算内教育经费支出是比较均等的，政府在这部分的财政支出没有出现明显的城镇倾向；与此不同的是，指标 9（城乡平均每千人病床位数量之比）的完成程度大部分都在 0.3 ~ 0.4 之间，这说明城乡之间医疗设施的差距还是比较明显的，而且在这五年之间，各省份的差距变化

都不大；指标 5（城镇中不同户籍劳动者参加社会保障项目之比）的完成程度各省份之间的数值差距很大，经济发达的省份，如广东和浙江，这个值在 0.4 左右，而经济不发达的省份，如辽宁，连 0.1 都不到，这说明不同省份之间，对劳动者参加社会保障的重视程度差别很大，与此对应的指标 7（城镇中不同户籍劳动者参加社会保障支出之比）也存在类似的规律。

在此基础上，依据表附 2-4 计算的各指标在总目标中的权重，采用公式（A.6），可以计算得到五个省份 2002 年和 2007 年的综合完成程度 F 值，也就是各个省份的劳动力市场的就业平等指数。具体值见表附 2-6。从表中可以看出，将 2007 年的数值和 2002 年相比较，广东、辽宁、陕西、四川的数据值变大，这说明这四个省份的就业更趋平等，而只有浙江省的 2007 年的数值比 2002 年小，这说明了浙江省的就业更趋不平等。

表附 2-5   五个省份指标数值以及完成程度表

指标	省份	广东		辽宁		陕西		四川		浙江	
	年份	2002	2007	2002	2007	2002	2007	2002	2007	2002	2007
1	指标值 x	4.56	5.24	4.24	4.86	6.61	8.05	5.31	6.01	3.80	3.76
	完成程度 f（标准值=2）	0.44	0.38	0.47	0.41	0.30	0.25	0.38	0.33	0.53	0.53
2	指标值 x	1.40	1.89	2.71	2.87	2.99	2.85	3.45	2.23	1.42	1.84
	完成程度 f（标准值=1）	0.71	0.53	0.37	0.35	0.34	0.35	0.29	0.45	0.71	0.54
3	指标值 x	0.54	1.04	0.91	0.69	0.59	0.89	0.56	2.83	0.32	1.01
	完成程度 f（标准值=1）	1.86	0.96	1.10	1.45	1.68	1.12	1.79	0.35	3.10	0.98
4	指标值 x	1.20	1.40	1.45	1.52	1.28	1.34	1.20	1.19	1.32	1.31
	完成程度 f（标准值=1）	0.83	0.71	0.69	0.66	0.78	0.75	0.83	0.84	0.77	0.76
5	指标值 x	2.93	2.22	15.5	11.67	3.78	3	7.17	5	2.28	2.85
	完成程度 f（标准值=1）	0.34	0.45	0.06	0.09	0.26	0.33	0.14	0.2	0.44	0.35
6	指标值 x	1.67	1.46	1.53	1.48	1.51	1.95	3.78	2.52	1.68	2.10
	完成程度 f（标准值=1）	0.59	0.68	0.66	0.68	0.66	0.51	0.26	0.39	0.59	0.48

续表

指标	省份	广东		辽宁		陕西		四川		浙江	
	年份	2002	2007	2002	2007	2002	2007	2002	2007	2002	2007
7	指标值 x	5.12	2.86	40.06	12.99	20.09	3.66	10.88	10.02	3.11	4.07
	完成程度 f（标准值=1）	0.19	0.35	0.02	0.08	0.05	0.27	0.09	0.1	0.32	0.25
8	指标值 x	1.28	1.25	1.16	1.02	1.08	0.96	1.05	1.01	1.12	0.99
	完成程度 f（标准值=1）	0.78	0.80	0.86	0.98	0.92	1.04	0.95	0.99	0.89	1.00
9	指标值 x	2.91	2.66	4.21	3.83	3.94	3.54	2.48	2.32	3.92	5.52
	完成程度 f（标准值=1）	0.34	0.38	0.24	0.26	0.25	0.28	0.40	0.43	0.26	0.18

表附 2-6　　五个省份劳动力市场就业平等综合指数

省份	广东		辽宁		陕西		四川		浙江	
年份	2002	2007	2002	2007	2002	2007	2002	2007	2002	2007
综合完成程度（平等就业指数）	0.48	0.53	0.39	0.43	0.45	0.48	0.39	0.41	0.55	0.47

参考文献

1. ［美］德沃金著，冯克利译：《至上的美德：平等的理论与实践》，江苏人民出版社 2003 年版。
2. ［美］克拉克著，陈福生、陈振骅译：《财富的分配》，商务印书馆 1981 年版。
3. ［美］罗尔斯著，何怀宏等译：《正义论》，中国社会科学出版社 1988 年版。
4. ［美］拉雷·格斯顿著，朱子文译：《公共政策的制定：程序和原理》，重庆出版社 2001 年版。
5. ［印］阿马蒂亚·森著，任赜、于真译：《以自由看待发展》，中国人民大学出版社 2003 年版。
6. ［印］阿马蒂亚·森著，王立文、于占杰译：《论经济不平等/不平等之再考察》，社会科学文献出版社 2006 年版。
7. 阿尔钦："产权"，转引自《新帕尔格雷夫经济学大辞典》，经济科学出版社 1996 年版。
8. 敖荣军：《劳动力流动与中国地区经济差距》，中国社会科学出版社 2008 年版。
9. 敖荣军：《制造业集中、劳动力流动与中部地区的边缘化》，载于《南开经济研究》2005 年第 1 期。
10. ［美］奥尔森著，陈郁等译：《集体行动的逻辑》，上海人民出版社 1995 年版。
11. ［美］巴泽尔著，费方域、段毅才译：《产权的经济分析》，上海三联书店 1997 年版。
12. 蔡昉：《全球化、经济转型与中国收入分配优化的政策选择》，载于《改革》2006 年第 11 期。
13. 蔡昉（主编），张车伟、都阳（副主编）：《2002 年：中国人口与劳动问题报告——城乡就业问题与对策》，社会科学文献出版社 2002 年版。

14. 蔡昉、都阳、王美艳：《户籍制度与劳动力市场保护》，载于《经济研究》2001 年第 12 期。

15. 蔡昉、都阳、王美艳：《劳动力流动的政治经济学》，上海三联书店，上海人民出版社 2003 年版。

16. 蔡昉、都阳：《迁移的双重动因及其政策含义——检验相对贫困假说》，载于《中国人口科学》2002 年第 4 期。

17. 蔡昉、王美艳：《非正规就业与劳动力市场发育——解读中国城镇就业增长》，载于《经济学动态》2004 年第 2 期。

18. 蔡昉、王美艳：《农村劳动力剩余及其相关事实的重新考察——一个反设事实法的应用》，载于《中国农村经济》2007 年第 10 期。

19. 蔡昉、王德文：《中国经济增长的可持续性与劳动贡献》，载于《经济研究》1999 年第 10 期。

20. 蔡昉：《农村剩余劳动力流动的制度性障碍分析——解释流动与差距同时扩大的悖论》，载于《经济学动态》2005 年第 1 期。

21. 常凯：《罢工权立法问题的若干思考》，载于《学海》2005 年第 4 期。

22. 陈斌开、张鹏飞、杨汝岱：《政府教育投入、人力资本投资与中国城乡收入差距》，载于《管理世界》2010 年第 1 期。

23. 陈玎玎：《增加农民工子女就学的公共经济学分析》，硕士学位论文，浙江大学，2007 年。

24. 陈宏权、余良：《身份与社会联系：农民工市民权问题的反思》，载于《经济研究导刊》2010 年第 15 期。

25. 陈吉元：《论中国农业剩余劳动力的转移》，经济管理出版社 1991 年版。

26. 陈弋，Sylvie Démurger, Martin Fournier, 杨真真：《中国企业的工资差异和所有制结构》，载于《世界经济文汇》2005 年第 6 期。

27. 陈文府：《中国城镇居民收入性别差异》，载于《统计研究》2011 年第 11 期。

28. 陈甫军、陈爱贞：《从劳动力转移到产业区域转移——新型工业化背景下我国城市化演变趋势分析》，载于《经济理论与经济管理》2007 年第 2 期。

29. 陈玉宇、邢春冰：《农村工业化以及人力资本在农村劳动力市场中的角色》，载于《经济研究》2004 年第 8 期。

30. 陈钊、陆铭、佐藤宏：《谁进入了高收入行业？——关系、户籍与生产率的作用》，载于《经济研究》2009 年第 10 期。

31. 陈钊、万广华、陆铭：《行业间不平等：日益重要的城镇收入差距成因——基于回归方程的分解》，载于《中国社会科学》2010 年第 3 期。

32. 程慧栋、吕世辰：《政府、企业与第三部门：农民工劳动管理中的多维角色分析》，载于《经济问题》2009年第10期。

33. 程延园：《集体谈判制度在我国面临的问题及其解决》，载于《中国人民大学学报》2004年第2期。

34. 储小平：《不同企业产权制度中的劳动关系》，载于《汕头大学学报》1996年第6期。

35. 崔传义：《进入新阶段的农村劳动力转移》，载于《科学决策》2007年第10期。

36. 戴建中：《私营企业雇工及劳资关系调查报告》，载于《社会学研究》1996年第6期。

37. 邓大松、胡宏伟：《流动、剥夺、排斥与融合：社会融合与保障权获得》，载于《中国人口科学》2007年第6期。

38. 邓英淘：《城市化与中国农村发展》，载于《中国农村经济》1993年第1期。

39. 都阳、朴之水：《迁移与减贫——来自农户调查的经验证据》，载于《中国人口科学》2003年第4期。

40. 杜书云：《农村劳动力转移就业成本—收益问题研究》，经济科学出版社2007年版。

41. 杜鹰、白南生：《走出乡村——中国农村劳动力流动实证研究》，经济科学出版社1997年版。

42. 段占朝：《外来常住人口本地化的供需层次探讨》，载于《人口研究》2009年第5期。

43. 樊纲：《公有制宏观经济理论大纲》，上海三联书店1990年版。

44. 范剑勇、王立军、沈林洁：《产业集聚与农村劳动力的跨区域流动》，载于《管理世界》2004年第4期。

45. 樊胜根、张林秀、张晓波：《中国农村公共投资在农村经济增长和反贫困中的作用》，载于《华南农业大学学报》（社会科学版）2002年第1期。

46. 冯钢：《企业工会的"制度性弱势"及其形成背景》，载于《社会》2006年第3期。

47. 符钢战：《中国劳动力市场发育的经济分析》，上海人民出版社1992年版。

48. 菲吕博腾、配杰威齐：《产权与经济理论：近期文献的一个综述》，载于《财产权利与制度变迁》，上海三联书店1994年版。

49. 付尧、赖德胜：《劳动力市场分割对区域经济增长的影响——以广东、上海为例》，载于《北京师范大学学报》（社会科学版）2007年第2期。

50. 干春晖、余典范：《城市化与产业结构的战略性调整和升级》，载于《上海财经大学学报》2003年第4期。

51. 高金登、李林太：《对农民工社会保障问题的思考》，载于《广西政法管理干部学院学报》2004年第1期。

52. 高灵芝：《"治理理论"视角下的城市农民工就业促进的组织网络——以济南市为个案》，载于《东岳论丛》2006年第6期。

53. 葛玉好：《部门选择对工资性别差距的影响：1988～2001年》，载于《经济学（季刊）》2007年第2期。

54. 关锐捷、张晓辉、郭建军：《"九五"期间中国农民收入状况实证分析》，载于《农业经济问题》2001年第7期。

55. 郭丛斌：《二元制劳动力市场分割理论在中国的验证》，载于《教育与经济》2004年第3期。

56. 郭飞：《刍议按劳分配中的"劳"》，载于《经济研究》1993年第2期。

57. 郭菲、张展新：《流动人口在城市劳动力市场中的地位：三群体研究》，载于《人口研究》2012年第1期。

58. 郭继强：《低收入者工资决定模型——一个统一若干著名理论新视域的理解》，载于《社会科学战线》2006年第2期。

59. 郭继强：《中国城市次级劳动力市场中民工劳动供给分析——兼论向右下方倾斜的劳动供给曲线》，载于《中国社会科学》2005年第5期。

60. 国家统计局服务业调查中心：《农民工生活质量调查》，国家统计局网站2006年版。

61. 国家统计局农村社会经济调查总队：《2003年中国农村贫困监测报告》，中国统计出版社2003年版。

62. 国务院研究室课题组：《中国农民工调研报告》，言实出版社2006年版。

63. 国务院发展研究中心，世界银行：《中国推进高效、包容、可持续的城镇化》，中国发展出版社2014年版。

64. 哈特：《企业、合同与财务结构》，上海三联书店1998年版。

65. 韩冰：《农民工平等就业权问题探析》，硕士学位论文，吉林大学，2007年。

66. 韩长赋：《中国农民工发展趋势与展望》，载于《经济研究》2006年第12期。

67. 何瑞鑫、傅慧芳：《新生代农民工的价值观变迁》，载于《青年探索》2005年第6期。

68. 何伟：《论商品经济下按劳分配和劳动力商品的一致性》，载于《学术月刊》1987 年第 10 期。

69. 何伟：《通过劳动力价值实现按劳分配》，载于《中国社会科学》1988 年第 2 期。

70. 何伟：《西方观点不是反对劳动力商品的论据》，载于《改革》1996 年第 2 期。

71. 何伟：《在有计划商品经济条件下实现按劳分配的两个问题》，载于《经济研究》1991 年第 10 期。

72. 胡鞍钢、杨韵新：《就业模式转变：从正规化到非正规化——我国城镇非正规就业状况分析》，载于《管理世界》2001 年第 2 期。

73. 胡鞍钢、程永宏、杨韵新：《扩大就业与挑战就业：中国就业政策评估（1994－2001）》，中国劳动社会保障出版社 2002 年版。

74. 胡放之：《员工参与与工资决定——基于企业工资集体协商的实证分析》，载于《科学决策》2010 年第 9 期。

75. 胡放之、张艳：《韩国经济起飞阶段的工业化模式与工资水平》，载于《湖北工学院学报》2004 年第 5 期。

76. 胡凤霞：《城镇劳动力非正规就业选择研究》，博士学位论文，浙江大学，2011 年。

77. 胡建国、刘金伟：《私营企业劳资关系治理中的工会绩效》，载于《中国劳动关系学院学报》2006 年第 3 期。

78. 胡汝银：《低效率经济学》，上海三联书店 1992 年版。

79. 黄任民：《中国工资集体协商的特点及工会的作用》，载于《中国劳动关系学院学报》2009 年第 5 期。

80. 黄志岭：《城乡户籍自我雇佣差异及原因分析》，载于《世界经济文汇》2012 年第 6 期。

81. 黄宗智：《制度化了的"半工半耕"过密型农业（上）》，载于《读书》2006 年第 2 期。

82. 黄宗智：《制度化了的"半工半耕"过密型农业（下）》，载于《读书》2006 年第 3 期。

83. 黄宗智：《中国农业面临的历史性契机》，载于《读书》2006 年第 10 期。

84. 黄祖辉、毛迎春：《浙江农民市民化——农村居民进城决策及进城农民境况研究》，载于《浙江社会科学》2004 年第 1 期。

85. 简新华、黄锟：《中国农民工最新生存状况研究——基于 765 名农民工调查数据的分析》，载于《人口研究》2007 年第 6 期。

86. 姜建慧：《国农村剩余劳动力区域流动变动趋势研究》，硕士学位论文，重庆大学，2010 年。

87. 蒋学模：《关于劳动形态及其它——经济理论问题札记三则》，载于《学术月刊》1962 年第 4 期。

88. ［匈］科尔内著，张晓光等译：《短缺经济学》，经济科学出版社 1986 年版。

89. ［英］科斯著，盛洪、陈郁译：《论生产的制度结构》，上海三联书店 1994 年版。

90. 乐君杰、屈利娟：《就业机会成本对城镇地区已婚妇女择业行为的影响分析》，载于《浙江社会科学》2007 年第 3 期。

91. 乐君杰：《中国农村劳动力市场的经济学分析》，浙江大学出版社 2006 年版。

92. 黎煦：《中国劳动力市场变迁的产权经济分析》，浙江大学出版社 2006 年版。

93. 李宝库：《中国农村居民消费模式及消费行为特征研究——基于海尔冰箱农村市场营销调查与策略的研究》，载于《管理世界》2005 年第 4 期。

94. 李奎才：《中国工会四十年：1948－1988 资料选编》，辽宁人民出版社 1990 年版。

95. 李立文、余冲：《新生代农民工的社会适应问题研究》，载于《中国青年研究》2006 年第 4 期。

96. 李培林、李炜：《近年来农民工的经济状况和社会态度》，载于《中国社会科学》2010 年第 1 期。

97. 李培林：《农民工——中国进城农民工的经济社会分析》，社会科学文献出版社 2003 年版。

98. 李琪：《启动集体谈判的"潜机制"》，载于《中国人力资源开发》2011 年第 2 期。

99. 李实：《中国经济转轨中劳动力流动模型》，载于《经济研究》1997 年第 1 期。

100. 李淑娟：《农民工职业培训的多元机制研究》，硕士学位论文，浙江工业大学，2007 年。

101. 李湘萍、郝克明：《中国劳动力市场户籍分割与企业人力资本投资的作用》，载于《经济经纬》2006 年第 1 期。

102. 李向阳：《企业信誉、企业行为与市场机制：日本企业制度模式研究》，经济科学出版社 1999 年版。

103. 梁雄军、林云、邵丹萍：《农村劳动力二次流动的特点、问题与对策——对浙、闽、津三地外来务工者的调查》，载于《中国社会科学》2007年第3期。

104. 刘斌、李磊：《贸易开放与性别工资差距》，载于《经济学（季刊）》2012年第2期。

105. 刘传江、程建林：《第二代农民工市民化：现状分析与进程测度》，载于《人口研究》2008年第5期。

106. 刘传江、程建林：《我国农民工的代际差异与市民化》，载于《经济纵横》2007年第7期。

107. 刘传江、徐建玲：《"民工潮"与"民工荒"——农民工劳动供给行为视角的经济学分析》，载于《财经问题研究》2006年第5期。

108. 刘天金、蔡志强：《农民工代际转换问题及其政策调适和制度安排》，载于《宏观经济研究》2007年第2期。

109. 刘燕斌：《面向新世纪的全球就业》，中国劳动社会保障出版社2000年版。

110. 刘玉：《中国流动人口的时空特征及其发展态势》，载于《中国人口·资源与环境》2008年第1期。

111. 卢周来：《当前我国劳动力市场中的歧视问题透视》，载于《经济体制改革》1998年第3期。

112. 陆益龙：《户籍制度——控制与社会差别》，商务印书馆2003年版。

113. 陆益龙：《户口还起作用吗——户籍制度与社会分层和流动》，载于《中国社会科学》2008年第1期。

114. 吕志奎：《公共政策工具的选择——政策执行研究的新视角》，载于《太平洋学报》2006年第5期。

115. 罗浩：《中国劳动力无限供给与产业区域粘性》，载于《中国工业经济》2003年第4期。

116. ［德］马克思著，郭大力、王亚南译：《资本论》第一卷、第二卷、第三卷，上海三联书店2009年版。

117. 马晓梅：《论农民工的权利保护》，硕士学位论文，山东大学2006年。

118. 毛军：《产业集聚与人力资本积累——以珠三角、长三角为例》，载于《北京师范大学学报》（社会科学版）2006年第6期。

119. 莫荣：《盘点2003年展望2004年就业趋势》，载于《中国劳动》2004年第1期。

120. 欧阳骏：《外资、私营、乡镇企业劳动关系状况及组建工会的紧迫性》，载于《工会理论与实践》（中国工运学院学报）2000年第3期。

121. 钱雪亚、张昭时、姚先国：《城镇劳动力市场城乡分割的程度与特征——基于浙江数据的经验研究》，载于《统计研究》2009年第12期。

122. 全总劳务派遣问题课题组：《当前我国劳务派遣用工现状调查》，载于《中国劳动》2012年第5期。

123. 任远、乔楠：《城市流动人口社会融合的过程、测量及影响因素》，载于《人口研究》2010年第2期。

124. 任远、彭希哲：《中国非正规就业发展报告》，重庆出版社2006年版。

125. 沈士仓：《日本终身雇佣制与中国固定工制度的异同及其改革》，载于《南开学报》1998年第5期。

126. 舒尔茨：《论人力资本投资》，北京经济学院出版社1990年版。

127. 宋洪远、黄华波、刘光明：《关于农村劳动力流动的政策问题分析》，载于《管理世界》2002年第5期。

128. 孙立平：《断裂——20世纪90年代以来的中国社会》，社会科学文献出版社2003年版。

129. 田永坡、和川、于月芳：《城乡劳动力市场分割、社会保障制度与人力资本投资研究》，载于《山东社会科学》2006年第7期。

130. 陶志泉：《论所有权、产权与劳动关系》，载于《工会论坛》（山东省工会管理干部学院学报）2001年第4期。

131. "完善农村义务教育财政保障机制"课题组：《普及农村义务教育对农民增收的实证分析》，载于《中国农村经济》2005年第9期。

132. 万卫：《独立学院产权：近期文献的一个综述》，载于《黄河科技大学学报》2012年第4期。

133. 万向东：《农民工非正式就业的进入条件与效果》，载于《管理世界》2008年第1期。

134. 王春福：《社会权利与社会性公共产品的均等供给》，载于《中共中央党校学报》2010年第1期。

135. 王德文、吴要武、蔡昉：《迁移、失业与城市劳动力市场分割——为什么农村迁移者的失业率很低?》，载于《世界经济文汇》2004年第1期。

136. 王桂新、高慧、徐伟、陈国相：《小城镇外来劳动力基本状况及对小城镇发展影响分析——以浙江省柯桥、柳市两镇为例》，载于《人口学刊》2002年第3期。

137. 王海港、黄少安、李琴、罗凤金：《职业技能培训对农村居民非农收入的影响》，载于《经济研究》2009年第9期。

138. 王红玲：《关于农业剩余劳动力数量的估计方法与实证分析》，载于《经济研究》1998 年第 4 期。

139. 王检贵、丁守海：《中国究竟还有多少农业剩余劳动力》，载于《中国社会科学》2005 年第 5 期。

140. 王珏：《劳者有其股与收入分配》，载于《中国工业经济》2000 年第 2 期。

141. 王美艳：《城市劳动力市场上的就业机会与工资差异——外来劳动力就业与报酬研究》，载于《中国社会科学》2005 年第 5 期。

142. 王美艳：《中国城市劳动力市场上的性别工资差异》，载于《经济研究》2005 年第 12 期。

143. 王美艳：《转轨时期的工资差异：歧视的计量分析》，载于《数量经济技术经济研究》2003 年第 5 期。

144. 王小章：《公民权与公民社会之建构》，载于《湖南师范大学社会科学学报》2010 年第 5 期。

145. 王志凯：《流动人口管理与非正规就业研究》，中国经济改革研究基金会招标课题，2004～2005 年。

146. 王祖强：《劳资关系与员工权益：基于浙江私营企业的调查与分析》，中国经济出版社 2007 年版。

147. 魏万青：《户籍制度改革对流动人口收入的影响研究》，载于《社会学研究》2012 年第 1 期。

148. 魏众：《健康对非农就业及其工资决定的影响》，载于《经济研究》2004 年第 2 期。

149. 文魁、谭浩：《我国集体协商制度存在的问题及对策建议》，载于《湖南社会科学》2006 年第 1 期。

150. 吴勤堂：《产业集群与区域经济发展耦合机理分析》，载于《管理世界》2004 年第 2 期。

151. 武晓霞、任志成：《基于产业集聚的中国劳动力流动研究》，载于《南京审计学院学报》2007 年第 4 期。

152. 吴兴陆：《农民工定居性迁移决策的影响因素实证研究》，载于《人口与经济》2005 年第 1 期。

153. 吴要武、蔡昉：《中国城镇非正规就业：规模与特征》，载于《中国劳动经济学》2006 年第 2 期。

154. 吴愈晓：《中国城乡居民教育获得的性别差异研究》，载于《社会》2012 年第 4 期。

155. 吴贾、姚先国、张俊森：《城乡户籍歧视是否趋于止步——来自改革进程中的经验证据：1989~2011》，载于《经济研究》2015年第11期。

156. 夏波光：《养老保险关系接续：忧思与破解》，载于《中国社会保障》2005年第5期。

157. 夏小林：《私营部门：劳资关系及协调机制》，载于《管理世界》2004年第6期。

158. 肖周燕、郭开军、尹德挺：《我国流动人口管理体制改革的决定机制及路径选择》，载于《人口研究》2009年第6期。

159. 谢嗣胜、姚先国：《农民工工资歧视的计量分析》，载于《中国农村经济》2006年第4期。

160. 谢嗣胜、姚先国：《我国城市就业人员性别工资歧视的估计》，载于《妇女研究论丛》2005年第6期。

161. 谢勇：《农民工劳动权益影响因素的实证研究——以南京市为例》，载于《中国人口科学》2008年第4期。

162. 邢春冰：《农民工与城镇职工的收入差距》，载于《管理世界》2008年第5期。

163. 熊彩云：《农民工定居转移问题研究——基于武汉市的调查》，硕士学位论文，中国农业大学，2006年。

164. 徐林清：《劳动力市场分割对农村劳动供给行为的影响分析》，载于《经济体制改革》2008年第3期。

165. 徐惟奋：《建国初期解决失业问题的六大举措》，载于《中国就业》2006年第9期。

166. 徐维祥、唐根年：《基于产业集群成长的浙江省农村劳动力转移实证研究》，载于《中国农村经济》2004年第6期。

167. 徐小霞、钟涨宝：《新生代农民工权利缺失现象的理性思考》，载于《中国青年研究》2006年第4期。

168. 徐玉龙、王志彬、郭斌：《农民工就业歧视的经济学分析》，载于《财贸研究》2007年第1期。

169. 徐祖荣：《流动人口社会融入障碍分析》，载于《改革与开放》2008年第7期。

170. 许传新、许若兰：《新生代农民工与城市居民社会距离实证研究》，载于《人口与经济》2007年第5期。

171. 薛进军、园田正、荒山裕行：《中国的教育差距与收入差距——基于深圳市住户调查的分析》，载于《中国人口科学》2008年第1期。

172. ［英］亚当·斯密著，郭大力、王亚南译：《国民财富的性质和原因的研究》，商务印书馆 2008 年版。

173. 严善平：《城市劳动力市场中的人员流动及其决定机制——兼析大城市的新二元结构》，载于《管理世界》2006 年第 8 期。

174. 严善平：《人力资本、制度与工资差别——对大城市二元劳动力市场的实证分析》，载于《管理世界》2007 年第 6 期。

175. 杨舸、孙磊：《从"民工慌"到"民工荒"——"后金融危机"时代对农民工就业问题的反思》，载于《中国青年研究》2010 年第 1 期。

176. 杨光润：《异地养老遭遇户籍红灯》，载于《中国社会保障》2003 年第 6 期。

177. 杨国勇：《城乡二元格局下的农村人力资本投资分析》，载于《农业经济问题》2007 年第 1 期。

178. 杨瑞龙、杨其静：《对"资本雇佣劳动"命题的反思》，载于《经济科学》2000 年第 6 期。

179. 杨宜勇：《我国社区就业发展状况调查》，载于《经济学家》2001 年第 3 期。

180. 杨云彦、陈金永：《转型劳动力市场的分层与竞争——结合武汉的实证分析》，载于《中国社会科学》2000 年第 5 期。

181. 杨云彦：《劳动力流动、人力资本转移与区域政策》，载于《人口研究》1999 年第 5 期。

182. 姚先国：《社会主义企业收入分配论》，浙江大学出版社 1992 年版。

183. 姚先国：《论社会主义市场经济中劳动者的地位》，载于《学术论丛》1993 年第 2 期。

184. 姚先国、郭继强、乐君杰、盛乐：《解放生产力：浙江劳动力市场变迁》，浙江大学出版社 2008 年版。

185. 姚先国、郭继强：《论劳动力产权》，载于《学术月刊》1996 年第 6 期。

186. 姚先国、黄志岭：《人力资本与户籍歧视——基于浙江省企业职工调查数据的研究》，载于《浙江大学学报（人文社会科学版）》2008 年第 6 期。

187. 姚先国、来君：《二元社会结构中的工资决定模型与人口流动——当前"民工荒"现象分析》，载于《财经研究》2005 年第 8 期。

188. 姚先国、赖普清：《中国劳资关系的城乡户籍差异》，载于《经济研究》2004 年第 7 期。

189. 姚先国、李敏、韩军：《工会在劳动关系中的作用——基于浙江省的实证分析》，载于《中国劳动关系学院学报》2009 年第 1 期。

190. 姚先国、李晓华：《市场化与工资不平等增长：变动程度及影响因素》，载于《浙江大学学报》（人文社会科学版）2007年第1期。

191. 姚先国、王同益、金樟峰：《市民化与个人劳动收入：外部性视角》，载于《浙江大学学报》（人文社会科学版）2016年第5期。

192. 姚先国、叶环宝、钱雪亚：《人力资本与居住证：新制度下的城乡差异观察》，载于《广东社会科学》2016年第2期。

193. 姚先国、张俊森主编：《中国人力资本投资于劳动力市场管理研究》，中国劳动社会保障出版社2010年版。

194. 姚先国：《劳动力产权与劳动力市场》，浙江大学出版社2006年版。

195. 姚先国：《人力资本与劳动者地位》，载于《学术月刊》2006年第2期。

196. 姚先国：《中国劳动力市场演化与政府行为》，载于《公共管理学报》2007年第3期。

197. 姚引妹：《浙江人口年龄结构变化与未来劳动力供给研究》，载于《浙江统计》2008年第8期。

198. 姚宇：《中国非正规就业规模与现状研究》，载于《中国劳动经济学》2006年第2期。

199. 俞德鹏：《城乡社会：从隔离走向开放》，山东人民出版社2002年版。

200. 原新、韩靓：《多重分割视角下外来人口就业与收入歧视分析》，载于《人口研究》2009年第1期。

201. 袁方、史清华、晋洪涛：《居住证制度会改善农民工福利吗？——以上海为例》，载于《公共管理学报》2016年第1期。

202. 袁志刚、陆铭：《隐性失业论》，立信出版社1998年版。

203. 苑会娜：《进城农民工的健康与收入——来自北京市农民工调查的证据》，载于《管理世界》2009年第5期。

204. ［英］约翰·穆勒著，赵荣潜、桑炳彦、朱泱、胡企林译：《政治经济学原理》，商务印书馆1991年版。

205. 岳昌君：《教育对个人收入差异的影响》，载于《经济学（季刊）》2004年第S1期。

206. 詹宇波、张军、徐伟：《集体议价是否改善了工资水平：来自中国制造业企业的证据》，载于《世界经济》2012年第2期。

207. 张春生：《中华人民共和国工会法释义》，法律出版社2002年版。

208. 张凤林、代英姿：《西方内部劳动力市场理论评述》，载于《经济学动态》2003年第7期。

209. 张清：《农民阶层的宪政分析——以平等权和上访权为中心的考察》，

载于《中国法学》2005 年第 2 期。

210. 张维迎：《企业的企业家——契约理论》，上海三联书店 1995 年版。

211. 张小强：《农民工福利改善过程中企业和政府的博弈》，载于《南京审计学院学报》2008 年第 2 期。

212. 张晓辉、赵长保、陈良彪：《1994：农村劳动力跨区域流动的实证描述》，载于《战略与管理》1995 年第 6 期。

213. 张雅丽：《中国工业化进程中农村劳动力转移研究》，中国农业出版社 2009 年版。

214. 张友仁：《关于劳动形态和按劳分配问题的质疑》，载于《学术月刊》1962 年第 8 期。

215. 张展新、高文书、侯慧丽：《城乡分割、区域分割与城市外来人口社会保障缺失——来自上海等五城市的证据》，载于《中国人口科学》2007 年第 6 期。

216. 张展新：《劳动力市场的产业分割与劳动人口流动》，载于《中国人口科学》2004 年第 2 期。

217. 张智敏、唐昌海：《从农村高素质群体到城市中的边缘者——技能性人力资本生成的影响因素分析》，载于《中国农村经济》2009 年第 2 期。

218. 张竺鹏：《农村劳动力转移培训：问题与对策》，载于《教育研究》2006 年第 8 期。

219. 章铮：《民工供给量的统计分析——兼论"民工荒"》，载于《中国农村经济》2005 年第 1 期。

220. 赵改栋、赵花兰：《产业—空间结构：区域经济增长的结构因素》，载于《财经科学》2002 年第 2 期。

221. 赵力涛：《中国义务教育经费体制改革：变化与效果》，载于《中国社会科学》2009 年第 4 期。

222. 赵增耀：《内部劳动市场的经济理性及其在我国的适用性》，载于《经济研究》2002 年第 3 期。

223. 赵忠：《中国的城乡移民——我们知道什么，我们还应该知道什么？》，载于《经济学（季刊）》2004 年第 2 期。

224. 郑桥：《中国劳动关系变迁 30 年之集体协商和集体合同制度》，载于《现代交际》2009 年第 2 期。

225. 中共中央马克思恩格斯列宁斯大林著作编译局译：《马克思恩格斯全集》（第三卷），人民出版社 1960 年版。

226. 中共中央马克思恩格斯列宁斯大林著作编译局译：《马克思恩格斯全集》（第十七卷），人民出版社 1963 年版。

227. 中共中央马克思恩格斯列宁斯大林著作编译局译：《马克思恩格斯全集》（第十九卷），人民出版社1963年版。

228. 中共中央马克思恩格斯列宁斯大林著作编译局译：《马克思恩格斯全集》（第二十卷），人民出版社1971年版。

229. 中共中央马克思恩格斯列宁斯大林著作编译局译：《马克思恩格斯全集》（第二十一卷），人民出版社1965年版。

230. 中共中央马克思恩格斯列宁斯大林著作编译局译：《马克思恩格斯全集》（第二十三卷），人民出版社1972年版。

231. 中国社会科学院经济研究所编：《中国乡镇企业的经济发展与经济体制》，中国经济出版社1987年版。

232. 周敏：《美国人华人社会的变迁》，上海三联书店2006年版。

233. 周其仁：《市场里的企业：一个人力资本与非人力资本的特别合约》，载于《经济研究》1996年第6期。

234. 周其仁：《关于农民收入的一组文章》，北京大学经济研究中心讨论稿，2002年。

235. 周文文：《自由视野中的发展观——阿马蒂亚·森经济理论的哲学思考》，载于《江西社会科学》2003年第9期。

236. 周亚虹、许玲丽、夏正青：《从农村职业教育看人力资本对农村家庭的贡献——基于苏北农村家庭微观数据的实证分析》，载于《经济研究》2010年第8期。

237. 朱力：《论农民工阶层的城市适应》，载于《江海学刊》2002年第6期。

238. 朱力：《准市民的身份定位》，载于《南京大学学报》（哲学·人文科学·社会科学版）2000年第6期。

239. 朱玲：《农村迁移工人的劳动时间和职业健康》，载于《中国社会科学》2009年第1期。

240. 朱英明：《产业空间结构与地区产业增长研究——基于长江三角洲城市群制造业的研究》，载于《经济地理》2006年第3期。

241. 朱宇：《户籍制度改革与流动人口在流入地的居留意愿及其制约机制》，载于《南方人口》2004年第3期。

242. Afschin Gandjour, "Mutual dependency between capabilities and functionings in Amartya Sen's capability approach", Springer Verlag, (2007).

243. Aidt, Toke, and Zafiris Tzannatos, "Unions and Collective Bargaining" Economic Effects in a Global Environment, The World Bank, Washington, United States (2002).

244. Dennis J. Aigner, and Glen G. Cain, "Statistical Theories of Discrimination in Labor Markets", Industrial and Labor relations review 30, No. 2 (1977): 175 – 187.

245. Armen A. Alchian, and Harold Demsetz, "Production, Information Costs, and Economic Organization", The American Economic Review 62, No. 5 (1972): 777 – 795.

246. Arthur J. Alexander, "Income, Experience, and the Structure of Internal Labor Markets", The Quarterly Journal of Economics (1974): 63 – 85.

247. Alfred Marshall, "The Principles of Economics", 1890.

248. William T. Alpert, "Unions and Private Wage Supplements", Journal of labor Research 3, No. 2 (1982): 179 – 199.

249. Joseph G. Altonji, and Rebecca M. Blank, "Race and Gender in the Labor Market", Handbook of Labor Economics 3 (1999): 3143 – 3259.

250. Andrey Launov, "Competitive and Segmented Informal Labor Markets", University of Wurzburg and IZA, Bonn, 2006.

251. C. Arnold Anderson, "A Skeptical Note On Education and Mobility." American Journal of Sociology 66, No. 1 (1961): 560 – 570.

252. Kathryn H. Anderson, John S. Butler, and Frank A. Sloan, "Labor Market Segmentation: A Cluster Analysis of Job Groupings and Barriers to Entry", Southern Economic Journal (1987): 571 – 590.

253. Appleton, Simon, John Hoddinott, and Pramila Krishnan, "The Gender Wage Gap in Three African Countries", Economic Development and Cultural Change 47, No. 2 (1999): 289 – 312.

254. Arbache, Jorge Saba, and Francisco Galrao Carneiro, "Unions and Interindustry Wage Differentials", World Development 27, No. 10 (1999): 1875 – 1883.

255. Baffoe – Bonnie, John, "Distributional Assumptions and a Test of the Dual Labor Market Hypothesis", Empirical Economics 28, No. 3 (2003): 461 – 478.

256. T. Bates, "Race, Self – Employment & Upward Mobility: An Illusive American Dream", Woodrow Wilson Center Press, Washington, DC. 1997.

257. Bauer, John, Wang Feng, Nancy E. Riley, and Zhao Xiaohua, "Gender Inequality in Urban China: Education and Employment", Modern China 18, No. 3 (1992): 333 – 370.

258. Elwood M. Beck, Patrick M. Horan, and Charles M. Tolbert, "Stratification in a Dual Economy: A Sectoral Model of Earnings Determination", American Sociological Review (1978): 704 – 720.

259. Matthias P. Beck, "Dualism in the German Labor Market? A Nonparametric Analysis with Panel Data", American Journal of Economics and Sociology 57, No. 3 (1998): 261-283.

260. Gary S. Becker, "A Theory of the Allocation of Time", The Economic Journal, Vol. 75, No. 299 (1965): 493-517.

261. Gary S. Becker, "Investment in Human Capital: A Theoretical Analysis", The Journal of Political Economy, Vol. 70, No. 5 (1962): 9-49.

262. Gary S. Becker, The Economics of Discrimination, University Of Chicago Press, 1971.

263. Bhattacharyya, Arunava, and Elliott Parker, "Labor Productivity and Migration in Chinese Agriculture a Stochastic Frontier Approach", China Economic Review, Vol. 10, No. 1 (1999): 59-74.

264. Bibb, Robert, and William H. Form, "The Effects of Industrial, Occupational, and Sex Stratification On Wages in Blue-Collar Markets", Social forces, Vol. 55, No. 4 (1977): 974-996.

265. David G. Blanchflower, and Alex Bryson, "What Effect Do Unions Have On Wages Now and would Freeman and Medoff be Surprised?", Journal of Labor Research, Vol. 25, No. 3 (2004): 383-414.

266. David G. Blanchflower, and Richard B. Freeman, "Unionism in the United States and Other Advanced Oecd Countries", Industrial Relations: A Journal of Economy and Society, Vol. 31, No. 1 (1992): 56-79.

267. Blanchflower, David, and Alex Bryson, "Changes Over Time in Union Relative Wage Effects in the Uk and the Us Revisited", National Bureau of Economic Research, 2002.

268. Francine D. Blau, and Lawrence M. Kahn, "International Differences in Male Wage Inequality: Institutions Versus Market Forces", National Bureau of Economic Research, 1996.

269. Alan S. Blinder, "Wage Discrimination: Reduced Form and Structural Estimates", Journal of Human resources (1973): 436-455.

270. B. Bluestone, William M. Murphy, and M. Stevenson, Low Wages and the Working Poor. Ann Arbor, Institute of Labor and Industrial Relations, University of Michigan-Wayne State University, 1973.

271. Edna Bonacich, "A Theory of Middleman Minorities", American Sociological Review, Vol. 38, No. 5 (1973): 583-594.

272. Edgar F. Borgatta, Rhonda J. V. Montgomery, "The Informal Economy Encyclopedia of Sociology", Maomillan Reference USA. Vol. 2, (2000): 1337 – 1344.

273. G. J. Borjas, "Friends or Strangers: The Impact of Immigration on the US Economy", New York: Basic Books: 1990.

274. Thomas D. Boston, "Segmented Labor Markets: New Evidence From a Study of Four Race-Gender Groups", Industrial and Labor Relations Review (1990): 99 – 115.

275. Brandt, Loren, and Carsten A. Holz, "Spatial Price Differences in China: Estimates and Implications", Economic Development and Cultural Change 55, No. 1 (2006): 43 – 86.

276. R. Bromley, "A new path to development? The significance and impact of Hernando de Soto's ideas on underdevelopment, production, and reproduction", Economic Geography 66, (1990): 328 – 348.

277. Stephen G. Bronars, Donald R. Deere, and Joseph S. Tracy, "The Effects of Unions On Firm Behavior: An Empirical Analysis Using Firm – Level Data", Industrial Relations: A Journal of Economy and Society 33, No. 4 (1994): 426 – 451.

278. Randall S. Brown, Marilyn Moon, and Barbara S. Zoloth, "Incorporating Occupational Attainment in Studies of Male – Female Earnings Differentials", Journal of Human Resources (1980): 3 – 28.

279. Butcher, Kristin, and Cecilia Rouse, "Wage Effects of Unions and Industrial Councils in South Africa", World Bank Policy Research Working Paper, No. 2520 (2001).

280. Cahuc, Pierre Autor, and Andre Autor Zylberberg, Labor Economics, MIT press, 2004.

281. Glen G. Cain, "The Challenge of Segmented Labor Market Theories to Orthodox Theory: A Survey", Journal of Economic Literature 14, No. 4 (1976): 1215 – 1257.

282. Glen G. Cain, "The Economic Analysis of Labor Market Discrimination: A Survey", Handbook of Labor Economics 1 (1986): 693 – 785.

283. Calmfors, Lars, John Driffill, Seppo Honkapohja, and Francesco Giavazzi, "Bargaining Structure, Corporatism and Macroeconomic Performance", Economic Policy (1988): 14 – 61.

284. David Card, "The Effect of Unions On the Structure of Wages: A Longitudinal Analysis", Econometrica: Journal of the Econometric Society (1996): 957 –

979.

285. Alan A. Carruth, and Andrew J. Oswald, "The Determination of Union and Non‑Union Wage Rates", European Economic Review, Vol. 16, No. 2 (1981): 285-302.

286. M. Castells, A. Portes, "World underneath: the origins, dynamics, and effects of the informal economy", in Portes, Alejandro / Castells, Manuel / Benton, Laura (Eds.), The Informal Economy: Studies in Advanced & Less Developed Countries, Baltimore/London: John Hopkins University Press, (1989): 11-37.

287. Chen, Yi, Sylvie Démurger and Martin Fournier, "Earnings Differentials and Ownership Structure in Chinese Enterprises", Economic Development and Cultural Change, Vol. 53, No. 4 (2005): 933-958.

288. Ronald H. Coase, "The Nature of the Firm", Economica, Vol. 4, No. 16 (1937): 386-405.

289. Mary T. Coleman, "Movements in the Earnings-Schooling Relationship, 1940-88." Journal of Human Resources, Vol. 28, No. 3 (1993): 660-680.

290. Jeremiah Cotton, "On the Decomposition of Wage Differentials", The Review of Economics and Statistics (1988): 236-243.

291. Sylvie Démurger, Martin Fournier, Li Shi, and Wei Zhong. "Economic Liberalization with Rising Segmentation in China's Urban Labor Market", Asian Economic Papers, Vol. 5, No. 3 (2006): 58-101.

292. Steven J. Davis, and Magnus Henrekson, "Wage-Setting Institutions as Industrial Policy", Labour Economics, Vol. 12, No. 3 (2005): 345-377.

293. Richard H. Day, Sudipto Dasgupta, Samar K. Datta, and Jeffrey B. Nugent, "Instability in Rural-Urban Migration", The Economic Journal, Vol. 97, No. 388 (1987): 940-950.

294. De Grip, Andries, Inge Sieben, and Danielle Van Jaarsveld, Labour Market Segmentation Revisited: A Study of the Dutch Call Centre Sector: Research centre for education and the Labour Market (ROA), Faculty of Economics and Business Administration, Maastricht University, 2006.

295. Harold, Demsetz, "Toward a Theory of Property Rights", The American Economic Review, Vol. 57, No. 2 (1967): 347-359.

296. William T. Dickens, and Kevin Lang, "The Reemergence of Segmented Labor Market Theory", The American Economic Review, Vol. 78, No. 2 (1988): 129-134.

297. William T. Dickens, and Kevin Lang, Labor Market Segmentation Theory: Reconsidering the Evidence: Springer, 1993.

298. Dickens, William, and Kevin Lang, "A Goodness of Fit Test of Dual Labor Market Theory", National Bureau of Economic Research Cambridge, Mass., USA, 1987.

299. Dickens, William, and Kevin Lang, "A Test of Dual Labor Market Theory", National Bureau of Economic Research Cambridge, Mass., USA, 1985.

300. Dickens, William, and Kevin Lang, "Labor Market Segmentation and the Union Wage Premium", National Bureau of Economic Research Cambridge, Mass., USA, 1986.

301. Dickens, William, and Kevin Lang, "Testing Dual Labor Market Theory: A Reconsideration of the Evidence", National Bureau of Economic Research Cambridge, Mass., USA, 1985.

302. DiNardo, John, Nicole M. Fortin, and Thomas Lemieux, "Labor Market Institutions and the Distribution of Wages, 1973 – 1992: A Semiparametric Approach", National Bureau of Economic Research, 1995.

303. Peter B. Doeringer, and Michael J. Piore, Internal Labor Markets and Manpower Analysis, ME Sharpe Inc, 1971.

304. Dong, Xiao-yuan, and Paul Bowles, "Segmentation and Discrimination in China's Emerging Industrial Labor Market", China Economic Review, Vol. 13, No. 2 (2002): 170 – 196.

305. Christopher Dougherty, "Why are the Returns to Schooling Higher for Women than for Men?", Journal of Human Resources, Vol. 40, No. 4 (2005): 969 – 988.

306. Robert Drago, "Divide and Conquer in Australia: A Study of Labor Segmentation", Review of Radical Political Economics, Vol. 27, No. 1 (1995): 25 – 70.

307. John T. Dunlop, "The Task of Contemporary Wage Theory", New concepts in wage determination, Vol. 127 (1957): 139.

308. Dunne, Timothy, and David A. Macpherson, "Unionism and Gross Employment Flows", Southern Economic Journal (1994): 727 – 738.

309. Thomas R. Dye, Understanding Public Policy, Prentice Hall, 1992.

310. Edin, Per – Anders, and Johnny Zetterberg, "Interindustry Wage Differentials: Evidence From Sweden and a Comparison with the United States", The American Economic Review, Vol. 82, No. 5 (1992): 1341 – 1349.

311. Richard C. Edwards, David M. Gordon, and Michael Reich, "Labor Market Segmentation", A Research Report to the U. S. Department of Labor (1973).

312. William E. Even, and David A. Macpherson, "Plant Size and the Decline of Unionism", Economics Letters, Vol. 32, No. 4 (1990): 393 – 398.

313. Robert W. Fairlie, "An Extension of the Blinder – Oaxaca Decomposition Technique to Logit and Probit Models", Journal of Economic and Social Measurement, Vol. 30, No. 4 (2005): 305 – 316.

314. Robert W. Fairlie, "The Absence of the African – American Owned Business: An Analysis of the Dynamics of Self – Employment", Journal of Labor Economics, Vol. 17, No. 1 (1999): 80 – 108.

315. Fei, John CH, and Gustav Ranis, Development of the Labor Surplus Economy: Theory and Policy, RD Irwin Homewood, 1964.

316. John CH Fei, and Gustav Ranis, Growth and Development From an Evolutionary Perspective, Blackwell Malden and Oxford, 1997.

317. Feng, Wang, Xuejin Zuo, and Danching Ruan, "Rural Migrants in Shanghai: Living Under the Shadow of Socialism1", International Migration Review, Vol. 36, No. 2 (2002): 520 – 545.

318. M. Ferber, C. Green, Traditional or Reverse Sex Discrimination? A Case Study of a Large Public University, Industrial and Labor Relations Review, 35 (4), (1982): 550 – 564.

319. Paul R. Flatau, and Philip ET Lewis, "Segmented Labour Markets in Australia", Applied Economics, Vol. 25, No. 3 (1993): 285 – 294.

320. Brigham R. Frandsen, "Why Unions Still Matter: The Effects of Unionization On the Distribution of Employee Earnings", Manuscript. Massachusetts Institute of Technology (2012).

321. Richard B. Freeman, "The Effect of Unionism On Fringe Benefits", Industrial & Labor Relations Review, Vol. 34, No. 4, (1981): 489 – 509.

322. Richard B. Freeman, and James L. Medoff, "What Do Unions Do", Industrial & Labor Relations Review, 38 (1984): 244.

323. Eirik G. Furubotn, and Svetozar Pejovich, "Property Rights and Economic Theory: A Survey of Recent Literature", Journal of Economic Literature, Vol. 10, No. 4 (1972): 1137 – 1162.

324. Mary E. Gallagher, "'Time is Money, Efficiency is Life': The Transformation of Labor Relations in China", Studies in Comparative International Development,

Vol. 39, No. 2 (2004): 11 - 44.

325. Afschin. Gandjour, "Mutual Dependency Between Capabilities and Functionings in Amartya Sen's Capability Approach", Social Choice and Welfare, Vol. 31, No. 2 (2008): 345 - 350.

326. Larry N. Gerston, Public Policy Making: Process and Principles, ME Sharpe, 2010.

327. Ghatak, Subrata, Paul Levine, and Stephen Wheatley Price, "Migration Theories and Evidence: An Assessment", Journal of Economic Surveys, Vol. 10, No. 2 (1996): 159 - 198.

328. Goldstein, Alice, and Sidney Goldstein. "Varieties of Population Mobility in Relation to Development in China", Studies in Comparative International Development (SCID), Vol. 22, No. 4 (1987): 101 - 124.

329. X. Gong, and A. van Soest, "Wage differentials and mobility in the urban labour market: a panel data analysis for Mexico", Labour Economics, Vol. 9, No. 4 (2002): 513 - 529.

330. Roger H. Gordon, and David D. Li, "The Effects of Wage Distortions On the Transition: Theory and Evidence From China", European Economic Review, Vol. 43, No. 1 (1999): 163 - 183.

331. Graham, Julie, and Don M. Shakow, "Labor Market Segmentation and Job - Related Risk", American Journal of Economics and Sociology, Vol. 49, No. 3 (1990): 307 - 323.

332. Griffin, Keith, R. W. Zhao, and Others, The Distribution of Income in China, Macmillan Press Ltd., 1993.

333. Björn A. Gustafsson, Shi Li, and Terry Sicular, Inequality and Public Policy in China, Cambridge University Press, 2008.

334. Björn A. Gustafsson, and Shi Li, "Economic Transformation and the Gender Earnings Gap in Urban China", Journal of Population Economics, Vol. 13, No. 2 (2000): 305 - 329.

335. Denise Hare, "'Push' Versus 'Pull' Factors in Migration Outflows and Returns: Determinants of Migration Status and Spell Duration Among China's Rural Population", The Journal of Development Studies, Vol. 35, No. 3 (1999): 45 - 72.

336. Paul Harper, "The Party and the Unions in Communist China", The China Quarterly, Vol. 37 (1969): 84 - 119.

337. John R. Harris, and Michael P. Todaro, "Migration, Unemployment and

Development: A Two-Sector Analysis", The American Economic Review, Vol. 60, No. 1 (1970): 126 – 142.

338. Bennett Harrison, "Education and Underemployment in the Urban Ghetto", The American Economic Review, Vol. 62, No. 5 (1972): 796 – 812.

339. Keith Hart, "Informal Income Opportunities and Urban Employment in Ghana", The Journal of Modern African Studies, Vol. 11, No. 1 (1973): 61 – 89.

340. Hayami, Yujiro, and Vernon W. Ruttan, "Agricultural Development: An International Perspective", Baltimore and London (1971).

341. James J. Heckman, "Sample Selection Bias as a Specification Error", Econometrica: Journal of the Econometric Society (1979): 153 – 161.

342. James J. Heckman, and V. Joseph Hotz, "An Investigation of the Labor Market Earnings of Panamanian Males Evaluating the Sources of Inequality", Journal of Human Resources (1986): 507 – 542.

343. Barry T. Hirsch, David A. Macpherson, and BNA PLUS, Union Membership and Earnings Data Book 1994: Compilations From the Current Population Survey, Vol. 11, Bureau of National Affairs, 1994.

344. Hirschman, Albert O. Exit, Voice, and Loyalty, Responses to Decline in Firms, Organizations, and States, Vol. 25, Harvard University Press, 1970.

345. Randy Hodson, "Companies, Industries, and the Measurement of Economic Segmentation", American Sociological Review (1984): 335 – 348.

346. Bengt Holmstrom, "Contractual Models of the Labor Market", The American Economic Review, Vol. 71, No. 2 (1981): 308 – 313.

347. Kenneth Hudson, "The New Labor Market Segmentation: Labor Market Dualism in the New Economy", Social Science Research, Vol. 36, No. 1 (2007): 286 – 312.

348. Dale W. Jorgenson, "Surplus Agricultural Labour and the Development of a Dual Economy", Oxford Economic Papers, Vol. 19, No. 3 (1967): 288 – 312.

349. John Bates Clark, "The Distribution of Wealth: a Theory of Wages, Interest and Profit", 1899.

350. Dale W. Jorgenson, "The Development of a Dual Economy", The Economic Journal, Vol. 71, No. 282 (1961): 309 – 334.

351. D. H. Judson, "Human Migration Decision Making: A Formal Model", Behavioral Science, Vol. 35, No. 4 (1990): 281 – 289.

352. Richard E. Just, Darrell L. Hueth, and Andrew Schmitz, Applied Welfare

Economics, Edward Elgar, 2008.

353. Lawrence M. Kahn, "Collective Bargaining and the Interindustry Wage Structure: International Evidence", Economica, Vol. 65, No. 260 (1998): 507 – 534.

354. Kalachek, Edward, and Fredric Raines, "The Structure of Wage Differences Among Mature Male Workers", Journal of Human Resources (1976): 484 – 506.

355. Harry C. Katz, "The Decentralization of Collective Bargaining: A Literature Review and Comparative Analysis", Industrial and Labor Relations Review (1993): 3 – 22.

356. Clark Kerr, Balkanization of Labor Markets, University of California, 1954.

357. Khandker, A. Wahhab, and Salim Rashid, "Wage Subsidy and Full – Employment in a Dual Economy with Open Unemployment and Surplus Labor", Journal of Development Economics, Vol. 48, No. 1 (1995): 205 – 223.

358. Michael P. Kidd, "Sex Discrimination and Occupational Segregation in the Australian Labour Market", Economic Record, Vol. 69, No. 1 (1993): 44 – 55.

359. Knight, John, and Lina Song, Towards a Labor Market in China, 2005.

360. Knight, John, and Lina Song, "The Rural – Urban Divide: Economic Disparities and Interactions in China", OUP Catalogue (2011).

361. David M. Kreps, and Robert Wilson, "Reputation and Imperfect Information", Journal of Economic Theory, Vol. 27, No. 2 (1982): 253 – 279.

362. Lai To Lee, Trade Unions in China, 1949 to the Present: The Organization and Leadership of the All – China Federation of Trade Unions, NUS Press, 1986.

363. Lung – Fei Lee, "Generalized Econometric Models with Selectivity", Econometrica: Journal of the Econometric Society (1983): 507 – 512.

364. Duane E. Leigh, "Occupational Advancement in the Late 1960S: An Indirect Test of the Dual Labor Market Hypothesis", Journal of Human Resources (1976): 155 – 171.

365. Jonathan S. Leonard, "Unions and Employment Growth", Industrial Relations: A Journal of Economy and Society, Vol. 31, No. 1 (1992): 80 – 94.

366. Marianthi Leontaridi, "Segmented Labour Markets: Theory and Evidence", Journal of Economic Surveys, Vol. 12, No. 1 (1998): 103 – 109.

367. Arthur Lewis, "Reflections On Unlimited Labour", International Economics and Development, Academic Press, New York, NY (1972).

368. W. Arthur Lewis, "Economic Development with Unlimited Supplies of Labour", The manchester school, Vol. 22, No. 2 (1954): 139 – 191.

369. W. Arthur Lewis, "Unemployment in Developing Countries", The world today, Vol. 23, No. 1 (1967): 13 – 22.

370. Si-ming Li, "Population Migration and Urbanization in China: A Comparative Analysis of the 1990 Population Census and the 1995 National One Percent Sample Population Survey", International Migration Review, Vol. 38, No. 2 (2004): 655 – 685.

371. Liang, Zai, Yiu Por Chen, and Yanmin Gu, "Rural Industrialisation and Internal Migration in China", Urban Studies, Vol. 39, No. 12 (2002): 2175 – 2187.

372. Tim Futing Liao, Interpreting Probability Models: Logit, Probit, and Other Generalized Linear Models, SAGE Publications, Incorporated, 1994.

373. Peter Linneman "The Economic Impacts of Minimum Wage Laws: A New Look at an Old Question", The Journal of Political Economy (1982): 443 – 469.

374. Lipset, Seymour Martin, and Reinhard Bendix, Social Mobility in Industrial Society, Transaction Pub, 1991.

375. Liu, Pak-Wai, Xin Meng, and Junsen Zhang, "Sectoral Gender Wage Differentials and Discrimination in the Transitional Chinese Economy", Journal of Population Economics, Vol. 13, No. 2 (2000): 331 – 352.

376. Liu Xiaoli, and Liang Wei, "Zhejiangcun: Social and Spatial Implications of Informal Urbanization On the Periphery of Beijing", Cities, Vol. 14, No. 2 (1997): 95 – 108.

377. Lu Zhigang, and Song Shunfeng "Rural-Urban Migration and Wage Determination: The Case of Tianjin, China", China Economic Review Vol. 17, No. 3 (2006): 337 – 345.

378. Shelly J. Lundberg and Richard Startz, "Private Discrimination and Social Intervention in Competitive Labor Market", The American Economic Review, Vol. 73, No. 3 (1983): 340 – 347.

379. TH. Marshall, "Citizenship and Social Class at the Crossroads and Other Essays.", Heinemann Educational Books Ltd, (1963): 74.

380. Femando Mata, R. Pendakur, "Immigration, labor Force Integration and the Pursuit of Self-employment", International Migration Review, New York, Vol. 33, No. 2 (1999): 378.

381. Th. Magnac, "Segmented Or Competitive Labor Markets", Econometrica, Journal of the Econometric Society, (1991): 165–187.

382. Maurer-Fazio, Margaret, and Ngan Dinh, "Differential Rewards to, and Contributions of, Education in Urban China's Segmented Labor Markets", Pacific Economic Review, Vol. 9, No. 3 (2004): 173–189.

383. Ian M. McDonald, and M. Solow Robert, "Wage Bargaining and Employment", Vol. The American Economic Review, Vol. 71, No. 5 (1981): 896–908.

384. McNabb, Robert, and George Psacharopoulos, "Further Evidence of the Relevance of the Dual Labor Market Hypothesis for the UK", The Journal of Human Resources, Vol. 16, No. 3 (1981): 442–448.

385. Meade, Brigit, Constanza Valdes, and Stacey Rosen, "Brazil's Food Security and Food Assistance Programs to Reduce Poverty", May, 2004.

386. Meng, Xin, and Junsen Zhang, "The Two-Tier Labor Market in Urban China: Occupational Segregation and Wage Differentials Between Urban Residents and Rural Migrants in Shanghai", Journal of Comparative Economics, Vol. 29, No. 3 (2001): 485–504.

387. Meng, Xin, "Gender Occupational Segregation and its Impact On the Gender Wage Differential Among Rural-Urban Migrants: A Chinese Case Study", Applied Economics, Vol. 30, No. 6 (1998): 741–752.

388. Meng, Xin, "Male-Female Wage Determination and Gender Wage Discrimination in China's Rural Industrial Sector", Labour Economics, Vol. 5, No. 1 (1998): 67–89.

389. Meng, Xin, "The Informal Sector and Rural-Urban Migration—a Chinese Case Study", Asian Economic Journal, Vol. 15, No. 1 (2001): 71–89.

390. Meng, Xin, Labour Market Reform in China: Cambridge University Press, 2000.

391. Paul W. Miller, "The Wage Effect of the Occupational Segregation of Women in Britain", The Economic Journal, Vol. 97, No. 388 (1987): 885–896.

392. Jacob A. Mincer, "Schooling and Earnings", In Schooling, Experience, and Earnings, 41–63: Columbia University Press, 1974.

393. Jacob Mincer, Schooling, Experience, and Earnings, Human Behavior & Social Institutions, 1974.

394. William F. Mitchell, Joan Muysken, and Riccardo Welters, Search Behaviour and the Casualties of the (Dual) Labour Market: Centre of Full Employment and

Equity, University of Newcastle, 2005.

395. Mingione, Fragmented Societies: A Sociology of Economic Life Beyond the Market Paradigm, Cambridge: Mass: Basil Blackwel, 1991.

396. Ian Molho, "The Migration Decisions of Young Men in Great Britain", Applied Economics, Vol. 19, No. 2 (1987): 221 – 243.

397. Montgomery, Mark, and Irene Powell, "Does an Advanced Degree Reduce the Gender Wage Gap? Evidence From Mbas", Industrial Relations: A Journal of Economy and Society, Vol. 42, No. 3 (2003): 396 – 418.

398. Mwabu, Germano, and T. Paul Schultz, "Education Returns Across Quantiles of the Wage Function: Alternative Explanations for Returns to Education by Race in South Africa", The American Economic Review, Vol. 86, No. 2 (1996): 335 – 339.

399. Gunnar Myrdal, and Others, An American Dilemma: The Negro Problem and Modern Democracy (2 Vols.), 1944.

400. Gunnar Myrdal, "Economic Theory and Under-Developed Regions", London: Gerald Duckworth, 1957.

401. Richard R. Nelson, "A Theory of the Low-Level Equilibrium Trap in Underdeveloped Economies", The American Economic Review, Vol. 46, No. 5 (1956): 894 – 908.

402. Neuman, Shoshana, and Adrian Ziderman, "Testing the Dual Labor Market Hypothesis Evidence From the Israel Labor Mobility Survey", Journal of Human Resources (1986): 230 – 237.

403. Stephen J. Nickell, and Martyn Andrews, "Unions, Real Wages and Employment in Britain 1951 – 79", Oxford Economic Papers, Vol. 35 (1983): 183 – 206.

404. Helena Skyt Nielsen, "Discrimination and Detailed Decomposition in a Logit Model", Economics Letters, Vol. 61, No. 1 (1998): 115 – 120.

405. Ronald Oaxaca, "Male-Female Wage Differentials in Urban Labor Markets", International Economic Review, Vol. 14, No. 3 (1973): 693 – 709.

406. Ogus, Anthony Ian, Eric M. Barendt, and N. Wikeley, The Law of Social Security: Lexis Nexis, 2002.

407. Douglas V. Orr, "An Index of Segmentation in Local Labour Markets", International Review of Applied Economics, Vol. 11, No. 2 (1997): 229 – 247.

408. Osberg, Lars, Richard Apostle, and Don Clairmont, "Segmented Labour

Markets and the Estimation of Wage Functions", Applied Economics, Vol. 19, No. 12 (1987): 1603 – 1624.

409. Gerry Oster, "A Factor Analytic Test of the Theory of the Dual Economy", The Review of Economics and Statistics, Vol. 61, No. 1 (1979): 33 – 39.

410. Paul Osterman, "An Empirical Study of Labor Market Segmentation", Industrial & Relations Review, 28 (1975): 508 – 523.

411. Paul Osterman, Internal Labor Markets, Vol. 1, The MIT Press, 1984.

412. B. Guy Peters, "American Public Policy: Promise and Performance", Chatham House Publishers (Chatham, NJ), 1996.

413. B. Guy Peters, The Politics of Expert Advice: Creating, Using, and Manipulating Scientific Knowledge for Public Policy, Pittsburgh, PA: University of Pittsburgh Press, 1993.

414. Peter B. Doeringer, Michael J. Piore, "Internal Labor Markets and Manpower Analysis", 1971.

415. Edmund S. Phelps, "The Statistical Theory of Racism and Sexism", The American Economic Review, Vol. 62, No. 4 (1972): 659 – 661.

416. Michael J. Piore, "Fragments of a 'Sociological' Theory of Wages", The American Economic Review, Vol. 63, No. 2 (1973): 377 – 384.

417. K. Polanyi – Levitt, "The Origins and Significance of The Great Transformation", In Kari Polanyi-Levitt (ed), The Life and Work of Karl Polanyi, New York, Black Rose Books, (1990): 111 – 124.

418. Pravda, Alex, and Blair A. Ruble, "Communist Trade Unions: Varieties of Dualism", Trade Unions in Communist States (1986): 1 – 21.

419. Rabe – Hesketh, Sophia, and Brian Sidney Everitt. Handbook of Statistical Analyses Using Stata: Chapman and Hall/CRC, 2007.

420. Ranis, Gustav, and John CH Fei, "A Theory of Economic Development", The American Economic Review (1961): 533 – 565.

421. James B. Rebitzer, and Michael D. Robinson, "Employer Size and Dual Labor Markets", National Bureau of Economic Research, 1991.

422. Reich, Michael, David M. Gordon, and Richard C. Edwards, "A Theory of Labor Market Segmentation", The American Economic Review, Vol. 63, No. 2 (1973): 359 – 365.

423. Alvin C. Rencher, Methods of Multivariate Analysis, 2002.

424. Riskin, Carl, Renwei Zhao, and Shi Li, China's Retreat From Equality:

Income Distribution and Economic Transition, ME Sharpe Inc, 2001.

425. Roberts Brian, "Informal Economy and Family Strategies", International of Urban and Regional Research (1994): 6 – 23.

426. Ryan, Paul. "Segmentation, Duality and the Internal Labour Market", The Dynamics of Labour Market Segmentation (1981): 3 – 20.

427. Paul A. Samuelson, "The Pure Theory of Public Expenditure", The Review of Economics and Statistics, Vol. 36, No. 4 (1954): 387 – 389.

428. Sato, Hiroshi, and Shi Li, Unemployment, Inequality and Poverty in Urban China, Routledge, 2006.

429. Theodore W. Schultz, "Investment in Human Capital", The Role of Education and of Research (1971).

430. Theodore W. Schultz, "The Value of the Ability to Deal with Disequilibria", Journal of economic literature, Vol. 13, No. 3 (1975): 827 – 846.

431. Theodore W. Schultz, "Transformation of Traditional Agriculture", New Haven (1964).

432. Michael C. Seeborg, Zhenhu Jin, and Yiping Zhu, "The New Rural-Urban Labor Mobility in China: Causes and Implications", Journal of Socio-Economics, Vol. 29, No. 1 (2000): 39 – 56.

433. Sicular, Terry, Yue Ximing, Bj O. Rn Gustafsson, and Li Shi, "The Urban-Rural Income Gap and Inequality in China", Review of Income and Wealth, Vol. 53, No. 1 (2007): 93 – 126.

434. Daniel T. Slesnick, "Empirical Approaches to the Measurement of Welfare", Journal of Economic Literature, Vol. 36, No. 4 (1998): 2108 – 2165.

435. Adam Smith, An Inquiry Into the Nature and Causes of the Wealth of Nations, Echo Library, 2006.

436. Dorothy J. Solinger, Contesting Citizenship in Urban China: Peasant Migrants, the State, and the Logic of the Market, University of California Press, 1999.

437. Sorokin, Pitirim Aleksandrovich, Social Mobility, Harper & Brothers, 1927.

438. Stark, Oded, and J. Edward Taylor, "Relative Deprivation and International Migration Oded Stark", Demography, Vol. 26, No. 1 (1989): 1 – 14.

439. Stark, Oded, The Migration of Labor, Blackwell Oxford, 1991.

440. Joseph E. Stiglitz, "Price Rigidities and Market Structure", The American Economic Review, Vol. 74, No. 2 (1984): 350 – 355.

441. Ross M. Stolzenberg, "Occupations, Labor Markets and the Process of Wage Attainment", American Sociological Review (1975): 645-665.

442. Sung, Yun-Wing, Junsen Zhang, and Chi-Shing Chan, "Gender Wage Differentials and Occupational Segregation in Hong Kong, 1981-1996", Pacific Economic Review, Vol. 6, No. 3 (2001): 345-359.

443. Tao Yang, Dennis, and Hao Zhou, "Rural-Urban Disparity and Sectoral Labour Allocation in China", The Journal of Development Studies, Vol. 35, No. 3 (1999): 105-133.

444. Taubman, Paul, and Michael L. Wachter, "Segmented Labor Markets", Handbook of labor economics, Vol. 2 (1986): 1183-1217.

445. Siew Yean Teo, "Occupational Segregation and its Effect On Estimates of the Gender Wage Differential: Evidence From Brunei", Asian Economic Journal, Vol. 17, No. 4 (2003): 341-360.

446. Lester C. Thurow, Investment in Human Capital, 1970.

447. Lester C. Thurow, Poverty and Discrimination, Brookings Institution, 1969.

448. Michael P. Todaro, "A Model of Labor Migration and Urban Unemployment in Less Developed Countries", The American Economic Review, Vol. 59, No. 1 (1969): 138-148.

449. Tolbert, Charles, Patrick M. Horan, and Elwood M. Beck, "The Structure of Economic Segmentation: A Dual Economy Approach", American Journal of Sociology (1980): 1095-1116.

450. W. Brian Arthur, The Nature of Technology: What it is and How it Evolves, The Free Press and Penguin Books, 2009.

451. Howard M. Wachtel, "Class Consciousness and Stratification in the Labor Process", Review of Radical Political Economics, Vol. 6, No. 1 (1974): 1-31.

452. Howard M. Wachtel, and Charles Betsey, "Employment at Low Wages", The Review of Economics and Statistics, Vol. 54, No. 2 (1972): 121-129.

453. Michael L. Wachter, R. A. Gordon, Michael J. Piore, and Robert E. Hall, "Primary and Secondary Labor Markets: A Critique of the Dual Approach", Brookings Papers on Economic Activity 1974, No. 3 (1974): 637-693.

454. Wong, Siu-lun, "The Chinese Family Firm: A Model", British Journal of Sociology (1985): 58-72.

455. Yao Yang, "Social Exclusion and Economic Discrimination: The Status of Migrants in China's Coastal Rural Areas", Beijing (Peking University, China Center

for Economic Research, Working Paper Series No. E2001005), 2001.

456. Zhang, Junsen, Yaohui Zhao, Albert Park, and Xiaoqing Song, "Economic Returns to Schooling in Urban China, 1988 to 2001", Journal of Comparative Economics, Vol. 33, No. 4 (2005): 730 – 752.

457. Zhao, Yaohui, "Earnings Differentials Between State and Non-State Enterprises in Urban China", Pacific Economic Review, Vol. 7, No. 1 (2002): 181 – 197.

458. Zhao, Yaohui, "Labor Migration and Earnings Differences: The Case of Rural China", Economic Development and Cultural Change, Vol. 47, No. 4 (1999): 767 – 782.

459. Lynne G. Zucker, and Carolyn Rosenstein, "Taxonomies of Institutional Structure: Dual Economy Reconsidered", American Sociological Review (1981): 869 – 884.

后　记

本书是教育部哲学社会科学研究重大课题攻关项目"建立城乡统一的劳动力市场，实现城乡劳动者平等就业研究"的最终成果。

本书也是课题组成员分工合作、集体努力的结晶。具体而言，各章的主要作者如下。第一章"变革中的中国劳动力市场"（姚先国、李江、许庆明、吴贾、张俊森）；第二章"劳动力产权与平等就业"（姚先国、郭继强、方浩、苏振华、许庆明、赖普清）；第三章"劳动力市场分割的收入效应"（张昭时、钱雪亚、姚先国、许庆明、乔明睿、乐君杰、郭继强、瞿晶、黄志岭）；第四章"劳动力市场中的非正规就业"（胡凤霞、姚先国、黄志岭）；第五章"劳动契约和劳动关系"（姚先国、李敏、苗青、乐君杰、焦晓钰、张海峰、许庆明、郭继强、高怿）；第六章"社会保险与劳动力市场一体化"（张晖、何文炯、黄志岭）；第七章"城乡居民平等就业与劳动力人力资本投资"（姚先国、钱雪亚、宋文娟、王同益、金樟峰、叶环宝、李江）；第八章"城乡居民平等就业与农民工的政治社会权利制度建设"（许庆明、姚先国、何文炯）；附录1"一个政策文本的文献计量分析"（姚先国、李江、许庆明）；附录2"城乡平等就业进程及其评价体系"（王鑫、张昭时、许庆明）。

黎煦、张海峰、黄志岭参与了书稿的修订工作。

我们对课题组成员和参与修订的人员表示感谢。

60多年来，我国的劳动力市场和城乡劳动者的权利都发生了深刻的变化。二元分割的劳动力市场日趋统一，城乡劳动者的权利也日趋平等，反映了我国经济社会制度改革取得了巨大的成就。但是，距离我国城乡劳动者做到真正完全的平等就业，人人拥有体面和有尊严的生活，还有很多问题需要深入研究。课题组将在已有成果的基础上，对这一重大的民生问题继续研究，为我国的劳动力市场发育和城乡劳动者平等就业做出努力。

姚先国
2017年12月

教育部哲学社会科学研究重大课题攻关项目成果出版列表

序号	书　名	首席专家
1	《马克思主义基础理论若干重大问题研究》	陈先达
2	《马克思主义理论学科体系建构与建设研究》	张雷声
3	《马克思主义整体性研究》	逄锦聚
4	《改革开放以来马克思主义在中国的发展》	顾钰民
5	《新时期　新探索　新征程——当代资本主义国家共产党的理论与实践研究》	聂运麟
6	《坚持马克思主义在意识形态领域指导地位研究》	陈先达
7	《当代资本主义新变化的批判性解读》	唐正东
8	《当代中国人精神生活研究》	童世骏
9	《弘扬与培育民族精神研究》	杨叔子
10	《当代科学哲学的发展趋势》	郭贵春
11	《服务型政府建设规律研究》	朱光磊
12	《地方政府改革与深化行政管理体制改革研究》	沈荣华
13	《面向知识表示与推理的自然语言逻辑》	鞠实儿
14	《当代宗教冲突与对话研究》	张志刚
15	《马克思主义文艺理论中国化研究》	朱立元
16	《历史题材文学创作重大问题研究》	童庆炳
17	《现代中西高校公共艺术教育比较研究》	曾繁仁
18	《西方文论中国化与中国文论建设》	王一川
19	《中华民族音乐文化的国际传播与推广》	王耀华
20	《楚地出土戰國簡冊［十四種］》	陈　伟
21	《近代中国的知识与制度转型》	桑　兵
22	《中国抗战在世界反法西斯战争中的历史地位》	胡德坤
23	《近代以来日本对华认识及其行动选择研究》	杨栋梁
24	《京津冀都市圈的崛起与中国经济发展》	周立群
25	《金融市场全球化下的中国监管体系研究》	曹凤岐
26	《中国市场经济发展研究》	刘　伟
27	《全球经济调整中的中国经济增长与宏观调控体系研究》	黄　达
28	《中国特大都市圈与世界制造业中心研究》	李廉水

序号	书　名	首席专家
29	《中国产业竞争力研究》	赵彦云
30	《东北老工业基地资源型城市发展可持续产业问题研究》	宋冬林
31	《转型时期消费需求升级与产业发展研究》	臧旭恒
32	《中国金融国际化中的风险防范与金融安全研究》	刘锡良
33	《全球新型金融危机与中国的外汇储备战略》	陈雨露
34	《全球金融危机与新常态下的中国产业发展》	段文斌
35	《中国民营经济制度创新与发展》	李维安
36	《中国现代服务经济理论与发展战略研究》	陈　宪
37	《中国转型期的社会风险及公共危机管理研究》	丁烈云
38	《人文社会科学研究成果评价体系研究》	刘大椿
39	《中国工业化、城镇化进程中的农村土地问题研究》	曲福田
40	《中国农村社区建设研究》	项继权
41	《东北老工业基地改造与振兴研究》	程　伟
42	《全面建设小康社会进程中的我国就业发展战略研究》	曾湘泉
43	《自主创新战略与国际竞争力研究》	吴贵生
44	《转轨经济中的反行政性垄断与促进竞争政策研究》	于良春
45	《面向公共服务的电子政务管理体系研究》	孙宝文
46	《产权理论比较与中国产权制度变革》	黄少安
47	《中国企业集团成长与重组研究》	蓝海林
48	《我国资源、环境、人口与经济承载能力研究》	邱　东
49	《"病有所医"——目标、路径与战略选择》	高建民
50	《税收对国民收入分配调控作用研究》	郭庆旺
51	《多党合作与中国共产党执政能力建设研究》	周淑真
52	《规范收入分配秩序研究》	杨灿明
53	《中国社会转型中的政府治理模式研究》	娄成武
54	《中国加入区域经济一体化研究》	黄卫平
55	《金融体制改革和货币问题研究》	王广谦
56	《人民币均衡汇率问题研究》	姜波克
57	《我国土地制度与社会经济协调发展研究》	黄祖辉
58	《南水北调工程与中部地区经济社会可持续发展研究》	杨云彦
59	《产业集聚与区域经济协调发展研究》	王　珺

序号	书名	首席专家
60	《我国货币政策体系与传导机制研究》	刘伟
61	《我国民法典体系问题研究》	王利明
62	《中国司法制度的基础理论问题研究》	陈光中
63	《多元化纠纷解决机制与和谐社会的构建》	范愉
64	《中国和平发展的重大前沿国际法律问题研究》	曾令良
65	《中国法制现代化的理论与实践》	徐显明
66	《农村土地问题立法研究》	陈小君
67	《知识产权制度变革与发展研究》	吴汉东
68	《中国能源安全若干法律与政策问题研究》	黄进
69	《城乡统筹视角下我国城乡双向商贸流通体系研究》	任保平
70	《产权强度、土地流转与农民权益保护》	罗必良
71	《我国建设用地总量控制与差别化管理政策研究》	欧名豪
72	《矿产资源有偿使用制度与生态补偿机制》	李国平
73	《巨灾风险管理制度创新研究》	卓志
74	《国有资产法律保护机制研究》	李曙光
75	《中国与全球油气资源重点区域合作研究》	王震
76	《可持续发展的中国新型农村社会养老保险制度研究》	邓大松
77	《农民工权益保护理论与实践研究》	刘林平
78	《大学生就业创业教育研究》	杨晓慧
79	《新能源与可再生能源法律与政策研究》	李艳芳
80	《中国海外投资的风险防范与管控体系研究》	陈菲琼
81	《生活质量的指标构建与现状评价》	周长城
82	《中国公民人文素质研究》	石亚军
83	《城市化进程中的重大社会问题及其对策研究》	李强
84	《中国农村与农民问题前沿研究》	徐勇
85	《西部开发中的人口流动与族际交往研究》	马戎
86	《现代农业发展战略研究》	周应恒
87	《综合交通运输体系研究——认知与建构》	荣朝和
88	《中国独生子女问题研究》	风笑天
89	《我国粮食安全保障体系研究》	胡小平
90	《我国食品安全风险防控研究》	王硕

序号	书　名	首席专家
91	《城市新移民问题及其对策研究》	周大鸣
92	《新农村建设与城镇化推进中农村教育布局调整研究》	史宁中
93	《农村公共产品供给与农村和谐社会建设》	王国华
94	《中国大城市户籍制度改革研究》	彭希哲
95	《国家惠农政策的成效评价与完善研究》	邓大才
96	《以民主促进和谐——和谐社会构建中的基层民主政治建设研究》	徐　勇
97	《城市文化与国家治理——当代中国城市建设理论内涵与发展模式建构》	皇甫晓涛
98	《中国边疆治理研究》	周　平
99	《边疆多民族地区构建社会主义和谐社会研究》	张先亮
100	《新疆民族文化、民族心理与社会长治久安》	高静文
101	《中国大众媒介的传播效果与公信力研究》	喻国明
102	《媒介素养：理念、认知、参与》	陆　晔
103	《创新型国家的知识信息服务体系研究》	胡昌平
104	《数字信息资源规划、管理与利用研究》	马费成
105	《新闻传媒发展与建构和谐社会关系研究》	罗以澄
106	《数字传播技术与媒体产业发展研究》	黄升民
107	《互联网等新媒体对社会舆论影响与利用研究》	谢新洲
108	《网络舆论监测与安全研究》	黄永林
109	《中国文化产业发展战略论》	胡惠林
110	《20世纪中国古代文化经典在域外的传播与影响研究》	张西平
111	《国际传播的理论、现状和发展趋势研究》	吴　飞
112	《教育投入、资源配置与人力资本收益》	闵维方
113	《创新人才与教育创新研究》	林崇德
114	《中国农村教育发展指标体系研究》	袁桂林
115	《高校思想政治理论课程建设研究》	顾海良
116	《网络思想政治教育研究》	张再兴
117	《高校招生考试制度改革研究》	刘海峰
118	《基础教育改革与中国教育学理论重建研究》	叶　澜
119	《我国研究生教育结构调整问题研究》	袁本涛 王传毅
120	《公共财政框架下公共教育财政制度研究》	王善迈

序号	书名	首席专家
121	《农民工子女问题研究》	袁振国
122	《当代大学生诚信制度建设及加强大学生思想政治工作研究》	黄蓉生
123	《从失衡走向平衡：素质教育课程评价体系研究》	钟启泉 崔允漷
124	《构建城乡一体化的教育体制机制研究》	李 玲
125	《高校思想政治理论课教育教学质量监测体系研究》	张耀灿
126	《处境不利儿童的心理发展现状与教育对策研究》	申继亮
127	《学习过程与机制研究》	莫 雷
128	《青少年心理健康素质调查研究》	沈德立
129	《灾后中小学生心理疏导研究》	林崇德
130	《民族地区教育优先发展研究》	张诗亚
131	《WTO主要成员贸易政策体系与对策研究》	张汉林
132	《中国和平发展的国际环境分析》	叶自成
133	《冷战时期美国重大外交政策案例研究》	沈志华
134	《新时期中非合作关系研究》	刘鸿武
135	《我国的地缘政治及其战略研究》	倪世雄
136	《中国海洋发展战略研究》	徐祥民
137	《深化医药卫生体制改革研究》	孟庆跃
138	《华侨华人在中国软实力建设中的作用研究》	黄 平
139	《我国地方法制建设理论与实践研究》	葛洪义
140	《城市化理论重构与城市化战略研究》	张鸿雁
141	《境外宗教渗透论》	段德智
142	《中部崛起过程中的新型工业化研究》	陈晓红
143	《农村社会保障制度研究》	赵 曼
144	《中国艺术学学科体系建设研究》	黄会林
145	《人工耳蜗术后儿童康复教育的原理与方法》	黄昭鸣
146	《我国少数民族音乐资源的保护与开发研究》	樊祖荫
147	《中国道德文化的传统理念与现代践行研究》	李建华
148	《低碳经济转型下的中国排放权交易体系》	齐绍洲
149	《中国东北亚战略与政策研究》	刘清才
150	《促进经济发展方式转变的地方财税体制改革研究》	钟晓敏
151	《中国—东盟区域经济一体化》	范祚军

序号	书　名	首席专家
152	《非传统安全合作与中俄关系》	冯绍雷
153	《外资并购与我国产业安全研究》	李善民
154	《近代汉字术语的生成演变与中西日文化互动研究》	冯天瑜
155	《新时期加强社会组织建设研究》	李友梅
156	《民办学校分类管理政策研究》	周海涛
157	《我国城市住房制度改革研究》	高　波
158	《新媒体环境下的危机传播及舆论引导研究》	喻国明
159	《法治国家建设中的司法判例制度研究》	何家弘
160	《中国女性高层次人才发展规律及发展对策研究》	佟　新
161	《国际金融中心法制环境研究》	周仲飞
162	《居民收入占国民收入比重统计指标体系研究》	刘　扬
163	《中国历代边疆治理研究》	程妮娜
164	《性别视角下的中国文学与文化》	乔以钢
165	《我国公共财政风险评估及其防范对策研究》	吴俊培
166	《中国历代民歌史论》	陈书录
167	《大学生村官成长成才机制研究》	马抗美
168	《完善学校突发事件应急管理机制研究》	马怀德
169	《秦简牍整理与研究》	陈　伟
170	《出土简帛与古史再建》	李学勤
171	《民间借贷与非法集资风险防范的法律机制研究》	岳彩申
172	《新时期社会治安防控体系建设研究》	宫志刚
173	《加快发展我国生产服务业研究》	李江帆
174	《基本公共服务均等化研究》	张贤明
175	《职业教育质量评价体系研究》	周志刚
176	《中国大学校长管理专业化研究》	宣　勇
177	《"两型社会"建设标准及指标体系研究》	陈晓红
178	《中国与中亚地区国家关系研究》	潘志平
179	《保障我国海上通道安全研究》	吕　靖
180	《世界主要国家安全体制机制研究》	刘胜湘
181	《中国流动人口的城市逐梦》	杨菊华
182	《建设人口均衡型社会研究》	刘渝琳
183	《农产品流通体系建设的机制创新与政策体系研究》	夏春玉

序号	书　名	首席专家
184	《区域经济一体化中府际合作的法律问题研究》	石佑启
185	《城乡劳动力平等就业研究》	姚先国
	……	